Wolfgang Geiger
Weimar | Bonn | Berlin

Wolfgang Geiger

Weimar | Bonn | Berlin

Lehren aus der Geschichte

Humanities Online

Bibliografische Information der Deutschen Nationalbibliothek
Die Deutsche Nationalbibliothek verzeichnet diese Publikation in der Deutschen Nationalbibliografie; detaillierte bibliografische Daten sind im Internet über http://dnb.ddb.de abrufbar.

Frankfurt am Main, Germany
www.humanities-online.de
info@humanities-online.de

Erste Auflage 2019
ISBN 978-3-941743-79-3

Umschlaggestaltung: Uwe Adam, www.adam-grafik.de
Coverfoto: א (Aleph)
https://de.wikipedia.org/wiki/Datei:Brandenburg_Gate_Quadriga_at_Night.jpg
https://creativecommons.org/licenses/by-sa/2.5/deed.de
Quadriga auf dem Brandenburger Tor in Berlin. Die Skulptur wurde 1793 von Johann Gottfried Schadow geschaffen.

Printed in Germany

Dieses Buch ist auch als E-Book erhältlich:
www.humanities-online.de

Inhalt

Einleitung: Zur Lage der Nation im Herbst 2018 7

1. »Bonn ist nicht Weimar«. Rückblick auf die alte Bundesrepublik 11
Eine andere Verfassung 12
Recht und Wahlrecht 20
Das Dreiparteiensystem und die Große Koalition 1966–1969 25
»Mehr Demokratie wagen«: Die sozialliberale Ära und die Neue Linke 33
Die »Alternativen« und die Etablierung der Grünen 50
Die »rechte Flanke« und die »vierte Partei« in den siebziger Jahren 54

2. »Republik ohne Republikaner«? Das Zerrbild von der ersten deutschen Demokratie 57
»Das Unheil naht früh von allen Seiten …«? 58
Die Krise am Anfang 65
Hindenburg 68
Die Große Koalition 1928 74
Der Anfang vom Ende? Schlüsseljahr 1930 82
Dreimal Berlin (Reich – Preußen – Stadt) 92
»Machtergreifung« und »Ermächtigung« Hitlers 97
Das »Phantom des Marxismus« und die Unterschätzung des Nationalsozialismus 106
Zum Scheitern verurteilt? 114

3. »Vergangenheitsbewältigung« und Gründungsmythen in Ost und West nach 1945 119
Zusammenbruch oder Auferstehung 120
Schuld 123

4. »Heimkehr in die deutsche Geschichte«? Berlin ist nicht mehr Bonn 135
Neue Einheit, neue Lage? 136
Verfassung, Verfassungswirklichkeit, Verfassungsschutz 141

Die neue Einheit und ihre alten Lasten 148
Die fünfte Partei und die DDR-Vergangenheit 157
Das Dilemma der SPD 162
Die sechste Partei und die NS-Vergangenheit 167

5. Rückblicke und Ausblicke 191
Eine konservative Revolution? 191
Von der Demokratiekritik zum »Widerstandsrecht« 202
Von der »Konservativen Revolution« zur AfD 206
Eine siebte Partei? 216
Kulturrevolution im postfaktischen Zeitalter 222

6. Die Lehren der Geschichte und der neue »hilflose Antifaschismus« 231
Kampf um die Vergangenheit 232
Hilfloser Antipopulismus 238
Die Weimarisierung der Republik 243

Literatur 249
Anmerkungen 260
Der Autor 294

Einleitung: Zur Lage der Nation im Herbst 2018

Zehn Jahre nach dem Mauerfall schrieb der Historiker Klaus Schönhoven in einem Artikel über die sechziger Jahre fast beiläufig über die jeweilige Selbstwahrnehmung der Bundesrepublik vor und nach der Wende: »Unstrittig dürfte [...] jetzt schon sein, daß die historische Vermessung der deutschen Nachkriegsgeschichte neu vorzunehmen ist, weil mit dem Ende der DDR und der Wiedererrichtung eines deutschen Nationalstaates das Modell einer postnationalen Bundesrepublik ebenso obsolet geworden ist wie die Vorstellung von einer zweistaatlich verankerten deutschen Verantwortungsgemeinschaft im Systemkonflikt zwischen Kapitalismus und Kommunismus. Sowohl die im Mai 1949 in Bonn begründete Bundesrepublik wie das ihr ein halbes Jahr später folgende Pankower Pendant erwiesen sich als transitorische Staatengebilde des Kalten Krieges in einem geteilten Europa.«[1]

Folgte aus den »transitorischen Staatengebilden« ein neuer Staat? Nach der Erfindung des Begriffes »Berliner Republik« bereits Anfang der 1990er durch den Journalisten Johannes Gross[2] konnte man sich fragen, worin sich denn die Berliner Republik politisch in ihrer Verfasstheit von der Bonner Republik unterscheide, wenn doch die Wiedervereinigung durch den Beitritt der »neuen Bundesländer« zum Geltungsbereich des Grundgesetzes vollzogen und somit dessen Präambel verwirklicht wurde. Nur durch den Wechsel der namengebenden Hauptstadt? Die Antworten, die damals darauf gegeben wurden, bezogen sich meist auf das territoriale Novum, den Nationalstaat, die wiedergefundene Mittellage in Europa, geopolitische Reminiszenzen. »Dieser Wahrnehmungswandel«, spitzte Schönhoven zu, »spiegelt sich auch in der Renaissance der Reichsidee wider, die einflußreiche Politologen und Historiker zu Beginn der 90er Jahre geradezu beschworen.«[3]

Heute, fast dreißig Jahre nach der Wende, stellt sich die Frage nach der inhaltlichen Füllung des Begriffes Berliner Republik erneut und auf eine andere Weise, ohne dass die angesprochenen Aspekte obsolet wären. Hat die neue geopolitische Lage – ein neues Deutschland in einem neuen Europa – auch das innere Koordinatensystem Deutschlands verschoben und wenn ja, wie? Oder sind andere Faktoren dafür verantwortlich und welche? Die Konturen einer *neuen* Republik sind heute schärfer ausgeprägt als damals, kurz nach der Wende, man braucht nur den Bundestag von heute mit dem von 1990 zu vergleichen. So ging in gewisser Weise die Benennung der Berliner Republik ihrer realen Formung voraus. Doch was heißt dies genau? Nach französischem Vorbild assoziiert man mit einer neuen Republik auch eine neue Verfassung, für die Berliner Republik gilt dies jedoch gerade nicht. Trotzdem ist zu analysieren, inwiefern sich das gesellschaftlich-politische Gefüge diesseits des Verfassungsrahmens und damit auch das Verhältnis zur Verfassung verändert hat. Der Ausgang der Bundestagswahl 2017 und die sechsmonatige Dauer bis zur Vereidigung einer neuen Regierung haben das auf ihre Weise veranschaulicht.

Während die deutsche Öffentlichkeit bislang mit einer Mischung aus offener Erleichterung und heimlicher Schadenfreude auf die Regierungskrisen in den Nachbarländern (herab)sah, sah sie sich im Herbst 2017 erstmals und unverhofft mit demselben Problem konfrontiert, das es bei uns eigentlich nicht geben konnte. Hatte sich doch das »Modell Deutschland« – ein seinerzeit unter Kanzler Helmut Schmidt für den Wahlkampf 1976 geprägter Slogan – bis in die jüngste Zeit weitgehend als Selbstwahrnehmung der Bundesrepublik eingeprägt, wenn es darum ging, Deutschland und deutsche Probleme mit anderen Ländern und ihren Problemen zu vergleichen. Was war die deutsche Staatsverschuldung gegenüber der anderer Länder? Die Finanz- und Schuldenkrise seit 2008 hat es gezeigt: Deutschland hat sich wieder aufgerafft, steht besser da als die meisten anderen, und aus den Reden von Finanzminister Schäuble kam ein nie ausgesprochenes, aber stets gedachtes »Modell Deutschland«. So empfanden es bewusst die europäischen Nachbarn und wohl auch, zumindest unbewusst, die Deutschen.[4] Gleichwohl büßt dieses Modell gegenüber den anderen Staaten im Inneren immer mehr an Überzeugung ein.

Regierungskrisen hat es bei uns auch gegeben, aber sie waren so schnell vorbei, dass sie kaum der Rede wert sind. Und dann erwies sich auf einmal ein frisch gewählter Bundestag über lange Zeit als unfähig, eine Regierungsmehrheit zustande zu bringen.

Zunächst gibt es einen arithmetischen Grund dafür: den Einzug der AfD in den Bundestag mit 12,3 % der Stimmen sowie die entsprechenden Stimmenverluste der scheidenden und erst mal geschiedenen Großkoalitionäre CDU/CSU und SPD. Das hat sowohl die Neuauflage einer schwarz-gelben Koalition, trotz des guten Wiedereinzugs der FDP in den Bundestag, als auch eine rot-rot-grüne Option unmöglich gemacht.

Es gibt aber auch einen politischen und, wenn man so will, psychologischen Grund: Die Unfähigkeit der Partner einer »Jamaika«-Koalition, sich zu dieser zusammenzufinden, Unfähigkeit aus fehlendem Willen, und dasselbe galt auch für den zunächst kategorischen Ausschluss einer

Neuauflage der Großen Koalition durch die SPD-Parteiführung – und nicht nur durch Martin Schulz, auf den dies später in der Berichterstattung reduziert wurde.

In der Debatte um mögliche Auswege ohne Neuwahl wurden die abstrusesten Ideen in die Öffentlichkeit gebracht: Dass eine längere Phase geschäftsführender Regierung durchaus akzeptabel sei und zu einer »Stunde des Parlaments« führe, wie seinerzeit in Hessen. Was man bei den Nachbarn bis dahin belächelt oder bemitleidet oder hämisch kommentiert hatte, bekam nun auf einmal alle Vorzüge: Deutschland sei ja nicht führungslos, die geschäftsführende Regierung auch eine Regierung, Deutschland also nicht handlungsunfähig... Minderheitsregierungen seien in anderen Ländern durchaus erfolgreich, warum könne das nicht auch bei uns gehen?

Weil all dies eben *keine* »Stunde des Parlaments«, sondern Ausdruck des parlamentarischen Versagens gewesen wäre. Minderheitsregierungen sind nirgendwo ein Erfolgsmodell zur Nachahmung, es wurde in den Interviews und Talkshows, die ich dazu gesehen habe, auch nie eines genannt. Das Beispiel Schweden, das man hätte anführen können, taugt nicht zum Vergleich, da dort die politische Situation in der Vergangenheit eine andere war: Meist hatten die Linkssozialisten eine sozialdemokratische Alleinregierung oder Koalition mit den Grünen toleriert, die als solche aber mehr Stimmen hatte als das Mitte-Rechts-Lager. In der jüngsten Zeit hat sich das durch den Einzug der *Schwedendemokraten* ins Parlament geändert – und nicht zum Vorteil der Demokratie.

Die von Martin Schulz vorgebrachte »Kooperationskoalition«, bei der man sich auf einige Gemeinsamkeiten verständigt hätte und die SPD ansonsten zwischen Regierung und Opposition hätte hin- und herpendeln können – somit auch nichts anderes als die Tolerierung einer Minderheitsregierung Merkel, aber mit Ministerposten –, wäre nur noch absurder gewesen. Dafür wie auch für die anderen Vorschläge gab es durchaus Beispiele in der Weimarer Republik, aber keine zur Nachahmung empfehlenswerten.

Die letztlich dann doch zustande gekommene Große Koalition geriet schon drei Monate nach ihrem Entstehen in eine ernste Krise, nicht etwa zwischen Union und SPD, sondern zwischen den beiden Schwesterparteien CDU und CSU, die schon seit der Flüchtlingskrise 2015 auf heftigen Konfrontationskurs zueinander gegangen waren. Die CSU hatte der Kanzlerin eine »Herrschaft des Unrechts« und damit Verfassungsbruch in ihrer Flüchtlingspolitik vorgeworfen und drohte damit, eine Verfassungsbeschwerde einzureichen. Dagegen rügte der Präsident des Bundesverfassungsgerichts, Andreas Voßkuhle, die »inakzeptable

Asylrhetorik«, die »Assoziationen zum NS-Unrechtsstaat wecken« wolle, »die völlig abwegig sind.«[5] Dies tat er mit anderthalbjähriger Verspätung, weil inzwischen die AfD diese Verfassungsbeschwerde eingereicht hatte. Seehofers Reaktion, Voßkuhle solle »nicht Sprachpolizei sein«, war dann allerdings wiederum dem AfD-Geist würdig.

Nachdem Angela Merkel längst eine Kehrtwende in der Flüchtlingspolitik vollzogen hatte durch das feste Bestreben, Flüchtlinge an den europäischen Außengrenzen aufzuhalten und dafür auch das spezielle Abkommen mit der Türkei geschlossen hatte, wurde der Konflikt weiter angeheizt durch den Streit um die Obergrenze. Nachdem diese, ohne den provokativen Begriff, in die Koalitionsvereinbarung aufgenommen wurde, eröffnete Innenminister Seehofer den nächsten Streit mit der sofortigen Zurückweisung von bereits in Europa registrierten Asylsuchenden an der Grenze. Je geringer der Streitgegenstand wurde, desto heftiger die Konfrontation: Die zeitweilig offenen Grenzen waren ein echtes Problem, die Obergrenze ein Streit um ein Symbol, nachdem der Migrantenzustrom ohnehin in sich zusammengefallen war, die Frage der Modalität der Zurückweisung nach dem Dubliner Abkommen – durch die Polizei oder nach Prüfung durch Asylbehörden – letztlich eine Bagatelle. Und doch wirkt dies wie aus dem Frühjahr 1930 herausgegriffen, als die damals SPD-geführte Große Koalition an einer Lappalie zerbrach, die minimale Erhöhung der Arbeitslosenbeiträge, nachdem sie schon viel schwierigere Krisen gemeistert hatte.

Aus der Geschichte lernen: Diese Adaption des Satzes von Cicero, *historia magistra vitae* – die Geschichte ist die Lehrmeisterin des Lebens –, steht in besonderer Weise über der Geschichte der Bundesrepublik. Als Lehrmeisterin braucht die Geschichte jedoch auch Schüler, die ihre Lehren verstehen und sie sich zu eigen machen. So wird im Folgenden zu fragen sein, welche Lehren Gesellschaft und Politik in Deutschland von der Bonner zur Berliner Republik aus der Weimarer Republik gezogen haben und wie sich das politische Leben dabei verändert hat. Nicht explizit im Dreischritt Weimar – Bonn – Berlin erwähnt, aber trotzdem integriert, ist dabei auch die DDR und ihr Erbe im vereinten Deutschland.

Frankfurt, im März 2019

1. »Bonn ist nicht Weimar«
Rückblick auf die alte Bundesrepublik

Wir haben so verwirrte Zeitverhältnisse hinter uns, daß es sich empfiehlt, generell tabula rasa zu machen.
Konrad Adenauer, 26.9.1949[1]

Bonn ist nicht Weimar zog der Schweizer Journalist Fritz René Allemann 1955 als Schlussfolgerung aus seiner Analyse der frühen Bundesrepublik.[2] Als er sein Buch schrieb, veröffentlichte Karl Dietrich Bracher seine monumentale Studie zur *Auflösung der Weimarer Republik*.[3] Beide zusammen fundierten analytisch nachholend die zuvor schon gezogenen politischen Konsequenzen aus dem Untergang Weimars für die Gründung der Bundesrepublik und untermauerten deren Selbstverständnis, das Sebastian Ullrich zum 60. Jahrestag des Grundgesetzes treffend den »Weimar-Komplex«[4] genannt hat – durchaus mit einer psychoanalytischen Note, ging es doch damals und auch später noch um die schwierige Verarbeitung eines Traumas von der Weimarer Republik.

Aus den Problemen der Verfassung der Weimarer Republik hatten die »Väter (und Mütter) des Grundgesetzes« gelernt: Kein übermächtiger Reichspräsident mehr, der die Regierung ein- oder absetzte, im Notfall sogar ohne das Parlament regieren oder es nach Gutdünken neu wählen lassen konnte. Ob es eines Staatoberhauptes überhaupt bedürfe, stand zur Debatte. Man entschied sich für einen weitgehend repräsentativen Bundespräsidenten. Was für einen Wert ein solcher habe, darüber wurde auch seither immer wieder diskutiert, mit der Forderung nach einer Direktwahl durch die Bevölkerung wollten manche ihn in der öffentlichen Meinung aufwerten. Dass er aber auch eine politische Bedeutung hat, kam auf einmal – als wäre ein »Schläfer« für seinen Einsatz »angeschaltet« worden – zum Tragen, als es die erste politische Krise des Systems gab, nämlich nach der Bundestagswahl 2017, auch wenn sie von allen daran Beteiligten als eine Nicht-Krise heruntergespielt, ja sogar als ein »normaler Vorgang« apostrophiert wurde. Dass es zu keiner Neuwahl kam und die widerspenstige SPD-Führung dann doch in die Neuauflage der Großen Koalition einwilligte, ist zu einem großen Teil Walter Steinmeiers Verdienst. Zugute kam ihm in seiner Präsidentenrolle dabei natürlich, dass er kurz zuvor selbst noch sozialdemokratischer Außenminister der vorherigen GroKo gewesen war. Doch diese politische Rolle spielt der Bundespräsident nur, wenn das

Parlament nicht weiter weiß – etwas, das eigentlich gar nicht vorgesehen ist. Gegenüber der Weimarer Verfassung könnte man den Geist des Grundgesetzes geradezu darauf reduzieren: Alle Macht dem Parlament!

Eine andere Verfassung

Doch ganz so einfach ist es auch nicht. Auch das Parlament soll seine Macht nicht missbrauchen dürfen. Zwar sollte die Bundesrepublik »ein parlamentarischer Staat« werden, wie Allemann den Unterschied zur Weimarer Republik auf den Punkt bringt – man könnte auch sagen: die erste *parlamentarische Demokratie* gegenüber der *Präsidialdemokratie* der Weimarer Republik –, aber trotzdem nicht mit unumschränkter Macht für das Parlament, vielmehr gekennzeichnet durch ein »mehrdimensionales Demokratieverständnis«, wie es Wolfgang Rudzio treffend formuliert hat.[5] Während die Verfassung der Weimarer Republik darauf vertraute, dass die Verfassungsorgane die Verfassung respektierten – Reichspräsident, Reichstag –, was ja am Ende gerade nicht mehr der Fall war, bekundet das Grundgesetz diesen gegenüber ein systematisches Misstrauen, das nach Kontrolle verlangt. Ähnlich wie beim konstruktiven Misstrauensvotum, bei dem man aus dem rein negativen Misstrauensvotum in der Weimarer Republik gelernt hat und deswegen den Sturz einer Regierung bzw. des Kanzlers zwingend mit der Neuwahl eines anderen Kanzlers verknüpft, handelt es sich bei diesem System von »checks and balances« oder »Barrieren gegen Mehrheitsherrschaft«[6], nicht unähnlich dem amerikanischen Vorbild, um ein fundamentales »konstruktives Misstrauen« in die Institutionen.

Der Vergleich mit den USA[7] ist insofern interessant, als die Vereinigten Staaten in ihrem Gründungsprozess auf der Suche nach der optimalen Verfassung gleichfalls von einer vorherigen negativen Erfahrung heraus eine Republik errichten wollten, in der die Gewaltenteilung so tief verankert ist, dass auch der Präsident keine quasi-monarchischen Ambitionen entwickeln kann, und noch grundsätzlicher gilt das für das föderalistische Prinzip gegenüber der Bundesautorität. Wie dies funktioniert, ist nach der Wahl von Donald Trump auf beeindruckende Weise zum Ausdruck gekommen.

Deswegen kam als Verfassungskomponente zunächst der besondere Stellenwert des Grundgesetzes, der Grundrechte und des Rechts überhaupt gegenüber der Politik hinzu, an höchster Stelle verkörpert durch das Bundesverfassungsgericht. Konrad Adenauer äußerte sich 1948 dazu in den Verhandlungen des Zonenbeirats: »Es gibt nicht nur die

Diktatur des einzelnen, es kann auch eine Diktatur einer parlamentarischen Mehrheit geben – und davor wollen wir einen Schutz haben in der Form des Staatsgerichtshofes.«[8] Denn ein gravierendes Defizit der Weimarer Verfassung war in der Tat das Fehlen eines solchen gewesen. Die Grundrechte waren – symbolisch genug – der Verfassung hintangestellt, nicht umsonst gehen sie nun dem Grundgesetz voraus und sind auch als in ihrem Kern unveränderlich dem Zugriff des Parlaments entzogen. Darüber hinaus müssen sie aber auch real geschützt werden, durch ihre Einklagbarkeit sogar gegenüber staatlichen Institutionen.

Der neue Geist dieser Verfassung war damals noch längere Zeit sogar der mentalen Verfassung ihrer Hüter voraus. Bestes Beispiel hierfür war die grundgesetzlich verankerte Gleichheit von Mann und Frau. Bis diese Realität wurde, zunächst einmal nur *rechtlich*, von der *gesellschaftlichen* ganz zu schweigen, bedurfte es noch Jahrzehnte, weil auch Parlamentarier und Richter, darunter die des BVG selbst, lange genug juristisch spitzfindige Auswege bei der Interpretation der Gleichheit fanden. So setzte das BVG zwar eine Frist bis 1953 für eine entsprechende Gesetzgebung zu diesem Punkt, räumte aber selbst inhaltlich dazu ein, »daß im Bereich des Familienrechts im Hinblick auf die objektiven biologischen und funktionalen (arbeitsteiligen) Unterschiede nach der Natur des jeweiligen Lebensverhältnisses auch eine besondere rechtliche Regelung erlaubt oder sogar notwendig ist [...].«[9]

Dies sei hier nur beispielhaft herausgegriffen, weil daran grundsätzlich deutlich wird, wie wichtig es ist, bei all diesen historisch-politischen Bewertungen zwischen *Institutionen* und *Personen* zu unterscheiden.

Der Bundestag bekam von vornherein auch auf gesetzgeberischer Ebene nicht die ganze Macht, weil der Föderalismus nun ebenfalls gestärkt wurde. Aus dem *Reich* wurde eine *Bund*, das alleine war schon ein Programm. Sich auch mental vom »Reich« zu verabschieden – politisch war das durch die bedingungslose Kapitulation erfolgt – und die neu entstehenden Länder der westlichen Besatzungszonen als politische Einheiten anzuerkennen, die sich zu einem Bund zusammenschlossen, erforderte eine Anstrengung. Für den rheinischen Katholiken und Anti-Preußen Konrad Adenauer war das kein Problem, für die Christdemokraten insgesamt, ruft Allemann in Erinnerung, wirkte das »föderalistische Pathos des alten Zentrums« nach. Die Sozialdemokraten »waren von vornherein mit mehr unitarischem Öl gesalbt.« Bei den Beratungen in Bonn 1948 empfanden sie sich »als Verteidiger der nationalen Einheit nicht nur nach außen hin, also den Besatzungsmächten gegenüber, sondern auch nach innen, gegen allzu weitgehende Selbständigkeitswünsche der Länder (oder einzelner Länder), die in sozialdemokratischen Augen mit dem Odium des halben Separatismus behaftet waren.« Gleichwohl vertrat auch die SPD keinen Einheitsstaat, dagegen sprachen schon die Realitäten, »so zentralistisch wie nötig, so föderalistisch wie möglich«, lautete die ominöse Formel Kurt Schumachers.[10]

Auf der sozialdemokratischen Konferenz in Wennigsen bei Hannover Anfang Oktober 1945 hatte Schumacher noch vom »Reich« und von der »Reichseinheit« gesprochen, die es zu erhalten gelte, obwohl er in derselben Rede keinen Zweifel an seinem Widerstand gegen die sich andeutende Vereinnahmung der SPD durch die KPD in der Sowjetischen Besatzungszone ließ und damit schon früh erkannte, wohin die Entwicklung im Osten lief.[11] Und obwohl also die SPD durch diese Vereinnahmung in der erzwungenen SED-Gründung zum ersten Opfer der Teilung wurde und Schumacher einen scharfen antikommunistischen Kurs in der West-Partei durchsetzte, hielten er selbst, sein Nachfolger Ollenhauer und die SPD insgesamt noch lange an der Illusion einer möglichen Einheit fest, machten deswegen Opposition gegen Adenauers Westorientierung und gegen die Gründung der Montan-Union. Schon die Apostrophierung Adenauers als »Kanzler der Alliierten« durch Schumacher zu Beginn im Bundestag am 25.9.1949[12] sprach Bände.

Am 31.10.1945 bereits, nur wenige Wochen nach Schumachers Wennigsener Rede, hatte Adenauer jedoch nicht nur eine faktisch schon zementierte Teilung Europas und Deutschlands durch die Sowjetmacht erkannt – »Sowjetrussland«, wie er immer sagte, mit dem Kölnischen Akzent auf der ersten Silbe –, sondern prophezeite auch über einen zukünftigen westdeutschen Staat: »Die Schaffung eines zentralisierten Einheitsstaates wird nicht möglich, auch nicht wünschenswert sein, der staatsrechtliche Zusammenhang kann lockerer sein als früher, etwa in der Form eines bundesstaatlichen Verhältnisses.«[13] Das war immerhin acht Monate vor den ersten Landtagswahlen am 30.6.1946. Dass zukünftige Bundesländer eine größere Rolle gegenüber dem Staat als Ganzes spielen sollten, war schon durch die »vier D's« des Potsdamer Abkommens (darunter die Dezentralisierung) sowie durch eine konkrete Vorgabe der Alliierten in den *Frankfurter Dokumenten* 1948 vorgezeichnet. Dort hieß es in Dok. Nr. 1: »Die Verfassunggebende Versammlung wird eine demokratische Verfassung ausarbeiten, die für die beteiligten Länder eine Regierungsform des föderalistischen Typs schafft, die am besten geeignet ist, die gegenwärtig zerrissene deutsche Einheit schließlich wieder herzustellen, und die Rechte der beteiligten Länder schützt, eine angemessene Zentral-Instanz schafft und Garantien der individuellen Rechte und Freiheiten enthält.«[14]

Interessant ist die hierin festgehaltene Dialektik zwischen Einheit und Föderalismus, die nicht primär als Wink auf zukünftige Beitrittskandidaten wie das Saarland oder gar die Ostzone gemeint ist, wie später im Grundgesetz, sondern ganz grundsätzlich auf die Schaffung einer Einheit aus existierenden politischen Teileinheiten heraus, nämlich den Ländern. Diese waren größtenteils territorial durch den Verlauf der Besatzungszonen neu konstituiert und fanden als »administrative Zufallsgliederungen«, wie Allemann betont, »nicht mehr geschichtlich gewordene Einheiten«, zum Teil wenig Akzeptanz in der Bevölkerung. Waren diese nur aus »Eigensucht der Bürokratie« so entstanden?[15] Die Aufteilung des südwestdeutschen Raumes durch die französische und amerikanische Besatzungszone wurde bald überwunden und ein einheitliches Baden-Württemberg geschaffen, Hessen wurde zum ersten Mal vereint, wenn auch mit einer Korrektur der südwestlichen Grenze, die alljährlich im Karneval zwischen Mainz und Wiesbaden aufgespießt wird und die dazu geführt hat, dass die Weinregion »Rheinhessen« in Rheinland-Pfalz liegt. Ansonsten fand eine Aufteilung des alten Preußen statt, das schon durch den Beschluss des Alliierten Kontrollrats vom 25.2.1947 von der Landkarte verschwand, ein eher symbolischer, die Realität nur nachvollziehender Akt – aber von welcher Symbolkraft! Eine historische Zäsur in der deutschen Geschichte und neben der Oder-Neiße-Grenze fast das einzige, was aus jener Zeit bis heute geblieben ist:

»**Gesetz Nr. 46.** Auflösung des Staates Preußen
Der Staat Preußen, der seit jeher Träger des Militarismus und der Reaktion in Deutschland gewesen ist, hat in Wirklichkeit zu bestehen aufgehört. Geleitet von dem Interesse an der Aufrechterhaltung des Friedens und der Sicherheit der Völker und erfüllt von dem Wunsche, die weitere Wiederherstellung des politischen Lebens in Deutschland auf demokratischer Grundlage zu sichern, erläßt der Kontrollrat das folgende Gesetz:

Artikel I. Der Staat Preußen, seine Zentralregierung und alle nachgeordneten Behörden werden hiermit aufgelöst.

Artikel II. Die Gebiete, die ein Teil des Staates Preußen waren und die gegenwärtig der Oberhoheit des Kontrollrats unterstehen, sollen die Rechtsstellung von Ländern erhalten oder Ländern einverleibt werden. […]«[16]

So entstand der alte Föderalismus neu, historische Opfer des preußischen Expansionismus konnten sich nun befreien und wiedergründen. Im Übrigen war die Haltung der West-Alliierten dazu selbst Resultat eines Kompromisses zwischen den Extrempositionen der Briten, die für einen Einheitsstaat waren, und der Franzosen, die am liebsten gar keinen deutschen Staat wollten, und wenn denn notgedrungen, dann eher einen Staatenbund als einen Bundesstaat. Auf deutscher Seite bedurfte es jedoch auch der Akzeptanz eines neuen – und eigentlich alten – föderalistischen Geistes, um dies auch konzeptionell in einer Bundesverfassung umzusetzen, die den Ländern anfangs mehr Autonomie ließ, als dies heute noch der Fall ist. Dabei hat der Aspekt des alliierten Willens und der »Staatsgründung von oben« in den Hintergrund treten lassen, dass es sich bei der westdeutschen Staatsgründung eben *auch* um einen Zusammenschluss existierender Länder handelte, die zwar nicht souverän, aber auch nicht nur Befehlsempfänger waren. Als solche sah jedoch der Sozialdemokrat Carlo Schmid die Deutschen als Ganzes, als er in geradezu deprimiertem Ton in der ersten Sitzung des Parlamentarischen Rates erklärte:

»Wo das Volk sich lediglich in Funktion des Willens einer fremden übergeordneten Gewalt organisiert, sogar unter dem Zwang, gewisse Direktiven dabei befolgen zu müssen, entsteht lediglich ein Organismus mehr oder weniger administrativen Gepräges. [...] [Es] fehlt ihm, was den Staat ausmacht, nämlich die Kompetenz der Kompetenzen im tieferen Sinne des Wortes, das heißt die letzte Hoheit über sich selbst und damit die Möglichkeit zu letzter Verantwortung«[17]

Dies war so, weil auch die Alliierten ihre Lehren aus 1918/19 gezogen hatten. Das politische Klima zu jenem Zeitpunkt mag gewiss deprimierend gewesen sein, weil von der Berlin-Blockade geprägt, alles wurde als provisorisch gesehen, inklusive des zu gründenden (West-)Staates. Damit verbunden war die abstruse Vorstellung, die vor allem Carlo Schmid vertrat, »wonach das Deutsche Reich fortbestehe und allein seiner Handlungsfähigkeit verlustig gegangen sei.«[18] Diese Kontinuitätsthese wurde aus einer Vielzahl von Gründen heraus jedoch wichtig für die Bundesrepublik, so für die grundsätzliche Fortschreibung aller Gesetze solange, bis sie abgeschafft oder novelliert wurden, und auch für den Alleinvertretungsanspruch der Bundesrepublik für Deutschland. Dazu erklärte Kanzler Adenauer am 26.10.1949 gegenüber dem Vorsitzenden der Alliierten Hohen Kommission, General McCloy: »Wie ich bereits vor dem Deutschen Bundestag erklärt habe, ist die Bundesrepublik Deutschland, die kraft der Souveränität des deutschen Volkes gebildet worden ist, die alleinige legitimierte staatliche Organisation des deutschen Volkes. Damit ist sie die ausschließliche Trägerin der Rechte des früheren Deutschen Reiches.« In der Bundestagsrede vom 21.10.1949, auf die Adenauer hier Bezug nimmt, fehlte allerdings der letzte Satz.[19] Das Nichtzustandekommen eines Friedensvertrages und andere völkerrechtliche Probleme sollten noch lange politische Nachwirkungen haben, so im Phantom eines fortbestehenden »Deutschlands in den Grenzen von 1937« durch das Bundesverfassungsgericht über lange Jahre, und letztlich bis heute in der Phantasmagorie der »Reichsbürger« von der völkerrechtlich nicht existierenden Bundesrepublik. Solche Rechtsvorstellungen waren und sind alleine politisch bedingt und formalistisch nur zu vertreten, wenn man das Recht vollkommen von der Realität löst. Der von Deutschland begonnene totale Krieg endete in dessen totaler Niederlage: Zum Untergang des Staates als Resultat eines Krieges war nicht die Zustimmung von dessen letzter Regierung erforderlich, er erfolgte durch deren Absetzung und die darauf folgende Auflösung sämtlicher staatlicher Strukturen.

Die Staatsgründung war als Auftrag zugleich die Chance, einen entscheidenden Schritt zur Selbstbestimmung zu vollziehen – Selbstbestimmung als Ziel, aber auch auf dem Weg dorthin, durch die Verwirklichung eigener Vorstellungen. Entsprechend optimistischer sah es Adenauer auf derselben ersten Sitzung des Parlamentarischen Rates:

»Für jeden von uns war es eine schwere Entscheidung, ob er sich bei dem heutigen Zustand Deutschlands, bei der mangelnden Souveränität auch dieses Teiles Deutschlands zur Mitarbeit zur Verfügung stellen dürfe und solle. Ich glaube, verehrte Anwesende, eine richtige Entscheidung auf diese Frage kann man nur dann finden, wenn man sich klar macht, was denn sein würde, welche Folgen für Deutschland und für das deutsche Volk eintreten würden, wenn dieser Rat nicht ins Leben träte. Die drei Mächte, die sich entschlossen haben, diesen Rat ins Leben zu rufen, ließen sich dabei von der Absicht leiten, dass dem politisch völlig auseinandergebrochenen deutschen Volke eine neue politische Struktur gegeben werde, in seinem Interesse, aber auch im Interesse Europas und der gesamten Welt. Das muss auch unser Ziel sein, und darum müssen wir die uns gebotene Möglichkeit nutzen, um den jetzigen unmöglichen politischen Zuständen in Deutschland ein Ende zu bereiten. Wir müssen das tun, auch wenn unsere Arbeit vorerst nur einem Teil Deutschlands zugute kommt.«[20]

Der Auftrag zur Gründung eines Weststaates war von den Ministerpräsidenten der Länder anfangs nur widerstrebend angenommen worden, da dadurch klar wurde, dass Deutschland staatlich geteilt und der Westen dabei sogar den ersten Schritt tun würde, doch war die gesamtdeutsche Ministerpräsidentenkonferenz im Juni 1947 in München daran gescheitert, dass die ostdeutschen Vertreter die »Schaffung eines deutschen Einheitsstaates« auf die Tagesordnung setzen wollten, was die westdeutschen ablehnten. Schumacher hatte den sozialdemokratischen

Ministerpräsidenten eingeschärft, dass nur über wirtschaftliche Fragen diskutiert werden dürfe. Die SED führte ihren propagandistischen Kurs der von ihr angeblich vertretenen Einheit noch jahrelang weiter, um die Schuld an der Teilung dem Westen zuzuschieben, wohlwissend, dass der Westen die Einheit unter den Bedingungen des Ostens nicht annehmen konnte. Dies führte ja auch zur Ablehnung der Stalin-Note 1952 (Angebot der Wiedervereinigung gegen politisch-militärische Neutralität), die, wie wir heute wissen, ernster gemeint war, als es damals und lange danach noch den Anschein hatte.

Am Ende galt, wie Hans Boldt resümiert: »Trotz des Verlangens der Alliierten, Westdeutschland eine Verfassung zu geben, und ungeachtet ihrer Interventionen in die Arbeit des Parlamentarischen Rats hat die konstitutionelle Frage 1948/49 eine deutsche Antwort gefunden, steht das Grundgesetz deutlich in der deutschen Verfassungstradition. Es ist trotz der von den Alliierten ausgehenden Initiative nicht fremdbestimmt, kein westlicher Import, wie man gerade dort feststellen kann, wo es den intensivsten Einwirkungen der Alliierten ausgesetzt war: den Regelungen der föderativen Ordnung.«[21]

Hinsichtlich des Föderalismus bot ja auch die deutsche Geschichte reichhaltiges Anschauungsmaterial. Ein entscheidender Punkt war die »Finanzverfassung«, also die Frage, wie die Finanzmittel zwischen Bund und Ländern verteilt werden sollten. Und so »schlug das Grundgesetz einen Mittelweg ein zwischen der strikt föderalistischen Finanzverfassung des Kaiserreichs und der unitarischen Finanzverfassung der Weimarer Reichsverfassung. Nach mehrfachen Interventionen der Besatzungsmächte während der Beratungen im Parlamentarischen Rat stellte sich die Finanzverfassung in der Fassung des Grundgesetzes von 1949 als ein ›schwieriger, unübersichtlicher Kompromiß dar, der in wichtigen Teilen bewußt nur vorläufigen Charakter hatte.‹«[22]

Das föderale System wurde auch später noch in verschiedenen Etappen korrigiert, so vor allem unter den Großen Koalitionen 1968 und 2005. Alle Reformen gingen in die Richtung, die ursprüngliche (relative) Autonomie der Länder in verschiedenen Politikfeldern einzugrenzen zugunsten einer stärkeren Beteiligung der Länder über den Bundesrat auf Bundesebene – weniger Selbstständigkeit, mehr Mitsprache –, mit Ausnahme des Kultusbereiches, der ja seit dem Bundestagswahlkampf 2017 ebenfalls zur Debatte steht. Entscheidend ging es dabei jedoch um die Finanzen, deren Verteilung sowie die Mitfinanzierung von Länder- und kommunalen Aufgaben durch den Bund.[23] Die *Gemeinschaftsaufgaben* von Bund und Ländern gewähren dem Bundesrat ein entsprechendes Recht zur Zustimmung. Die zustimmungspflichtigen Gesetze wurden im Laufe der Zeit so ausgeweitet, dass sie fast den ganzen Bereich der Innenpolitik umfassen, schon allein aufgrund der finanziellen Verflechtung von Bund und Ländern. So hat sich der Föderalismus zu einem *kooperativen Föderalismus* entwickelt, der aus dem Bundesrat de facto eine zweite Kammer macht[24], auch wenn er staatsrechtlich nicht diese Funktion hat: »Er ist nicht Teil eines Parlaments, das in zwei Häuser gegliedert ist [...].«[25], denn er hat auch selbst keinen *parlamentarischen* Charakter, weil er Regierungschefs und -vertreter als Mitglieder hat.

Die Alliierten wollten vor allem in der Finanzfrage die föderalistische Komponente gestärkt sehen, gaben dann jedoch bei der Balance zwischen Ländern und Bund nach.[26] Letztlich kam strukturell ein historisches Novum dabei heraus, nämlich keine Vertretung der Länder über dort gewählte Senatoren wie in den USA und von SPD und FDP präferiert. Im Kalkül der SPD lag, dass gleiche Vertretungen von Ländern unterschiedlicher Größe der SPD genutzt hätten, während die CDU umgekehrt für eine Vertretung nach Größe der Länder eintrat.[27] Es gab auch keine Entsendung von Abgeordneten aus den Ländern nach dem Proporz der Fraktionen in den Landtagen, sondern heraus kam eine Vertretung der *Länderregierungen* mit einer Staffelung der Stimmen nach Größe zwischen 3 und 5, dagegen stand dann allerdings eine gestärkte Bundesfinanzverfassung. Dies war den Bayern jedoch nicht föderalistisch genug, weswegen der bayrische Landtag dann auch gegen das Grundgesetz stimmte.

So ist der Bundesrat als Vertretung der Länderregierungen und damit auch die ganze Bundesverfassung eine politische Schöpfung, die wohl einzigartig in der Geschichte ist, weil sie eigentlich in der Mitte zwischen Staatenbund und Bundesstaat liegt, auch wenn sich der neue Staat als letzteres versteht. Dies ist uns heute im politischen Alltag kaum mehr bewusst, aber diese nach wie vor bestehende Teilsouveränität der Länder, und zwar nicht ihrer Volksvertreter, sondern ihrer Regierungen, zeigt sich bei jedem Konflikt zwischen Bundesrat und Bundestag.

Die zunehmende Verflechtung zwischen Bund und Ländern über die Finanzen führte im Laufe der Zeit zu einem Macht-, weil Autonomieverlust für die Länderparlamente und wird deswegen in der wissenschaftlichen Debatte, nach Helms, als ein Prozess der Unitarisierung oder Zentralisierung verstanden, trotz einer Stärkung des Bundesrats durch die Ausweitung seiner Zustimmungspflicht, da der Bundesrat dabei als ein Organ des »Exekutivföderalismus« gesehen wird.[28] Dem möchte ich jedoch widersprechen, da man diesen besonderen Föderalismus der durch die Regierungen und nicht durch Abgeordnete vertretenen

Länder eben in seiner hybriden Eigenschaft zwischen Staatenbund und Bundesstaat verstehen muss, woraus diese Bedeutung der Exekutiven der Länder resultiert. Und deren Bedeutung hat seit dem Bestehen der Bundesrepublik, vor allem durch die genannten Reformen, stetig zugenommen. Ein unvoreingenommener Beobachter müsste heute feststellen, dass, überspitzt formuliert, die Bundesregierung nur noch souverän Außenpolitik betreiben kann und nahezu die gesamte Innenpolitik der mehrheitlichen Zustimmung der Länderregierungen bedarf.

All diese verfassungsmäßigen Komponenten bilden somit das Gerüst der Bundesrepublik, aber eben kein absolut starres Gerüst, sondern eines, das entwicklungsfähig war und weiterentwickelt wurde.

Recht und Wahlrecht

Auf die Labilität der Weimarer Politik folgte die Stabilität der Bonner Republik. So haben wir es alle in der Schule gelernt, dort ein Klassiker von Abiturprüfungen, und so hat es sich auch in das kollektive Bewusstsein eingeprägt. Zu dieser Stabilität trugen aber außer der Verfassung noch andere Faktoren bei. Einer wird gern dem Grundgesetz zugeschrieben und von Schülerinnen und Schülern bei Prüfungen meistens gleich als erstes genannt, steht dort aber gar nicht: die Fünfprozentklausel. Sie wurde bundesweit im Wahlgesetz für die Bundestagswahl 1953 festgelegt. 1949 galt sie nur pro Bundesland, das heißt, übersprang eine Partei diese Hürde in einem Land, so fiel die Hürde für sie im ganzen Bundesgebiet. Im ersten Bundestag waren entsprechend noch Abgeordnete aus neun Parteien sowie vier Einzelkandidaten (Direktwahl) vertreten, und Adenauers erste Koalitionsregierung verfügte bekanntlich nur über eine Stimme Mehrheit, also seine eigene. Dieser erste Bundestag unterschied sich somit in seiner politischen Zersplitterung gar nicht so grundsätzlich vom Reichstag der Weimarer Republik, doch hatte jetzt die CDU/CSU eine wesentlich stärkere Stellung als seinerzeit die Zentrumspartei (zusammen mit der von ihr abgespaltenen Bayrischen Volkspartei). Für die Bundestagswahl 1957 wurde die Fünfprozentklausel weiter verschärft: Drei Direktmandate waren nun notwendig, um sie außer Kraft zu setzen, bislang reichte dazu ein einzelner Wahlkreis. Die Splitterparteien rechts von der Mitte, die mit in der Koalition waren, konnte Adenauer durch eine Mischung aus Druck und Verführung so aufreiben, dass sie sich spalteten, Teile ihrer Führung zur CDU überliefen oder sie ihre Wählerbasis verloren: so der *Bund der Heimatvertriebenen und Entrechteten* (BHE) und die *Deutsche Partei* (DP). Prominentester

Überläufer und Vertriebenenminister vor und nach seinem Übertritt in die CDU war der Ex-Nazi Theodor Oberländer.

Die Fünfprozentklausel war für die CDU/CSU nur eine Ersatzlösung, sie wollte schon im Parlamentarischen Rat eigentlich ein Mehrheitswahlrecht nach britischem oder amerikanischem Vorbild durchsetzen. Das war auch eine Konsequenz aus der Weimarer Republik, wo ein uneingeschränktes Verhältniswahlrecht vor allem in der Endphase immer mehr Kleinstparteien, darunter sogar nur einzelne Abgeordnete, in den Reichstag brachte. Doch für ein Mehrheitswahlrecht fand Adenauer dort und auch später im Bundestag keine Mehrheit,[29] denn die SPD war dagegen und ließ sich zumindest gedanklich erst in der Großen Koalition 1966 darauf ein (siehe unten, S. 29f.). Die Uneinigkeit im Parlamentarischen Rat führte dazu, dass das Wahlrecht nicht verfassungsrechtlich festgeschrieben wurde. Was als ausgeklügeltes System der Wahrung demokratischer Prinzipien (Abbildung des Wählerwillens) und Garantierung eines arbeitsfähigen Parlaments (Verhinderung von Splitterparteien) erscheint, war also gar keine geniale Erfindung und schon gar keine der Väter (und Mütter) des Grundgesetzes, sondern vielmehr eine pragmatische Notlösung, die dann allerdings erheblich zur Stabilisierung der Bonner Republik beitrug, so dass sie heute einen Quasi-Verfassungsrang hat. Ihre Aufhebung für die Europawahl durch das Bundesverfassungsgericht (BVG) zeigt aber, dass das eine Ausnahme darstellt.

Mit der Kombination von Verhältnis- und Mehrheitswahlrecht hat man zudem eine Besonderheit geschaffen, die bis heute einer ständigen Überprüfung und Korrektur unterworfen ist, vor allem wegen der Überhangmandate, die sich aus der Diskrepanz zwischen beiden Wahlsystemen ergeben (die von einer Partei errungenen Direktmandate übersteigen die der Partei aufgrund des Verhältniswahlrechts zustehenden Parlamentssitze). Bei der Bundestagswahl 2017 hat sich dieses Problem zugespitzt mit der Folge einer erheblichen Vermehrung der Parlamentssitze und wird wohl Grund für eine weitere Korrektur des Systems sein. Durch die Nivellierung des Parteiensystems bei gleichzeitiger Vermehrung der Parteien, die in den Bundestag einziehen, wird das System durch die ihm inhärente Spannung zwischen Verhältnis- und Mehrheitswahl gesprengt: Parteien mit relativer Mehrheit von 30+ – hier also vor allem CDU und CSU, aber regional auch die SPD – können so flächendeckend die Wahlkreise gewinnen. In der ersten Bundestagswahl 1949, als es ebenfalls viele im Bundestag vertretenen Fraktionen gab, war dies nicht so, da man nur mit einer Stimme wählte und das Verhältnis Direktmandate zu Listenplätzen im Bundestag 60:40 betrug und nicht

50:50 wie später eingeführt. Die mehrheitswahlrechtliche Komponente in dem auf dem Verhältniswahlrecht basierenden System hat in der Folgezeit immerhin schon dazu geführt, dass Mehrheitsverhältnisse im Bundestag, also auch Kanzlerwahlen, nur durch eine Mehrheit dank erteilter Überhangmandate zustande kamen. Das komplizierte System der Austarierung von Überhangmandaten und Ausgleichsmandaten (für die anderen Parteien) hat in der Geschichte der Bundesrepublik oft genug zu Diskussion und Korrekturen geführt. Der spektakulärste Eingriff war die Annullierung des Ergebnisses der Landtagswahl 2009 in Schleswig-Holstein durch das Bundesverfassungsgericht, da die Überhangmandate der CDU aufgrund fehlender Ausgleichsmandate für die anderen eine numerische Mehrheit für CDU und FDP im Landtag brachten, während sie an Wählerstimmen weniger erzielt hatten als SPD, Grüne und SSW zusammen.[30] Dies war eine gravierende Verzerrung des Wählerwillens, doch die BVG-Entscheidung kam so spät, dass die Neuwahl erst ein Jahr vor Ablauf der Legislaturperiode stattfinden konnte. Konsequenterweise hätte sich dann sogar die Frage gestellt, ob die in dieser Zeit stattgefundenen Entscheidungen der CDU-FDP-Mehrheit rechtens gewesen waren. Auch auf Bundesebene gab es eine lange Auseinandersetzung zwischen Gesetzgeber und Verfassungsgericht um eine Neujustierung des Auszählungsverfahrens, so dass das BVG ungefähr zeitgleich mit dem schleswig-holsteinischen Verfahren auch eine entsprechende Reform, die der Bundestag für die Bundestagswahl beschlossen hatte, für verfassungswidrig erklärte.[31]

Zurück zur Nachkriegszeit. Auf der Linken profitierte die SPD davon, dass die KPD politisch marginalisiert, durch die Fünfprozentklausel 1953 ins Abseits gedrängt und schließlich vom BVG 1956 als verfassungsfeindlich verboten wurde. Bei den ersten Landtagswahlen 1946/47 war die SPD noch durch die Konkurrenz von links in einigen Ländern hinter der CDU gelandet, in denen es eigentlich eine »linke Mehrheit« gab, die aber nicht zusammenfinden konnte, nach all dem, was in der Ostzone vor sich ging. Umgekehrt hatte die CDU keine Berührungsängste mit den Parteien rechts von ihr und auch nicht mit Alt-Nazis als Personen. Konkret äußerte sich das Handicap für die SPD in den Landtagswahlen darin, dass in den großen Koalitionen bzw. Allparteienregierungen (meist ohne die KPD), die dort zur Ausarbeitung der Landesverfassungen gebildet wurden, die jeweils stärkste Partei den Ministerpräsidenten stellte, und dies war mehrheitlich die CDU.

Den strategischen Vorteil für das Mitte-Rechts-Lager unter Führung der CDU gegenüber der gespaltenen Linken verkannte Kurt Schumacher noch einen Monat nach Gründung der SED in der Ostzone auf dem SPD-Parteitag in Hannover am 9. Mai 1946:

»Die Führer der wiedererstehenden bürgerlichen Parteien leben noch ganz in der Vorstellungswelt von vor 1932. Sie haben noch gar keine Ahnung, dass eine Welt zusammengestürzt ist und eine neue sich aus ihr herausarbeitet. Sie merken noch nicht, dass ihre Ambitionen auf Herrschaft und Führung gegenstandslos und im Effekt für das deutsche Volk auch ganz uninteressant sind. [...] Das wird besonders dann sichtbar, wenn man die CDU betrachtet, wie sie glaubt, die taktische und geistige Position des Zentrums der damaligen Zeit ausnützen zu können. Sie ist erstaunt und erschreckt, wenn man ihr klarmacht, dass sie nicht mehr in der Lage ist, andere Parteien aus ihrer besonderen Stellung in der Mitte zu dirigieren oder gar zu erpressen.«[32]

Der bittere Rückblick auf die Vergangenheit verschmolz mit einer Illusion über Gegenwart und Zukunft in der Hoffnung, diejenigen, die damals gegen das Ermächtigungsgesetz gestimmt hatten, würden nun über diejenigen, die damals dafür gestimmt hatten, triumphieren, nämlich die Sozialdemokraten über die Bürgerlichen und vor allem über die CDU als Nachfolgerin der Zentrumspartei. Um seine Politik durchzusetzen, fand Konrad Adenauer jedoch schnell zum Bündnis mit den kleinen Rechtsparteien, zu denen anfangs auch die FDP gehörte (weswegen sie im Bundestag den Platz rechts von CDU/CSU bekam), und die von Ex-Nazis in führenden Positionen gespickt waren – Theodor Oberländer wurde schon genannt. Er wurde zur Symbolfigur für die Alt-Nazis in neuen Diensten (deutschen und US-amerikanischen), obwohl vieles des ihm zur Last gelegten, vor allem in der DDR-Propaganda, nicht einmal zutraf.[33] Da gab es weit gravierendere Fälle, zum Beispiel beim Bundesnachrichtendienst (BND), aber als Minister stand er eben im Rampenlicht. 1960 trat er zurück.

Während die CDU ihr Problem an der »rechten Flanke« gleichsam durch eine Osmose löste, wodurch die Rechten in die Partei aufgesogen wurden, blieb umgekehrt für die SPD auf der Linken auch nach dem Verbot der KPD ein Problem bestehen. Der Ost-West-Konflikt und die Realität in der DDR, zumal nach dem niedergeschlagenen Aufstand 1953, diskreditierte den Sozialismus als solchen, was Adenauer geschickt und hemmungslos gegen die SPD auszuspielen vermochte: »Alle Wege des Marxismus führen nach Moskau«[34], mit diesem berühmt-berüchtigten Wahlplakat der CDU im Bundestagwahlkampf 1953 (nach dem DDR-Aufstand, aber noch vor dem KPD-Verbot), spielten die Wahlkampfstrategen der CDU, bei denen etliche Alt-Nazis aus dem 1950 gegründeten »Volksbund für Frieden und Freiheit« aktiv waren[35], gezielt auf den Sprachgebrauch Hitlers an, der KPD und SPD propagandistisch oft genug zusammen als die »marxistischen Parteien« angesprochen hatte. Die FDP formulierte es im selben Wahlkampf noch viel direkter: »Wo Ollenhauer pflügt, sät Moskau.«[36]

Die SPD, die am Sozialismus als Ziel, aber in Abgrenzung zum Kommunismus, festhielt, konnte diesen Kurs nicht aufrechterhalten, wenn sie mehrheitsfähig werden wollte. So kam es zum Godesberger Programm 1959, das den weiterhin aufrecht erhaltenen Anspruch an den »demokratischen Sozialismus«, bei dem das Adjektiv wichtiger war als das Substantiv, mit dem Bekenntnis zur sozialen Marktwirtschaft verband: »Das private Eigentum an Produktionsmitteln hat Anspruch auf Schutz und Förderung, soweit es nicht den Aufbau einer gerechten Sozialordnung hindert.«[37] Demgegenüber berief sich das bis dahin formal gültige Heidelberger Programm von 1925 noch auf Marx und Engels und kritisierte grundsätzlich den Kapitalismus.[38]

Die als »Restauration« charakterisierte Ära Adenauer beinhaltete gleichwohl den Neuanfang, den Allemann mit »Bonn ist nicht Weimar« so treffend auf den Punkt gebracht hat, und bei dem man auch zwischen Institutionen und Personen unterscheiden muss. In den fünfziger Jahren bereinigte sich die Parteienlandschaft. Verfassungsfeinde an den Rändern wurden vom BVG verboten: 1952 die Sozialistische Reichspartei als Nachfolgeorganisation der NSDAP, obwohl bei Wahlen unbedeutend, und 1956 die KPD, obwohl nach der Bundestagswahl 1953 kaum noch von Gewicht (2,2 %), aber im Zeichen des Kalten Krieges natürlich von besonderer Bedeutung. Die anderen kleinen parlamentarischen Rechtsparteien wurden, wie oben erwähnt, von der CDU aufgesogen oder ins Abseits gedrängt. Sowohl rechts als auch links außen existierten Kleinstparteien weiter, die nicht verboten wurden und sich entsprechend bemühten, keinen Anlass dafür zu geben, auf der Rechten zum Beispiel die Deutsche Reichspartei, die sich in die Tradition der alten DNVP aus der Weimarer Republik stellte und aus der dann 1964 die NPD als Neugründung hervorging. Die DRP war bis 1953 im Bundestag vertreten sowie danach noch in den Landtagen von Niedersachen und Rheinland-Pfalz. Die ursächliche Verwicklung zweier ihrer Mitglieder in die Antisemitismuswelle 1959 führte zum Verbot des rheinland-pfälzischen Landesverbandes.[39]

Die Lichtung der Parteienlandschaft im Hinblick auf den Bundestag war kein Resultat der neuen Verfassung, sondern eines politischen Prozesses, bei dem die CDU so, wie von Schumacher für unmöglich gehalten, die zentrale Rolle einnahm, weit über die in der Weimarer Republik hinaus, und 1957 sogar die absolute Mehrheit erzielte. Und dies unter einem Kanzler, der wie kein anderer Politiker schon durch sein Alter eigentlich nicht das Neue, sondern das Alte verkörperte. Die Gnade der frühen Geburt – in Umkehrung zu Helmut Kohls »Gnade der späten Geburt« – hatte ihn dafür prädestiniert: Als Hitler an die Macht kam, war er schon fast im Rentenalter (geb. 1876), kein Nazi, aber auch kein Widerständler, von den Nazis als OB von Köln entlassen, aber nicht verhaftet und auch kein Emigrant. Und Adenauer erhielt rasch eine Stellung, die am besten mit dem Begriff des ersten römischen Kaisers Augustus für sich selbst zu beschreiben ist: *auctoritas non potestas* – er regierte durch Autorität, nicht durch Macht. »Daß Adenauer, 1949 mit der knappsten aller möglichen Mehrheiten gewählt, jahrelang die deutsche politische Situation so souverän bestimmen konnte wie kein deutscher Staatsmann seit Bismarck«, schrieb Allemann schon 1955 (und wir fügen hinzu: natürlich ausgenommen Hitler), »lag ebenso an dieser Situation wie an seiner Persönlichkeit.«[40] Bismarck hatte eine institutionelle Machtposition gegenüber dem Parlament, die Adenauer nicht hatte. Bismarck konnte sich wechselnde Mehrheiten suchen und musste nicht beliebt sein – er wurde ja auch nicht gewählt, sondern vom Kaiser ernannt –, Adenauer brauchte eine stabile Mehrheit und musste Wähler überzeugen. Auch der irgendwann erfundene Begriff der »Kanzlerdemokratie« kann nicht darüber hinwegtäuschen, dass diese keine verfassungsrechtliche Kategorie ist und keine institutionelle Basis hat, denn der Kanzler regiert nur durch seine Mehrheit. Darin liegt der größte Unterschied zur Weimarer Republik, und dies zeigt sich am besten in jenen Momenten, in denen diese Mehrheit fehlt.

Die CDU profitierte am meisten von der Fünfprozenthürde, 1953 hatte sie schon eine Mehrheit von einen Mandat, 1957 eine deutliche absolute Mehrheit und regierte alleine. 1961 reduzierten sich die Fraktionen im Bundestag auf drei, eine Konstellation, die die politische Stabilität der alten BRD ausmachte und auf die heute die alten Volksparteien nur sehnsüchtig zurückschauen können.

Das Dreiparteiensystem und die Große Koalition 1966–1969

Seit 1961 gab es nur noch Union, SPD, FDP im Bundestag. Gegenüber den beiden Volksparteien, wie sie nun genannt wurden, bekam die FDP auf einmal eine weit über ihr Gewicht hinausgehende Bedeutung als Mehrheitsbeschafferin. Bis diese Macht auch wirklich für einen Richtungswechsel ausgespielt wurde, verging allerdings noch fast ein

Jahrzehnt. Wie schon erwähnt, kam ihre Platzierung rechts von der CDU/CSU nicht von ungefähr. Wie umfangreich und tief verwurzelt der rechte Flügel um ehemalige Nazis in der FDP war, ist zum Teil erst Jahrzehnte später ganz aufgedeckt worden. Der Anteil von ehemaligen NSDAP-Mitgliedern in anderen Parteien, selbst in der SPD, war dabei nicht so viel geringer, doch während jene mit ihrer Vergangenheit gebrochen hatten, bildeten die in der FDP eine politische Fraktion von Überzeugungstätern. Dieser stramm rechte Flügel wurde nach und nach unter dem Parteivorsitz von Thomas Dehler (1954–57) und Reinhold Maier (1957–60) kaltgestellt und ging zum Teil zur 1964 neu gegründeten NPD. Mit Erich Mende (1960–68) führte ein Nationalliberaler die Partei, Heimatvertriebener und Minister für Gesamtdeutsche Fragen unter Kanzler Ludwig Erhard (1963–66), der zwar auf dem Boden der Demokratie stand, aber mit dem ein Wechsel in der Außenpolitik gegenüber dem Osten nicht zu machen war, die Willy Brandt dann als Außenminister in der Großen Koalition 1966–69 mit Duldung der CDU/CSU bereits vorsichtig begann. Mit der Wahl Walter Scheels an die Parteispitze 1968 vollzog sich jedoch eine Linkswende, die eine Koalition mit der SPD möglich machte, nicht nur in außenpolitischen Fragen. Die »Kulturrevolution« – um einen Begriff aufzugreifen, der faszinierte, ohne dass man recht wusste, wofür er stand – der Studenten- und Jugendbewegung der sechziger Jahre ging auch an der FDP nicht spurlos vorbei. Der Streit mit der Union während der letzten gemeinsamen Koalition unter Erhard bis 1966 und die Zeit in der Opposition während der anschließenden Großen Koalition 1966–69 verfestigte die Loslösung von der CDU. Schon 1961 hatte die FDP versprochen – es dann aber nicht gehalten –, nicht mehr in eine Regierung unter Adenauer einzutreten, was sich aber gegen seine Person und noch nicht gegen seine Partei richtete. Als es wegen der Wirtschaftskrise Mitte der sechziger Jahre zu einem Konflikt in der Regierung Erhard kam und die beiden Koalitionspartner sich nicht auf einen Haushalt für 1967 einigen konnten, wollte die FDP ihre Macht gegenüber der CDU ausspielen und stieg aus der Koalition aus. Sollte das eine Erpressung gewesen sein, so ging die Rechnung nicht auf, die Union holte sich nämlich die SPD in eine Große Koalition.

In der Bundestagsfraktion der CDU/CSU konnte die Große Koalition nur gegen einen starken Widerstand durchgesetzt werden. In der SPD hatte Herbert Wehner schon seit längerem in diese Richtung seine Fäden gesponnen, Willy Brandt und der Fraktionssitzende Fritz Erler tendierten eher zur FDP, doch dort gab es 1966 noch zu große Widerstände. Die Parteibasis wurde jedoch nicht gefragt und die nachträgliche Billigung auf dem SPD-Parteitag im November 1968, also zwei Jahre danach (!), fand nur 60 Prozent Zustimmung, wenn auch 90 Prozent der Delegierten meinten, innerhalb der nun zustande gekommenen Koalition mache die SPD ihre Sache gut. Zuvor gab es jedoch massiven Widerstand aus den Parteigliederungen: »Erstmalig seit den Fünfziger Jahren«, schreibt der Historiker Hans Karl Rupp, »protestierten ganze Parteibezirke gegen eine Entscheidung der Parteiführungsgremien, kam es zur Wahl von Gegnern der Politik der Parteispitze zu Bezirksvorsitzenden.«[41] – »Von einem Aufstand der Basis gegen die Parteiführung kann freilich nicht die Rede sein«, meint dagegen Stefan Schwarz.[42] Auf dem Parteitag hätte man die Große Koalition zwei Jahre nach ihrem Bestehen und weniger als ein Jahr vor der nächsten Bundestagswahl schlecht nachträglich ablehnen können. Angesichts dessen waren jedoch 40 Prozent Ablehnung schon ein deutliches Zeichen.

Man muss sich auch noch einmal vergegenwärtigen, wer da in der Regierung aufeinandertraf. Es ging hier nicht nur um die Hauptkontrahenten der deutschen Politik: In derselben Regierung saßen nun auf der einen Seite ein Kanzler (Kiesinger), der im Februar 1933 aus einer Mischung aus Überzeugung und Opportunismus in die NSDAP eingetreten war und im Auswärtigen Amt bis 1945 Karriere gemacht hatte, und ein politischer Widerständler und Emigrant auf der anderen Seite als Vizekanzler (Brandt). Die politischen Aversionen waren wechselseitig groß, in der Öffentlichkeit damals aber weit mehr gegen Brandt gerichtet, dem auch in weiten Kreisen der Bevölkerung das Stigma des Landesverräters anhaftete. Als Dritter ist Herbert Wehner zu nennen, Minister für gesamtdeutsche Fragen, ein ehemaliger Kommunist, der im Moskauer Exil bis 1941 alle Stalinschen Säuberungen überstanden hatte, im schwedischen Exil mit der KP brach und 1945 in die SPD eintrat und zu deren Chefstratege, oft im Hintergrund, wurde. Seine Vergangenheit wurde auch ihm noch bis in Debatten des Bundestages hinein immer wieder vorgehalten. Und als vierter, auf der Seite der Union, der CSU-Vorsitzende Franz-Josef Strauß als Finanzminister, der in den vorherigen Regierungen einen Skandal nach dem anderen produziert und Regierungskrisen ausgelöst hatte, darunter 1962 in der »Spiegel-Affäre« durch die Verhaftung von Rudolf Augstein und Conrad Ahlers wegen eines bundeswehrkritischen Enthüllungsartikels (»Bedingt abwehrbereit«, Strauß war damals Verteidigungsminister).

Die zweite Hälfte der 1960er Jahre war eine Zeit der Krise und des gesellschaftlichen Umbruchs. Die aus heutiger Sicht kleine Wirtschaftskrise, aber mit einer ersten, damals in Zeiten der Vollbeschäftigung als bedrohlich empfundenen kurzzeitigen Rezession, kündigte letztlich

»nur« das Ende des »Wirtschaftswunders« an – das, wie wir wissen, kein »Wunder« war –, an das man sich gewöhnt hatte, als sei es auf Dauer gestellt. Es traf eine Regierung, an deren Spitze ausgerechnet der »Vater des Wirtschaftswunders« stand, Ludwig Erhard. Diese Krise sollte durch einen Kanzlerwechsel und die Einbindung der SPD in der Regierung und einem damit auch erhofften Stillhalten der Gewerkschaften gemeistert werden. Man einigte sich auf eine antizyklische Wirtschaftspolitik zur Bewältigung der Krise. Doch noch eine ganze Reihe anderer Projekte, vor allem Verfassungsänderungen, wurden ins Programm genommen, da man nun endlich eine verfassungsgebende Mehrheit hatte. Die betraf allen voran die Notstandsgesetze, zu denen es schon 1960, 1963 und 1965 von Seiten der CDU/CSU einen Vorstoß gegeben hatte, aber keine Zweidrittelmehrheit im Bundestag.[43]

Die Verabschiedung der Notstandsgesetze sollte später noch schwer auf der SPD lasten. Dabei füllten sie eigentlich nur eine Lücke, die das Auslaufen der noch bestehenden alliierten Sicherheitsvorbehalte aus dem Deutschlandvertrag entstand.[44] Der Protest der Studentenbewegung gegen die im Mai 1968 verabschiedete Notstandsverfassung ließ diese dialektisch umgekehrt fast wie eine Reaktion des Staates auf die »Krawalle« erscheinen. Der Widerstand auch innerhalb von Partei und Fraktion der SPD dagegen war groß, ein Viertel der sozialdemokratischen Abgeordneten verweigerte die Zustimmung. Bei den Beratungen konnten jedoch vor allem Gewerkschafter in den Reihen der SPD Abschwächungen und das Widerstandsrecht in Art. 20 (4) im Grundgesetz durchsetzen.[45] Interessanterweise hatte der Parlamentarische Rat genau dies 1949 »mit großer Mehrheit zunächst abgelehnt, da man ihn als eine ›Aufforderung zum Landfriedensbruch‹ (Carlo Schmid) ansah«, erklärt der Bundestag dazu auf seiner diesbezüglichen Webseite.[46] Dass der Widerstandsartikel zusammen mit den Notstandsgesetzen verabschiedet wurde, ist wenig bekannt, er wurde später von etlichen außerparlamentarisch Opponierenden gewiss in dem von Carlo Schmid gemeinten Sinne und sogar noch gravierender missverstanden, doch klärt er in diesem Zusammenhang, wo von den Kritikern stets eine Parallele zwischen den Notstandsgesetzen und den Notverordnungen der Weimarer Republik gezogen wurde, dass auch einer Notstandsverfassung Grenzen gesetzt sind und sogar Widerstand gegen den Staat bei Verletzung des Rechts nicht nur rechtens, sondern sogar eine Pflicht ist: »Wo Unrecht zu Recht wird, wird Widerstand zur Pflicht.« Das Widerstandsrecht gegen staatliche Institutionen, die die verfassungsrechtliche Grundlage aufheben, legitimiere somit einen Staatsstreich, interpretiert der Staatsrechtler Isensee (»Widerstandsfall ist ein Staatsstreich«).[47] Wir kommen darauf in Kapitel 5 zurück.

Zum ersten Mal tat sich nun aber für die SPD wieder eine politische Opposition von links auf – eine »Außerparlamentarische Opposition« (APO) zur Großen Koalition –, von der sich die SPD innerparteilich vor allem bei der Parteijugend zunächst um Abgrenzung bemühte. So sollte der Sozialistische Hochschulbund SHB nicht mehr mit dem SDS zusammenarbeiten (Sozialistischer Deutscher Studentenbund – früher selbst mal die eigene Studentenorganisation). Doch es war nur eine Frage der Zeit, bis die Radikalisierung auch die Jungsozialisten voll ergriff.

Auf der anderen Seite des politischen Spektrums erstarkte aber auch die 1964 gegründete NPD und zog spektakulär in etliche Landtage ein: 1966 in Hessen und Bayern, 1967 in Bremen, Rheinland-Pfalz, Niedersachsen und Schleswig-Holstein, 1968 in Baden-Württemberg mit 9,8 %. Bei der Bundestagswahl 1969 scheiterte sie dann knapp mit 4,3 %, nahm aber dadurch vielleicht der CDU/CSU die nötigen Stimmen weg, die ihr zur absoluten Mehrheit fehlten (CDU/CSU: 46,1 % / SPD und FDP zusammen 48,5 %) oder aber eine potenzielle sozialliberale Mehrheit so reduziert hätten, dass diese aufgrund der innerparteilichen Gegner dieser Koalition in der FDP nicht zustande gekommen wäre.

Vielleicht war das wichtigste Motiv für die CDU/CSU, sich auf die Große Koalition einzulassen, aber ein ganz anderes: In den Koalitionsverhandlungen mit der SPD einigte man sich auf eine Wahlrechtsänderung hin zum Mehrheitswahlrecht. In seiner Regierungserklärung zum Amtsantritt erklärte Bundeskanzler Kurt-Georg Kiesinger, bis dahin baden-württembergischer Ministerpräsident, zur Beschwichtigung der Gemüter, die angesichts der mehr als zwei Drittel großen Mehrheit der neuen Koalition einen Machtmissbraucht befürchteten:

»Die Opposition wird alle parlamentarischen Möglichkeiten haben, ihre Auffassung zur Darstellung und Geltung zu bringen. Die stärkste Absicherung gegen einen möglichen Mißbrauch der Macht ist der feste Wille der Partner der Großen Koalition, diese nur auf Zeit, also bis zum Ende dieser Legislaturperiode fortzuführen. Während dieser Zusammenarbeit soll nach Auffassung der Bundesregierung ein neues Wahlrecht grundgesetzlich verankert werden, das für künftige Wahlen zum Deutschen Bundestag nach 1969 klare Mehrheiten ermöglicht.«[48]

Die »Köln-Mannheimer Schule« von Politikwissenschaftlern hatte Mitte der sechziger Jahre Studien zu möglichen Varianten des Mehrheitswahlrechts oder eines mehrheitswahlbasierten Wahlrechts vorgelegt, die die Diskussion beeinflussten.[49] Wäre dies so verwirklicht worden, wäre es mehr als ein Machtmissbrauch gewesen, es hätte die

Bonner Republik für immer verändert, denn Kiesinger sprach nicht nur davon, das Wahlrecht zu ändern, sondern es kraft der Zweidrittelmehrheit *im Grundgesetz zu verankern*. Der FDP ihre Oppositionsrechte zu garantieren angesichts dessen, dass sie durch die beiden Volksparteien politisch liquidiert werden sollte, war geradezu zynisch. »Parteienmord aus Staatsräson?« fragte daher treffend Rolf Zundel in der *Zeit* vom 9.12.1966. Da die Wahlrechtsänderung gleich für die 1969 anstehende Wahl auch bei ihren Verfechtern zu radikal aussah, stellte man bei der CDU Überlegungen für eine Übergangslösung an: Erhöhung der Sperrklausel auf 10 % oder Belassen bei 5 %, aber dann mit der zusätzlichen Bedingung von fünf Direktmandaten. Bei letzterem wäre ebenfalls »der FDP-Mord ohne Anstandspause« (Zundel) von statten gegangen.

Inwiefern ein Mehrheitswahlrecht jenseits säkularer Traditionen wie in den angelsächsischen Ländern oder vormals im Kaiserreich nach bundesdeutschem Demokratieverständnis überhaupt rechtens, also demokratisch im eigentlichen Sinne wäre, wurde damals nicht diskutiert und auch dem BVG nicht zur Entscheidung vorgelegt, da es ja nicht dazu kam und bereits bei der Ausarbeitung des Grundgesetzes verworfen wurde (siehe oben). Es wäre deswegen auch verfassungswidrig gewesen, denn Art. 21 (1) GG legt fest: »Die Parteien wirken bei der politischen Willensbildung des Volkes mit«, und Art. 38 bestimmt das Wahlrecht auch nach dem Prinzip »gleicher Wahl«. Bei den Auseinandersetzungen um Elemente im bundesdeutschen Wahlrecht (z.B. Überhangmandate) ging es immer wieder um die »Problematik der Erfolgswertunterschiede«.[50] Mit anderen Worten: Alle einzelnen abgegebenen Stimmen müssen gleichwertig nicht nur hinsichtlich der Stimmabgabe, sondern auch hinsichtlich ihres Wirkungsgewichtes sein, das wäre aber beim Mehrheitswahlrecht nicht der Fall.

Zur Wahlrechtsänderung kam es nicht, denn die SPD-Führung bekam letztlich Skrupel bzw. überdachte ihre Position aus strategischen Gründen: Mit dem Wechsel von Erich Mende zu Walter Scheel in der Führung der FDP auf dem Parteitag im Januar 1968 hatte sich ein Richtungswechsel vollzogen, der die Partei koalitionsfähig für die SPD machte. Zudem gab es bereits den Testlauf einer sozialliberalen Koalition im wichtigsten Bundesland Nordrhein-Westfalen, die zeitgleich mit der Großen Koalition 1966 begonnen hatte. Im März 1968 vertagte dann der SPD-Parteitag in Nürnberg die Wahlrechtsfrage bis zum nächsten Parteitag 1970, und obwohl die dafür gebildete Parteikommission später noch einstimmig dafür votierte[51], blieb es dabei. Als Argument der Befürworter wog damals der steile Erfolg der NPD, der auch in Baden-Württemberg eine Große Koalition unter schwierigen

Verhandlungen herbeiführte und der tendenziell bei einem Einzug in den Bundestag die Große Koalition zu einer Dauereinrichtung machen würde. So sah zum Beispiel Wilhelm Hennis, Politikprofessor in Freiburg und SPD-Mitglied, angesichts der Entscheidung des Nürnberger Parteitages bereits eine Rückkehr von Weimar kommen: vor dem Hintergrund einer Wirtschaftskrise auf der einen Seite eine neue Linke, noch außerparlamentarisch gegen das gewählte Parlament, auf der anderen der drohende Einzug einer rechtsradikalen Partei in den Bundestag, und in der Mitte eine durch eine »Große Koalition ohne Ende« funktional blockierte Demokratie.[52]

Nach der Entscheidung des SPD-Parteitages auf Vertagung der Wahlrechtsreform erklärte der CDU/CSU-Fraktionsvorsitzende Rainer Barzel in der Fraktionssitzung am 25.3.1968 im Rückblick zur Bedeutung der Wahlrechtsfrage für das Zustandekommen der Großen Koalition: »Nicht für alle von uns, aber auch für viele prinzipielle Gegner einer Großen Koalition war das der mögliche Einstieg, Ja zu sagen.«[53] Die Union kalkulierte klar damit, beim Mehrheitswahlrecht als Sieger hervorzugehen und ohne Koalitionspartner regieren zu können. Keine FDP mehr, auch keine drohende NPD, und eine SPD als Gegner, der hinter der CDU/CSU zurückblieb.

Tatsächlich hätte dies die Bundesrepublik tiefgreifend verändert, und daran zeigt sich auch, dass deren politisches Design, um es mal so zu formulieren, nicht nur durch die Verfassung festgelegt wurde, sondern auch durch das Wahlrecht, das der parlamentarischen Entscheidung unterworfen war. Und dass die politischen Akteure dieser Bundesrepublik zumindest einmal nahe dran waren, dieses politische Design grundlegend zu verändern. Umgekehrt kann man natürlich sagen, dass sich letztlich das System bewährt und einen Angriff auf die Demokratie abgewehrt hat. Inwiefern der Rückzug der SPD davon nicht letztlich der FDP und ihrem Kurswechsel zu verdanken ist, wird sich nicht zweifelsfrei klären lassen. Nicht nur die Befürworter der Großen Koalition, die die Wahlrechtsreform mit der CDU/CSU vereinbart hatten, auch viele Gegner der Großen Koalition, die auf dem Nürnberger Partei massiv vertreten waren, waren eher Befürworter des Mehrheitswahlrechts, weil es solche Konstellationen unmöglich machte. Vielleicht hatte die sozialliberale Koalition in Düsseldorf hier tatsächlich zur rechten Zeit am rechten Ort ein viel wichtigeres Signal gesetzt als nur für eine neue Regierungskoalition.

Die Bundestagswahl 1969 fand also unter anderen Rahmenbedingungen statt als eigentlich vorgesehen, das Gegenteil dessen, was man sich erhofft hatte, fand nun statt. Das Dreiparteiensystem erlebte einen

Höhepunkt: Mit nur 5,8 % (gegenüber 9,5 % 1965) konnte die FDP einen Politikwechsel in Deutschland herbeiführen, denn keine der großen Parteien erreichte eine absolute Mehrheit, die CDU/CSU als stärkste Fraktion immerhin 46,1 % der Stimmen gegenüber 42,7 % für die SPD, die sich damit zwar verbesserte (1965: 39,3 %), aber um Einiges hinter der Union zurückblieb.

Dieser Richtungswechsel vollzog sich freilich vor dem Hintergrund tiefgreifender gesellschaftlicher Umbrüche. Institutionell blieb es beim Dreiparteiensystem, weil die APO außerparlamentarisch blieb und die NPD bei der Bundestagswahl 1969 mit 4,3 % scheiterte. Trotz ihrer Präsenz in einigen Landtagen hatte sie den Zenit ihres Einflusses überschritten, nicht zuletzt auch durch heftige innerparteiliche Konflikte, wie sie für alle Rechtsparteien in der heutigen Zeit typisch zu sein scheinen. Es blieb damals ein rechtsradikales Strohfeuer, obwohl die Ostpolitik der neuen Regierung auch weiteren Widerstand von rechts hervorrufen sollte mit einer Streuwirkung bis weit in die Unionsparteien hinein.

Anders auf der Linken. Die »Außerparlamentarische Opposition« brachte schon als Wortschöpfung den kreativen Geist einer neuen Linken zum Ausdruck, die 1968 durch das berühmte Plakat des Stuttgarter SDS »Alle reden vom Wetter. Wir nicht« mit den Köpfen von Marx, Engels und Lenin quasi ihre propagandistische Geburt feierte.[54] Kurz vor der Begründung der Großen Koalition hatte Günter Grass die Entwicklung vorausgesehen und in einem Brief an Willy Brandt am 30.11.1966, der auch mit der Antwort Brandts in der Parteizeitung *Vorwärts* abgedruckt wurde, gewarnt:

»Lieber Willy Brandt! Bevor es zur Großen Koalition kommt, bevor also Sie zwischen den Herren Kiesinger und Strauß den Kronzeugen einer falschen Harmonie werden abgeben müssen, bitte ich Sie, den Vorsitzenden der SPD, einer Partei also, in die ich meine Hoffnungen setzte und setze, noch einmal, die unabsehbaren Folgen einer solchen Entscheidung zu bedenken. Diese Entscheidung wird mich und viele meiner Freunde gegen ihren und meinen Willen in eine linke Ecke drängen und zum bloßen, obendrein politisch machtlosen Widerpart der NPD degradieren. [...] Die allgemeine Anpassung wird endgültig das Verhalten zu Staat und Gesellschaft bestimmen. Die Jugend unseres Landes jedoch wird sich vom Staat und seiner Verfassung abkehren, sie wird sich nach Links und Rechts verrennen, sobald diese miese Ehe beschlossen sein wird. [...]«

Darauf antwortete Brandt:

»Lieber Günter Grass! Sie haben die Sorgen und die Befürchtungen formuliert, die viele Menschen – und nicht die schlechtesten – in unserem Lande mit Ihnen teilen. Die Große Koalition enthält Risiken. Gefühl und Willen zur Führung wiesen vielen von uns einen anderen Weg. Nach sehr ernster Prüfung und dem Hintergrund der dürren Ziffern im Bundestag und angesichts der Aufgaben im Inneren und nach außen habe ich zu dem Ergebnis kommen müssen, daß der andere Weg nicht gangbar war. [...] Sie Ihre Freunde und viele der kritischen jungen Menschen dürfen sich gerade jetzt nicht in das Abseits der Resignation oder des bloßen Protestes stellen. Die demokratische Linke und unser Land würden nicht nur ärmer sondern auch schwächer werden. Das Gewissen der Sozialdemokratischen Partei schlägt nicht außerhalb dieser Partei. [...]«[55]

»Mehr Demokratie wagen«: Die sozialliberale Ära und die Neue Linke

Der Machtwechsel zur sozialliberalen Koalition 1969 markierte eine »geistig-moralische Wende«, wie sie Helmut Kohl in den 1980er Jahren wieder rückgängig machen wollte und dafür diesen Begriff prägte. In einer neuen politischen Konstellation heute ist die »68er Revolution« zur Zielscheibe der Fundamentalkritik der AfD und damit wieder Gegenstand der öffentlichen Debatte geworden. Während jedoch der politisch-kulturelle Einfluss der 68er nach und nach die Gesellschaft ergriff und auch bis in die Regierungspolitik hinein einige Wirkungen zeitigte (z.B. in der Bildungspolitik), so blieb die politische Bewegung, die sich aus der Studentenbewegung heraus in weitere Kreise und vor allem in die Jugend hinein entfaltete, weiterhin in einem besonderen Spannungsverhältnis zur SPD. Nicht nur, dass es durch die Große Koalition faktisch keine Opposition im Bundestag gab, auch die Tatsache, dass Willy Brandt Außenminister war, spielte bei den außenpolitischen Themen wie dem Protest gegen den Vietnamkrieg oder der Solidarität mit der Bürgerrechtsbewegung in den USA und gegenüber den Problemen der Dritten Welt eine Rolle. Besonders neuralgisch war die Situation in Berlin, dem Zentrum der Studentenbewegung, bei den Demonstrationen mit roten Fahnen gegen die USA im Vietnamkrieg, schreibt Dietrich Thränhardt: »Der SPD-geführte Senat selber organisierte 1968 eine Gegendemonstration unter dem Motto ›Berlin steht für Frieden und Freiheit‹. Schon hier kam es zu jener Gewalttätigkeit, die Beobachter wie Grass vorausgesagt hatten.« Für das neue politische Engagement in der Gesellschaft fehlte eine politische Identifikation, wie sie die SPD in den Protestbewegungen gegen die Wiederbewaffnung und gegen die

Atombewaffnung in den fünfziger Jahren noch gewesen war. »Die SPD, in deren Gliederungen diese Probleme durchaus mitempfunden wurden und deren Mitglieder, wie der spätere Berliner Landesvorsitzende Ristock, an den Aktionen teilnahmen, kam als derartige Orientierungsmöglichkeit kaum mehr in Frage.«[56]

Inwiefern die Integration des Protestpotenzials in der SPD noch möglich gewesen wäre, wäre sie in der Opposition geblieben, bleibt spekulativ, die politische Radikalisierung ging jedenfalls viel weiter, als es das Selbstverständnis der SPD generell erlaubt hätte. Es war auch ein Generationenproblem. Die jungen Leute, die trotzdem in die SPD eintraten, 1972 alleine 100 000, und zwar um sie zu verändern, radikalisierten zwar die Jungsozialisten, wurden aber weitgehend in Quarantäne gehalten. Die Konflikte mit den Jusos gingen hin bis zu Ausschlussdrohungen, und tatsächlich ausgeschlossen wurde ja auch deren Vorsitzender Klaus-Uwe Benneter als Repräsentant des »Stamokap«-Flügels 1977. Die Theorie des »Staatsmonopolistischen Kapitalismus« geht letztlich auf den Sozialdemokraten Rudolf Hilferding (1910) zurück, wurde von Lenin in seiner Imperialismustheorie weiterentwickelt und von den späteren orthodoxen Theoretikern und Stalinisten in eine politische Strategie umgemünzt, um die es hier nun ging: »Stamokap« bei den Jusos galt als Übernahme von SED-/DKP-Positionen, und ihre Vertreter versuchten auch eine entsprechende Annäherung an die DKP herbeizuführen.

Der linke Impetus hatte jedoch einen weitaus größeren Horizont und erfasste weitere Kreise der Partei, bis hin zu Mandatsträgern schrieb man Bücher mit dem Ziel einer Forcierung der Linksentwicklung der SPD, so in der berühmten rororo-aktuell-Reihe, herausgegeben von Freimut Duve, selbst SPD-Politiker. Bei den Jungsozialisten wurde der Sozialismus wieder klar auf die Fahne geschrieben, »Systemüberwindung« war das Ziel, und die mit Ausnahme des Benneter-Moments knapp mehrheitlich reformistische Variante der »antikapitalistischen Strukturreformen« war der kleinste gemeinsame Nenner der Jusos, der schon mit der Parteiführung nicht mehr kompatibel war. Bereits auf dem spektakulären Juso-Bundeskongress am 7.12.1969 in München, mit dem der Linksruck begann, kritisierten die Jusos die Anpassung der SPD an die bürgerlich-kapitalistische Gesellschaft und forderten die Verstaatlichung von Großbanken und Schlüsselindustrien und eine generelle Ausrichtung sozialdemokratisch geführter Politik »an den Bedürfnissen einer kommenden sozialistischen Gesellschaft«.[57] Dabei konnten die Jusos der Partei durchaus vorwerfen, hinter das Godesberger Programm zurückgefallen zu sein, in dem zu Beginn immerhin noch »Grundwerte des Sozialismus« postuliert wurden, die freilich vage mit *Freiheit*, *Gerechtigkeit* und *menschenwürdige Gesellschaft* umschrieben waren, so wie die Ziele der angestrebten Wirtschafts- und Sozialordnung als »gerechte Beteiligung aller am Ertrag der Volkswirtschaft, ein Leben in Freiheit ohne unwürdige Abhängigkeit und ohne Ausbeutung«.[58] Der noch stark marxistisch inspirierte Sozialismus der Weimarer SPD war auf moralische Kategorien zurückgestutzt, darunter noch die Marx'sche »Ausbeutung«, doch was war Ausbeutung in der sozialen Marktwirtschaft? So schloss der neue Juso-Bundesvorsitzende Karsten Voigt 1969: »Der Münchener Bundeskongreß, der ohne die Politisierung weiter Kreise der Jugend durch die Außerparlamentarische Opposition nicht denkbar wäre, zeigt den Weg zur sozialistischen Theorie, jetzt muß ihr die Praxis folgen.«[59] Der *Spiegel* schrieb dazu:

»Leo Bauer, Ghostwriter und Kongreß-Beobachter des Parteichefs Willy Brandt, war empört: ›Fünftausend Apo-Leute haben den Verband unterwandert und umgedreht.‹ Joachim Steffen, Linksaußen des SPD-Establishments und einziger Repräsentant des Partei-Vorstands in München, verwarf die Diagnose des früheren SED-Mitglieds Bauer: ›So eine Verschwörer-Theorie kann nur einem ehemaligen Kommunisten einfallen.‹[60]

In der Tat: Trotz freimütigen Gebrauchs sozialistischer Vokabeln blieb die Außerparlamentarische Opposition draußen vor der Kongreßtür. Für die Jusos führte auch in München der Weg zum Sozialismus immer noch durch die SPD. Anträge antiautoritärer Genossen, die diesen Weg verbauen wollten, wurden von der Mehrheit niedergestimmt. Der Kongreß war dagegen,

- die Regierungserklärung des SPD-Kanzlers Brandt rundweg ›abzulehnen‹,
- die SPD als ›liberale Fraktion der Bourgeoisie‹ abzuschreiben,
- ›ein für allemal auf die Wiedervereinigung zu verzichten‹.«[61]

Beflügelt wurde diese Radikalisierung in den folgenden Jahren durch Linksentwicklungen in Frankreich und Italien, das »Gemeinsame Programm« der französischen Sozialisten und Kommunisten 1972 und die vom französischen Sozialistenchef Mitterrand schon 1971 lancierte Losung vom »Bruch mit dem Kapitalismus«. Die französische Linke und die italienischen »Eurokommunisten« der KPI waren freilich in der Opposition, die SPD dagegen war in der Regierung.

Dabei hat Willy Brandt selbst in seiner Regierungserklärung nach Bildung der sozialliberalen Koalition mit dem Slogan »Wir wollen mehr Demokratie wagen« eine Dynamik entfaltet, die er in diesem Ausmaß wohl nicht ahnte, weil man damit durchaus Utopien verbinden konnte, die weit über das von Brandt Intendierte hinausgingen. Denn was er nach seinem Amtsantritt im Bundestag erklärte, stieß zwar auf erbarmungslose Kritik bei den hartgesottenen APO-Veteranen, musste aber bei anderen zwangsläufig die Phantasie anregen:

»Wir wollen mehr Demokratie wagen. Wir werden unsere Arbeitsweise öffnen und dem kritischen Bedürfnis nach Information Genüge tun. Wir werden darauf hinwirken, daß nicht nur durch Anhörungen im Bundestag,

(Abg. Dr. Barzel: Anhörungen?)

sondern auch durch ständige Fühlungnahme mit den repräsentativen Gruppen unseres Volkes und durch eine umfassende Unterrichtung über die Regierungspolitik jeder Bürger die Möglichkeit erhält, an der Reform von Staat und Gesellschaft mitzuwirken.

(Abg. Dr. Barzel: Die Regierung will uns gnädigst anhören?! — Abg. Wehner: Beruhigen Sie sich! Das heißt neudeutsch ›Hearing‹, nichts anderes! — Abg. Dr. Barzel: Dann soll er es doch richtig sagen!)

Wir wenden uns an die im Frieden nachgewachsenen Generationen, die nicht mit den Hypotheken der Älteren belastet sind und belastet werden dürfen; jene jungen Menschen, die uns beim Wort nehmen wollen — und sollen. Diese jungen Menschen müssen aber verstehen, daß auch sie gegenüber Staat und Gesellschaft Verpflichtungen haben.«

Nach dem Hinweis auf die Senkung der Altersgrenze für das Wahlrecht auf 18 Jahre ergänzte Brandt:

»Mitbestimmung, *Mitverantwortung in den verschiedenen Bereichen unserer Gesellschaft* wird eine bewegende Kraft der kommenden Jahre sein. Wir können nicht die perfekte Demokratie schaffen. Wir wollen eine Gesellschaft, die mehr Freiheit bietet und mehr Mitverantwortung fordert.«[62] (Hervorheb. im Original).

Die protokollierten Zwischenrufe zeigen dabei auch schon ein Stück Veränderung der politischen Kultur, die Brandt ansprach.

Die Verknüpfung der Komponenten Mitbestimmung/Verpflichtung oder Freiheit/Mitverantwortung wurde in der Öffentlichkeit von den von der Rede Begeisterten, im Nachhinein gesehen, ziemlich einseitig wahrgenommen, nämlich vor allem in Bezug auf die erste Komponente. Paradoxerweise verlangte die politisierte Jugend gerade von jenem Staat die Erfüllung ihrer Wünsche, zu dem sie mehr und mehr auf Distanz ging. Vollzog sich die Radikalisierung der Jusos weitgehend in Theoriediskussionen – allerorts wurde Karl Marx wiederentdeckt –, so radikalisierte sich die Neue Linke außerhalb der SPD in sektiererischen Parteigründungen, zum Teil maoistischer Inspiration (die man dann die »K-Gruppen« nannte), in dem neu gegründeten Ableger der SED im

Westen, der DKP, und in neuen anarchistisch-terroristischen Tendenzen, die in der RAF kulminierten.

Die SPD in der politischen Verantwortung hat dialektisch zum Protest gegenüber dem politischen Establishment und damit gegen sich selbst beigetragen, von den Notstandsgesetzen über den »Radikalenerlass« 1972 bis zum NATO-Doppelbeschluss am Ende der sozialliberalen Ära 1979. Eine gestörte Wahrnehmung der Realität, zuweilen sogar eine Verblendung, war in den siebziger Jahren auf beiden Seiten groß, auf der des Protestes wie auch auf der des Staates, was seine Gefährdung durch Extremisten anging. Diese Gruppe der Gefährder, wie man heute sagen würde, war in der RAF und ihrem Unterstützerumfeld ziemlich klein, auch wenn sie die Regierenden tatsächlich immer wieder durch Kommandoaktionen in Notsituationen brachten, auf die Staat und Gesellschaft nicht vorbereitet waren: die politischen Attentate, darunter auf Generalbundesanwalt Buback, die Entführung des Arbeitgeberpräsidenten Schleyer sowie der Lufthansa-Maschine *Landshut* zur Freipressung der inhaftierten RAF-Führungsriege, gefolgt von der Ermordung Schleyers. Es war der Beginn des Terrorismus, der sich auch international zeigte, weswegen die RAF mit der PLO vernetzt war sowie mit der Stasi und dem DDR-Regime.

Das Umfeld der »Sympathisanten«, wie man damals sagte, war gewiss größer (»Solidarität mit den politischen Gefangenen« usw.) und sicher auch durchlässig hin zur Gewalt, insgesamt aber keine ernsthafte Bedrohung der staatlichen Ordnung. Die allermeisten Linksradikalen, bis hinein in die Jusos, hingen marxistischen Utopien nach, von denen sie selbst nicht wussten, wie sie sie realisieren sollten. Die Gruppe der Gewalttäter entstand wohl letztlich aus dieser Desillusion heraus: »Es entwickelte sich unter anderem, gespeist durch die Wahrnehmung eigener politischer Ohnmacht in studentischen und Schülerzirkeln, verursacht eher durch elitäre Selbstüberschätzung als durch eigene Erfahrungen wirklichen politischen Scheiterns, eher spielerisch zunächst, eine neue Kultur der Gewalt.«[63] Von den Brandanschlägen bis zu den Attentaten entstand ein Terrorismus, der sich die romantisierte lateinamerikanische Stadtguerilla zum Vorbild nahm und die Diskrepanz auflösen sollte, dass man eben nur eine verschwindend kleine gesellschaftliche Minderheit war. Doch die Idee der »Tupamaros«, der »Maulwürfe«, die den Staat unterminierten, war verführerisch – auch für den Staat, der die kleine Gruppe von Maulwürfen so gefährlich fand wie sie sich selbst. Weswegen der Staat durch »direkte Aktionen« zu mehr Gewalt provoziert werden sollte in der Hoffnung, diese »Faschisierung« werde größeren Kreisen der Bevölkerung die Augen öffnen. Dass die RAF einen »Volkskrieg« führte und Schleyer im »Volksgefängnis« festhielt, war die groteskeste und tragischste Zuspitzung des Avantgarde-Bewusstseins in jener Zeit, die Berufung auf ein »Volk«, das sie gleichzeitig wegen seines fehlenden politischen Bewusstseins verachteten.

Am Anfang stand »die Illusion«, resümierte und kommentierte Albrecht Wellmer noch zeitnah 1979, »daß ›einige politische Kämpfer, die wirklichen [sic] beginnen und nicht nur endlos diskutieren, [...] die politische Szene grundlegend verändern‹ können, und zwar in dem Sinne, daß durch den bewaffneten Kampf einiger weniger die ›Zustimmung der Massen‹ zu bewaffneten Kampf bewirkt werden und damit die Emanzipation der Massen in Gang gesetzt werden könne. Nur die gewaltsame Verdrängung alles dessen, was man aus einer auf Marx sich berufenden kritischen Gesellschaftstheorie über die Möglichkeiten einer Veränderung spätkapitalistischer Gesellschaften lernen kann, läßt einen solchen gewaltsamen Kurzschluß von der Dritten auf die Erste Welt begreiflich erscheinen. Und in der Tat möchte man bezweifeln, daß die Terroristen jemals ernsthaft an *diese* Perspektive ihres illegalen Kampfes geglaubt haben können; ich neige dazu, sie für die pseudopolitische Rationalisierung einer Verzweiflung zu halten, einer Verzweiflung an der Möglichkeit politischer Veränderungen, die sich in der Überzeugung niederschlägt, daß ›bewaffneter Kampf aus der Illegalität die einzige Möglichkeit im Imperialismus zu praktisch-kritischer Tätigkeit‹ sei.«[64]

Während der Extremismus vom »Imperialismus« sprach, sprach die kritische Gesellschaftstheorie von der »spätkapitalistischen Gesellschaft«. Als Lenin die These vom Imperialismus als »jüngstem Stadium des Kapitalismus« 1916 im Zürcher Exil formulierte, tobte der Erste Weltkrieg und die Alte Welt stürzte sich ganz offensichtlich in den Untergang. Erst 1929 wurde der Titel in »... als höchstes Stadium ...« geändert. Die französische Übersetzung titelte 1923 »L'Imperialisme, dernière étape du Capitalisme« (... letzte Etappe ...), und die beiden geänderten Wörter brachten verstärkt den Gedanken zum Ausdruck, dass der Kapitalismus seinem Ende entgegengehe. In diesem Licht sind Imperialismus und Spätkapitalismus zwei verschiedene Begriffe einer ähnlichen geschichtsphilosophischen Betrachtung, und tatsächlich war der Gedanke, dass der Kapitalismus nicht dauern könne, in den siebziger Jahren der gesamten Linken inhärent. Nur war der Niedergang nicht erkennbar, vielmehr stabilisierte sich die Gesellschaft politisch umso mehr. Dies wurde dann dialektisch umgedeutet in dem Sinne, dass die verstärkten Repressionsmaßnahmen gegen antikapitalistische Positionen in der Ersten Welt und die Unterdrückung der Befreiungsbewegungen in der Dritten Welt sowie letztlich auch der Ost-West-Konflikt eine innere Schwäche offenbarten.

Das Scheitern der ersten Illusion der Terroristen führte zu einer zweiten Illusion, um »zur Fortführung des bewaffneten Kampfes eine theoretische Rationalisierung zu finden«, schrieb Wellmer 1979: »Sie behaupteten nämlich jetzt, das kapitalistische System müsse dazu gebracht werden, seinen latenten Faschismus offen zu deklarieren; wenn erst einmal die politische Repression einen genügenden Grad von Offenheit und Intensität erreicht hätte, dann würden die Massen ihre wahren Feinde erkennen und auf die Seite der bewaffneten Revolutionäre übergehen.«[65]

Diese Logik, wenn man sie als eine solche verstehen will, war damals gar nicht neu, sie entsprach ziemlich genau der »Sozialfaschismus«-These der KPD in ihrer linksradikalen Phase in der Weimarer Republik, auf die wir weiter unten eingehender zu sprechen kommen. Der Unterschied war nur, dass die KPD immerhin eine Verankerung im Proletariat hatte. Die Dämonisierung der bestehenden Demokratie als Faschismus auf der Linken oder als Sozialismus (Gleichheitsprinzip) auf der Rechten ist ein Strukturmerkmal des Extremismus. Dabei spielte die Spaltung der Linken in einen reformerischen und einen radikalen Flügel eine besondere Rolle, weswegen in der Weimarer Republik die KPD und in der Bonner Republik die Linksradikalen die SPD anklagten, sie gebe dem Kapitalismus nur einen sozialen Anstrich zur Irreführung der Massen und sei im Notfall stets bereit, gegen die Revolution auch den autoritären Weg zu gehen. Nur fand keine linke Revolution statt, in der Weimarer Republik nicht, nachdem sie 1919/20 gescheitert war, und in der Bundesrepublik schon gar nicht.

Die »Faschisierung« des Staates schien sich einen Moment lang in der Hysterie während des »Deutschen Herbstes« 1977 zu verwirklichen, dem Höhepunkt der RAF-Attentate, als nach der Ermordung von Generalbundesanwalt Buback im April die Schleyer-Entführung, die Flugzeugentführung, der Tod Schleyers und der Selbstmord der in Stuttgart-Stammheim inhaftierten RAF-Führung zu einer massiven polizeilichen Fahndung und einem entsprechenden politischen Klima in der Gesellschaft führten.

Diese Hysterie fand ihren Ausdruck in dem Dokumentarfilm *Deutschland im Herbst* (1978), der von der Crème des Neuen Deutschen Films hergestellt wurde (Fassbinder, Schlöndorf, Kluge u.a.) und das Stichwort für den »Deutschen Herbst« lieferte. In diesem Doku-Drama, in dem fiktionale neben dokumentarischen Episoden stehen und erstere wie letztere aussehen sollten, konnte man unter anderem eine Art bajuwarischen »Reichsparteitag« sehen, wo Franz-Josef Strauß in apokalyptischer Atmosphäre in die Versammlungshalle trat, gefolgt von seinen »Unterführern«, wie man in der NS-Zeit gesagt hätte, unter den Rufen Edmund Stoibers (damals Generalsekretär der CSU) über Lautsprecher: »Franz-Josef – gibt uns Hoffnung! Gib uns Zukunft!«. Und andererseits einen Rainer Werner Fassbinder, der, als er eine Polizeisirene auf der Straße hörte, in seiner Wohnung den »Stoff« in die Toilette kippte und hinunterspülte (aus meiner Erinnerung – WG). Letzteres war natürlich keine Doku-Szene, sondern *Fiction,* und zwischen diesen beiden Ebenen changierte der Film. Er begann mit der Texteinblendung »›An einem bestimmten Punkt der Grausamkeit angekommen, ist es schon gleich, wer sie begangen hat: sie soll nur aufhören.‹ – 8. April 1945, Frau Wilde, 5 Kinder« und endete mit der abschließenden Einblendung: »An einem bestimmten Punkt der Grausamkeit angekommen, ist es schon gleich, wer sie begangen hat: sie soll nur aufhören.«

Der Film stellte die damaligen Ereignisse also gezielt in einen historischen Vergleichsrahmen. Am Ende wird auch eine Parallele zu den Fällen der 1927 in den USA zum Tode verurteilten Anarchisten Sacco und Vanzetti hergestellt, als das Lied von Joan Baez *Here's to you, Nicola and Bart* zu Szenen von der Beerdigung und des Trauermarsches für Andreas Baader, Gudrun Ensslin und Jan-Carl Raspe erklingt. Auf die Kritik am Film angesprochen, erklärte Volker Schlöndorff im Frankfurter *Pflasterstand*: »Nach so einer Arbeit mit diesem Film, nach den Erfahrungen, die man dabei macht, fragt man sich nicht mehr, warum gibt es sogenannte Terroristen, sondern wie kommt es, daß es nicht viel mehr gibt. Wie kommt es, daß nicht alle um sich schlagen.«[66]

Zuvor schon hatte der Brief eines »Göttinger Mescalero« in der dortigen Studentenzeitung im Juni 1977 Aufsehen erregt, der sich dazu bekannte, angesichts der Ermordung Bubacks »klammheimliche Freude« empfunden zu haben – dem Staat Anlass genug, auf breiter Ebene gegen echte und vermeintliche RAF-Sympathisanten vorzugehen, was wiederum Reaktionen in breiteren Kreisen, auch von Hochschulprofessoren, hervorrief, die sich gegen die politische Entmündigung der Universität wandten (»politisches Mandat«).

Entsprechend provokative Äußerungen gab es auch auf der politischen Gegenseite, die Springer-Medien waren deswegen auch eine besondere Zielscheibe von der APO bis zur RAF. Eine spektakuläre Äußerung zum Geschehen in Lateinamerika erregte 1973 die Öffentlichkeit, als nämlich der CDU-Politiker und damalige Vorsitzende der Konrad-Adenauer-Stiftung und vormalige CDU-Generalsekretär, Bruno Heck, bei einem Besuch in Chile nach dem Putsch Pinochets über die

4000 Inhaftierten im Stadion von Santiago erklärte: »Das Leben im Stadion ist bei sonnigem Wetter recht angenehm.« Ein Satz mit ungeheurer Wirkung, vom *Spiegel* noch 1989 anlässlich des Todes von Heck zitiert. Dabei war dieser Satz von der *Süddeutschen Zeitung* verkürzt zitiert worden, denn »die Unterbringung der Gefangenen beschrieb er als ›ausgesprochen schlecht‹. Zwar könnten sich die Häftlinge im Gegensatz zu den vorangegangenen Wochen inzwischen im Freien bewegen, was bei sonnigem Wetter sicher angenehm sei. Bei Regen und Kälte sei das Leben der Häftlinge jedoch ›unerträglich und scheußlich‹.«[67] Gleichwohl schien die Angelegenheit aber für Heck, der die chilenischen Christdemokraten besuchte, die wohl unter dem Druck der CIA in die Opposition gegen Allende gewechselt waren, doch vor allem eine Frage der Wetterlage gewesen zu sein. In seinem Bericht erklärte er: »Die Mehrheit, die große Mehrheit des chilenischen Volkes wollte den Bürgerkrieg nicht. Deswegen hat sie das Eingreifen der Streitkräfte gewünscht oder doch als letzten Ausweg toleriert.«[68] Dies ergänzte kohärent erste Erklärungen der CDU zum Putsch, die sich als Genugtuung über sein Gelingen interpretieren ließen, was Wilhelm Hofmeister für die Konrad-Adenauer-Stiftung resümiert: »Der Putsch wurde von der CDU nicht verteidigt, doch als nahezu zwangsläufige Folge der politischen Entwicklung verstanden. [...] Der CDU/CSU-Fraktionsvorsitzende im Deutschen Bundestag, Karl Carstens, erklärte, damit sei das Experiment gescheitert, Marxismus und freiheitlich demokratische Grundsätze zu vereinen.«[69] Klammheimliche Freude? Über den Putsch und seine Interpretation gerieten damals auch SPD und CDU/CSU in eine heftige Auseinandersetzung.

Für die Linken international waren der Putsch und sein Kontext sowie für die deutsche Linke zusätzlich der verselbstständigte Satz von Bruno Heck Indizien erster Güte für die These von der Verstrickung der bürgerlichen Demokratie mit dem Faschismus, zumal der Putsch gegen den sozialistischen – wohlgemerkt demokratisch gewählten – Präsidenten Allende von der CIA organisiert wurde, wovon man damals überzeugt war. Zumindest jedoch war sie involviert, da sie auf exklusive Anordnung von US-Präsident Nixon von Anfang an Aktionen zur Verhinderung und dann zur Destabilisierung der Allende-Regierung mit dem Ziel ihres Sturzes unternommen hatte (Projekt FUBELT).[70] Der Militärattaché Patrick Ryan berichtete vom Putsch am 11. September als »our D-Day«.[71] Was sich die Linke in Deutschland – und anderswo – allerdings nicht vor Augen führte, war, dass die Allende-Regierung ziemlich bald nach ihrer Wahl auch von linksradikalen Kräften bekämpft wurde, für die die Volksfrontregierung nur einen Übergang zur Revolution darstellte – oder eben ein Hindernis. Tatsächlich hat die Destabilisierung von links wesentlich mehr zur Schwächung Allendes beigetragen, der, stets als Marxist apostrophiert, in Wirklichkeit eher ein Sozialist wie zur selben Zeit François Mitterrand war, als die konterrevolutionären Aktivitäten der inländischen Rechten und der CIA.[72]

Zehn Jahre später, im Zuge der »geistig-moralischen Wende«, die Helmut Kohl nach seiner Kanzlerwahl 1982 ankündigte, erklärte Bruno Heck für die Konrad-Adenauer-Stiftung: »Die Rebellion von 1968 hat mehr Werte zerstört als das Dritte Reich. Sie zu bewältigen, ist daher wichtiger, als ein weiteres Mal Hitler zu überwinden.«[73] Einmal mehr zeigt dies, wie auf allen Seiten der Bezug zum Nationalsozialismus als Legitimation für politische Analysen und Handlungen herangezogen wurde.

Radikale Stammtischparolen gegen die Linksradikalen oder die, die man dafür hielt, wurden vor allem von der CSU hoffähig gemacht, wenn nicht selbst produziert, und ihr Vorsitzender Franz-Josef Strauß, das *enfant terrible* der deutschen Politik seit den fünfziger Jahren, ging meist voran. So auch 1978 mit seiner Diffamierung von linken Schriftstellern als »Ratten und Schmeißfliegen«, was CSU-Generalsekretär Stoiber im Bundestagswahlkampf 1980, als Strauß Kanzlerkandidat der CDU/CSU war, noch einmal aufgriff und die Konfrontation um ein weiteres nach oben trieb.[74]

In der linken und linksradikalen Szene lieferten Intellektuelle und Wissenschaftler gesellschaftskritische Analysen, die zur Festigung ihres Weltbildes beitrugen, wie es auch in dem Film *Deutschland im Herbst* zum Ausdruck kam. Schon in den 1960er Jahren war die Auseinandersetzung der Studentenbewegung mit der Kritischen Theorie der Frankfurter Schule ein wesentlicher Faktor für die Herausbildung des politischen Bewusstseins, und zwar wohlgemerkt die *Auseinandersetzung* mit der Frankfurter Schule, deren Analysen man adaptierte, der man aber vorwarf, keine politischen Konsequenzen aus ihrer Gesellschaftskritik zu ziehen.[75]

Anders war dies bei Herbert Marcuse, der in den USA geblieben war und in den sechziger Jahren mit *Der eindimensionale Mensch* und *Repressive Toleranz* eine Verbindung der philosophisch-soziologischen Analysen zur Entfremdung in der Fortsetzung von Marx und der Frankfurter Schule mit einer stärker politischen Gesellschaftsanalyse herstellte. *Der eindimensionale Mensch* war unausgesprochen eine Fortführung der zentralen Gedanken der *Dialektik der Aufklärung* von Horkheimer und Adorno, mit Anklängen an den frühen Georg Lukács und einer gewissen Nostalgie nach der vorindustriellen Gesellschaft, die

die Autoren der Kritischen Theorie nicht gerade unterschrieben hätten, die aber die junge Generation von 1967 (Veröffentlichung der deutschen Ausgabe) und umso mehr zehn Jahre danach ansprach. In einem großen Abschnitt über die Frage des Verhältnisses zwischen Kunst und Realität hieß es darin zum Beispiel über die vorbürgerliche Ordnung:

»Die Welt ihrer Vorläufer war gewiß eine rückständige, vortechnische Welt, eine Welt, die angesichts von Ungleichheit und Plackerei ein gutes Gewissen hatte und in der die Arbeit noch ein vom Schicksal verhängtes Unglück war – aber eine Welt, in der Mensch und Natur noch nicht als Dinge und Mittel organisiert waren.«[76]

Hier war sozusagen virtuell schon der Übergang vom Neomarxismus zur Zurück-zur-Natur-Bewegung angelegt, auch diese erschien nun als ein Ausweg aus dem Kapitalismus. In Anlehnung an das Brechtsche Theater schrieb Marcuse, »daß die heutige Welt nur dann in dieser Weise wiedergegeben werden kann, wenn sie als veränderbar wiedergegeben wird – als der Zustand zu negierender Negativität.«[77] Dies konnten alle gegen die gesellschaftlichen Verhältnisse Protestierenden, vom Reform-Juso bis zum Möchtegern-Revolutionär (angesichts einer nicht existierenden revolutionären Situation) unterschreiben.

Pessimistischer über die Möglichkeit von Veränderung äußerte sich Marcuse aber einleitend in *Repressive Toleranz*, in Amerika nach *The One-Dimensional Man* erschienen, in Deutschland aber ein Jahr davor (1966): »Der Verfasser ist sich dessen voll bewußt, daß gegenwärtig keine Macht, Autorität oder Regierung vorhanden ist, die eine befreiende Toleranz in Praxis übersetzen würde, doch er meint, daß es Aufgabe und Pflicht des Intellektuellen ist, an geschichtliche Möglichkeiten, die zu utopischen geworden zu sein scheinen, zu erinnern und sie zu bewahren – daß es seine Aufgabe ist, die unmittelbare Konkretheit der Unterdrückung zu durchbrechen, um die Gesellschaft als das zu erkennen, was sie ist und tut.«[78]

1973 folgte *Konterrevolution und Revolte*, in dem Marcuse viel konkreter politisch wurde und gleich zu Beginn schrieb: »Die westliche Welt hat eine neue Entwicklungsstufe erreicht: die Verteidigung des kapitalistischen Systems verlangt heute die Organisierung der Konterrevolution innerhalb wie außerhalb des eigenen Bereichs. In ihren extremen Erscheinungsformen setzt diese Konterrevolution die Greueltaten des Nazi-Regimes fort.«[79] Worauf eine Aufzählung all jener damals virulenten Massenmorde, Grausamkeiten und Unterdrückungen in der »Dritten Welt« folgt – allerdings nicht jene von Kommunisten verübten –, vom Vietnamkrieg bis zum Massaker an revoltierenden Studenten in Mexiko zehn Tage vor Beginn der Olympiade 1968. »Wo der

Widerstand der Armen gebrochen ist«, fährt Marcuse fort, »führen Studenten den Kampf gegen die Soldateska und die Polizei.«

Wie die Welt in den »befreiten Gebieten« aussah, war dabei weniger Thema, im Gegenteil: Obwohl Marcuse durchaus den Sozialismus stalinistischer Prägung kritisierte, entschuldigte er dessen Erstarrung, Reformunfähigkeit und mangelnde innere Freiheit mit der internationalen Isolation in der kapitalistischen Welt und deren »Übermacht«. Gäbe es diese nicht, wäre auch die Entwicklung in den sozialistischen Ländern befreit: »Die chinesische und kubanische Revolution könnten sich endlich ungehindert entwickeln – befreit von erdrückenden Blockade und der ebenso erdrückenden Notwendigkeit, einen immer kostspieligeren Verteidigungsapparat zu unterhalten. Könnte in einem solchen Falle die sowjetisch bestimmte Welt lange immun bleiben oder eine solche Revolution langfristig eindämmen?«[80] Marcuse lieferte – bzw. bediente – hier ein Argument, auf das sich nahezu die gesamte Linke einigen konnte, sowohl die sowjetfreundliche als auch die sowjetkritische, sieht man einmal von radikalen Trotzkisten ab.

Mit der Erklärung aller Gewalttaten als Resultate staatlich gewollter Repression, bis hin zu den Attentaten auf die Kennedys und Martin Luther King – oder analog später in der Bundesrepublik die Schüsse auf Benno Ohnesorg und Rudi Dutschke –, wurde die »Konterrevolution« zu einem ominös agierenden System in der Nachfolge des Nazismus, und diese historische Anbindung war auch eine damals für die Linke entscheidende politisch-historische Interpretation, die die Grenze zwischen Totalitarismus und Demokratie – selbst wenn sie undemokratische Züge beinhaltete wie die Rassentrennung in den USA – bewusst verwischte, so wie die Rezipienten dieser Thesen dann auch zwischen der Situation in den lateinamerikanischen Diktaturen und den europäischen Demokratien nicht mehr unterschieden.

Mit dem Argument der »präventiven Konterrevolution«, die die westliche Welt beherrsche, obwohl gar keine Revolution bevorstehe, lieferte Marcuse noch ein entscheidendes Argument zur Rechtfertigung der Umkehrung des traditionellen politischen Denkens: Eine Revolution im klassischen Sinne ist gar nicht mehr möglich, weil die Konterrevolution sie von vornherein verhindert, *actio* und *reactio* kehren sich um, Gewaltanwendung gegen diesen Staat ist somit nur eine Verteidigung gegen dessen Gewalt zur Verhinderung der Revolution. Damit war die selbsternannte linke Avantgarde auch von dem Dilemma befreit, dass ihr »das Volk« nicht folgte. Auch dafür gab es weiterreichende Erklärungen wie von der »Tyrannei der Mehrheit« durch die »repressive

Toleranz«, die »hinsichtlich der etablierten Politik zum Zwangsverhalten« werde.[81]

Auch wurden solche philosophischen und soziologischen Analysen in den Niederungen des politischen Alltags schnell weiter zu Kampfrhetoriken vulgarisiert, die ihre Autoren nicht unbedingt im Sinne hatten. So war dies vor allem bei der schon erwähnten, um 1968 dank zirkulierender Raubdrucke wiederentdeckten *Dialektik der Aufklärung* von Horkheimer und Adorno, mit der man die ideologische Legimitation der bürgerlichen Gesellschaft, die historische Aufklärung, in Frage stellen konnte – das nach Habermas »schwärzeste Buch« der Autoren, Ausdruck einer »hemmungslosen Vernunftskepsis«.[82] Treffend schrieb 2017 der Journalist Matthias Matussek (geb. 1954) im autobiographischen Rückblick: »Für mich war Adorno/Horkheimers Dialektik der Aufklärung eine Offenbarung. Sie bot mir nun die einleuchtendste Systemkritik in einer faszinierenden Mischung aus Marxismus und Mythologie, Anthropologie und Kulturkritik. In meinem Exemplar war fast jede Zeile unterstrichen. Selbstaufklärung der Aufklärung, das war nun gefordert.« Bezeichnend auch, dass dies im Rückblick einer schreibt, der wie andere, immer unzeitgemäß sein wollend und darin vermeintlich seiner Zeit vorauseilend, aber doch immer dem Zeitgeist verhaftet, von links nach rechts marschiert ist und der heute mit den *Identitären* sympathisiert, wie er sagt[83], und ein gern gesehener Autor in Medien der Neuen Rechten ist. Tatsächlich lieferte die *Dialektik der Aufklärung* auch der einseitigen Aufklärungs- und Vernunftkritik Munition, dem Antirationalismus, wenn man den Begriff der *Dialektik* im Buch von Horkheimer und Adorno einseitig interpretierte. Dass Rationalität in Irrationalität umschlagen kann, beweist die Geschichte zu Hauf, und die politischen Extremismen sind selbst das beste Beispiel dafür. Doch mit dem Aufzeigen dieses Mechanismus der Dialektik wird deswegen nicht die Vernunft abgelehnt, weil sie Unvernunft hervorbringen kann, sowenig die Kritik an den Defiziten der Demokratie diese als solche nicht infrage stellen darf, aber oft genug dazu geführt hat, auf der Rechten wie auf der Linken.

Der allergrößte Teil der Linksradikalen blieb wohlgemerkt gewaltfrei und suchte nach Erklärungen für ihre Marginalität. Die Analyse der Gemäßigteren unterschied sich dabei nicht so grundsätzlich von der des radikaleren Flügels, schuld war für beide »das System«. Dass linke Gruppierungen, die zur Wahl antraten, nicht annähernd an die 5 % herankamen und allenfalls auf kommunaler Ebene kleine Erfolge erzielen konnten, wie in Baden-Württemberg durch das dortige Kommunalwahlrecht (Kumulieren und Panaschieren), führte zum Beispiel in einer Analyse des »Sozialistischen Büros« dazu, in der 5 %-Klausel eine gezielte Verhinderung der Linken zu sehen, so wie im Fehlen plebiszitärer Elemente eine Entmündigung des Volkes, dessen Wille auf den technokratischen Prozess der Wahlen reduziert werden sollte. Hinsichtlich des Letztgenannten lag diese Analyse gar nicht so falsch, wie wir weiter unten noch sehen werden, allerdings wurde all dies nicht mit der Zielsetzung einer Bekämpfung der Linken beschlossen, wenn auch die Fünfprozenthürde in den 1970er Jahren in der Tat ein großes Handicap für die Neue Linke war. Schlussfolgerung der besagten Autoren: »So erscheint das westdeutsche Parlament gegenüber dem Reichstag der zwanziger Jahre als ein außerordentlich stabiles Instrument. Seine politische Macht ist gegen demokratische Einflüsse wirksam abgesichert. Die programmatische Nivellierung der Parteien reduziert die politische Bedeutung des Wählers auf ein Mindestmaß.«[84] Eine Analyse, die, nur bei leicht veränderter Wortwahl, heute auch so von der Neuen Rechten kommen könnte. Die beiden Autoren, Frank Deppe und Georg Fülberth, waren ehemalige SDSler, Akademiker aus der Marburger »Abendroth-Schule«, Fülberth wurde nach der Veröffentlichung DKP-Mitglied, Deppe später Mitglied der PDS/Linken.

Die Radikalisierung der Linken, die sich weit mehr in theoretischen Diskussionen als in praktischem Handeln abspielte, blieb natürlich nicht ohne Reaktionen der Gegenseite, auch diesseits der gewalttätigen Herausforderung durch die RAF. Der demokratische Staat reagierte in einer Weise, die die Neue Linke in ihren Analysen der diskreditierten Demokratie bestärkte, nämlich durch den sogenannten »Radikalenerlass«, einem gemeinsamen Beschluss der Ministerpräsidenten vom 18.2.1972, der jedoch im Einklang mit Kanzler Willy Brandt – wenn nicht gar auf seine Initiative hin – erfolgt war. Dass der Staat auf die Verfassungstreue seiner Beamten achtet, ist gewiss legitim und notwendig, hinsichtlich der Kontinuität der Alt-Nazis im Öffentlichen Dienst war dies jedoch nicht geschehen, nun sollte es aber für junge Linke gelten. »Vordergründig zielte er darauf, den verschwindend kleinen Kreis von DKP-Mitgliedern aus dem öffentlichen Dienst fernzuhalten. Doch fühlte sich nicht nur eine Minderheit, sondern mit ihr ein Großteil der Protestgeneration getroffen und ausgegrenzt.«[85] Dabei wurde die Regelüberprüfung durch den Verfassungsschutz als »Berechtigung zu einer zunächst sehr scharf gefaßten politischen Auslese von ›Verfassungsfeinden‹ mit dem Rekurs auf Weimar und die Machtergreifung durch die Nazis und sympathisierende Beamte begründet«, wie Freimut Duve 1974 in *Wie links dürfen Jusos sein?* schrieb.[86] Helmut Schmidt, Nachfolger Brandts als Kanzler, war gegen den Radikalenerlass gewesen und kritisierte später auch völlig richtig, Brandt »habe mit diesem undurchdachten Beschluss [...] der außerparlamentarischen Opposition eine offene Flanke zur gefälligen Benutzung zur Verfügung gestellt.«[87]

Tatsächlich ist wohl der Radikalenerlass nicht so sehr als spontane Reaktion, denn als Glied in einer längeren Kette von Entwicklungen zu sehen, an deren Anfang schon die Notstandsgesetze vom 1968 standen und damit verbunden der Höhepunkt der Studentenbewegung. Rudi Dutschkes 1967 angedrohter »Marsch durch die Institutionen« machte den Institutionen Angst. Bereits 1969 orientierten sich die Staatsschutzbehörden um von einer prioritär von außen gesteuerten Bedrohung, aufgrund deren alle »Ostkontakte« deutscher Bürger ins Visier genommen wurden, auf eine prioritär von innen drohende Gefahr, die in den Folgewirkungen der 68er Bewegung und namentlich in der Gründung und dem Nicht-Verbot der DKP 1969 gesehen wurde. Überschattet wurde diese die Staatsschutzbehörden konsternierende Tolerierung der KPD-Nachfolgepartei durch den »Nihilismus und Anarchismus«, der sich der Universitäten bemächtigte, wie Bundeskanzler Kiesinger Anfang 1969 feststellte.[88] Dieser wäre auch nicht durch ein Parteienverbot zu bekämpfen gewesen, wie es für die DKP möglich gewesen wäre, ebenso wie zuvor schon für die DFU (Deutsche Friedensunion), einer getarnten Nachfolgepartei der KPD, die sich auf die »Friedenspolitik« beschränkte. Ihre Tolerierung sowie vor allem die der offen als SED-Ableger auftretenden DKP verdankte sich einem Modus vivendi, der die Tolerierung dieser linken Gruppierungen mit derjenigen der NPD auf der Rechten verband, sozusagen im Sinne der Wahrung eines Gleichgewichts. Dass kein Verbot auf der Rechten erfolgte, dafür sorgten alt-neurechte Seilschaften in den Parteien, vor allem der CDU, und Institutionen, wie Dominik Rigoll in seiner Analyse äußerst ausführlich darlegt. Doch auch nach dem Regierungswechsel 1969 blieb dies so bestehen, vielleicht aus dem anderen Grund, dass man mit einer offiziell existierenden DKP zumindest einen Teil der linken Szene besser überwachen und dort auch binden konnte, denn wie viele Mitglieder einer verbotenen DKP wären dann in die SPD geströmt?

Nach dem Übergang zur sozialliberalen Koalition entbrannte eine Diskussion um den Status der Beamten, den Gewerkschafter mit einer von ihnen als überkommen empfundenen Treuepflicht zum Staat und dem daraus resultierendem Streikverbot auflösen wollten – eine Diskussion, die in diesen Tagen (Juni 2018) seltsam modern anmutet. Diese Diskussion brach nicht zufällig zu einem Zeitpunkt aus, als die Zahl der Beamten massiv aufgestockt wurde, was der damaligen Gewerkschaft des Öffentlichen Dienstes ÖTV ein Dorn im Auge war, weil dies ihre Macht sprich Streikfähigkeit im Öffentlichen Dienst erheblich einzuschränken drohte. Die gegnerische Seite befürchtete eine Auflösung des Beamtentums, und der neue Innenminister Hans-Dietrich Genscher bemühte sich bald nach Amtsantritt um die Bekämpfung dieser Gefahren. 1970 wurden die Kompetenzen des Verfassungsschutzes durch ein »Abhörgesetz« ausgeweitet, das im Dezember vom Bundesverfassungsgericht bestätigt wurde. Die »innere Sicherheit« wurde zu einem Schlagwort, dessen Konjunktur stetig zunahm und das eine »präventive Bekämpfung von Verfassungsfeinden« notwendig mache.[89] Die Auseinandersetzung wurde zunächst an der Universität und über die Universität ausgefochten, unter anderem durch den einflussreichen, gegen die Linken gegründeten Bund »Freiheit der Wissenschaft«, und erreichte auch bald den Schulbereich, als noch vor dem Radikalenerlass DKP-Mitgliedern nach dem Referendariat die Übernahme in den Schuldienst verweigert wurde. Gleichzeitig gab es eine heftige Auseinandersetzung um die NPD und alt-neurechte Verbindungen bis in höchste Beamtenkreise und sogar um rechte Terroristen, die Anschläge auf Willy Brandt geplant haben sollen, aber nicht im Mittelpunkt der Maßnahmen für die innere Sicherheit standen. Vielmehr wurde die gerade erst gegründete Bader-Meinhof-Gruppe (oder »-Bande«, wie man sie nannte), die im März 1971 von Genscher zum Staatsfeind Nr. 1 erklärt.[90] Die erste öffentliche Erklärung »Die Rote Armee aufbauen!« erschien am 5.6.1970 in der Berliner anarchistischen Zeitschrift *Agit 883*.[91] Der Radikalenbeschluss war somit nur die logische Konsequenz einer längeren Entwicklung. Das beschriebene Gleichgewicht bei der Parteientolerierung fand sich hier aber nicht wieder. So bilanziert Dominik Rigoll auch zum historischen Dokument des Radikalenerlasses auf *1000dokumente.de* die Einseitigkeit von dessen Praxis, wonach von ca. 1000 Berufsverboten nur sieben NPD-Mitglieder betrafen, obwohl die Präsenz von Neonazis im Öffentlichen Dienst schon seit den 1960er Jahren weitaus größer war als die von radikalen Linken: »In der zweiten Hälfte der sechziger Jahre waren hunderte von Mitgliedern der Nationaldemokratischen Partei Deutschlands (NPD) in den öffentlichen Dienst gelangt, vor allem bei den Länderpolizeien, beim Bundesgrenzschutz und der Bundeswehr, aber auch im Schuldienst. Damals hatten sich die Innenminister des Bundes und der Länder ausdrücklich gegen einen Radikalenbeschluss gewandt, da sie mehrheitlich davon ausgingen, dass diese rechten ›Verfassungsfeinde‹ im öffentlichen Dienst durch das so genannte Parteienprivileg geschützt seien, solange die NPD nicht verboten sei.«[92]

Diese politische Einäugigkeit delegitimierte den Staat aus der Sicht vieler radikaler Kritiker zusätzlich, selbst wenn sie die Details nicht kannten sondern eher vermuteten, und bestätigte ihr Vor-Urteil (im Wortsinne), auch weil sie dabei nicht zwischen Institutionen (»der Staat«) und Personen (verantwortliche Politiker) unterschieden, so wie der Staat pauschal kritische junge Leute zu potenziellen Staatsfeinden erklärte. Was hieß Verfassungstreue, woran war diese bzw. ihr Gegenteil, Verfassungsfeindlichkeit, festzumachen? Mit der Überprüfung von 3,5 Millionen Personen innerhalb der Geltungszeit des Radikalenerlasses bis 1979, dem Berufsverbot für 1250 Lehrer/innen und Hochschullehrer/innen (oder überhaupt für 10 000 Personen?[93]) und der Entlassung von 260 Personen[94] wurden viele Menschen getroffen, die keine Gefährder waren, und eine ganze Generation junger Leute durch die Regelüberprüfung vor der Einstellung in den Staatsdienst unter Generalverdacht gestellt. Zur ausreichenden Begründung eines Verdachts konnte die Teilnahme an einer bestimmten, sogar genehmigten Demonstration herhalten. Der Nachweis, dass und inwiefern jemand konkret verfassungsfeindlich *tätig* wurde oder voraussichtlich würde, war nicht unbedingt notwendig, es handelte sich dabei also letztlich um eine »Gesinnungsüberprüfung«. Dies erfolgte durch den Verfassungsschutz, bei dem die Regelanfrage vor jeder Verbeamtung erfolgte. Dessen Präsident war zum Zeitpunkt des Radikalenerlasses Hubert Schrübbers, der im Dritten Reich als Staatsanwalt Teil der NS-Justiz gewesen und an Todesurteilen gegen rassisch und politisch Verfolgte beteiligt gewesen war. Als dies aufgedeckt wurde, führte es immerhin zu seinem vorzeitigen Amtsverzicht.

Die Vorgehensweise des »Systems« gegenüber der »Systemopposition« von links machte diese in der Wahrnehmung viel größer, als sie wirklich war; bei Wahlen war die im Übrigen auch zersplitterte Linke weitgehend irrelevant. Denn viele linke Kritiker der SPD wählten diese dann doch zähneknirschend als »kleineres Übel«. Am deutlichsten wirkte sich dies 1980 bei der Anti-Strauß-Wahl aus, die Jusos, SPD-Linke und Linke jenseits davon noch einmal politisch-kulturell zusammenbrachte (»Rock gegen Rechts« mit fast allem, was Rang und Namen hatte) und der bereits innerlich zerfallenen sozialliberalen Koalition noch einmal zu einer Mehrheit verhalf.

Doch kündigte sich damals bereits eine neue Entwicklung an, die die (gewaltfreie) Opposition gegen das Establishment in der Folgezeit in zwei Schüben stärkte: in den 1980er Jahren durch die Umwelt- und Friedensbewegung (Anti-AKW-Bewegung, Protest gegen den NATO-Nachrüstungsbeschluss) und nach der Wende 1989 durch das Erscheinen der PDS auf der politischen Bühne, die sich mit Abtrünnigen aus der SPD wegen der Politik Schröders (»Hartz IV«) dann zur *Linken* vereinigen und damit auch in den westlichen Bundeländern etablieren konnte. Sie schaffte das, was einer ersten linken Abspaltung von der SPD im Zuge des Aufwindes von Friedens- und Umweltbewegung Anfang der 1980er Jahre, nämlich den *Demokratischen Sozialisten*, nicht gelungen war, auch, weil sie mit der gleichzeitig entstehenden Grünen Partei konkurrierten. Später konnten sie sich dann in der PDS bzw. *Linken* wiederfinden. Das organisatorische Gerüst für den Aufbau der Linkspartei in den westlichen Bundesländern lieferten in weitem Maße die Strukturen der (dann schon alten) Neuen Linken, die bis dahin überwintert hatte, darunter auch die DKP, deren Mitglieder mehrheitlich gleich in die PDS strömten.

Die Bilanz der Neuen Linken ist also nicht nur negativ im Hinblick auf ihre faktische Wirkungslosigkeit, vielmehr hat sie einen politischen Raum links von der SPD eröffnet, der seit dem KPD-Verbot praktisch nicht mehr gegeben war. Dieser Raum wurde dann durch die Umweltbewegung und die Gründung der Grünen gefüllt und erweitert, und wenn er dadurch auch nicht mehr nur links definiert werden konnte, so doch aber weiterhin als spezifische Opposition zur SPD bis zur Durchsetzung des »Realo-Flügels« bei den Grünen und selbst dann noch in der Koalitionsperspektive. Denn obwohl die Umweltbewegung und die Grüne Partei in fundamentaler Opposition zur Industriegesellschaft und ihrer Wachstumslogik standen, erwarteten sie ja nicht von der Union oder der FDP, sondern am ehesten von der SPD, sich der neuen Herausforderung zu stellen. Und so kam es dann auch, allerdings mit erheblicher Zeitverzögerung.

Die »Alternativen« und die Etablierung der Grünen

Teile der Neuen Linken schlossen sich der Öko-Partei an, darunter zwei führende Persönlichkeiten, Daniel Cohn-Bendit und Joschka Fischer, letzterer brachte es dann bis zum Bundesaußenminister. Mit den Grünen hat sich auch das etablierte, parlamentarisch vertretene Parteienspektrum auf vier Parteien bzw. parlamentarische Fraktionen erweitert, zuerst in einigen Landtagen und dann im Bund 1983, und damit die politische Landschaft inhaltlich und strukturell verändert.

In dieser Umbruchphase stand die SPD, anfangs in der Regierung und anschließend in der Opposition im Bund sowie zum Teil als Regierungspartei in den Ländern, einmal mehr vor dem Dilemma *Staatspartei oder Reformpartei?*, wie es Wolf-Dieter Narr, Hermann Scheer und Dieter Spöri schon für 1976, nach der wirtschaftspolitischen Wende der sozialliberalen Koalition von 1974, auf den Punkt brachten. Wolf-Dieter Narr war aus Protest gegen die Große Koalition aus der SPD ausgetreten und entwickelte sich dann weiter nach links; Hermann Scheer war damals stellvertretender Juso-Vorsitzender und wurde später zu einem herausragenden Öko-Aktivisten im Energiesektor, trat allerdings nie aus der SPD aus; Dieter Spöri war Wirtschaftswissenschaftler und erst 1970 in die SPD eingetreten, lange Jahre SPD-Spitzenkandidat in Baden-Württemberg und Bundestagsabgeordneter, in der baden-württembergischen Großen Koalition auch Wirtschaftsminister (1992–96), danach wechselte er in die Wirtschaft. Sie reagierten damals auf die Entwicklung der SPD, die »in ihrer Praxis im Bund und in den Ländern auf dem Weg« war, »ihren Charakter als Reformpartei zu verlieren«[95], und beschrieben doch mit der Fragestellung *Staatspartei oder Reformpartei?* einen Grundkonflikt der SPD seit der Weimarer Republik.

Der antiautoritäre Impetus der Studentenbewegung und Neuen Linken führte einen Teil von ihnen kurioserweise in die autoritärste aller politischen Bewegungen, in die maoistischen K-Gruppen, die sich auch noch gegenseitig bekämpften. Ein anderer Flügel nannte sich »spontaneistisch«, war in seiner undogmatischen Grundüberzeugung das genaue Gegenteil der Maoisten und sollte deswegen mehr Einfluss auf die zukünftige politische Entwicklung auf der Linken bekommen. Daniel Cohn-Bendit war ein wichtiger Repräsentant dieser undogmatischen Linken (»Spontis«). Ende der siebziger und Anfang der achtziger Jahre löste sich die Politisierung der Gesellschaft dann vom linken Paradigma. Bürgerinitiativen brachten jetzt ganz »normale« Menschen für bestimmte Interessen auf die Straße. Die Friedensbewegung konnte gewiss an ihre Vorläufer aus den fünfziger Jahren anknüpfen, aber was mit der Anti-Atomkraft- und Umweltbewegung entstand, war von der Zielsetzung und der Organisationsform her völlig neu, später nannte man das dann die Neuen Sozialen Bewegungen. Entsprechend konsterniert waren die etablierten Parteien, und es stellte sich die Frage, ob die Grünen links oder rechts einzuordnen seien Es gab dann auch entsprechende Richtungskämpfe innerhalb der Grünen, dennoch lag in dieser Fragestellung auch ein Nichtverstehen dessen, was daran neu war und eben nicht in die alten Muster passte. Der grüne Wahlspruch aus der Anfangszeit, »Nicht links, nicht rechts, sondern vorne«, bewahrheitet sich vielleicht erst wirklich in jüngster Zeit, seit der Koalition mit der CDU in Hessen und der speziellen Situation in Baden-Württemberg mit dem »konservativen« Grünen Kretschmann als Ministerpräsident.

Die Alternativen und Grünen brachten ein anderes Politikverständnis in die Gesellschaft ein, das unter anderem in dem Zauberwort »Basisdemokratie« zum Ausdruck kam. Die innerparteiliche Demokratie ist bis heute, trotz vieler Anpassungen an das »Establishment«, bei Bündnis 90/Die Grünen höchst lebendig. Die Spitzenpositionen in Partei und Fraktion werden bei den Grünen nach wie vor durch Wahlvorgänge bestimmt, in denen es echte Kontroversen und Gegenkandidaturen gibt. In den alt-etablierten Parteien werden solche Personalfragen dagegen fast immer noch in der Führungsspitze ausgekungelt und dem Parteitag zur Absegnung vorgelegt. Allein die SPD hatte mehrfach Probleme mit diesem traditionellen System, so gab es den Kampf um die Führung zwischen Scharping, Lafontaine und Schröder Mitte der 1990er Jahre, inklusive Mitgliedervotum, und durch ein solches wurde auch Andrea Nahles zur SPD-Vorsitzenden gewählt. Mit dem Rückzug von Angela Merkel vom Parteivorsitz der CDU, der allerdings auch keine freiwillige Staffelübergabe war, sondern durch den massiven Vertrauensverlust der Regierung erzwungen wurde, kam auch die CDU erstmals in die Situation, auf dem Parteitag im Dezember 2018 aus freien Stücken aus mehreren Kandidaten einen Vorsitzenden wählen zu können.

Durch die Trennung von Amt und Mandat hat sich die Grüne Partei auch eine grundlegende Unabhängigkeit gegenüber ihren Mandatsträgern bewahrt, die bislang weder bei der SPD noch bei der Union möglich war. Immer wurde dort letztendlich die Partei aus der Regierung heraus geführt und dadurch ihrer Eigenständigkeit beraubt. Die Grünen brachten auch die »Doppelspitze« in die Politik, die hier zur Gleichberechtigung der Geschlechter im Parteivorsitz eingeführt wurde und en passant auch einen Flügelproporz zwischen »Fundis« und »Realos« ermöglichte. Alle seither neu gegründeten Parteien, PDS und AfD, haben dies übernommen. Auch die 50:50-Verteilung der Wahlkandidaturen auf Männer und Frauen und damit überhaupt die strikte Umsetzung der Gleichberechtigung durch Quotierung wurde von den Grünen eingeführt und wird von ihnen als einzigen aufrechterhalten. Mit der Doppelspitze wurde letztlich auch ein altes Prinzip aus der antiken Römischen Republik übernommen, wonach die »Kollegialität« in den politischen Ämtern den Machtmissbrauch durch Machtkonzentration auf einen Einzelnen verhindern sollte – mit Erfolg bis heute. Die Richtungskämpfe der ersten Phase und der Flügelproporz gehören spätestens seit der aktuellen Führung unter Habeck und Baerbock wohl der Vergangenheit an.

Von dieser Gesellschaftsveränderung, die mit der Herausbildung der Grünen als Partei auch erstmalig eine neue Partei dauerhaft über der Fünfprozenthürde etablierte, profitieren heute PEGIDA, AfD & Co, auch und gerade, wenn sie dieses Erbe der inzwischen »linksrotgrünversifften« (Jörg Meuthen) Gesellschaft zu ihrem Erzfeind erklären. Noch in ihrem Namen macht die *Alternative für Deutschland* eine Anleihe an jene, die sie bekämpft. Der Begriff bzw. das Adjektiv »alternativ« wurde zuvor schon in ganz rechtsextremen Kreisen aufgenommen, so zum Beispiel von der Neonazi-Website *Altermedia*, die im Januar 2016 vom Bundesinnenminister verboten wurde und auf den amerikanischen »Holocaustleugner und ehemals führende Ku-Klux-Klan-Mitglied David Duke« zurückgeht.[96] Ganz im Mimikry an »links« präsentierte sich die Website als »Alternativpresse« für alle, »die keine Lobby haben.« Und eine andere aktuelle Aufnahme des Alternativ-Topos sind die »alternativen Fakten«, die im propagandistischen Kampf in den Medien sich selbst als die wahren und die wahren als die falschen Fakten darstellen.

Der Begriff »alternativ« bezeichnete damals alles, was anders und gegen die vorherrschende Lebensweise gerichtet war, und fokussierte sich dann recht schnell auf das Ökologische. Alternative Lebensformen waren anfangs noch kommunardisch geprägt, später eher vom Zurück-zur-Natur-Gedanken bis hin zu den »Aussteigern«. Allen gemeinsam war nicht nur die Opposition zur vorherrschenden Lebensweise, sondern auch die Abkehr vom »Revolutionsprojekt«, das heißt von der Gesellschaftsveränderung durch eine irgendwie geartete Eroberung von Macht, deren letzte Variante die Idee Rudi Dutschkes vom »Marsch durch die Institutionen« gewesen war. Die Losung der Alternativen war das genaue Gegenteil: Raus aus den Institutionen. Und zwar nach der Vorstellung, voluntaristisch befreit, selbstbestimmt im Hier und Jetzt leben zu können. Allenfalls durch sein eigenes Beispiel konnte und wollte man andere überzeugen, um dadurch mittels einer immer weiter greifenden Vernetzung gesellschaftliche Relevanz zu bekommen. Verbunden damit waren anarchistische Vorstellungen der »Graswurzelrevolution« (1972)[97], die ihre philosophische Weihe durch das Rhizom-Modell der französischen poststrukturalistischen Philosophen Deleuze und Guattari[98] bekamen. In der Analogie zur Botanik wurde das Organisationsmodell des Rhizoms (Wurzelgeflecht) der hierarchischen Struktur eines Baumes entgegengestellt. Wissenssoziologisch nahm dies schon die heutige Debatte über das vernetzte Wissen im Zeitalter des Internets vorweg.[99]

Mit den Neuen Sozialen Bewegungen, die mit frühen Bürgerinitiativen schon teilweise von Jusos um 1970 herum befördert worden waren und letztlich auf freie Organisationsformen der APO oder des Civil Rights Movement in den USA als Vorbilder zurückgingen, verlor die SPD ihr linkes Monopol in der Gesellschaft und danach auch im Parlament. »Links« bezeichnet hier ganz allgemein eine Position von Kritik gegenüber den gesellschaftlichen Verhältnissen und den Wunsch nach Reformen, der Begriff *Reform* selbst war damals links besetzt, ganz anders als heute. Da sich dieser Protest jedoch inhaltlich vom Konzept *Links* gelöst hatte, obwohl die Umweltbewegung eindeutig gegen Auswirkungen des Kapitalismus kämpfte, aber nicht in der alten sozialen Perspektive, wurde die Kategorisierung Links obsolet. Gleichwohl ging es nach wie vor um die Veränderung der Gesellschaft, also ihre Reformierung (Transformation oder wie immer auch die Begriffe lauteten), jetzt allerdings tiefgreifender angesichts eines erkannten ökologischen Menschheitsproblems.

Der grüne Parteibildungsprozess war anfangs dem links-alternativen Geist stark verbunden, in Hamburg und Berlin äußerte sich das auch namentlich in den Landesverbänden (Grün-Alternative Liste GAL in Hamburg, Alternative Liste AL in Berlin). Die Fundamentalopposition gegen das System war allerdings stärker durch Radikalökologen geprägt, während sich die Linken hin zur Realpolitik entwickelten, repräsentiert vor allem durch Joschka Fischer. Mit der Tolerierung einer SPD-Minderheitsregierung unter Holger Börner in Hessen 1982–85 und der anschließenden Bildung einer rot-grünen Koalition hatten sich die Grünen im *Establishment* etabliert, wie die »Fundis« kritisierten, damit aber auch politischen Einfluss gewonnen, der fortan die Republik veränderte. Für die SPD ergab sich daraus die Chance, das von ihr wegtriftende Wählerpotenzial wieder für eine Machtoption einzufangen. Dies kam mit ziemlicher Verzögerung dann in der rot-grünen Regierung unter Schröder im Bund (1998–2005) zum Tragen. Inzwischen hat sich die enge Bindung zwischen SPD und Grünen gelöst und die Grünen sind als unabhängige Partei etabliert.

Die »rechte Flanke« und die »vierte Partei« in den siebziger Jahren

Vor der Entstehung der Grünen gab es in den siebziger Jahren eine ganz andere Debatte um eine neue, vierte, Partei. Mit dem Richtungswechsel der FDP und der Etablierung der sozialliberalen Koalition 1969 war die CDU/CSU genau zwanzig Jahre nach Gründung der Bundesrepublik zum ersten Mal in der Opposition. Angesichts dessen, dass im Dreiparteiensystem nahezu keine Chance bestand, die sozialliberale Koalition durch eine absolute Mehrheit von CDU/CSU abzulösen, waren die politischen Aussichten düster. Die FDP hatte sich nicht nur personell und pragmatisch umorientiert, sondern sah sich programmatisch, in den *Freiburger Thesen*, »am Anfang der zweiten Phase einer von der bürgerlichen Revolution ausgehenden Reformbewegung auch in der Gesellschaft, wie sie nicht zuletzt in den tiefgreifenden und nachhaltigen Bewußtseinsveränderungen der weltweiten Jugendrevolte sich ankündigt.«[100] Die Partei sprach sich für einen *Sozialen Liberalismus* aus. Damit hatte sich die FDP komplett gewandelt, so schien es jedenfalls, und für die CDU/CSU war es illusorisch zu hoffen, dies könne in absehbarer Zeit wieder zurückpendeln.

Wenn heute aus aktuellem Anlass immer wieder die in jener Zeit vom CSU-Vorsitzenden Franz-Josef Strauß formulierte Strategie zitiert wird, rechts neben der Union dürfte keine ernsthafte Konkurrenz entstehen, so wird dabei gerne übersehen, dass Strauß selbst mit der Strategie einer »vierten Partei« rechts von der Union spielte, als er Mitte der 1970er Jahre erkannte, dass in der politischen Dreierkonstellation mit einer linksliberalen FDP die CDU/CSU so lange in der Opposition zu bleiben drohte wie zuvor die SPD.

Der Versuch der CDU/CSU-Fraktion, weitere Gegner der Ostpolitik aus den Regierungsfraktionen abzuwerben (einige waren schon ausgetreten) und für ein konstruktives Misstrauensvotum gegen Willy Brandt zu gewinnen, misslang 1972, weil die Mehrheitsbeschaffung durch Bestechung in die entgegengesetzte Richtung verhindert wurde (Fall Steiner-Wienand). Nach der Neuwahl durch die anschließende Vertrauensfrage erzielte die SPD ihren größten Erfolg und wurde stärkste Fraktion.

Im Hinblick auf die Bundestagswahl 1976 versuchte Strauß dann eine Radikalisierung innerhalb der Union durchzusetzen, die durch Indiskretionen als »Sonthofener Strategie« 1975 öffentlich bekannt wurde. Die Union solle Obstruktionspolitik betreiben statt eigene Vorschläge machen, der Wirtschaft müsse es erst noch viel schlechter gehen (es gab damals einen konjunkturellen Einbruch in Folge der Ölkrise), damit ein politischer Wechsel möglich werde. Dies ähnelte ansatzweise den Strategien der antirepublikanischen Rechten und Linken in der Weimarer Republik, die sich aus der Verschärfung der Krise eine Revolution in ihrem – jeweils entgegengesetzten – Sinne erhofften, und hatte wenig mit demokratischer Verantwortung zu tun. In der Schwesterpartei setzte sich Strauß damit auch nicht durch und nach der nochmals verlorenen Wahl 1976 folgte die Aufkündigung der Fraktionsgemeinschaft mit der CDU, der »Kreuther Trennungsbeschluss«, Ausdruck einer neuen Strategie, nämlich der »Vierten Partei«, die notwendig sei, um die festgefahrene Dreierkonstellation aufzubrechen. Damit wurde erstmalig die bundesweite Ausbreitung der CSU ins Spiel gebracht. Die Idee dazu bestand spätestens seit 1972, und die CSU hatte bereits die Bildung von »Freundeskreisen« in anderen Bundesländern und einer »Aktionsgemeinschaft Vierte Partei« geduldet, wenn nicht heimlich gefördert. Daneben formierten sich konkretere Initiativen, so für die Berliner Wahl 1975 der »Bund Freies Deutschland« als Partei, laut damaligen Kommentaren mit dem Placet von Strauß, erzielte aber nur 3,4 %.

Doch musste Strauß schon nach kurzer Zeit vom Trennungsbeschluss wieder zurückrudern. Die Einigung mit der CDU unter Helmut Kohl erfolgte jedoch unter der Bedingung einer Stärkung der CSU innerhalb der Fraktion sowie für Strauß auch schon mit dem Gedanken an seine Kanzlerkandidatur 1980. Dafür wurde in den Jahren bis dorthin weiterhin die »Vierte Partei« in die Diskussion gebracht.[101]

Angesichts der geschwächten Position Helmut Kohls setzte Strauß dann seine Kanzlerkandidatur 1980 durch, die jedoch kein Erfolg wurde. Gegen Strauß mobilisierte sich eine breite Bewegung »gegen Rechts«, die der SPD noch einmal Stimmen zutrieb. Ein analoger Versuch, wenn auch in weniger radikaler Atmosphäre, vollzog sich 2002, als sich Edmund Stoiber gegen die geschwächte Angela Merkel als Kanzlerkandidat durchsetzen konnte, die Wahl aber dennoch mit der FDP knapp gegen Rot-Grün verlor. Strauß hatte durch die Polarisierung mit seiner Kanzlerkandidatur den damals schon möglichen Wechsel der FDP zurück zur Union verhindert.

Den Regierungswechsel konnte es also nur mit der FDP geben, die sich nach dem Auslaufen der Reformprojekte und unter zunehmender Priorität wirtschaftlicher Themen auf ihre wirtschaftsliberalen Ziele zurückbesann, dann 1982 aus der Regierung austrat und in einem konstruktiven Misstrauensvotum Helmut Kohl mit zum Kanzler wählte. Dies wurde dann auch von den Wählern bei der 1983 stattfindenden Neuwahl honoriert. Sowohl diese Neuwahl wie auch zuvor die 1972 unter Willy Brandt und danach die 2005 unter Gerhard Schröder wurden nur durch eine künstliche Vertrauensfrage herbeigeführt, da es jeweils eine Regierungsmehrheit gab (am wenigsten noch 1972), was entsprechend von Verfassungsrechtlern kritisiert wurde. Verhindern könnte dieses Vorgehen nur der Bundespräsident, denn bei Ablehnung des Vertrauens »kann der Bundespräsident auf Vorschlag des Bundeskanzlers binnen einundzwanzig Tagen den Bundestag auflösen.« (GG Art. 68, 1), er muss es folglich nicht. Ein parteiunabhängiger Bundespräsident könnte in diesem Fall nämlich feststellen, dass das Vertrauen aufgrund einer existierenden Mehrheit im Parlament eigentlich besteht und den entsprechenden Antrag des Bundeskanzlers auf Neuwahl ablehnen.

2. »Republik ohne Republikaner«? Das Zerrbild von der ersten deutschen Demokratie

Da ich versuche, hier so ehrlich als möglich zu bleiben,
muß ich bekennen, daß wir alle 1933 und 1934
in Deutschland und Österreich jedesmal nicht ein Hundertstel,
nicht ein Tausendstel dessen für möglich gehalten haben,
was dann immer wenige Wochen später hereinbrechen sollte.

Stefan Zweig, ca. 1940[1]

Die Kunstausstellung *Glanz und Elend in der Weimarer Republik*, die im Winter 2017/18 in der Frankfurter Schirn zu sehen war, begleitete unfreiwillig die Berliner Sondierungen für eine neue Regierung. »Wie nah und fern uns diese Zeit doch ist«, stellte Stefan Trinks in der F.A.Z. zur Ausstellung fest.[2] Als »Geheimtipp« präsentierte das Digitorial auf der Website der Schirn den Künstler Georg Scholz, der »seiner Zeit voraus« gewesen war.« Wie weit? »Schauen Sie in der Ausstellung unbedingt auf das Entstehungsdatum dieser und anderer Grafiken. Hätten Sie erwartet, dass viele Künstler so früh ahnen konnten, was erst Jahre später konkrete Gestalt annehmen sollte?«[3] Aufgelöst wird dieses Rätsel auch gleich zu Beginn von Trinks' Besprechung. Gewiss, »die Weimarer Republik wird meist, ungerecht, von ihrem Ende her gesehen«, leitet er ein, und fährt fort: »Allerdings nimmt man mit Erstaunen wahr, wie hellsichtig Künstler bereits seit 1921 ihren Bildern immer wieder das Hakenkreuz als Menetekel einschrieben. Georg Scholz malte früh ›Hakenkreuzritter‹ im Café. Auf seinem Bild ›Kriegerverein‹ von 1922 trägt einer von drei Professor Unrats die Swastika als Abzeichen [...]‹. Deutlich wird: Das Unheil naht früh von allen Seiten; es ist unabhängig vom Stand und kriecht aus der Provinz ebenso wie aus der Großstadt.«

Gewiss ... Aber ... So wird der rhetorisch zu Beginn kritisierte stereotype Rückblick von heute vermeintlich durch die Zeitgenossen von damals rehabilitiert, und mehr noch: Nicht nur, dass das Ende der Weimarer Republik voraussehbar war – weil es sich von Anfang an ankündigte –, es wurde auch von aufmerksamen Zeitgenossen vorausgesehen. Warum nur von wenigen?, möchte man fragen und den anderen ihre Blindheit vorwerfen. Dann ergänzt das Digitorial aber auch zur »Epoche von Bedeutung«: »Die Weimarer Republik wird im Rückblick oft zu fatalistisch gedeutet: Die inneren und äußeren Lasten hätten die Republik von Anfang an zum Scheitern verurteilt. Ist es aber nicht zu einseitig, die Geschichte nur vom Ende her zu lesen? Die ›Krise‹, die immer wieder betont wird, beinhaltete nicht nur den Abstieg, sondern auch die Chance zur Erneuerung.«

Die Widersprüchlichkeit der Ausstellungskommentare zur Weimarer Republik spiegelt einerseits die Widersprüchlichkeit des historischen Rückblick im Allgemeinen wider, dadurch aber andererseits auch noch eine Offenheit der Bewertung, die in vielen Darstellungen schon verloren gegangen ist.

»Das Unheil naht früh von allen Seiten …«?

Die Weimarer Republik vom Ende her zu sehen ist nicht per se »ungerecht«, sondern vielmehr die daraus vollzogene Schlussfolgerung ist es, dieses Ende sei unausweichlich, vorherbestimmt und deswegen vorhersehbar gewesen. »Republik ohne Republikaner« ist inzwischen ein alles erklärendes Schlagwort, das sich im kollektiven Bewusstsein für die geistig-politische Verfasstheit der Weimarer Republik eingeprägt hat, auf unzähligen Webseiten und in nahezu allen Schulbüchern, oft noch zugespitzt zu »Demokratie ohne Demokraten«, oft mit einem rhetorischen Fragezeichen versehen. Dieses Phänomen ist keineswegs auf die Schulbuchverlage bzw. deren Autoren sowie das Internet beschränkt, doch haben diese eine unvergleichlich größere Wirkung auf die Bildung eines kollektiven Bildes von der Weimarer Republik, zumal bei ganzen Schülergenerationen, als wissenschaftliche Darstellungen, wenn diese denn nuancierter analysieren.

Eine radikale Variante des Klischees von der Weimarer Republik liefert zum Beispiel *Planet Wissen*, eine für Schüler konzipierte Plattform der ARD: »Tatsächlich herrscht [damals] eine weit verbreitete Geringschätzung des Parlamentarismus, Weimar erscheint in der Summe oft als ›Demokratie ohne Demokraten‹.«[4] In Vergessenheit geraten ist, woher dieser Slogan kommt. »Republik ohne Republikaner« wurde zur letzten Reichstagswahl am 5.3.1933 von Hans Seiffert als Titel für ein Gedicht im *Simplicissimus* geprägt, das nach dem Schema des alten Kinderliedes »Zehn kleine Negerlein« konstruiert ist.[5] Die »Republik ohne Republikaner« ist das Ergebnis am Ende, zur letzten Reichstagswahl wohlgemerkt, nicht deren Prägung von Anfang an. Doch genau so wird es heute allerdings verstanden, wenn die Parole losgelöst von Herkunft und Bedeutung zur Charakterisierung der Republik zitiert wird.

Zunächst tatsächlich auf das Jahr 1933 bezogen, erinnerte *Zeit Online* unter dem Titel »Republik ohne Republikaner« am 30.1.2013 an die Ernennung Hitlers zum Kanzler 80 Jahre zuvor. Doch mit dem Bezug auf Sebastian Haffner wird das Diktum vom Datum befreit: »Es sei ein Irrtum zu glauben, dass erst Hitlers Ansturm die Weimarer Republik zu Fall gebracht habe, schrieb der Publizist und Zeitzeuge Sebastian Haffner. ›Sie war schon im Fallen, als Hitler ernsthaft die Szene betrat‹.«[6] Für Haffner war die Weimarer Republik 1930 bereits am Ende, hatte aber auch vorher eigentlich nicht wirklich existiert, weil sie nicht wirklich akzeptiert war. 1919 wurde sie in der Nationalversammlung von der »Weimarer Koalition« der linken Mitte (SPD, Zentrum, DDP = 76,2 % der Wählerstimmen) begründet, doch bereits ein Jahr danach wurde die Republik nicht nur auf der Straße bekämpft, bei der Reichstagswahl hatten »die rechten und linken Gegner der Republik zusammen auch noch die Mehrheit im Reichstag.«[7]

Wie er auf diese Rechnung kam, hat Haffner nicht explizit dargelegt, ist aber leicht zu rekonstruieren: Obwohl die SPD 1920 erheblich an die von ihr abgespaltene USPD verlor und die Linke aus KPD und USPD zusammen auf 20 % kamen, die SPD auf 21,6 %, so stand auf der radikalen Rechten die DNVP mit 15,1 %, während die republiktreuen Parteien SPD, DDP und Zentrum/BVP zusammen nur noch 39,6 % erzielten. Des Rätsels Lösung ist die Einordnung von Stresemanns rechtsliberaler DVP (14 %) in die antirepublikanische Rechte, wie es auch heute noch in vielen Schulbüchern geschieht, ein aktuelles Beispiel: »Bereits bei den Wahlen zum ersten Reichstag 1920 hatte die ›Weimarer Koalition‹ ihre Mehrheit verloren [...] Von nun an verfügten die demokratischen Kräfte im Deutschen Reichstag über keine Mehrheit mehr.«[8] Die Lehrbuchautoren können sich dabei auch auf andere Historiker berufen, so zum Beispiel Horst Möller: »Die Reichstagswahl von 1920 läßt auch die [...] Reichspräsidentenwahl von 1925 in spezifischem Licht erscheinen. Alle Wahlen auf Reichsebene seit 1920 demonstrieren, daß in der Bevölkerung keine demokratisch-republikanische Mehrheit existierte.«[9]

»Alle Wahlen«? Wie kommt nun Möller auf *diese* Rechnung? Gewiss, in der Mai-Wahl 1924 war die alte Weimarer Koalition noch schwach (42,9 %), in der Neuwahl im Dezember 1924 erzielte sie aber 49,6 % und damit eine knappe Mehrheit an Sitzen, 1928 sogar 49,9 %. In jedem Fall aber hatten diese Parteien zusammen mit der DVP, die ja in jeder Regierung vertreten war, eine Mehrheit der Wählerstimmen (52,1; 59,7; 58,6 %).

Die DVP pauschal dem antirepublikanischen Lager zuzuschlagen, ist grotesk. Gewiss, die Nationalliberalen, die sich nun kurioserweise »Volkspartei« nannten, hatten 1919 gegen die Weimarer Verfassung gestimmt, weil sie an der Monarchie festhalten wollten. Sie schien ihnen eine Garantie für den Zusammenhalt des »Reiches«, das jetzt keines mehr war, aber noch so hieß, und dies hatte sogar einiges für sich. Die Franzosen förderten die Separatisten am Rhein, und auch Bayern sah sich auch nicht richtig in der Republik, 1923 noch nicht, andere Teilstaaten wollten sich spezifische Freiheiten ausbedingen. Selbst Friedrich Ebert hätte einen Kaiser behalten, wenn es unter ihm demokratische Verhältnisse gegeben hätte, doch die Revolution entschied anders und setzte Ebert an die Spitze. Während des Kapp-Putsches im März 1920 suchte Stresemann noch seine Position – was ihm den Opportunismusvorwurf einbrachte –, aber mit dem Regierungseintritt nach der Reichstagswahl am 6.6.1920 fand die DVP zu einer verantwortungsvollen Rolle für die Republik. Gerade in den Krisenjahren seit ihrem Regierungseintritt ist es nicht zuletzt ihr und ihrem Vorsitzenden Stresemann zu verdanken, dass die Republik nicht wieder zusammenbrach, und zwar nicht nur durch ihre Präsenz in der Reichsregierung, sondern auch in der Regierung Preußens. Dort kam es nach anfänglichem Widerstreben der SPD 1921 zu einer die DVP einschließenden Großen Koalition, die das Intermezzo einer rechtslastigen Minderheitsregierung aufhob und auch dort eine erfolgreiche Politik der Krisenbewältigung einleitete. Der rechte Flügel in der DVP, der der DNVP nahestand, wurde unter Stresemann neutralisiert. Stresemanns Politik, auch Absprachen und zeitweilige Koalitionen mit der SPD einzugehen, verschreckten entsprechend rechtskonservative Wähler, die schon 1924 zur DNVP überliefen (ca. ein Drittel der Wähler von 1920).[10] Stresemann selbst wurde zum allseits anerkanntesten Politiker der Weimarer Republik, durch seine Außenpolitik verschaffte er ihr wieder internationale Anerkennung bis hin zur Aufnahme in den Völkerbund 1926.

Umgekehrt hatte die SPD Abgrenzungsprobleme auf der Linken bis ins Jahr 1923 und darüber hinaus. Die Wahlniederlage 1920 interpretierte die Parteiführung als Bestrafung für zu weit gehendes Paktieren mit den alten Eliten und zu viele Kompromisse in der Regierungskoalition und »drängte unter diesen Umständen aus der unmittelbaren Regierungsverantwortung, gleichwohl verhielt sie sich aus ihrem Demokratieverständnis heraus loyal gegenüber bürgerlichen Regierungen.«[11] Das Hinausgedrängt-Werden aus der Regierungsverantwortung und das Nicht-mehr-mitmachen-Wollen der Parteiführung hielten sich wohl ungefähr die Waage. Zwischen der SPD und Ebert kam es zeitweilig fast zum offenen Bruch. Während Stresemann die unumstrittene Galionsfigur der Weimarer Republik nach innen und außen wurde, obwohl er sich mit der Republik erst anfreunden musste, war Friedrich Ebert die tragische Gründerfigur der Weimarer Republik, die selbst in ihrem eigenen politischen Lager nur halbherzig Unterstützung fand.

Schematische Einordnungen sind daher bei der komplexen politischen Gemengelage der Weimarer Republik nicht angemessen, vor allem übersehen sie, *wie sehr alles im Fluss war*, statt statisch festgeschrieben gewesen zu sein.

Von Haffners *Anmerkungen zu Hitler* 1978 bis zu Fritz Fischers *Hitler war kein Betriebsunfall* 1989 im *Spiegel* (und Titel seiner Aufsatzsammlung von 1992) waren die 1980er Jahre geprägt von Publikationen über die Weimarer Republik und den Nationalsozialismus, die mehr oder weniger prononciert als Variante der Sonderwegs-These die Kontinuität vom Kaiserreich – seit Wilhelm II., wenn nicht gar seit Bismarck – bis Hitler betonten und die Weimarer Republik auf »die nur oberflächlich stabilen fünf Jahre Scheinprosperität«[12] reduzierten. Während die (neo-)marxistische Interpretation – »Hitler war kein Betriebsunfall« stammt eigentlich von dem Altkommunisten Emil Carlebach[13] – Hitler als Erfüllungsgehilfen des Kapitals und die liberale Demokratie, nach Reinhard Kühnl, zusammen mit dem Faschismus nur als zwei »Formen bürgerlicher Herrschaft«[14] betrachtete, so setzte die neue Kontinuitätsthese weniger linker Historiker verstärkt auf eine »mentalitätsgeschichtliche« Analyse.

So zitiert zum Beispiel auch das jüngste Oberstufenbuch von Cornelsen – hier nur stellvertretend genannt, alle anderen wurden ebenfalls daraufhin untersucht[15] – die Schlussfolgerung aus Hagen Schulzes Buch von 1982:

»Woran ist also Weimar gescheitert? Die Antwort ist nicht mit letzter wissenschaftlicher Präzision zu geben, aber einiges lässt sich doch ausmachen: die wichtigsten Gründe liegen auf dem Feld der Mentalitäten, der Einstellungen und des Denkens. In der Mitte des Ursachenbündels finden sich eine Bevölkerungsmehrheit, die das politische System von Weimar auf die Dauer nicht zu akzeptieren bereit war, sowie Parteien und Verbände, die sich den Anforderungen des Parlamentarismus nicht gewachsen zeigten. Die Ursachen für diese Defekte dürften überwiegend in langfristigen, aus den besonderen Bedingungen der preußisch-deutschen Geschichte zu erklärenden Zusammenhängen zu suchen sein [...]«[16]

Dieser Auszug steht dort kontrastiv neben zwei anderen Historikertexten zur Diskussion, während im darstellenden Teil des Schulbuches, der immer autoritativ als die »richtige« Interpretation gilt, die eigene Schlussfolgerung präsentiert wird: »Historiker unserer Zeit sprechen von einer ›Republik ohne Republikaner‹ oder einer ›Demokratie ohne Demokraten‹. Manche Historiker sehen das Scheitern der Demokratie bereits in den Anfängen der Weimarer Republik begründet.«[17] Die quantitative Vagheit der Benennungen – »Historiker unserer Zeit« ohne Präposition, »manche Historiker« – soll relativierend wirken, wirkt aber im gegenteiligen Sinne, weil keine alternative Position dazu benannt wird. Aufgeführt werden dann zur Bestätigung der These zahlreiche strukturelle Defizite und Belastungsfaktoren der Weimarer Republik, die alle zutreffend sind, doch wird daraus eine »Demokratie ohne Demokraten« von Anfang an?

Anfang der 1980er Jahre interpretierte der Verfassungsrechtler Ernst-Wolfgang Böckenförde aus der Lektüre von Erdmanns und Schulzes Buch von 1980[18] das Scheitern Weimars als das einer »zu früh gekommenen Demokratie«.[19] 1987 präzisierte er: »Die Republik und ihre Verfassung hatten auch von Anfang an in der Mentalität der Menschen, die in und unter ihr lebten, keinen hinreichenden Bundesgenossen.« Und zählt dann die üblich genannten »alten Eliten« auf, von der Beamtenschaft über das Militär bis hin zu den Akademikern, die konservativ, distanziert oder kritisch zur Republik standen. »Und die Bürger, die Bevölkerung selbst? Sie unterschied sich in ihrer Mentalität nicht wesentlich von den eben genannten Gruppen. Die Demokratie und der Übergang zu ihr wurden hingenommen, waren in der Mehrheit der Bevölkerung aber nicht verwurzelt. So war die Bevölkerung, vor allem in den späteren Jahren der Republik, in ihrer Mehrheit bereit, antidemokratischen Parolen und Führern zu folgen, wenn diese einen Ausweg aus der politischen, wirtschaftlichen, sozialen Krise und der Überwindung der geistigen Indifferenz versprachen, der das Verlangen nach ›Weltanschauung‹ entgegenstand.«[20]

Dieser nuancierte Blick auf die mangelnde Akzeptanz der Demokratie, der den politischen Umschwung tatsächlich erst am Ende verortet, erklärt diesen gleichwohl mit einer von Anfang an vorhandenen mentalitätsgeschichtlichen Determinante, die erst später in der Krise zum Ausdruck kam. Welche Rolle dabei die erwähnten »geistigen« Faktoren gegenüber der materiellen Krise spielten, ist unklar. Wer rechtsextrem wählen wollte, konnte dies zu jeder Zeit, doch 1928 hatte die NSDAP nur 2,6 % der Stimmen bekommen, 1930 dagegen 18,3 %. Warum kann der politische Umschwung nicht primär mit der aktuellen Krise erklärt werden, sondern nur mit einer Prädisposition, die schon vorher da war? Weil die Stabilisierung nach der Anfangskrise vermeintlich als Schein demaskiert werden kann.

Dass die Deutschen 1919 und in der Folgezeit unmündig für die Demokratie waren, prägt die Vorstellungswelt nahezu sämtlicher Schülerinnen und Schüler, die ich, auch und gerade als Vorsitzender von Prüfungskommissionen, im Abitur hatte. Das Thema Weimarer Republik oder Nationalsozialismus taucht dabei oft genug auf, um über viele Jahre einen ausreichenden Einblick in das Phänomen zu bekommen. Eine Mehrheit sei von Anfang gegen die Republik gewesen, deren Untergang also nicht überraschend, sondern zwangsläufig. Autoritätshörig, von den »alten Eliten« beherrscht, die nach 1918 ihre Stellung behaupten konnten, von der Dolchstoßlegende auf Revanchismus gepolt und überhaupt seit eh und je antisemitisch – dies ist die Summe dessen, was man zwar nicht immer so ausformuliert, aber in der Tendenz argumentativ zu hören bekommt. Und nicht wenige Lehrerinnen und Lehrer denken ähnlich. Es ist eine Mischung aus determinierenden Faktoren von außen – Deutschland als Opfer des Versailler Vertrages – und dem inneren Nicht-Vorbereitet-Sein auf die Demokratie. Die Website *Geschichte kompakt*, die von ehemaligen Abiturienten während ihres Leistungskurses mit Patronage ihres Lehrers ins Netz gestellt wurde und sich seither arrogant als »das führende deutsche Geschichtsportal«, als »Muss für alle kommenden Geschichtsabiturienten« präsentiert, liefert diese Interpretation »mustergültig« hinsichtlich der äußeren und inneren Rahmenbedingungen: »Durch die ungünstige Ausgangssituation nach dem 1. Weltkrieg war die Weimarer Republik von Beginn an zum Scheitern verurteilt.« – »Des Weiteren erwies sich die Demokratie als sehr instabil, da der Reichspräsident als ›Ersatzkaiser‹ mit wichtigen Vollmachten ausgestattet war und den Reichstag jederzeit auflösen konnte.« – »Da Hindenburg persönlich Leiter der ehemaligen OHL gewesen war, zeigte auch er sich als antidemokratischer Politiker. Daher konnte sich das parlamentarische System nicht behaupten« – »Da die 5 % Klausel für den Eintritt nicht nötig war, waren dort zahlreiche Klein- und Splitterparteien vertreten, die eine Einigung unmöglich machten.«[21] Unter den Rahmenbedingungen und dem Ansturm von links- und rechtsradikalen Gruppen sei aber auch die innere Überzeugung zu schwach gewesen: »Die neugegründete Republik stieß dementsprechend auf breiten Widerstand und war von Beginn an zum Scheitern verurteilt.«

Wie schwer Worte wiegen, zeigt sich auch am Beispiel, wie Historikerbeiträge in Medien (Zeitungen) durch entsprechende Titel in eine bestimmte Richtung gebogen werden. So schrieb Volker Ullrich in der

Zeit vom 28.8.2008, aufgenommen in *Zeit Geschichte* 3/2008, über die Revolution 1989 einen Beitrag mit dem Titel: »Die halbe Revolution. Warum der demokratische Aufbruch von 1918 sein Scheitern bereits in sich barg.« In der Zusammenstellung verschiedener Texte auf der »Lernplattform« von *Zeit Online* zur Weimarer Republik wird der Beitrag Ullrichs jedoch so präsentiert: »Weimarer Republik – Die halbe Revolution. Warum der demokratische Aufbruch von 1918 zum Scheitern verurteilt war.«[22] Die Wortwahl macht einen Unterschied: »Zum Scheitern verurteilt« lässt keinen Interpretationsspielraum mehr zu, »in sich barg« schon. Was meinte Ullrich genau? »Die konservativen Führungsschichten des Kaiserreichs erfreuten sich weiterhin privilegierter Positionen. Dennoch verharrten sie in Fundamentalopposition gegen das verhasste ›System von Weimar‹. Im Prozess der Auflösung der Republik 1930 bis 1933 sollten gerade sie eine höchst aktive Rolle spielen. Insofern scheint der Schluss berechtigt, dass die halbe Revolution von 1918 das Scheitern der ersten deutschen Demokratie bereits in sich barg.«[23]

Dabei geht es aber nicht nur um die zeitliche Frage »von Anfang an«, sondern damit verbunden um die inhaltliche Frage nach der Einstellung der Mehrheit der Bevölkerung: Auf der zitierten Website heißt es, »breiter Widerstand ...«, in vielen Schulbüchern »antirepublikanische Gesinnung in breiten Kreisen«, »obrigkeitsstaatliche Vorstellungen [...] waren in der Bevölkerung weit verbreitet«, Hitler »sprach damit das aus, was ohnehin die meisten dachten« usw., diese vagen Quantifizierungen werden immer als *mehrheitlich* interpretiert, wie jahrelange praktische Unterrichtserfahrung zeigt. Damit wiederum verbunden ist der Determinismus des Unausweichlichen, den auch das *Informationen*-Heft der Bundeszentrale für politische Bildung gleich einführend und einfühlend im Editorial zum Ausdruck bringt: Schon die Entstehung der Weimarer Republik »war begleitet von Putschversuchen und Aufständen links- wie rechtsstehender Antidemokraten. Ein grundlegender Neuanfang, auf den ein Großteil der Bevölkerung nach den Jahren des Krieges gehofft hatte, konnte nicht gelingen – zu wirkmächtig blieben die alten, der Monarchie verbundenen Eliten des Kaiserreiches.«[24]

Im postulierten Determinismus der Geschichte werden die Determinanten für ein Geschichtsbild gesetzt. Dabei wird die Frage nach der politischen Verantwortung nahezu irrelevant, wenn Widerstand im Nachhinein aussichtslos erscheint, und die Schuldfrage entweder zu einer Kollektiventschuldung oder einer Kollektivschuld, was letztlich jedoch nur zwei Seiten einer Medaille sind, denn: Wo alle schuld sind, ist keiner persönlich schuld. Entsprechend fatalistisch wird diese Epoche der Geschichte wahrgenommen und von Schülerinnen und Schülern, gestützt auf entsprechende Angebote aus den Lehrbüchern, den Deutschen eine Kollektivschuld an der »Machtergreifung« Hitlers zugesprochen – nicht an den späteren Verbrechen, wohlgemerkt –, verbunden mit einer Exkulpation, weil sie ja Opfer der Verhältnisse waren.[25]

Die Krise am Anfang

Bei einer unvoreingenommenen Betrachtung war die schwere Gründungskrise, die die Weimarer Republik erlebte, kein »Scheitern von Anfang an«, sondern das exakte Gegenteil: Sie wurde erstaunlich bravourös gemeistert, so dass man sich im Nachhinein eigentlich fragen muss, wie das überhaupt möglich war ...

1. unter dem Versailler »Diktat« – das auch eines war, nicht nur eine rechte Propagandaparole, da die deutsche Regierung nicht mitsprechen, sondern nur unterzeichnen durfte –, das Deutschland zunächst uneinlösbare Forderungen aufgebürdet hat, inklusive der Besetzung des Rheinlandes, Förderung der dortigen separatistischen Tendenzen und der Besetzung des Ruhrgebietes 1923, nachdem Deutschland seinen Reparationszahlungen nicht mehr nachgekommen ist;
2. unter bürgerkriegsähnlichen Zuständen durch den Ansturm von links- und vor allem rechtsrevolutionären Gruppen, die beide die Republik stürzen wollten, aber mit entgegengesetzten politischen Zielen;
3. unter der galoppierenden Inflation, die alle Sparguthaben vernichtete und auf ihrem Höhepunkt 1922/23 das Wirtschaftsleben fast zum Zusammenbruch brachte;
4. mit einer SPD, die zwar die »Gründungspartei« der Weimarer Republik war, aber dann durch die Spaltung der Arbeiterbewegung stark geschwächt und von den Mitte-Rechts-Parteien aus der Regierung ausgeschlossen wurde, abgesehen von einem kurzen Intermezzo 1921 und 1923;
5. unter einer Verfassung, die als die »demokratischste Demokratie« konzipiert worden war, aber nun Regierungswechsel mit einer jeweiligen Dauer unter einem Jahr hatte: Kabinett Fehrenbach Juni 1920 bis Mai 1921, Wirth I Mai bis Oktober 1921, Wirth II Oktober bis November 1922, Cuno November 1922 bis August 1923, Stresemann I August bis Oktober 1923, Stresemann II Oktober bis November 1923, Marx I November 1923 bis Juni 1924 usw.

Unter all diesen unglaublichen Herausforderungen erscheint das Überleben der Weimarer Republik in ihrer Anfangskrise geradezu wie ein Wunder. Doch es war kein Wunder, weil fast alle Faktoren, die für die Krise verantwortlich waren oder dafür verantwortlich gemacht wurden, auch zu ihrer Lösung beitrugen:

1. Die Alliierten mäßigten ihre Forderungen an Reparationsleistungen, spät, aber nicht zu spät, unter dem Eindruck des »Ruhrkampfes« und des politischen und vor allem wirtschaftlichen Chaos in Deutschland.
2. Die Revolution von links war mehr Schein als Sein, sie trug zum Sturz der Monarchie bei, eröffnete Hoffnungen auf eine sozialistische Republik, fand aber letztlich bei weitem keine Mehrheit für einen sozialistischen Umsturz: Auf dem Allgemeinen Rätekongress in Berlin im Dezember 1918 waren mehrheitlich sozialdemokratisch gesinnte Arbeiter- und Soldatenräte präsent, ca. 300 von den 514 (gegenüber ca. 100 USPD und Spartakus); sie entschieden gegen eine Räterepublik und für die Wahl einer Nationalversammlung. Obwohl sie trotzdem sozialistische Ziele durchsetzen wollten – zum Beispiel die Sozialisierung der Grundstoffindustrien –, entzogen sie jedoch mit ihrer Entscheidung für die Nationalversammlung der Revolution die Grundlage. Zahlreiche politische Streiks und Aufstandsversuche bis 1923 blieben lokal oder regional begrenzt. Ebenso wie die separatistischen Unternehmungen im Rheinland oder in Bayern konnten sie zwar das politische Chaos vermehren, aber ihr Ziel nicht erreichen; das gleiche gilt für die Umsturzversuche von rechts. Extremistische Tendenzen blieben in der Bevölkerung insgesamt minoritär, in der Weimarer Nationalversammlung 1919 kam eine breite demokratische Mehrheit zusammen, wenn sie auch unter den katastrophalen Rahmenbedingungen der Republikgründung schon bei der ersten Reichstagswahl 1920 erhebliche Einbußen hinnehmen musste (siehe oben).
3. Die Hyperinflation konnte durch eine Währungsreform gelöst werden; wenn auch die dadurch eingetretenen Verluste an Sparguthaben nicht mehr rückgängig gemacht werden konnten, so konnte sich die Regierung allerdings durch die Inflation, die durch eine gezielte Geldmengenvermehrung herbeigeführt wurde und dann aus dem Ruder gelaufen ist, auch von ihren eigenen innerdeutschen Schulden befreien.
4. Trotz des Ausschlusses aus der Regierung nach der Reichstagswahl 1920 konnte die SPD durch ihren Reichspräsidenten Friedrich Ebert weiterhin maßgeblichen Einfluss auf die politische Entwicklung neh-

men, was im historischen Rückblick häufig unterschätzt wird. Die ständigen Regierungswechsel wogen angesichts der verfassungsmäßigen Rolle des Reichspräsidenten und besonders seines Verhältnisses zur Reichswehrführung einerseits sowie auch angesichts der personellen Kontinuität zwischen den wechselnden Regierungen andererseits nicht so schwer, wie es aus heutiger Sicht erscheinen mag.

5. Und letztlich bot die Verfassung mit ihrem so oft und so sehr kritisierten Artikel 48 (Notverordnung) unter Ebert ein Instrument zur Bekämpfung des politischen Extremismus und der wirtschaftlichen Not.

Selbst Ermächtigungsgesetze wurden 1920–23 mehrfach zur Beschleunigung von Maßnahmen gegen die Krise beschlossen. Zu nennen ist vor allem die Republikschutz-Verordnung Eberts nach Art. 48 als Reaktion auf die Ermordung von Außenminister Rathenau am 24.6.1922, der ein Republikschutzgesetz folgte, aufgrund dessen auch die NSDAP nach dem Hitlerputsch verboten bzw. das schon in Bayern ausgesprochene Verbot bestätigt wurde. Die parlamentarische Auseinandersetzung um diese verschiedenen Maßnahmen offenbarte gewiss den politisch grundlegenden Dissens in der Stoßrichtung gegen rechts- oder linksextreme staatsfeindliche Taten, die Linke wollte die Maßnahmen gegen die Rechtsextremen, die Rechte gegen die Linksextremen, ein Konsens der Gleichbehandlung kam kaum zustande. Bekannt ist auch, wie wenig die polizeiliche und juristische Umsetzung des Republikschutzes bei der Strafverfolgung und Verurteilung der Attentate erfolgte. Der Attentäter des ersten Anschlags auf Erzberger 1920, den er noch überlebte, bekam eineinhalb Jahre Haft und wurde nach wenigen Wochen »krankheitshalber« entlassen; verdächtige Attentäter oder zumindest Mitverantwortliche des zweiten, tödlichen Anschlags 1921 wurden gar nicht verhaftet oder freigesprochen.[26] Bekannt ist auch das milde Urteil gegen den Putschisten Hitler und der Freispruch für Ludendorff, der mit seinem Namen der Aktion vom 9.11.1923 erst eine Breitenwirkung verschaffen sollte.

Das lastet schwer auf der Beurteilung der Weimarer Republik und der Kontinuitäten von 1918 nach 1933. Doch ist immerhin festzustellen, dass hier nicht die *Institutionen* das Problem waren, Verfassung, Parlament oder Regierung, sondern *Personen*, die viel zitierten »Alten Eliten«.

Hindenburg

Kein anderer hätte wohl den »Ersatzkaiser« besser personifizieren können als Paul Ludwig Hans Anton von Beneckendorff und von Hindenburg. Nicht nur, dass er Adliger und Monarchist war, Sohn eines preußischen Junkers, 1847 geboren, als für diese Familie die Welt noch in Ordnung war, er atmete auch quasi noch die Monarchie, als sie schon untergegangen war. Er war des Kaisers Generalfeldmarschall, der Held des Ersten Weltkrieges, als er die Russen in Ostpreußen bei Tannenberg schlug, so jedenfalls die Legende; als oberster Militär übte er 1916–18 quasi eine Militärdiktatur aus und erfand angeblich die Dolchstoßlegende, eine Legende der Legende. In Wirklichkeit ging der Sieg bei Tannenberg wesentlich auf General Erich Friedrich Wilhelm Ludendorffs Strategie zurück, Ludendorff war auch der eigentliche Kopf der Militärdiktatur, und Ludendorff war es wohl auch, der die Dolchstoßlegende erfand, Hindenburg nur der Überbringer, als er sie am 18.11.1919 dem Untersuchungsausschuss des Reichstages vortrug.

Die Dolchstoßlegende wurde erfunden, als der Generalquartiermeister Ludendorff am 1.10.1918 den Offizieren seines Stabes der Obersten Heeresleitung in Frankreich die unausweichliche Niederlage angesichts der Demoralisierung der eigenen Truppen durch »das Gift spartakistisch-sozialistischer Ideen« gegenüber den »kampffreudigen Amerikanern« offenbarte, wie Oberst Albrecht von Thaer, der Chef des Stabes Ludendorffs, in seinem Tagebuch notierte, sowie Ludendorffs schon dem Kaiser in Spa überbrachte Idee, »jetzt auch diejenigen Kreise an die Regierung zu bringen, denen wir es in der Hauptsache zu danken haben, daß wir so weit gekommen sind. [...] Die sollen nun den Frieden schließen, der jetzt geschlossen werden muß. Sie sollen die Suppe essen, die sie uns eingebrockt haben!«[27] Damit waren die Sozialdemokraten gemeint, die Ludendorff mit den Sozialisten und Spartakisten in einen Topf warf.

Am Tag nach der Rede Ludendorffs vor seinem Stab überbrachte Major Erich von dem Bussche, Unterstaatsekretär im Auswärtigen Amt, eine telegrafisch erhaltene Botschaft der OHL in Berlin den Parteiführern des Reichstags, in der die wirkliche Ursache für die unausweichliche Niederlage – britische Tanks und amerikanische Unterstützung – klar benannt und den deutschen Truppen attestiert wurde: »Unsere Truppen haben sich in überwiegender Zahl vortrefflich geschlagen und Übermenschliches geleistet. Der alte Heldensinn ist nicht verlorengegangen.«[28]

Nur einen Tag nach der Erfindung der Dolchstoßlegende im engen Kreis seines Stabes ließ Ludendorff offiziell der Politik also ein ganz anderes Bild, ein wahres, präsentieren. Die Rechnung, einen Frieden nach Wilsons Vorstellungen zu bekommen, ohne Sieger und Besiegte, ging jedoch nicht auf. Wilson selbst verlangte die Räumung der besetzten Gebiete als Voraussetzung für einen Waffenstillstand. So rief Ludendorff zum Widerstand auf, wurde am 26.10. vom Kaiser entlassen, und dachte dann wohl, Hindenburg werde sich mit ihm solidarisieren. Dem war aber nicht so, Hindenburg trat für den Waffenstillstand ein.

Es ist somit sehr wichtig, bei dem Duo Hindenburg-Ludendorff genau zwischen beiden zu unterscheiden. Auch wenn Hindenburg 1919 gegenüber dem Untersuchungsausschuss die Dolchstoßlegende quasi offizialisierte, so blieb er doch der staatstreue Soldat. Ludendorff hatte in der Novemberrevolution Putschpläne im Kopf, Hindenburg stellte sich dem revolutionären Rat der Volksbeauftragten zur Verfügung um die sozialistische Revolution niederzuschlagen. Er blieb an der Spitze der OHL dank des »Ebert-Groener-Pakts«, einem Bündnis, das Friedrich Ebert, Vorsitzender des Rates der Volksbeauftragten, mit Ludendorffs Nachfolger General Groener zur Aufrechterhaltung von Ruhe und Ordnung schloss, das heißt, um Revolution und Bürgerkrieg nach russischem Vorbild zu verhindern.

Ludendorff war auch gegen die Republik und erkannte 1923 in Hitler jemanden, der ihm helfen könnte. Ludendorff entging der Verurteilung für die Beteiligung am Putschversuch und saß 1924–28 für die *Nationalsozialistische Freiheitspartei* im Reichstag, während Hitler 1924-25 in der »Festungshaft« sein Buch schrieb. Es handelte sich dabei um eine Parteineugründung aufgrund des NSDAP-Verbots, eine Listenverbindung zwischen verschiedenen rechtsextremen Gruppierungen. Ludendorff war somit Abgeordneter, als Hindenburg 1925 zum Reichspräsidenten gewählt wurde. Das Amt des »Ersatzkaisers« hatte seinen Repräsentanten gefunden, den sein Vorgänger, der Sozialdemokrat Friedrich Ebert, so nicht verkörpern konnte.

»Man hat darin vielfach den Anfang vom Ende der Republik sehen wollen. Ganz falsch«, liest der überraschte Leser jedoch bei Sebastian Haffner: »Die Hindenburgwahl war für die Republik ein Glücksfall und gab ihr die einzige Chance, die sie je hatte. Denn mit dem Weltkriegsheros und kaiserlichen Feldmarschall an der Spitze sah die Republik für die Rechte, die sie bis dahin eisern abgelehnt hatte, plötzlich akzeptabel aus, etwas wie eine Versöhnung bahnte sich an.« Sie hielt vor, solange (von 1925 bis 1928) eine Mitte-Rechts-Koalition aus Katholiken, Rechtsliberalen und Konservativen die Reichsregierung bildete. Damit war vorübergehend das staatstragende Parteiensystem zum ersten und einzigen Mal auf die ganze Breite des Rechts-Links-Spektrums ausgedehnt, von radikalen Randgruppen wie Kommunisten und Nationalsozialisten abgesehen [...]«[29] Mit den Konservativen meint Haffner die DNVP, die allerdings nicht durchgängig in den Kabinetten vertreten war: Januar bis Dezember 1925 und Januar 1927 bis Juni 1928.

Tatsächlich hat Hindenburg sein Amt so loyal ausgeübt, wie er früher loyal zur Monarchie war. Er hat sich nicht zur Präsidentschaft gedrängt, sondern wurde vom konservativen Lager in der Not gerufen und sogar erst im zweiten Wahlgang aufgestellt. Sein Sieg verdankte sich jedoch demselben Dilemma wie später der Niedergang der Republik: Die Demokraten konnten sich nicht einigen. Eine ursprünglich beabsichtigte gemeinsame Kandidatur der Weimarer Koalition SPD-Zentrum-DDP kam nicht zustande, so gab es einzelne Kandidaten der drei Parteien, die im ersten Wahlgang zusammen 53 % erzielten, aber eben getrennt kandidierten, gegenüber Karl Jarres (DVP), mit 38,8 %, 1,1 % für Ludendorff und 7 % für den Kommunisten Thälmann. Eine politisch eindeutige Situation, hätten die Demokraten gleich hier zusammengefunden, doch das konnte keine Partei ihren Wählern zumuten. Auch der DVP-Kandidat Jarres, Duisburger Oberbürgermeister, stand zwar für den »Rechtsblock« mit der DNVP, doch war er kein Republikgegner, stand Stresemann nahe und hatte sich 1920 sogar eindeutiger gegenüber dem Kapp-Putsch verhalten als Stresemann selbst.[30] Die isolierte und sinnlose Kandidatur des bayrischen Ministerpräsidenten Held (BVP, 3,7 %), statt sich Wilhelm Marx (Zentrum, 14,5 %) anzuschließen, zeigte noch eine zusätzliche Spaltung innerhalb der Aufsplitterung der demokratischen Parteien. Doch selbst ohne die BVP-Stimmen hätte die Weimarer Koalition, wäre sie denn zustande gekommen, noch mit 49,3 klar gesiegt. Darauf hoffte sie denn auch für den 2. Wahlgang, doch hier verzichtete Jarres zugunsten Hindenburgs, den die Rechte als neuen Kandidaten aus dem Hut zauberte. Dass dies überhaupt möglich war, nachdem er im 1. Wahlgang gar nicht kandidiert hatte, ist eine der fatalen Schwachstellen des politisch-rechtlichen Systems der Weimarer Republik. Nun zog die SPD ihren Kandidaten zurück, den preußischen Ministerpräsidenten Otto Braun, zugunsten des Zentrumskandidaten Wilhelm Marx, Reichkanzler vor und nach 1925, doch die BVP entschied sich für Hindenburg aus der Gegnerschaft zur SPD heraus und führte somit Hindenburg vielleicht die entscheidenden Stimmen zu, die er zu seinem Vorsprung von 3 % gegenüber Marx brauchte (48,3 %/45,3 %). Die aufrechterhaltene Kandidatur Thälmanns trat ihr Übriges dazu bei, dass Hindenburg mit weniger als 50 % siegen konnte.

Dabei hatte es innerhalb der DVP durchaus Vorbehalte gegenüber der Kandidatur Hindenburgs gegeben, betont Heinrich August Winkler, Stresemann befürchtete ein negatives Signal nach außen, denn die Verständigung mit Frankreich, die zum Vertrag von Locarno im Oktober führen sollte, hatte bereits begonnen, und die Industrie, wichtigste Stütze der DVP und ihr Financier, »sah in Hindenburg den Anwalt agrarischer Interessen und befürwortete daher, ebenso wie die DVP, eine erneute Bewerbung von Jarres. Doch nachdem dieser seine Kandidatur zurückgezogen hatte, verloren diese Bedenken an Gewicht.« Umso mehr wurde der Sieg Hindenburgs nicht nur in der linken, sondern auch in der bürgerlich-demokratischen Presse mit Entsetzen aufgenommen.[31]

An dieser Stelle muss man sich fragen, wie überhaupt generell, was schon eingangs zu diesem Kapitel als Problem benannt wurde: Was war damals voraussehbar, wann, wie, durch wen? Im Nachhinein ist man immer klüger als die Zeitgenossen. Doch zu diesem Zeitpunkt waren die Republikaner pessimistischer als nötig, was die Person Hindenburgs betraf, Hitler und die NSDAP waren ja zu diesem Zeitpunkt auf ihrem absoluten Tief. Sebastian Haffner, als 1907 Geborener immerhin bereits Zeitzeuge, schreibt:

»Hindenburgs Sieg wurde von den Republikanern zunächst als ein fürchterlicher Schlag empfunden. [...] Wie sollte es unter ihm mit der Republik weitergehen? Überraschenderweise ging es zunächst sehr gut weiter. Die ersten fünf Jahre der Präsidentschaft Hindenburgs wurden die fünf besten Jahre der Weimarer Republik. Endlich schien sie sich zu konsolidieren. Das hatte einen sehr einfachen Grund: Die alten Herrschaftsschichten des Kaiserreichs, die auch in der Republik die wirklichen Herrschaftssichten geblieben waren, ohne den neuen Staat je wirklich als den ihren anzunehmen, sahen ihn jetzt plötzlich mit anderen Augen. Eine Republik unter einem Reichspräsidenten Hindenburg, also unter einer höchst respektablen Hauptfigur des Kaiserreichs, die im Ersten Weltkrieg schon einmal fast eine Art Ersatzkaiser gewesen war – das war doch etwas ganz anderes als die Republik Eberts und der Sozialdemokraten. Diese Stimmung schlug sich sehr schnell darin nieder, daß die bis dahin völlig staatsablehnende größte Rechtspartei des Reichstages, die Deutschnationale Volkspartei, sich jetzt bereitfand, in der Regierung der Republik mitzuwirken. [...] Die Republik stand plötzlich auf zwei Beinen. Sie war nicht mehr allein auf die Mitte-Links-Parteien angewiesen, sondern konnte nun auch von einer Mitte-Rechts-Koalition ganz normal regiert werden. Das stabilisierte die Republik.«[32]

Horst Möller gehört sicher zu jenen, denen Haffner in den 1980er Jahren vorwarf, Hindenburg zu Unrecht die Schuld oder zumindest einen großen Teil der Schuld am Niedergang der Republik zu geben. Für ihn war Hindenburg »ein Angehöriger der uradligen preußischen Offiziersschicht, dessen Selbstverständnis durch die gesellschaftlichen und politischen Wandlungen im Laufe seines langen Lebens nicht berührt, ja nicht einmal irritiert wurde.« In einem interessanten Vergleich der beiden Reichspräsidenten Ebert und Hindenburg hebt Möller 1985 hervor: »Während Ebert grundsätzlich und bis heute für alles haftbar gemacht wurde, was politisch während seiner Amtszeiten mißlang, wurde Hindenburg selten für das verantwortlich gemacht, was er tatsächlich zu verantworten hatte. Hindenburg verstand es vorzüglich, sich da herauszuhalten.« – So legt denn Möller nach im Sinne der Anklage und stellt Hindenburgs antidemokratische Gesinnung unter Beweis, schon durch die von Hindenburg prominent mit vertretene Dolchstoßlegende: »Sie hat das politische Klima der Republik schon wenige Monate nach ihrem Beginn auf übelste Weise und nachhaltig vergiftet.«[33]

All dies ist wahr, demgegenüber ist es doch aber geradezu erstaunlich, wie wenig Hindenburg während seiner ersten Amtszeit in diesem Sinne agierte. Er war ein Gegner der Republik, respektierte sie aber und führte an deren Spitze sein Amt nicht nur nach dem Wort, sondern auch nach dem Geist der Verfassung. Insofern ist es schlicht falsch, wenn das *Lebendige Museum Online (LeMO)* des Deutschen Historischen Museums lapidar erklärt: »Hindenburg, der aus seiner monarchistischen Gesinnung nie ein Hehl gemacht hatte, leistete zwar den Eid auf die Weimarer Verfassung, doch nach seiner Wahl verschoben sich die politischen Gewichte vom Reichstag zum Reichspräsidenten.«[34] Das verfassungsmäßige Gewicht blieb bis 1930 unverändert, Hindenburg hielt sich vergleichsweise aus der Politik zurück, zum Beispiel opponierte er 1928 nicht gegen die Bildung einer Großen Koalition und ernannte den Sozialdemokraten Hermann Müller zum Reichskanzler.[35] Allerdings griff er in die Regierungsbildung ein und sorgte zum Beispiel dafür, dass Wilhelm Groener Reichswehrminister und quasi Hindenburgs Vertreter im Kabinett wurde.

Doch auch Groener, der 1919 mit Ebert den oben genannten »Pakt« geschlossen hatte, verhielt sich ebenfalls loyal zur Republik und verfügte dann 1932, als er in Brünings Präsidialkabinett zusätzlich Innenminister war, auf Drängen der Länderinnenminister das Verbot der SA, das jedoch leider zu spät kam. Oder auch nicht, denn es beinhaltete noch die letzte Chance der Republik, gegen Hitler und die NSDAP vorzugehen, wie sie Ute Daniel in ihrem Rückblick in der Artikelserie »Weimarer Verhältnisse?« von F.A.Z. und Bayrischem Rundfunk beschreibt: Eine Polizeiaktion des preußischen Innenministers Severing brachte zutage, dass Verbände aus Reichswehr und SA an der deutsch-polnischen Grenze einen illegalen »Grenzschutz« unterhielten, Hitler aber seine Leute darauf verpflichtet hatte, »im Fall eines polnischen Einmarsches nicht gegen die Invasionstruppen zu kämpfen, sondern sich für ihren Führer zur Verfügung zu halten – mit anderen Worten, für den Kampf gegen die ›Novemberverbrecher‹.«[36] Dies wurde damals von der politischen Führung so gesehen und brachte auch Hindenburg dazu, das SA-Verbot zu akzeptieren. In der Folge brach ein Sturm pro und contra in der Presse aus, bei dem die Pro-Vertreter gehandicapt waren, wie Ute Daniel darlegt. Denn, obwohl sie schon vor dem SA-Verbot von Hitlers Verschwörungsplänen für den Fall, der dann nie eintrat, durch Regierungskreise erfahren hatten und entsprechend gegen Hitler hätten loslegen können, waren sie über diese Geheiminformation zur Verschwiegenheit verpflichtet, da Kanzler Brüning die gegen den Versailler Vertrag verstoßende »Grenztruppe« angesichts laufender internationaler Verhandlungen zur Abwicklung der Reparationszahlungen geheim halten wollte. Die damalige Presselandschaft war eng an die politischen Strukturen angepasst und so hielten sich die regierungsnahen Zeitungen zunächst daran und überließen der gegnerischen Presse die Offensive nach der Verkündung des SA-Verbots, was dann Hindenburg zum Umschwenken brachte, vor allem unter dem Druck seiner »Hauspostille«, der *Kreuzzeitung*, die unter anderem damit argumentierte, dass man nur die SA, nicht aber die linken Verbände verbot. Zusammen mit anderen Faktoren führte dies zur Entlassung Brünings und der Ernennung von Papens zum Kanzler.

Ein quasi mikroskopisches Detail des politischen Geschehens wirkte sich hier makroskopisch auf die gesamte politische Geschichte aus, denn dies war der wirkliche Wendepunkt hin zum Untergang der Republik. Auch wenn es immer spekulativ bleibt, sich auszudenken, wie es im anderen Falle weitergegangen wäre, so ist doch klar, dass keine Prädisposition der Weimarer Republik, kein Determinismus den Untergang unaufhaltsam herbeiführte, sondern dieser auf eine Kumulation verschiedener Faktoren und letztlich das Handeln der Akteure zurückzuführen ist, die Entscheidungen trafen.

Erst nach dem Bruch der Großen Koalition im März 1930 kam Hindenburg durch die Idee Brünings, mit einem Minderheitskabinett gegebenenfalls auch durch Notverordnungen zu regieren, überhaupt in die Rolle, die er bis dahin gar nicht auszuüben brauchte. Jetzt folgte die Politik unter dem andauernden Damoklesschwert der berüchtigten Artikel der Verfassung (Art. 25 und 48), durch deren permanente Anwendung (Notverordnungen) bzw. Androhung (Reichstagsauflösung), welche die

Macht des Reichspräsidenten ausmachten, für den Notfall vorgesehen waren und in diesem Sinne 1920–23 auch gewirkt hatten, nun aber den Missbrauch dieser Macht ermöglichten. Bis er nach seiner Wiederwahl 1932 zunehmend seinen antidemokratischen Beratern erlag, zuerst General von Schleicher, dann Franz von Papen, gab Hindenburg in der Ausweglosigkeit einer vom Parlament schon weit entfernten Politik, an der die Parlamentarier selbst erheblich mitschuldig waren, das Heft des Handelns aus der Hand, als er Hitler zum Reichskanzler ernannte. Ob ihm das klar war, ist fraglich; seinem Inspirator Franz von Papen, Vizekanzler der Regierung vom Frühjahr 1933, war es offenbar nicht klar, was allerdings keine Entschuldigung ist.

Die Große Koalition 1928

Zuvor erlebte die Weimarer Republik die stabilste Phase durch die unwahrscheinlichste Koalition. Die Reichstagswahl vom 7.12.1928 brachte die SPD wieder an die 30 % heran und in die Regierung zurück. Die Mitte-Rechts-Koalition unter Einschluss der DNVP hatte ihre Mehrheit verloren, mit der Ernennung des Sozialdemokraten Hermann Müller zum Reichskanzler vollzog sich ein Richtungswechsel, obwohl die SPD von ihren Koalitionspartnern stark behindert wurde. Müller stand einer großen Koalition aus SPD (29,8 %), Zentrum (12,1 %), DDP (4,9 %) BVP (3,1 %) und DVP (8,7 %) vor, die zusammen 58,6 % der Wählerstimmen repräsentierte, aber inhaltlich fragil war. Der Brückenschlag von der SPD zur Industrie, die die DVP repräsentierte, war groß, Gewerkschafter und Unternehmer saßen sozusagen an einem Tisch. Es hatte sich eine Wählerwanderung von rechts nach links vollzogen, die KPD hatte sich leicht auf 10,6 % verbessert, die SPD knapp 4 % dazugewonnen, alle ihre Koalitionspartner hatten an Stimmen verloren, die DNVP war von 20,5 auf 14,2 % gefallen, die NSDAP verbuchte nur 2,6 %. Die »Sonstigen« waren aber zusammengenommen von 7,5 auf 13,9 % angestiegen, was die zunehmende Fragmentierung der politischen Landschaft und den Einzug von immer mehr Splitterparteien ins Parlament zur Folge hatte, ein Strukturproblem der Republik, das sich vor allem bei der nächsten Wahl 1930 als reales Problem erweisen sollte. Darunter befanden sich die sogenannte »Wirtschaftspartei« (Reichspartei des deutschen Mittelstandes), eine kleinbürgerlich-liberale Partei, die sich als spezifische Interessenvertreterin des Handwerks verstand und 1928 immerhin 4,6 % erreichte, sowie das »Landvolk«, die Christlich-Nationale Bauern- und Landvolkpartei, die zum ersten

Mal antrat und mit 2,9 % neun Mandate errang. 1929 gewann sie zwölf Abgeordnete hinzu, die sich von der DNVP aus Protest gegen deren rechtsextremen Kurs unter Alfred Hugenberg abspalteten. Nachdem die DNVP ohnehin schon eine Wahlniederlage erzielt hatte, wurde sie durch diese Linksabspaltung zusätzlich geschwächt, was verdeutlicht, dass die extreme Rechte 1929, als die Wirtschaftskrise in den USA begann, auf ihrem absoluten Tiefststand war.

Eine Neuauflage der Weimarer Koalition aus SPD, Zentrum, DDP hätte jedoch die Mehrheit im Parlament knapp verfehlt (239 von 491 Sitzen), verschiedene Überlegungen zur Vermeidung einer als unmöglich geltenden Großen Koalition von SPD bis DVP erwiesen sich aus der Erfahrung mit Minderheitenregierungen als nicht sinnvoll, so mussten BVP und DVP zusammen in die Koalition geholt werden, obwohl rechnerisch nicht notwendig, eine von beiden hätte auch gereicht. Nachdem die DVP zunächst zu große Bedingungen stellte, unter anderem wollte sie in die gleichzeitig neu zu bildende preußische Regierung aufgenommen werden, gab Hindenburg dennoch dem sozialdemokratischen Kanzlerkandidaten Hermann Müller den Auftrag, eine Weimarer Koalition zu bilden, die ohne die BVP eine Minderheitsregierung gewesen wäre. Dass sich die BVP dieser Koalition aber nicht anschließen würde, wenn das konservative Gewicht durch die DVP nicht gestärkt würde, war abzusehen. Und deswegen, meint Heinrich August Winkler, war Hindenburgs »neuer Auftrag an Müller wohl nur als taktisches Mittel gedacht, um Druck auf die Parteien auszuüben und doch noch zur Großen Koalition zu gelangen.«[37] Mit anderen Worten: Die drohende Koalition ohne DVP zwang diese, mit ihren Ansprüchen zurückzustecken. Allerdings schien der Verbleib Außenminister Stresemanns auch notwendig, um seine erfolgreiche Arbeit weiterzuführen, vor allem für die Reduzierung der Reparationszahlungen aus dem Versailler Vertrag, die dann im folgenden Jahr im Young-Plan festgelegt wurden. Gleichzeitig erreichte Stresemann die vorzeitige Räumung des besetzten Rheinlandes. Dafür musste er aber, bereits schwer erkrankt, im Frühjahr 1928 vom Sanatorium aus seine eigene Partei in die Koalition zwingen.[38] Allerdings ohne Koalitionsvertrag, die Regierung wurde zunächst als »Kabinett von Persönlichkeiten« vorgestellt, eine Wortwahl, die von Stresemann selbst stammt. Die Koalitionäre behielten sich vor, im Reichstag gegebenenfalls ein eigenes Votum, notfalls auch gegen die Regierung, abzugeben. (Das erinnert an die kurzfristig von Martin Schulz zur Jahreswende 2017/18 aufgeworfene Idee der »Kooperationskoalition«.)

»Zehn Jahre nach dem Übergang zur parlamentarischen Regierungsform«, urteilt Winkler, »waren die staatstragenden Parteien noch immer weit von der Einsicht entfernt, daß in der parlamentarischen Demokratie, anders als in der konstitutionellen Monarchie, die entscheidende Trennungslinie nicht zwischen Regierung und Volksvertretung, sondern zwischen Regierungslager und Opposition verlief. Die Krise des deutschen Parlamentarismus wurde durch die mühsame Kabinettsbildung von 1928 mithin nicht überwunden, sie tat bloß in eine neue Phase.«[39]

Ausgerechnet die neben der DDP am meisten staatstragende SPD-Fraktion war es jedoch, die dies als erste spektakulär unter Beweis stellte bei der Abstimmung gegen die Anschaffung des Panzerkreuzers A, einer Aufrüstung noch in den Grenzen des Versailler Vertrages, die schon vom vorherigen Reichstag beschlossen, aber vom Reichsrat mit den Stimmen der SPD verschoben worden war. Damals waren die Sozialdemokraten strikt dagegen gewesen, hatten den Wahlkampf mit »Kinderspeisung statt Panzerkreuzer« geführt, und als dies nun Reichswehrminister Groener im Kabinett durchsetzte, mit Hindenburg im Rücken, und Kanzler Müller im November 1928 die Vorlage in den Reichstag einbrachte, stimmte die SPD-Fraktion unter Einschluss Müllers mit der KPD dagegen, eine Mehrheit der anderen dafür.

Die Große Koalition erlebte mehrere schwere Krisen, die um den Panzerkreuzer war nur eine davon und noch nicht einmal die schwerste: Für eine Stabilisierung der Regierung auf der Basis eines Koalitionsvertrages stellte die Zentrumspartei im Januar 1929 Forderungen, die ihr so nicht erfüllt wurden, weswegen sie Anfang Februar aus der Regierung austrat. Zuvor hatte es im Dezember einen Wechsel in der Parteiführung gegeben, als Parteivorsitzender folgte der Trierer Prälat Ludwig Kaas, ein Konservativer, auf den Linkskatholiken Wilhelm Marx, mehrfacher Kanzler. Ein bedeutsamer Richtungswechsel, der später auch Hitler beim Ermächtigungsgesetz begünstigen sollte. Der Koalitionsstreit zog sich bis April hin, wurde von der SPD unter Otto Wels auch zugespitzt, aber letztlich durch Kompromisse, die die Probleme aufschoben, sowie ein Ultimatum des Außenministers Stresemann und die Einsicht in die Notwendigkeit der außenpolitischen Agenda gelöst. War dies nun ein Beweis für die Unfähigkeit der Parteien zu verantwortlichem politischen Handeln oder das Gegenteil?

Von Anfang an erschien die Große Koalition für alle Beteiligten als ein widernatürliches Bündnis, das nicht lange halten werde. Obwohl auch Winkler darin nur eine neue Phase eines krisenhaften Parlamentarismus sieht, hat sie sich trotzdem mit einer Laufzeit von fast zwei Jahren als die dauerhafteste aller Regierungen der Weimarer Republik erwiesen. Sie überstand Krisen, bei denen jede andere Regierung zerbrochen wäre, und zerbrach dann angesichts einer Bagatelle im Frühjahr 1930, wenn auch vor einem bedrohlichen Hintergrund. Wäre die Weltwirtschaftskrise nicht über Deutschland hereingebrochen, wäre die Geschichte schon an dieser Stelle anders verlaufen.

Die Arbeitslosenzahl war zuvor 1927–28 mit ca. 1,5 Millionen auf ihren Tiefststand gesunken, um 1929 auf zwei und im Winter 1929/30 bereits auf drei Millionen zu steigen, als die ersten Ausläufer der Weltwirtschaftskrise Deutschland erfassten, das zuvor schon in einem konjunkturellen Abschwung war. Damit war die Arbeitslosenversicherung überfordert, die erst 1927 unter Reichskanzler Marx (Zentrum) eingeführt worden war. Die Versicherung geriet in ein Finanzierungsproblem: Entweder die Beiträge zur Versicherung mussten erhöht oder die Leistungen für die Arbeitslosen gesenkt werden, oder der Staat musste bezuschussen. Über die Erhöhung der paritätisch von Arbeitnehmern und Arbeitgebern gezahlten Beiträge gerieten SPD und DVP in einen Streit, da die DVP keine Erhöhung der Belastungen für die Arbeitgeber akzeptieren wollte. Dieses Problem stand im größeren Rahmen der Deckung des Haushalts, in dem Defizite auszugleichen waren und die klassische Konfrontation, wie sie auch heute noch existiert, zwischen Steuererhöhungen für Besserverdienende und Steuersenkungen bzw. Reduzierung des Sozialleistungen gegeneinanderstanden. Die Verhandlungen innerhalb der Koalition darüber gerieten zur Farce und endeten im Fiasko, nachdem man sich nicht einmal auf Kompromissvorschläge bei dem im Dezember 1929 schon auf 3,5 % erhöhten Beitrag zur Arbeitslosenversicherung einigen konnte: Zunächst ging es um eine Erhöhung auf 4 %, am Ende noch einmal reduziert auf 3,75 %, was die DVP weiterhin ablehnte, und wo zuletzt Heinrich Brüning (Zentrum) einen Aufschub der Entscheidung auf den Herbst 1930 vorschlug, den wiederum die SPD ablehnte. Sie hatte auch andere Maßnahmen vorgeschlagen, so die Heranziehung der Beamten zur Arbeitslosenversicherung – ein Vorschlag, der an die heutige Rentendebatte erinnert –, was aber ein so struktureller Eingriff gewesen wäre, dass er chancenlos war. Die DVP erklärte ihren Austritt aus der Regierung, Finanzminister Moldenhauer vom Zentrum stellte fest, dass die Regierung keine parlamentarische Mehrheit mehr habe – also eine Kampfansage durch das Zentrum –, Kanzler Müller trat zurück. Der SPD haftete dadurch die Schuld am Bruch der Koalition an, sie hatte als letztes den Kompromissvorschlag von Brüning abgelehnt, ihr Kanzler Hermann Müller, überdies schwer krank, trat zurück.[40]

Der Rücktritt Müllers folgte aber dem Usus der Weimarer Republik, wonach eine Regierungsumbildung durch den Rücktritt des Kanzlers erfolgte, der sein Mandat dem Reichspräsidenten übergab und häufig auch wieder zurückbekam mit dem Auftrag, eine neue Regierung zu bilden. Inwiefern die SPD-Führung damit rechnete oder sich aus Frustration in die Opposition zurückziehen wollte, ist unklar, wahrscheinlich war es eine Mischung aus beidem, so wie auch die Gründe für den Bruch der Koalition tiefer liegen als der Streit um die Arbeitslosenversicherung. Schon am 13.3.1929, knapp sieben Monate vor seinem Tod, musste Stresemann seine Partei aufrufen, die ein Jahr zuvor gebildete Große Koalition weiterhin zu unterstützen. In einem Brief an den Rechtswissenschaftler und DVP-Reichstagsabgeordneten Wilhelm Kahl äußerte er sich überaus luzide über die Situation der eigenen Partei:

»Wenn ich in ruhigen Stunden die Stellung der Deutschen Volkspartei zur politischen Lage überblicke, so kann ich an der Tatsache nicht vorübergehen, dass zwischen dem Führer [= Stresemann] und der Partei eine weitgehende Verschiedenheit der Auffassung besteht. Es hat gar keinen Sinn, irgendwie daran zu zweifeln, dass die Partei die Verantwortung nicht mehr tragen will, oder glaubt nicht mehr tragen zu können. Seit beinahe sechs Jahren ist die Deutsche Volkspartei im Reichskabinett vertreten. [...] Manche Parteisekretäre empfinden es als angenehm, in der Opposition gegen den Staat zu stehen. Man kann sich dann wieder mit dem ›Stahlhelm‹ verbrüdern, man kann wieder ›den nationalen Gedanken vor dem Volke leuchten lassen‹, man kann wieder drohende Reden halten, hinter denen zwar nichts steht, die aber dem Volke so lieblich eingehen. Verstärkt wird die Unzufriedenheit in der Partei dadurch, dass wir mit den Sozialdemokraten in einer Regierung zusammen sind. Von rechts wird in bezug auf die Sozialdemokratie das Wort ›Landesverräter‹ gebraucht, als wenn man es wagen könnte, das von einer Partei zu sagen, die vielleicht prozentual die meisten Toten im Weltkriege gehabt hat und auf die wir uns haben stützen müssen, als es bei den Abstimmungen im Osten gegen Polen, im Westen gegen die Separatisten ging. Ob und wieweit gesellschaftliche Bindungen nach der deutschnationalen Seite dabei mitsprechen, will ich nicht untersuchen. Die Partei erträgt auf die Dauer höchstens ein Mittelkabinett, die Sehnsucht vieler drängt sie aber nach der Rechten. Jeder bejaht im Prinzip die Große Koalition, und die meisten bemühen sich, sie zu verhindern.«[41]

Nach dem Tod Stresemanns am 3.10.1929 verstärkte sich die von ihm befürchtete Entwicklung in der Partei. Seit der Jahreswende 1929/30 hatten wohl die Berater Hindenburgs, vor allem Oberst von Schleicher, den Reichspräsidenten davon überzeugt, dass eine Änderung in der Regierung vonstattengehen müsse, was hieß, »den sozialdemokratischen Einfluß auszuschalten«.[42] In der DVP-Fraktion arbeitete der rechte Flügel daran, die Koalition über die Finanzpolitik zum Scheitern zu bringen, was durch die Provokation der SPD mit Steuersenkungen herbeigeführt werden solle.[43] Zur Provokation gehören jedoch immer zwei, nämlich auch der, der sich provozieren lässt. So ist der Leitartikel der *Frankfurter Zeitung* über die »unheilvolle Entscheidung« zum Bruch der Koalition durch die SPD ist in die Geschichte eingegangen:

»Es gibt ein Maß von Einsichtslosigkeit, das zur Schuld wird. Diese Schuld einer wirklich unerlaubt großen Einsichtslosigkeit hat gestern die Mehrheit der sozialdemokratischen Reichstagsfraktion auf sich geladen. Denn auch wenn man, wie wir, durchaus in Rechnung stellt, was der Sozialdemokratie in den ganzen eindreiviertel Jahren des Bestandes der großen Koalition das Zusammenarbeiten mit der Deutschen Volkspartei wirklich nicht leicht gemacht hat, wenn man die Intransigenz der Deutschen Volkspartei jetzt bei der Frage der Arbeitslosenversicherung als dem letzten Streitobjekt schon in Anbetracht der Kleinheit dieses Objektes nicht weniger als großartig findet – so bleibt unabweisbar, daß gerade darum die sozialdemokratische Fraktion dem gestern schließlich gefundenen Kompromiß hätte zustimmen müssen, um Größeres, Wichtigeres zu wahren. Der Gewerkschaftsflügel der Sozialdemokratie hat vor lauter Fachlich-Speziellem die Politik nicht gesehen [...].

Die Volkspartei hat es eilig gehabt, aus dem törichten Beschluß der sozialdemokratischen Fraktion sofort ein fait accompli zu machen. Die Entwicklung soll nach rechts. Und das, worauf im Augenblick alle Aufmerksamkeit und alle Kraft zu konzentrieren ist, kann nur noch sein, daß vor allem die Demokratie und ihre Verfassung dabei nicht Schaden erleiden.«[44]

Rudolf Hilferding, der Wirtschaftstheoretiker, der als Finanzminister in der Großen Koalition wenig im Sinne seiner Ambitionen und Kompetenzen tun konnte, trat 1929 nach dem Crash in New York wegen einer gut gemeinten Finanztransaktion (Kredit aus den USA) an der Reichsbank vorbei (die hier eine Aufsichtsfunktion hatte) im Konflikt mit dem Reichsbankpräsidenten Schacht und mit Rücksichtnahme auf die Koalitionspartner zurück. Die machtvolle Stellung des Reichsbankpräsidenten »entsprang dem Willen der Mächte, an die Deutschland Reparationen zu zahlen hatte: Niemals wieder sollte sich eine deutsche Regierung, wie in der Inflationszeit, der Notenpresse für politische Zwecke bedienen können.«[45] Die Unabhängigkeit des Reichsbankpräsidenten, von der sich die Bundesrepublik für den Bundesbankpräsidenten inspirieren ließ und die letztlich auch das Modell für den Präsidenten der Europäischen Zentralbank vorgab, darf nicht darüber hinwegtäuschen, dass sich die Inhaber dieser Position auch politisch positionierten. Schacht war Gründungsmitglied der DDP gewesen, dann sukzessive nach rechts gerückt und hatte dann auch für Hitler die Reichsbank geleitet bis zum Bruch, zu dem es 1938 wegen der Staatsverschuldung kam. Unter Hitler hatte Schacht jedoch eine Staatsverschuldung akzeptiert, die weit über das hinausging, was er 1930 zu akzeptieren bereit war.

Hilferding, der wohl wusste, was eigene Ambitionen und Zugeständnisse an den Koalitionspartner bedeuteten, schrieb über den »Austritt aus der Regierung« im Frühjahr 1930: »Die Teilnahme der Sozialdemokratie an der Regierung stand seit der Revolution unter doppeltem Zwang: der Behauptung der Demokratie und des Parlamentarismus einerseits, der Durchsetzung der allein möglichen Außenpolitik andererseits. Der Zwang war so stark, daß die Sozialdemokratie seit 1918 in diesen grundlegenden Fragen stets positiv entschieden hat, gleichgültig ob sie jeweils in der Regierung war oder in Opposition stand. [...]

Den Preis der Sprengung der Regierung nur zum Zweck einer Verschlechterung der Arbeitslosenversicherung hätte das Zentrum nicht zahlen können, ohne sich bei seinen Gewerkschaften unmöglich zu machen. Gerade vom Standpunkt der Sicherung der Arbeitslosenversicherung erscheint der Austritt aus der Regierung zumindestens als kein Gewinn. Die Befürchtung, im Herbst wäre es doch zur Verschlechterung gekommen, erscheint für einen so schwerwiegenden Schritt nicht ausreichend; es ist nicht gut, aus Furcht vor dem Tode Selbstmord zu verüben.«[46]

Dass die Industrie einerseits und Reichspräsident Hindenburg andererseits sehnsüchtig darauf gewartet hätten, dass die SPD aus der Regierung verschwindet, kann man nicht einmal sagen. Für die konservativen Kräfte in der Umgebung Hindenburgs traf dies sicher zu, doch Hindenburg selbst soll nach Aussage eines, wie Winkler meint, vertrauenswürdigen konservativen Abgeordneten erklärt haben, »er habe sich nicht ohne Bedenken von der Sozialdemokratie getrennt; er werde aber jetzt, nachdem die Trennung einmal vollzogen sei, seine Hand nicht zur Rückkehr der Sozialdemokraten in die Reichsregierung bieten.« Der Stellvertretende Vorsitzende des Reichsverbandes der Deutschen Industrie (RDI), Paul Silverberg, bedauerte gar den Bruch der Großen Koalition und hätte sich weiterhin die SPD in der Regierung gewünscht, freilich nicht aus politischer Sympathie: »Wenn die Sozialdemokratie wieder in die Regierung einbezogen würde und triumphierend schrie: man sieht wieder einmal, ohne uns geht es nicht«, erklärte Silverberg am 25.6.1930 in einer Präsidialsitzung seines Verbandes, »dann würde ich dieses Triumphgeschrei ruhig in Kauf nehmen und würde sie mit der Verantwortung für die Dinge belasten, die kommen müssen, denn, meine Herren, sie wird auch keinen anderen Weg gehen können als die Wege, die Wirtschaftspolitik und Finanzpolitik der gesamten Welt in einer Tradition von 100 Jahren ihr vorschreibt […]«[47] Auch wenn Silverberg einer Minderheitenposition innerhalb seines Verbandes vertrat, kann man daran ablesen, dass es zumindest zu diesem Thema und zu diesem Zeitpunkt keine geschlossene Meinung des »Großkapitals« für einen Rechtsruck gab. Die entscheidenden Kräfte waren in erster Linie in der DVP als Partei zu suchen, die den Bruch der Koalition provozierte, sowie auch in der Person Brünings, dem das Ausscheiden der SPD dann letztlich recht war. Nicht nur in der DVP nach dem Tod Stresemanns, sondern auch im Zentrum seit dem Vorsitz von Kaas wurde jeweils der rechte Flügel gestärkt. Und dahinter standen natürlich weitere Kreise, die ein konservatives »Hindenburg-Kabinett« etablieren wollten: Es waren nicht nur die Berater Hindenburgs aus der Reichswehr, Kurt von Schleicher und Minister Groener, sowie die DNVP, die unter ihrem neuen Vorsitzenden Hugenberg einen scharfen Rechtskurs fuhr, dem aber das Kabinett Brüning noch viel zu links war mit seinen linkskatholischen Repräsentanten wie dem ehemaligen Reichskanzler Wirth, der nun Innenminister war.

Doch die Realität des Wahlergebnisses von 1928 war immer noch das genaue Gegenteil dieses Rechtstrends in den politischen Führungsetagen: die schwächste Repräsentanz der antirepublikanischen Rechten seit 1920. Insofern hätte sich der rechte Ansturm auf die Große Koalition gebrochen, wenn nicht die SPD resigniert hätte, aus verständlichen, aber unverzeihlichen Gründen. Ohne den durch den Rücktritt Müllers herbeigeführten Bruch der Koalition hätten die konservativen Kräfte sich nicht durchsetzen können, wohl auch bei Hindenburg nicht zu diesem Zeitpunkt. Mit anderen Worten: Man wartete nur auf einen Fehler der SPD. Und sie lieferte ihn. Mit dem Rücktritt der Regierung Müller war keine neue Berufung der SPD in die Kanzlerschaft verbunden, sondern es trat vielmehr ein seit einiger Zeit vorbereiteter Plan in Kraft, der eine bürgerlich-konservative Minderheitsregierung auf der Basis von Notverordnungen (Art. 48) vorsah. Im März 1930 begann die Phase der »Präsidialkabinette« des Reichskanzlers Hermann Brüning, die nur dank der verfassungsrechtlichen Kompetenzen des Reichspräsidenten möglich waren.

Brüning wurde vom Koalitionär, der die Große Koalition retten wollte, zum Gehilfen für die »Einsargung des Reichstags«, wie der Künstler John Heartfield die Herrschaft des Art. 48 so treffend in seiner Kollage zum Ausdruck gebracht hat.[48] Doch auch dieser Prozess durchlief verschiedene Phasen. Ende März übernahm er das Amt des

Reichkanzlers ohne parlamentarische Mehrheit, machte sich damit von Hindenburg und seinen Beratern abhängig, suchte in der ersten Phase noch partiell Zustimmung im Reichstag, entfremdete sich dann aber zunehmend vom Parlament. Seine Regierung umfasste immerhin Minister einer breiten bürgerlichen Koalition von der DDP, die sich dazu einspannen ließ, bis zur DNVP, und repräsentierte wenig unter 50 %. Viele Minister hatten auch schon zuvor der Regierung angehört. Wie lange sollte das dauern? Vermutlich hatte er selbst keine klare Vorstellung davon. Frühere Minderheitsregierungen hatten zwar häufig gewechselt, aber als solche relativ lange bestanden.

Der Anfang vom Ende? Schlüsseljahr 1930

Der Bruch der Großen Koalition war gewiss der Anfang vom Ende, aber nicht in dem Sinne, dass dieses Ende nun unausweichlich gewesen wäre. Auch die rein bürgerliche Regierung erwies sich als spannungsgeladen, weil die verschiedenen Interessengruppen zwischen den Parteien und innerhalb der Parteien ihre Partikularinteressen durchzusetzen versuchten. Zunächst versuchte Brüning, die Deckung des Haushaltes durch einzelne Gesetze Schritt für Schritt durch den Reichstag zu bringen und dabei eine Mehrheit je auf der einen oder der anderen Seite zu finden. Während sich die DVP im Januar noch einer Erhöhung der Beiträge zur Arbeitslosenversicherung von 3,5 auf 3,75 % verweigert hatte, wurde nun problemlos auf 4,5 % erhöht. Ein Sonderopfer für den Öffentlichen Dienst oder, wie man damals sagte, für die »Festbesoldeten«, war eigentlich auch kein Konfliktthema mehr, die steigende Arbeitslosenzahl und Brünings Deflationspolitik erzwangen es, doch die DVP band ihre Zustimmung an die damit verbundene Einführung einer allgemeinen »Bürgersteuer«, die in ihrer ursprünglichen Fassung die kleinen Haushalte überproportional getroffen hätte. Daher wurde die Regierungsvorlage von einer Mehrheit aus KPD, SPD und DNVP abgelehnt.

So konnte die Regierung ihren Haushalt nicht parlamentarisch durchbringen und griff auf eine Notverordnung nach Art. 48 zurück. Auf den Einwurf der SPD, dies sei ein Verfassungsbruch, konterte Innenminister Wirth, es sei »ein finanzieller Notstand vorhanden, der sich mit parlamentarischen Mitteln nicht beheben lasse, weil eine Mehrheitsbildung im Reichstag nicht möglich sei.«[49] Darauf wies der Reichstag mit seinem verfassungsmäßigen Recht und seiner Mehrheit aus KPD, SPD, NSDAP und zahlreichen DNVP-Abgeordneten, die der Regierung kritisch gegenüberstanden, die Notverordnungen am 17. März zurück.

KPD und SPD hatten gleichzeitig auch einen Misstrauensantrag gegen die Regierung Brüning eingereicht, den sie mit derselben Mehrheit durchbringen wollten, doch dazu kam es dann nicht mehr: »Unmittelbar nachdem Präsident Löbe die Annahme des sozialdemokratischen Antrags [= Aufhebung der Notverordnungen] bekannt gegeben hatte, verlas Reichskanzler Brüning eine Verordnung des Reichspräsidenten: ›Nachdem der Reichstag heute beschlossen hat, zu verlangen, daß meine auf Grund des Artikels 48 der Reichsverfassung erlassenen Notverordnungen vom 16. Juli außer Kraft gesetzt werden, löse ich auf Grund des Artikels 25 der Reichsverfassung den Reichstag auf.‹«[50]

Dies war keine Überraschung. Schon im April 1930, kurz nach der Berufung der Minderheitsregierung Brüning, hatte sich die SPD daran gemacht, zusammen mit KPD, DNVP und NSDAP die Regierung durch ein Misstrauensvotum zu Fall zu bringen. Alle drei hatten unterschiedliche, ja entgegengesetzte Gründe dafür, ein Beispiel für die »Negativkoalitionen«, die so typisch für die Weimarer Republik waren. Doch im letzten Moment entschied sich die DNVP wieder um, in der nur eine knappe Mehrheit dafür gewesen und die doch mit einem Minister in der Regierung vertreten war, so dass das Misstrauensvotum am Ende keine Mehrheit fand. 24 Sozialdemokraten, darunter Führungspersönlichkeiten wie der preußische Ministerpräsident Otto Braun (der auch Reichstagsabgeordneter war), der vormalige Reichskanzler Hermann Müller oder der ehemalige Wirtschaftsminister Rudolf Hilferding, hatten ihrerseits an der Abstimmung gar nicht teilgenommen, »von allen darf man annehmen, daß sie eine Auflösung des Reichstags und Neuwahlen zu diesem Zeitpunkt für eine gefährliche Entwicklung hielten«, schlussfolgert Heinrich August Winkler. Dass es bei einer Mehrheit für das Misstrauensvotum schon zu diesem Zeitpunkt zur Reichstagsauflösung gekommen wäre, konnte man schon während der Plenarsitzung erkennen: »Während der [...] Abstimmung über die beiden Mißtrauensanträge der Sozialdemokraten und der Kommunisten zeigte der Staatssekretär der Reichskanzlei, Hermann Pünder, den Abgeordneten demonstrativ die rote Mappe mit der Auflösungsorder des Reichspräsidenten.«[51] Bezeichnend für die Situation der SPD war, dass sich nicht einmal ihre Führung über die richtige Strategie einigen konnte. Zwischen der an der Aufrechterhaltung der Großen Koalition in Preußen interessierten preußischen SPD und der Reichsführung und Reichstagsfraktion entstand ein andauerndes Spannungsverhältnis.

Dass das schon für den April vorgesehene Szenario der Kombination von Art. 48 (Notverordnung) und 25 (Reichstagsauflösung) im Juli ebenfalls drohte, war offiziell bekannt. In seiner Rede gegen den

Missbrauch des Art. 48 schlug der sozialdemokratische Fraktionsvorsitzende Rudolf Breitscheid Töne an, die zumindest partiell an die Rhetorik der KPD erinnerten: »Wir wissen, daß hier ein erster Schritt gemacht wird zu einer Abart des deutschen Faschismus. Aber es handelt sich nicht darum, daß wir uns etwa vor einem solchen Ansturm fürchten. [...] Die Sozialdemokratie wird auch aus diesem Sturm siegreich hervorgehen.«[52] Wenn es ihm mit dem Vergleich mit Mussolinis Italien ernst gewesen wäre, hätte er auch den Unterschied zwischen der Situation in Deutschland und der in Italien erkennen müssen, wo die linken Parteien nach der Ermordung des Sozialistenführers Matteotti 1924 durch Mussolinis Faschisten verboten worden waren, führende Politiker im Gefängnis saßen oder ins Exil geflohen waren. Dies sollte auch so in Deutschland kommen, aber nicht 1930 unter Brüning. Mit der verbalradikalen Rhetorik brach Breitscheid die Brücken ab, die es noch zu Brüning gegeben hatte, denn man hatte sich über einzelne Maßnahmen seiner Sparpolitik durchaus geeinigt, nur nicht über alle, und so erklärte er dieser Regierung den Kampf – zusammen mit der KPD und dem radikalen Flügel der DNVP.

Mit der dann stattgefundenen Reichstagsauflösung am 18. März wurden die beiden Prärogative des Reichspräsidenten unheilvoll miteinander verbunden: Notverordnungen (Art. 48), die für einen Notstand vorgesehen waren, wie er 1920–23 zweifellos vorhanden war, aber nicht 1930, und die Reichstagsauflösung (Art. 25), über deren Sinn man rätseln kann. War sie für einen Konflikt zwischen Präsident und Parlament vorgesehen, so traf dies in gewisser Weise zu. Allerdings setzte die Anwendung dieses Artikels in dieser Situation ein anderes Verfassungsrecht des Parlaments außer Kraft, nämlich Notverordnungen wieder aufheben zu können (ebenfalls Art. 48). Hier offenbarte sich ein funktionales Defizit der Verfassung, aber nur, weil deren Notfallparagraphen durch die amtierenden Verantwortlichen, Brüning und Hindenburg, missbräuchlich in Anspruch genommen wurden und es dagegen kein Einspruchsrecht gab, weil ein Verfassungsgericht fehlte. Beide Artikel waren auch schon von Ebert in den Krisenjahren 1920–23 angewendet worden, aber eben nicht kombiniert zur Beeinträchtigung der Demokratie.

Nach der Reichstagsauflösung wurden die Notverordnungen sogar erweitert. Die Bürgersteuer wurde nun gestaffelt und statt eines Pauschalbetrags von 6 RM gab es nun eine Bandbreite von 3 RM für geringfügige Einkommen und 1000 RM für die obersten Einkommensschichten, für die breite Masse der Lohn- und Gehaltsempfänger blieb es bei 6 RM – pro Jahr wohlgemerkt.[53] Beim Durchschnittsverdienst eines Industriearbeiters von 1560,– pro Jahr[54] bedeutete das für ihn und seine Ehefrau, die, sofern einkommenslos, mit 3,– veranschlagt wurde, 9,– pro Jahr, also knapp 0,6 % des Einkommens. Hätte das die SPD nicht mittragen können? Der Betrag, um den es hier ging, befand sich noch, ähnlich wie beim *casus belli* für die Große Koalition zuvor, im Bagatellbereich angesichts der sich weiter verschlechternden wirtschaftlichen und finanziellen Lage. Gewiss, ein Prozent mehr Arbeitslosenversicherung kam auch noch dazu, bei allgemein sinkendem Lohniveau. Trotzdem ging es auch hier wieder ums *Prinzip* und nicht um die *Vernunft*.

Die Reichstagswahl am 14.9.1930 brachte eine erdrutschartige Verschiebung nach rechts außen: die NSDAP verzeichnete einen Anstieg von 2,6 auf 18,3 % der Wählerstimmen und wurde damit zweitstärkste Fraktion. Die SPD sank wieder auf 24,5 % zurück, blieb aber noch stärkste Partei. DVP und DNVP halbierten ihre Ergebnisse, offensichtlich unter dem Sog hin zur NSDAP, die Mittelparteien verloren leicht, die KPD verbesserte sich auf 13,1 %. Während es 1928 noch einen allgemeinen Trend nach links gegeben hatte, gab es jetzt einen hin zu den Extremen rechts und links, vor allem rechts. Zählt man DNVP und NSDAP zusammen, dann kamen sie auf 25,3 %. Damit war das Potential beider Parteien zusammen kaum größer als 1924, doch zwischenzeitlich war es 1928 auf 16,8 % zurückgegangen. Außerdem war die DNVP 1930 keine Partei mehr, mit der die bürgerliche Mitte zusammenarbeiten konnte, sie zog sich aus der Regierung zurück, die gemäßigteren Kräfte um den ehemaligen Vorsitzenden, den Grafen von Westarp, verließen die Partei. Zählt man KPD, NSDAP und DNVP zusammen, die übrigens auch gemeinsam für die Volksabstimmung gegen den Young-Plan 1929 gekämpft hatten, der die Reparationszahlungen Deutschlands weiter senkte, dann kamen die drei extremen Parteien zusammen auf 38,4 %.

Für eine Mehrheitsbildung erwies sich nun auch die zunehmende Präsenz von Splitterparteien im Reichstag als Problem. Eine neue große Koalition von SPD bis DVP wäre rechnerisch immer noch möglich gewesen unter Einschluss einer Kleinpartei, etwa der Wirtschaftspartei (Reichspartei des deutschen Mittelstandes), die mit 3,9 % auf der Ebene von DVP (jetzt Staatspartei, 3,9 %) und DVP (4,5 %) lag und mit Justizminister Bredt immerhin auch schon einen Vertreter in Brünings erstem Kabinett gehabt hatte. Doch die Große Koalition war nicht mehr gewollt, eine Mehrheit dafür hätte sich auch dem Reichspräsidenten geradezu aufdrängen müssen. Doch auch der Versuch einer Sammlung in der rechten Mitte war misslungen: Für die Wahl hatte sich die DDP nämlich zunächst mit einer obskuren rechten Splittergruppe, der »Volksnationalen Vereinigung«, sowie einigen Abtrünnigen aus der DVP zusammengetan und die *Deutsche Staatspartei* gegründet, in der Hoffnung, die DVP werde sich als Ganzes einer solchen Sammlungspartei anschließen, was jedoch nicht passierte. Für diese Öffnung nach rechts verprellte die DDP allerdings ihre linksliberalen und nicht wenigen jüdischen Mitglieder und Unterstützer, da die Volksnationale Vereinigung von Artur Mahraun, dem »Hochmeister« des »Jungdeutschen Ordens«, deutlich antisemitische Züge hatte. Interessant waren dagegen »linke« Abspaltungen von der DNVP aus Protest gegen den rechtsextremen Kurs Alfred Hugenbergs, früher schon das »Landvolk« und jetzt die »Konservative Volkspartei« unter dem Grafen von Westarp, dem vorherigen DNVP-Vorsitzenden. Doch all dies trug nicht zur Sammlung, sondern nur weiter zur Zersplitterung bei, während die NSDAP zur Sammlungsbewegung der Unzufriedenen und von ihrer Wählerschaft her »in höherem Maß ›Volkspartei‹ als irgendeine andere Partei der ersten deutschen Republik« wurde.[55] Immerhin wurde Brünings 2. Kabinett von jenen Parteien getragen, die sich nicht zur Sammlungsbewegung vereinigen konnten, außer dem Zentrum und der BVP waren darin die Staatspartei (ex-DDP), die DVP, die Konservative Volkspartei und die Landvolkpartei vertreten. Sie brachten mit 30,8 % noch mehr in die Waagschale als NSDAP und DNVP (25,3 %). Ein wie auch immer geartetes Bündnis mit der SPD (24,5 %) hätte eine deutliche Mehrheit gebracht, man hätte sogar auf eine konservative Komponente verzichten können, doch war dies nicht gewollt.

Der Erfolg der NSDAP bei der Neuwahl kam nicht von ungefähr, denn er hatte sich schon im Juni bei der Landtagswahl in Sachsen angekündigt, wo die NSDAP ebenfalls hinter der SPD zweitstärkste Partei wurde. Brüning sah darin kein Alarmsignal, sondern hoffte auf die Überzeugungskraft seiner »sachlichen« Politik.[56] Er setzte damit auf die Parteienverdrossenheit, die er vollkommen falsch einschätzte, indem er, wie andere auch im Umfeld Hindenburgs, glaubte, eine Regierung aus Fachleuten jenseits des »Parteiengezänks« unter der Ägide des Reichspräsidenten werde von den Wählern honoriert. Es ist ein großes Lehrstück der Geschichte, wie Brüning auch fortan die soziale und politische Wirkung seiner Politik zur Bekämpfung der Wirtschaftskrise verkannte. Dabei war die Deflationspolitik – vulgo Sparpolitik – nur *ein* Aspekt, der in der Nachwelt gut in Erinnerung geblieben ist. Brüning bemühte sich andererseits auch um neue Kredite, nachdem der Abfluss der Devisen zurück nach Amerika einsetzte. Er wollte alles auf geniale Weise miteinander verbinden: Die Bekämpfung der Auswirkungen der

Krise in Deutschland, die Annullierung der weiteren Reparationszahlungen nach dem Young-Plan und die Beschaffung neuer Kredite. Um die Annullierung der Reparationszahlungen zu erreichen, war es durchaus erwünscht, wenn er vorführen konnte, wie schwer die Deutschen unter der Krise litten und dass sie die Schulden nie zurückzahlen könnten. Dieses machiavellistische Spiel, dank der Krise die »Fesseln von Versailles« zu lösen und Deutschland wieder autark zu machen, hatte einigen Erfolg bei den Versailler Gläubigern, die, bevor es zur definitiven Annullierung 1932 kam, die letzten Raten zuvor Deutschland als Kredit wieder zurückerstatteten. Die Kehrseite der Medaille war aber die Radikalisierung der politischen Stimmung in Deutschland. Außerdem verstärkte sich die Wirtschaftskrise im Sommer 1931 drastisch mit dem Zusammenbruch der wichtigsten deutschen Banken (Darmstädter und Dresdner Bank), die der Staat durch Subventionierung auffangen wollte, aber die negative Dynamik, die durch die Panikreaktionen bei den Anlegern potenziert wurde, nicht stoppen konnte.

Die SPD war an der politischen Entwicklung nicht unschuldig. Sie hatte sich im Januar 1930 das Heft des Handelns unnötig aus der Hand nehmen lassen und bekam es nie wieder zurück. Noch fataler war, dass sie im Juni mit der KPD und den Rechtsextremen zusammen die Regierung Brüning stürzen wollte und damit sehenden Auges die Reichstagsauflösung herbeiführte. Außer den Artikeln 25 und 48 zeigte sich hier noch eine weitere Schwachstelle der Weimarer Verfassung: das negative Misstrauensvotum. Aus ihm zogen die Konstrukteure des Grundgesetzes später ihre Lehre, indem sie das konstruktive Misstrauensvotum einrichteten: Wer gegen die Regierung ist, muss eine neue auf die Beine stellen. Dass dem in der Weimarer Republik nicht so war, darin liegt die ganze Tragik, denn es war auch Ausdruck einer mentalen Verfassung, wenn es denn eine solche gab: Es war leicht, gemeinsam *gegen* etwas, und schwer, gemeinsam *für* etwas zu sein.

Die SPD war eine Klassenpartei geblieben, allerdings ohne Klassenkampf, allenfalls noch rhetorisch, doch den vertrat die KPD besser. In ihrem Heidelberger Programm hielt die SPD am Sozialismus und einer weiterhin klassisch marxistischen Gesellschaftsanalyse fest und hatte doch für die parlamentarische Republik und gegen die Räterepublik optiert. Sie war das Rückgrat für die Etablierung der Demokratie in Deutschland gewesen, hatte linke wie rechte Revolutionäre bekämpft (nicht immer mit akzeptablen Mitteln) und fand programmatisch nicht zu der Realität, die sie mit geschaffen hatte. Sie versprach 1919 den Sozialismus über eine demokratische Mehrheit im Reichstag, die sie nie erzielen konnte. Das Produzierende Gewerbe repräsentierte 1925 ca.

42,2 % der Bevölkerung[57], also ungefähr so viel wie der Wähleranteil von SPD und KPD zusammen, die sich bekämpften. Einen Kampf gegen die Kommunisten und den »Bürgerblock«, den die SPD im Wahlkampf 1930 noch einmal auflegte, konnte sie nicht gewinnen, ganz abgesehen von dem neuen Gegner NSDAP. Sie konnte nicht damit rechnen, irgendwann zumindest so viele Stimmen zu bekommen, dass sie ihr Sozialprogramm durchsetzen konnte, und in der Krise war nicht einmal der Status quo aufrechtzuerhalten. In den kleinbürgerlichen Schichten der Handwerker und Kleinunternehmer hätte sie Verbündete gegen das Großkapital erkennen können, statt in gut marxistischer Analyse deren Verschwinden im Konzentrationsprozess vorherzusehen. Die SPD war zwar die größte Partei, aber keine »Volkspartei«; erst in der Bundesrepublik vollzog sie diesen Schritt mit dem Godesberger Programm. So führte die »Panik im Mittelstand«, wie es der Soziologe Theodor Geiger auf den Punkt brachte, diese Wählerschichten in großem Maße zur NSDAP, wie Winkler sehr treffend analysiert hat.[58]

Nach der Septemberwahl 1930 stand die SPD endgültig vor dem Dilemma, (1.) selbst die Kanzlerschaft nicht mehr zu bekommen, (2.) auch nicht in eine Regierung unter Brüning eintreten zu können, wenn sie eine Politik mittragen müsste, die sie ihren Wählern nicht vermitteln konnte oder wollte, und (3.) keinen radikalen Widerstand gegen die erneuerte Minderheitsregierung Brüning betreiben zu können, letzteres schon aus der jüngsten Erfahrung heraus: Eine weitere Parlamentsneuwahl hätte den Nazis nur noch mehr Stimmen gebracht und musste unter allen Umständen verhindert werden. Doch gab es (4.) noch einen anderen Grund: Die SPD wurde vom Zentrum mit der noch existierenden Weimarer Koalition in Preußen erpresst, die das Zentrum drohte platzen zu lassen, wenn die SPD im Reichstag ihre Blockadepolitik weiterführte. Wir kommen weiter unten unter dem Stichwort *Dreimal Berlin* ausführlicher darauf zu sprechen. (S. 92 ff.)

Und so schwenkte die SPD-Führung unter dem Druck der Verhältnisse auf eine Tolerierung des Präsidialkabinetts Brünings ein – das jetzt auch diesen Namen wirklich verdiente –, indem sie Anträgen von KPD und NSDAP zur Aufhebung der Notverordnungen und Misstrauensvoten gegen die Regierung nicht mehr zustimmte. Statt die Regierung zu stürzen, wurde sie nun gestützt, ohne dass die SPD in der Öffentlichkeit für die Regierungspolitik mitverantwortlich war – bis zu einem gewissen Grade jedenfalls, denn die KPD nutzte diese Situation im Kampf gegen die SPD leidlich aus. (War es das, was Martin Schulz und anderen Sozialdemokraten vorschwebte, als sie nach der Bundestagswahl im November 2017 von der Tolerierung einer Minderheitsregierung unter

Merkel sprachen?) Die SPD bezahlte es damals mit einem politischen Stillstand ihrer selbst, sie war weder Regierung noch wirklich Opposition, und andere bestimmten nun alleine das Geschehen. Die SPD musste die Initiative ihren sämtlichen Gegnern links und rechts überlassen, die Rolle der Opposition übernahm nun vor allem die NSDAP. Immerhin erkannte die SPD-Reichstagsfraktion nun, dass es um die Erhaltung der Demokratie und der Verfassung ging, doch die Verfassung stellte nun selbst die Mittel zu ihrer eigenen Zerstörung bereit. In den zwei Jahren der Brüningschen Präsidialdiktatur, wie die Kritiker sie nannten, wurde der Reichstag ausgebootet, doch die demokratische Mehrheit hätte jederzeit die Initiative wieder ergreifen können, wenn sie sich zu etwas Konstruktivem hätte durchringen können. Deswegen war es auch nicht wirklich eine »Diktatur«. Man muss allerdings zugestehen, dass auch niemand ein schlüssiges Rezept gegen Brünings Deflationspolitik in der Tasche hatte, da das Prinzip Schulden machen – gemeint ist: in großem Stil – noch nicht erfunden und erprobt war. Im Gegenteil: Die Erfahrungen mit der Inflation Anfang der Zwanziger Jahre ließen auch die Sozialdemokraten vor der »Pumpwirtschaft«[59] zurückschrecken. Außerdem gab es bereits einen Berg Schulden, der nicht nur aus den Reparationszahlungen des Versailler Vertrages bestand, sondern einerseits eine weitere Folge des Weltkrieges war, nämlich in Form notwendiger Kredite für den wirtschaftlichen Wiederaufbau, die überwiegend aus den USA kamen, sowie andererseits eine Folge des unbekümmerten Umgangs mit den Kreditanleihen infolge deren schneller Verfügbarkeit. Dies traf ganz besonders die Hauptstadt Berlin.

Die Sozialdemokraten unterstützten also durch ihre Tolerierung eine Politik, die sie nicht gänzlich verurteilten, aber in der Regierung nicht hätten verantworten können oder wollen (letztlich gehört immer beides zusammen). Im Übrigen stimmten sie in der Anfangsphase, als Brüning den Reichstag ab und zu noch konsultierte, der einen oder anderen Vorlage sogar zu. Aber die Alternative, das *deficit spending* als antizyklische Wirtschaftspolitik, wurde in den USA von Präsident Roosevelt erst durchgesetzt, als in Deutschland Hitler an die Macht kam, der mit derselben Politik, nur verschleiert und mit anderen Zielsetzungen, die Wirtschaftskrise überwand. Auch die Kredite, die Brüning aufnahm, waren fast nur zur berühmten »Deckung des Haushalts« bestimmt, kaum für Investitionen, unter Aufrechterhaltung bestimmter Privilegien wie der »Osthilfe« für die verschuldeten ostelbischen Großagrarier, an denen Hindenburg, da er ihres Standes war, so gelegen war, dass er Brüning 1932 entließ, als er dies infrage stellen wollte.

Die Tolerierungspolitik brachte in der SPD aber auch Widerstand hervor, bis dahin, dass der linke Flügel eine Variante der kommunistischen Sozialfaschismusthese für sich adaptierte, weil er keinen Unterschied »zwischen Brünings und Hitlers Faschismus« sah. Hinter der Zeitschrift mit dem programmatischen Titel »Klassenkampf« versammelte sich eine Parteilinke um Max Seydewitz, die dann im Oktober 1931 aus der Partei austrat bzw. ausgeschlossen wurde und eine neue Partei, die Sozialistische Arbeiterpartei (SAP), gründete. Viele Jungsozialisten, deren Organisation von der Parteiführung aufgelöst worden war, sowie Abtrünnige aus der KPD, die KPD-Opposition (KPO), stießen dazu, doch die SAP sollte bei den nächsten Wahlen chancenlos bleiben, die allgemeine Entwicklung verlief in die entgegengesetzte Richtung. Die Abspaltung der SAP, zu der auch ein junger Sozialist stieß, der später unter dem Namen Willy Brandt bekannt werden sollte, war aber einmal mehr Ausdruck des Dilemmas auf der Linken. Denn eine breite Strömung in der SPD glaubte wiederum auf der anderen Seite, man solle doch Hitler »ranlassen«, er werde sich schnell in der Regierung »abwirtschaften«. Die Zusammenbruchthese herrschte in der SPD dann auch 1933 und noch darüber hinaus im politischen Exil vor, worin man sich mit der KPD traf, die sich von der Misswirtschaft der Nazis die baldige proletarische Revolution versprach.

Die Tolerierung von Brünings Präsidialkabinett als kleinerem Übel zur Aufrechterhaltung der Demokratie gegen die nationalsozialistische Gefahr war allerdings auch von einer falschen Prämisse geprägt. Brüning selbst schwankte in seiner Haltung, glaubte einmal, mit Hitler sprechen zu können, und ein anderes Mal, mit der SPD ein Verbot von KPD und NSDAP durchsetzen zu können, während er grundsätzlich an die Wiedereinführung der Monarchie dachte. »Gemäßigte Kreise der Schwerindustrie«, wie Winkler schreibt[60], setzten auf Brüning als Kanzler, sahen ihn aber umgekehrt in einer zu großen Abhängigkeit von der SPD durch das Tolerierungsbündnis und vor allem durch die Koalition in Preußen. Andere Kreise des Großkapitals näherten sich dagegen Zug um Zug einer radikaleren Lösung an, für die die Nationalsozialisten gebraucht wurden, und vor allem nach dem Wahlerfolg im Juni 1932 schien kein Weg mehr an ihnen vorbei zu führen. Gewisse Rücksichtnahmen auf die SPD und die Gewerkschaften, die Brüning tatsächlich noch nahm, sowie die Eigendynamik seiner Sparpolitik, die dann auch die Vermögenden nicht außen vor lassen konnte, zerrütteten auch zunehmend Brünings Verhältnis zu Hindenburg. Im Oktober kam es zu einer Regierungskrise, wenn auch aus einem anderen Grund: Die vorgesehene Zollunion mit Österreich kam durch internationalen Widerstand nicht zustande, und Außenminister Curtius musste die Niederlage dieses in nationalen Kreisen hoch symbolischen Projekts verantworten. Doch bei der Neubildung der Regierung mussten auch eine ganze Reihe anderer, Hindenburg missliebige Regierungsmitglieder gehen.

Gleichzeitig formierte sich in Bad Harzburg die Front aus DNVP, NSDAP und weiteren rechtsradikalen Verbänden, deren Einigkeit wiederum im historischen Rückblick überschätzt wurde. Hitler wollte sich mit Bündnispartnern wie dem Pressemagnaten Hugenberg in der Öffentlichkeit zeigen, vor allem, da er Hugenbergs Presseimperium brauchte, aber er wollte sich nicht von ihm abhängig machen. Die geneigten Vertreter der Industrie hielten sich zu diesem Zeitpunkt auch noch zurück. Inzwischen rückte das Ende der ersten Amtszeit Hindenburgs im Frühjahr 1932 ins Blickfeld, und alle warteten erst einmal die weitere Entwicklung ab. Doch in der »Harzburger Front« versuchte Hugenberg im Namen der Wirtschaft Hitler für sich einzuspannen, während Hitler genau das umgekehrte vorhatte, wie auch später in seiner ersten Regierung nach dem 30.1.1933.

Zu denen, die relativ frühzeitig, das heißt noch vor 1932, ihre Fühler nach der NSDAP ausstreckten, gehörten auch der damalige Kanzler Heinrich Brüning und seine Zentrumspartei. Brüning hatte sich schon am 5.10.1930 mit Hitler, Frick und Gregor Strasser getroffen, nachdem Hitler am 25.9. als Zeuge bei einem Hochverratsprozess gegen drei Reichswehroffiziere erklärt hatte, die NSDAP werde ihre Ziele nur auf legalem Wege anstreben. Brüning hatte daraufhin zunächst Koalitionen mit dem Zentrum in den Ländern sowie eine schärfere Außenpolitik in Sachen Revision der Reparationen in Aussicht gestellt, und zwar in der Hoffnung, die Nationalsozialisten würden ihre fortgesetzte Propaganda gegen den Young-Plan mäßigen, die Brüning bei seinen Verhandlungen über eine neue Auslandsanleihe störte. Tatsächlich verhinderte die politische Entwicklung in Deutschland, dass sich französische Banken an der Anleihe beteiligten.[61] Hindenburg gegenüber bekräftigte Brüning, grundsätzlich die Zusammenarbeit mit der NSDAP nicht auszuschließen, wenn sie sich mäßige und auf dem legalen Weg bleibe.[62] Letzteres propagierte Hitler zwar, aber ersteres erfolgte nicht.

Ein Jahr später, nach der Landtagswahl vom 15.11.1931, entstand in Hessen (Volksstaat Hessen) eine Situation der Unregierbarkeit, da NSDAP (37,1 %) und KPD (13,6 %) zusammen über 50 % der Stimmen und Sitze bekommen hatten. Der Fraktionsvorsitzende der NSDAP und spätere hohe SS-Funktionär Werner Best, damals Gerichtsassessor (angehender Richter) in Gernsheim bei Darmstadt, führte daraufhin diskrete Verhandlungen mit der Zentrumspartei (14,3 %) für eine

Regierungsbildung, die durch eine Indiskretion öffentlich wurden. In den »Boxheimer Dokumenten« wurde der Geheimplan eines Staatsstreichs mit Bewaffnung der SA und Übernahme der Polizei bis zur Erschießung von widerständigen Personen veröffentlicht. Die Staatsanwaltschaft eröffnete trotz massiver Einflussnahme von Brüning dagegen eine Untersuchung wegen Hochverrats. Best rechtfertigte den Plan als Notwehraktion im Falle eines kommunistischen Umsturzes, sozusagen im Vorgriff auf das Schema der späteren Reichstagsbrandsituation. Gesprächspartner von Seiten des Zentrums war der Reichstagsabgeordnete Fritz Bockius, in dessen Mainzer Anwaltskanzlei Best auch 1925 bis 1928 als Referendar gearbeitet hatte. Bereits vier Tage nach der Landtagswahl am 19.11. holte sich Bockius in Berlin das Placet von Brüning für die Verhandlungen mit Best.[63] Brüning wollte durch das hessische Experiment die Nazis politisch einbinden und mit einem entsprechenden Effekt auf Reichsebene Hitler dazu bewegen, bei der anstehenden Reichspräsidentenwahl am 13.3.1932 nicht gegen Hindenburg anzutreten, sondern diesen zu unterstützen. »Von einer Regierungsbeteiligung der NSDAP – zuerst in Hessen, später auch im Reich – versprach sich Brüning eine Zähmung dieser Partei.«[64] Trotz der Veröffentlichung der Boxheimer Dokumente wurden die Verhandlungen zunächst weitergeführt und nach der Neuwahl des Landtags am 19.6.1932 kam das Zentrum den Nazis weit entgegen: Best berichtete seiner Parteiführung, dass Bockius für die hessische Zentrumspartei nun »unbedingt zu einer Einigung« gelangen wolle und dass sich Brüning, damals schon nicht mehr Kanzler, auch auf Reichsebene in der Partei für so ein Bündnis einsetzen würde. Zur Koalition in Hessen mit der NSDAP kam es dennoch auch jetzt nicht, obwohl nicht mehr viel dazu fehlte: »Das Zentrum sah als Problem nur noch die von den Nazis angestrebte Einstellung von SA-Männern als Hilfspolizisten, während gegen Bests Absicht, die hessische Polizei ›ganz gründlich aufräumen und säubern‹ zu wollen, prinzipiell keine Einwände erhoben wurden. […] Das Scheitern des Versuchs lag nicht am Zentrum, sondern an Hitler und der Münchener NS-Reichsleitung, die dahinter eine Variante des ›Zähmungskonzepts‹ vermutete und die sich nicht auf parlamentarische ›Bewährungsproben‹ einlassen wollten.«[65]

Dreimal Berlin (Reich – Preußen – Stadt)

In Berlin schoben sich quasi teleskopartig die Phänomene und Probleme der Weimarer Republik ineinander. Berlin war Reichshauptstadt und zugleich Hauptstadt des größten Reichslandes Preußen, das zwei Drittel Deutschlands umfasste, territorial wie demographisch, und automatisch die Politik im Reich maßgeblich mitbestimmte. Und als Stadt selbst repräsentierte es noch eine dritte, untere Ebene, die politisch wiederum mit den anderen verbunden war.

Wie oben schon erwähnt, war ein Faktor für die Tolerierungspolitik der SPD gegenüber Brünings Präsidialkabinett nach der Septemberwahl 1930 die Situation in Preußen, wo unter dem Sozialdemokraten Otto Braun noch eine Weimarer Koalition aus SPD, DDP und Zentrum regierte. Die Führung der Regierung in Preußen war nicht nur für die politische Lage in Deutschland entscheidend, für die SPD war sie existenziell und tröstete sie auch über den Machtverlust im Reich hinweg. Otto Braun, der preußische Ministerpräsident, war denn in der SPD auch weiterhin der solideste Befürworter einer Verständigung mit dem Zentrum auf Reichsebene, umgekehrt drohte Brüning mit der Auflösung der Koalition in Preußen. Ende November 1930 setzte Brüning zum ersten Mal der SPD das Messer an die Kehle, als diese im Reichstag wieder mit KPD, NSDAP und DNVP gegen eine Notverordnung zu stimmen vorhatte. Zuvor hatte Brüning von Hugenberg die definitive Ablehnung einer Zusammenarbeit seitens der DNVP erhalten, solange das Zentrum in Preußen mit der SPD paktiere.[66] Daraufhin lud Brüning am 30.11. den preußischen Staatssekretär Weismann (Zentrum) in eine Kabinettsitzung und erklärte ihm laut Protokoll:

»Was im übrigen die Haltung der politischen Parteien zu der von ihm, dem Reichskanzler, in Aussicht genommenen neuen Notverordnung anlange, so sei zu betonen, daß die Nationalsozialisten nach der letzten Rede Strassers nicht mehr in die Regierung wollten. Vielmehr erstrebten sie Neuwahlen in der Hoffnung auf weitere Mandatsgewinne.* Die Deutschnationalen wollten nach der Erklärung Hugenbergs das Kabinett nicht unterstützen, vor allem in Anbetracht der Stellung des Kabinetts zur Sozialdemokratie. Unter diesen Umständen müsse die Sozialdemokratie dem Kabinett eine Mehrheit für die neue Notverordnung schaffen. Sollte die Sozialdemokratie sich hier versagen, werde vom Zentrum die Frage der Preußenkoalition aufgerollt werden. Er, der Reichskanzler, nehme an, daß die Sozialdemokratie und insbesondere auch der Preußische Ministerpräsident sich hierüber ganz im klaren seien.

Staatssekretär Dr. Weismann bestätigte, daß der Preußische Ministerpräsident sich hierüber vollkommen im klaren sei.

[*Gregor Strasser hatte am 28.11.30 in einer Rede im Zirkus Krone in München scharfe Opposition gegen die RReg. angekündigt und Neuwahlen gefordert (Völkischer Beobachter, Bayernausgabe, Nr. 285 vom 30.11.30)].« (Erläuterung des Herausgebers).[67]

Infragestellung der Preußenkoalition, Zusammenarbeit mit der NSDAP im Reich oder bei deren Ablehnung Neuwahl des Reichstags, das ganze Waffenarsenal für die Erpressung wurde hier in Stellung gebracht – mit Erfolg.

Die Verschärfung der Krise 1931 erforderte jedoch neue Maßnahmen, die Brüning im Sommer mit einer neuen Notverordnung umsetzen wollte. Auch hier hoffte er, wie stets, durch Vorgespräche mit den Parteien auf deren wohlwollende Neutralität. Doch SPD und DVP opponierten dagegen aus entgegengesetzten Gründen: Für Gewerkschaften und SPD war das Maßnahmenpaket einmal mehr zu unsozial, für die DVP jedoch zu wirtschaftsfeindlich. Mit dem gleichzeitig entstehenden Gerücht um eine Stornierung der deutschen Reparationszahlungen, die er erreichen wollte, indem er Deutschland als faktisch zahlungsunfähig darstellte, sorgte diese Situation für einen massiven Abfluss von Devisen aus Deutschland, dem die Reichsbank durch Erhöhung des Diskontsatzes gegensteuern musste, was die ohnehin geschwächte Wirtschaft zusätzlich belastete. Alles zusammen erzeugte eine politische Krise, in der Brüning mit Rücktritt drohte. Die Reichs-SPD forderte ein Zusammentreten des in die Ferien geschickten Reichstags, während sich die preußische SPD hinter Brüning und gegen die Einberufung des Reichstages stellte. Um die SPD-Reichstagsfraktion zu disziplinieren, die zumindest die Einberufung des Haushaltsausschusses forderte, machte Brüning einige kleinere Zugeständnisse und drohte gleichzeitig mit der Aufkündigung der Koalition in Preußen, falls die SPD weiterhin auf den Haushaltsausschuss bestehe. Dies geschah noch vor dem deutschen Bankencrash Mitte Juli 1931. Das Zurückweichen der Parteiführung verschärfte den innerparteilichen Konflikt mit dem linken Flügel, der sich bald als SAP abspaltete (siehe oben). Im Herbst arbeitete Reichswehrminister Groener an einer Lösung der Abhängigkeit von der SPD durch einen Rechtsruck, dem dann auch das neue Kabinett Brüning Ausdruck verlieh, indem die gewerkschaftsnahen Zentrumspolitiker wie Wirth nicht mehr vertreten waren. Doch wurde dies nicht belohnt, denn die DVP ging jetzt trotzdem in Opposition zu Brüning und beteiligte sich nicht mehr an der Regierung. Gleichzeitig fand das Treffen der »nationalen Opposition« in Bad Harzburg statt, an dem die DVP zwar nicht offiziell teilnahm, aber quasi ideell präsent war. Das Resultat dieser Entwicklung war jedoch nur eine erneute Annäherung zwischen SPD und Brüning: »Den Sozialdemokraten erleichterte es der Ablauf der Harzburger Tagung, sich mit dem nach rechts gerückten zweiten

Kabinett Brüning abzufinden. Daß die ›faschistische Reaktion‹ die Reichsregierung massiv angrifft, genügte fast schon, diese in den Augen der SPD erträglich erscheinen zu lassen.«[68] Die Krise der Hauptstadt selbst war jedoch der Krise im Reich und im Land vorausgegangen.

Die Hauptstadt war schon seit der Kaiserzeit Opfer ihres fast unkontrollierten Wachstums. Sie war nicht nur Reichshauptstadt, sie war auch Weltstadt, die Paris, der »Hauptstadt des 19. Jahrhunderts«, den Rang abzulaufen drohte und dies vielleicht auch erreicht hätte, wenn die Nazis nicht schon 1933 dem berühmt-berüchtigten Kulturleben Berlins ein Ende gesetzt hätten. Durch seine rasche Expansion hatte Berlin ein massives Nahverkehrsproblem, das es durch den massiven Ausbau von S- und vor allem U-Bahn lösen wollte. Doch nach der Wahl der Stadtverordnetenversammlung am 17.11.1929 »informierte der Magistrat am 13.12.1929 die Öffentlichkeit über die äußerst kritische Kassenlage der Stadt Berlin. Die schwebenden Schulden waren auf mehr als 400 Mio. RM angestiegen, die Gesamtverschuldung auf mehr als 1 Mrd. RM. Da kurzfristige Kredite in Höhe von 40 Mio. RM ausliefen, drohte der Stadt zum Jahresende die Zahlungsunfähigkeit.«[69] Vorausgegangen war ein Konflikt mit Reichsbankpräsident Schacht, der internationale Anleihen der Stadt genehmigen musste. Schacht ging gegenüber der Stadt offenbar so weit, ihr vorzuschlagen, sie möge den Bankrott erklären, »die Banken würden daraus die Lehre ziehen, sich mit Krediten an die Kommunen zurückzuhalten.«[70] Tatsächlich war Berlin nicht als einzige Großstadt in dieser Situation, sondern allein in Preußen noch weitere 17 Städte. Eine Milliarde Schulden, das entsprach ungefähr dem Haushalt der Stadt im Jahr.

Die Berliner Schuldenkrise traf mit der entstehenden Weltwirtschaftskrise zusammen, die sich für Deutschland zunächst darin äußerte, dass amerikanische Banken ab 1930 kurzfristige Kredite nicht verlängerten. Sie traf Berlin aber auch in einer politischen Krise, die kurz vor der Wahl, im September 1929, durch einen Korruptionsskandal ausgebrochen war, von dem die Rechts- und Linksextremen profitierten. Einig waren sich beide in dem, wie es aus Hugenbergs Presseimperium in die Öffentlichkeit schallte: »Die Korruption ist die Schwester des Parlamentarismus.«[71] So legte Oberbürgermeister Gustav Böß zehn Tage vor der Wahl sein Amt nieder. Bei der Wahl zur Stadtverordnetenversammlung am 17.11. verlor die »Etatmehrheit«, wie man damals die große Koalition aus SPD, DDP, DVP und Zentrum nannte, ihre Mehrheit, da sie nur 102 Sitze gegenüber zusammen 109 Sitzen für KPD, DNVP und NSDAP errang (andere Parteien: 4). Die Nazis waren mit 5,8 % der Stimmen überhaupt erstmals im Stadtparlament vertreten, die KPD hatte sich mit 24,6 % nah an die SPD mit 28,4 % herangeschoben und damit den vorherigen Abstand zwischen KPD (18,7 %) und SPD (32,6 %) dramatisch reduziert. So zeigte sich hier in Berlin bereits 1929 eine politische Pattsituation, wie sie 1932 in Preußen und im Reich eintreten sollte, nur mit einer umgekehrten Schwerpunktverlagerung Links/Rechts. So blieb Artur Scholtz (DVP), der nach dem Rücktritt von Böß kommissarischer Bürgermeister wurde, auch nach der Wahl kommissarisch im Amt, da es keine Mehrheit für eine Neuwahl gab.

Dies alles traf mit einer analogen Begebenheit auf Reichsebene zusammen, wo es kaum besser aussah, weswegen nämlich Finanzminister Hilferding (SPD) Ende 1929 unter Umgehung der Reichsbank versuchte, 75 Mio aus den USA für den Reichshaushalt zu bekommen und daraufhin zurücktreten musste (siehe oben). »Angesichts der drohenden Zahlungsunfähigkeit des Staats sah sich die letzte parlamentarische Reichsregierung unter Hermann Müller (SPD) gezwungen, vor Schacht zu kapitulieren. Ähnlich wie in Berlin trat im Reich ein vom Reichsbankpräsidenten diktiertes Sparprogramm (›Lex Schacht‹) in Kraft.«[72]

Das Land Preußen sah sich ebenfalls genötigt, gegen die Berliner Stadtregierung vorzugehen und unterstellte den Haushalt der Stadt der Aufsicht des brandenburgischen Oberpräsidenten. Im Gegenzug erreichte man Zugeständnisse von Schacht bei der Einrichtung eines inländischen Überbrückungskredits gegen einen harten Sparkurs mit Erhöhung kommunaler Tarife (Elektrizität, Verkehr). Man kann diese politische Entmündigung allerdings auch von einem anderen Standpunkt aus bewerten: Die Quasi-Notstandsregelung ermöglichte eine Sanierungspolitik, für die es im Stadtparlament keine Mehrheit gegeben hätte. Der Stadt wurde ein rigoroses Sparprogramm auferlegt, das an die spätere Politik Brünings im Reich erinnert, und es gab wohl auch keine Alternative. Zusammen mit den anderen Parteien stellte sich die Berliner SPD jedoch gegen die preußische Regierung und stimmte für Anträge der KPD gegen das »Spardiktat«, die nichts anderes zum Ziel hatten, als die SPD weiter in die Krise zu treiben.[73]

Alle drei Gliederungen der SPD – Stadt, Land und Reich – standen nun im Konflikt miteinander. Und so wie die Stadt Berlin 1929 schon politisch paralysiert war, ohne konstruktive Mehrheit im Stadtparlament und mit kommissarischem Oberbürgermeister, so war auch das Land Preußen nach der Landtagswahl am 24.4.1932 regierungsunfähig, da die NSDAP mit 36,7 % und die KPD mit 12,9 % eine negative Mehrheit hatten. Die kommissarisch weiter amtierende Regierung unter Otto Braun wurde dann im sogenannten »Preußenschlag« durch Reichspräsident Hindenburg am 20.7.1932 abgesetzt, der den damals amtierenden Reichskanzler Franz von Papen als Reichskommissar ernannte, eine entscheidende Etappe zur Aushöhlung der Republik.

»Machtergreifung« und »Ermächtigung« Hitlers

Um den Begriff der »Machtergreifung«, von den Nazis für die Ernennung Hitlers zum Kanzler geprägt, die sie an jenem Abend des 30. Januar 1933 mit dem berühmten Fackelzug durch Berlin feierten, gab es in den letzten Jahrzehnten einen Streit um die heute zu verwendenden Begrifflichkeit – ein Streit, der insofern absurd war und ist, als nicht nur die »Machtergreifung«, sondern auch die dagegen gesetzten Begriffe »Machtübergabe«, »Machtübertragung« und selbst »Machtübernahme« suggerieren, dass der 30. Januar bereits das Ende der Weimarer Republik bedeutete. Gewiss, der Terminus von der »Machtübergabe« will das Augenmerk darauf lenken, dass Hitler von den alten Eliten zum Kanzler gemacht wurde, das heißt vom Hindenburg-Kreis und den Industriellen, die sich in und hinter der DNVP dieser Lösung angeschlossen hatten. Er bestätigt aber andererseits die von den Nazis propagierte These, am 30. Januar seien »die Würfel gefallen«, wie Hitler es ausdrückte. Sie lenkt damit gewollt oder ungewollt von den weiteren Schritten zur Macht ab, die in Wirklichkeit noch notwendig waren.

Erstaunlich viele Darstellungen und Diskussionen über die Frage, »wie Hitler möglich war«, haben diese entscheidenden letzten Schritte auf dem Weg zur Macht in ihrer Bedeutung minimiert, wenn nicht gar außer Betracht gelassen, einerseits in der Gewichtung gegenüber der Ernennung zum Kanzler, andererseits in der Bewertung der vermeintlichen Zwangsläufigkeit des ganzen Geschehens. So kommt in der jüngsten Generation der Schulbücher das Ermächtigungsgesetz kaum mehr vor, das heißt, es wird nur lapidar abgehandelt, manchmal ohne jede Erklärung zum Abstimmungsverhalten: So »gelang es der NSDAP mithilfe der Stimmen von DNVP und der Zentrumspartei dem Ermächtigungsgesetz im Reichstag die benötigte Zweidrittelmehrheit zu verschaffen.«[74] Manchmal wenigstens ansatzweise mit Erklärung: »Die für die nötige Mehrheit erforderlichen bürgerlichen Parteien stimmten, eingeschüchtert von den massiven Drohungen der NS-Maschinerie, nach vagen Zusicherungen Hitlers für das Gesetz.«[75]

Etliche Darstellungen von Historikern haben die Bewertung von der »Machtergreifung« am 30. Januar als der alles entscheidenden Etappe immer schon übernommen. Hier nur eine kleine Auswahl durch die letzten Jahrzehnte: So endet *Demokratie ohne Demokraten?* (2008) von

Hendrik Thoß mit dem 30.1.1933, ebenso wie *Weimars Ende* (2005) von Dirk Blasius[76] und die *Machtergreifung* von Martin Broszat (1984), wenn er auch die anschließende Phase in seinem zuvor schon erschienenen Buch *Der Staat Hitlers* (1969) einführend behandelt, aber so folgt dies eben der Logik, dass »die Würfel schon gefallen« waren.[77] Auch Heinrich August Winkler schließt das letzte Kapitel in seinem *Weimar*-Buch (1993) mit dem 30. Januar, wenn er auch sehr ausführlich über die folgende Etappe in seinem auf die Endphase fokussierten Buch *Der Weg in die Katastrophe* (1990) eingeht. Der »problemgeschichtliche Überblick«, den Ludger Grevelhörster, seit 1997 Lehrer in Nordrhein-Westfalen und zuvor Mitarbeiter an der Universität Paderborn, in seiner *Kleinen Geschichte der Weimarer Republik* gibt, endet ebenfalls mit der Kanzlerernennung: »Es handelte sich um eine freiwillige und bewusste Machtübertragung an den Führer der stärksten politischen Kraft im Reich, die auf diese Weise verfassungsformal legal zur Herrschaft gelangte. Mit dieser von einer kleinen Personengruppe um den Reichspräsidenten betriebenen Auslieferung des Staates an Hitler ging die Weimarer Republik endgültig unter.«[78] In den *Informationen zur politischen Bildung* von 2011 wird zwar Hitlers Forderung nach einem Ermächtigungsgesetz als Bedingung für einen Eintritt in die Regierung im Winter 1932/33 genannt, aber das Gesetz selbst und sein Zustandekommen überhaupt nicht erwähnt.[79]

Am 30.1.1933 fand weder eine Machtergreifung noch eine Machtübergabe statt, denn Hitler hatte damit noch nicht die Macht, um die es ging, sondern Hindenburg ernannte Hitler zum Kanzler der Weimarer Republik, der damit noch gar keine Mehrheit im Parlament hatte und deswegen den Reichspräsidenten um sofortige Auflösung des Reichstages bat. Von der Neuwahl erhoffte sich Hitler eine Mehrheit, bis dato immer noch auf legalem Wege, doch selbst die nach dem Reichstagsbrand unter Ausnahmezustand, Zensur und Verfolgung Linksoppositioneller stattgefundene letzte Reichstagswahl am 5.3.1933 brachte der NSDAP nur 43,9 % der Stimmen und nur zusammen mit dem ungeliebten Koalitionspartner DNVP (8 %) eine parlamentarische Mehrheit. Die Koalition mit den Konservativen war für die Regierungsübernahme Voraussetzung gewesen, damit Hindenburg mitspielte, und bekanntlich wollten Vizekanzler Franz von Papen und DNVP-Chef Hugenberg die drei Nationalsozialisten im Kabinett inklusive des Kanzlers »einrahmen«. Sie dachten, sie hätten Hitler für sich »engagiert« (noch ein Wort von Papen), doch in Wirklichkeit war es umgekehrt. Dies zeigte sich auch gleich darin, dass Hitler Hindenburg zur Reichstagsauflösung überreden konnte, die Hugenberg & Co. aus verständlichen Gründen nicht wollten. Doch der Anschein der Seriosität, noch kurz vor dem Ermächtigungsgesetz durch das Spektakel des »Tages von Potsdam« (21. März) pompös zelebriert, und die Macht des Presseimperiums Hugenbergs, das für die »nationale Revolution« trommelte, waren solange nötig, bis Hitler das Ermächtigungsgesetz im Reichstag durchsetzte und sich damit nicht nur der Opposition im Reichstag, sondern auch seiner politischen Bündnispartner entledigen konnte.

Denn nicht am 30. Januar, sondern erst am 23. März bekam Hitler die erwünschte vollständige Macht durch das Ermächtigungsgesetz, das am Tag darauf in Kraft trat. Geschichtsschreibung und -vermittlung taten und tun sich schwer mit dem Ereignis, das nur dadurch zustande kam, dass demokratische Abgeordnete Hitler die notwendige Zweidrittelmehrheit dafür verschafften, entscheidend dafür war die Zentrumspartei.

In älteren Schulbüchern, die um 2000 herum erschienen sind, war das eher noch ein erklärungsbedürftiger als ein nur zu konstatierender Vorgang. Eines brachte 2004 den Stand der Diskussion gut auf den Punkt: »Mit einer Mischung aus staatlicher Gewaltanwendung, Drohungen und Versprechungen gelang es ihm [= Hitler] am 23. März 1933, mit Zustimmung der bürgerlichen Fraktionen, aber gegen die Stimmen der SPD-Fraktion, das so genannte Gesetz zur Behebung der Not von Volk und Reich (›Ermächtigungsgesetz‹) beschließen zu lassen.«[80] Dies spiegelt ungefähr auch die wissenschaftliche Literatur darüber wider, die allenfalls im Vokabelreichtum von *Lockung* bis *Täuschung*, von *Terror* bis *Zwang* in der Benennung der Faktoren variiert[81], denen noch ein weiterer Aspekt hinzugefügt wird, nämlich, dass eine Ablehnung des Ermächtigungsgesetzes Hitler auch nicht gehindert hätte, »sich die gewünschten Vollmachten wenn nötig mit Gewalt zu nehmen.«[82]

Die Besprechung der Zentrumsfraktion vor der Abstimmung über das Ermächtigungsgesetz belegt den letztgenannten Aspekt auf drastische Weise: »Käme die 2/3-Majorität nicht zustande, so werde die Durchsetzung der Pläne der Reichsregierung auf anderem Wege erfolgen«, erklärte der Zentrumsvorsitzende Ludwig Kaas abschließend in seinem Bericht über die politische Situation. Diesem ultimativen Argument (»Wir können eh nichts mehr beeinflussen …«) gingen andere voraus: Dass die bestehenden Rechte der christlichen Konfessionen und der Status der Kirchen gesichert blieben; dass die Beamten, die Mitglieder der Zentrumspartei waren, im Amt und überhaupt nur die Kommunisten verfolgt würden; dass das Bestehen der Länder nicht angetastet würde und der Reichstag in einer gewissen Form für die Gesetzgebung eingeschaltet bliebe, etwa durch Bildung eines »Arbeitsausschusses«.[83]

Ein Sammelsurium von Absurditäten. Sieht man einmal vom später geschlossenen Konkordat mit dem Vatikan ab, das aber die Kirche zu politischer Botmäßigkeit verpflichtete, dann waren all diese Argumente auch damals schon als nichtig zu beurteilen: Dass der Reichstag, in welcher Form auch immer, weiter eingeschaltet bliebe, widersprach dem Sinn und Wortlaut des Ermächtigungsgesetzes selbst; dass die Länder bestehen blieben, war eine hohle Phrase, da es zu diesem Zeitpunkt keine demokratische Landesregierung mehr gab, denn alle waren durch Reichskommissare auf Grundlage der Reichstagsbrandverordnung ersetzt worden, zuletzt die bayrische, die sich unter dem BVP-Ministerpräsidenten Held tapfer dagegen gewehrt hatte. In seiner Regierungserklärung zum Ermächtigungsgesetz begründete Hitler zudem diese und kommende Maßnahmen gegen die Länder: »Das Sinken des Ansehens der Reichsregierung, das sich aus solchen unsicheren inneren Verhältnissen zwangsläufig ergeben mußte, regte bei verschiedenen Parteien in einzelnen Ländern Vorstellungen an, die mit der Einheit des Reiches unverträglich sind. [...] Die Reichsregierung beabsichtigt daher nicht, durch dieses Ermächtigungsgesetz die Länder aufzuheben. Wohl aber wird sie diejenigen Maßnahmen treffen, die *von nun ab und für immer eine Gleichmäßigkeit der politischen Intentionen im Reich und in den Ländern* gewährleisten.«[84] (Hervorheb. WG). Es handelte sich dabei um nichts anderes als die kurze Zeit später so genannte Gleichschaltung, deren erster Schritt bereits erfolgt war.

Am 20. und 22.3. hatte Hitler zwei Unterredungen mit Kaas und anderen Zentrumsabgeordneten geführt, wo er diese Zugeständnisse verbal machte. So wie Kaas diese offenbar ernst nahm, so hielt Hitler die Zustimmung des Zentrums für sicher. »Im Zentrum war die Stimmung von vornherein mehrheitlich auf Entgegenkommen gegenüber der Reichsregierung bis zur Grenze des Erträglichen eingestellt«, schreibt der Biograph von Kaas: »Diese Haltung schloß die Zustimmung zu einem Ermächtigungsgesetz ein. Die NSDAP war über die Überlegungen des Zentrums durch Spitzel unterrichtet. Am 20. März 1933 erhielt sie eine Mitteilung, daß es für das Ermächtigungsgesetz stimmen werde. Es konnte sich danach bei den folgenden Gesprächen lediglich darum handeln, den Abgeordneten der DZP [Deutsche Zentrumspartei] die Zustimmung durch geeignete Konzessionen zu erleichtern.«[85] Einer der beiden »Spitzel« war der Abgeordnete Albert Hackelsberger[86], stellvertretender Partei- und Fraktionsvorsitzender, neben Adam Stegerwald, beide führten zusammen mit Kaas die Gespräche mit Hitler. Nach dem Parteienverbot gehörte Hackelsberger als »Hospitant« für den Beitritt in die NSDAP weiterhin dem Reichstag an und war an den Verhandlungen über das Reichskonkordat mit dem Vatikan beteiligt.

Auch Goebbels hielt in seinem Tagebuch bereits für den 20. März fest: »Wir haben Nachricht, daß auch das Zentrum es [= das Gesetz] im Reichstag akzeptieren wird.«[87] Und in der Kabinettsitzung am 20. März um 11:15 berichtete Hitler von der gerade zuvor stattgefundenen Besprechung mit der Zentrumsspitze: »Er führte aus, daß er die Notwendigkeit des Ermächtigungsgesetzes in dieser Unterredung begründet habe und die Vertreter des Zentrums diese Notwendigkeit auch eingesehen hätten. Die Vertreter des Zentrums hätten lediglich die Bitte geäußert, es möge ein kleines Gremium gebildet werden, das über die Maßnahmen fortlaufend unterrichtet werden solle, welche die Reichsregierung auf Grund des Ermächtigungsgesetzes treffen wolle. Nach seiner Ansicht solle man diese Bitte erfüllen; dann sei auch nicht daran zu zweifeln, daß das Zentrum dem Ermächtigungsgesetz zustimmen werde. Die Annahme des Ermächtigungsgesetzes auch durch das Zentrum werde eine Prestigestärkung gegenüber dem Auslande bedeuten.«[88]

Somit ist klar, dass Hitler das Ermächtigungsgesetz mit der Gewissheit in den Reichstag einbrachte, dass die Zentrumsfraktion dafür stimmen würde. Und man kann sich fragen, ob dies nicht überhaupt *die Bedingung dafür* war. Wäre er das Risiko eingegangen, an der fehlenden Zweidrittelmehrheit zu scheitern und in diesem Falle der Reichstagsminderheit eben jene noch verbliebene verfassungsmäßige Macht zu verleihen, die er ja gerade überwinden wollte? Kaum vorstellbar. Gewiss, es wurde noch zur Sicherheit die Geschäftsordnung des Reichstages geändert, um von den abwesenden Kommunisten (und 26 Sozialdemokraten) für die notwendige Stimmenzahl zu profitieren. Doch nicht erst die Abstimmung im Reichstag, sondern schon die vorherige Gewissheit über deren Ausgang war aller Wahrscheinlichkeit nach für den weiteren Gang der Geschichte entscheidend. Denn für Hitler ging es um die scheinbare Legalität der Ermächtigung, als Legitimation im Inland und, wie oben zitiert, gegenüber dem Ausland. Es ging eben gerade *nicht* darum, sich die alleinige Macht »wenn nötig mit Gewalt« zu sichern, sondern aus dem Ausnahmezustand der Reichstagsbrandverordnung einen scheinbar verfassungsgemäßen Zustand zu machen.

Und diese Rechnung ging auch auf: »Während Hitler zunächst durchaus den Generalstreik fürchtete, hielten die Führer der SPD und der Gewerkschaften am Legalitätsglauben fest und betrachteten es als erste Aufgabe, die Organisation keinem Verbot auszusetzen, sie intakt zu halten für den Augenblick, da das neue Regime (nach wenigen Monaten!) abgewirtschaftet haben werde.«[89] Hier griffen offensichtlich ähnliche Überlegungen wie im Zentrum bei der Abstimmungsfrage – aber immerhin stimmten die Sozialdemokraten gegen das Ermächtigungsgesetz –, mit dem Unterschied der spezifisch linken These vom baldigen Scheitern der Regierung Hitler, während das Zentrum von der gegenteiligen Einschätzung ausging.

Hinsichtlich der Zustimmung zum Ermächtigungsgesetz durch die bürgerlichen Parteien folgen die meisten Darstellungen trotz Nuancen im Wesentlichen dem, was die Beteiligten später als Rechtfertigung für ihre Abstimmung gegeben haben. Viele Aussagen offenbaren auf erschreckende Weise, wie die vorgebliche Täuschung durch Hitler in Wirklichkeit eine Selbsttäuschung war, stellvertretend sei hierfür der Zentrumsabgeordnete Joseph Ersing zitiert: »Nach den bei den Verhandlungen gemachten Zugeständnissen war es so, daß man sagen konnte, Hitler wird mit der Ermächtigung keinen Mißbrauch treiben.« Die Ermächtigung *war* jedoch bereits der Missbrauch, denn sie eröffnete Hitler alle Möglichkeiten jenseits der Verfassung. Das zweite zentrale Argument war: »Schlimmeres wurde verhütet.« Auch hier konsterniert manche Erklärung, die noch 1947 gegeben wurde, wie von dem Liberalen Reinhold Maier, späterer Ministerpräsident von Baden-Württemberg: »Die Frage war am 23. März einzig und allein die, ob ein Parlament weiter besteht, auch ein entmachtetes Parlament [...]. Der Reichstag wäre an jenem Tage verschwunden. [...] Wir haben von den Versprechungen Hitlers gar nichts geglaubt. Aber die Beweisführung war die: War es ganz sicher, daß nicht noch irgendwie aus irgendeinem Grunde, den man gar nicht sehen konnte, eine Besserung zu erzielen war? Wir waren doch gewählt, um uns im Reichstag zu behaupten, und waren nicht gewählt, um den Reichstag auffliegen zu lassen.«[90]

Eine »Behauptung des Reichstages« durch Übertragung seiner sämtlichen Kompetenzen an den Reichskanzler? Die Länder existierten auch noch, nur keine demokratische Landesregierung mehr. In seiner Regierungserklärung zum Ermächtigungsgesetz erläuterte Hitler: »Es würde dem Sinn der nationalen Erhebung widersprechen und dem beabsichtigten Zweck nicht genügen, wollte die Regierung sich für ihre Maßnahmen von Fall zu Fall die Genehmigung des Reichstags erhandeln und erbitten. Die Regierung wird dabei nicht von der Absicht getrieben, den Reichstag als solchen aufzuheben; im Gegenteil, sie behält sich auch für die Zukunft vor, ihn von Zeit zu Zeit über ihre Maßnahmen zu unterrichten oder aus bestimmten Gründen, wenn zweckmäßig, auch seine Zustimmung einzuholen.«[91]

Und schließlich ging es um die Rettung der eigenen Person. So erklärte Reinhold Maier ebenfalls, dass sie, die Befürworter, durch das Ja auch

»den Neinsagern das Leben gerettet« hätten.[92] Tatsächlich hatten die Nazis bei der Abstimmung in der Krolloper, wohin der Reichstag nach dem Brand ausgelagert wurde, ein imposantes Drohszenario aufgefahren und SA- und SS-Leute vor dem Gebäude und im Plenarsaal selbst postiert. Vielleicht hätte ein unverhofftes Fehlen der Zweidrittelmehrheit zu einem »Blutbad« geführt, das auch Winkler für diesen Fall für »wahrscheinlich« hält.[93] Offenbar hat sich auch Otto Wels, der für die SPD die berühmte Rede gegen das Ermächtigungsgesetz hielt, am Tag danach gegenüber einem Zentrumsabgeordneten geäußert, »die Abgeordneten wären ohne das Ja des Zentrums nicht mehr aus der Kroll-Oper herausgekommen.«[94] Angesichts dessen, dass es Hitler bei diesem parlamentarischen Akt so sehr darum ging, den Schein der Legalität zu wahren, nach innen und außen, kann man die Lage jedoch auch anders beurteilen, aber all dies bleibt zwangsläufig spekulativ.

Doch die Entscheidung war eben schon vorher gefallen, mit der Vorabzusicherung der Zentrumsführung, ohne die Hitler den Antrag aller Wahrscheinlichkeit gar nicht eingebracht, das heißt, erst einmal verschoben und mittels der Reichstagsbrandverordnung weiterregiert hätte, wie er es ja auch im Gespräch gegenüber Kaas zum Ausdruck gebracht hatte (nach den Notizen von Kaas): »Hitler: wenn nicht formelles Ermächtigungsgesetz, dann Weg über Staatsnotstand. Die Maßnahmen *werden* durchgeführt.«[95] Hier hätten die Demokraten noch ein letztes Mal Haltung zeigen können. Zur Torpedierung des Legalitätsscheins wäre es übrigens für die Gegner auch möglich gewesen, die Reichstagssitzung zu boykottieren, so wie die Sozialdemokraten zuvor auch nicht zum Staatsakt in Potsdam gekommen waren.

Die anwesenden Sozialdemokraten stimmten dagegen, ohne dass ihnen danach etwas geschehen ist. Im Gegenteil: Gespräche mit Göring erzeugten bei der SPD-Führung um Wels sogar die Illusion, das Verbot der sozialdemokratischen Presse könne wieder aufgehoben werden.[96] Dann gab es tatsächlich auch noch eine weitere Reichstagssitzung am 17. Mai, auf die Hitler Wert legte, bevor die Parteien verboten wurden. In seiner »Friedensrede« beschwichtigte Hitler das Ausland und forderte gleichzeitig die Gleichberechtigung Deutschlands in der internationalen Staatengemeinschaft, die angesichts des Versailler Vertrages (einseitige Abrüstung Deutschlands usw.) nicht gegeben sei. Bei dieser Sitzung waren alle Fraktionen vertreten (mit Ausnahme der verbotenen KPD), von den Sozialdemokraten waren ungefähr die Hälfte erschienen. Die anderen, und darunter ein Teil der Parteiführung, waren bereits ins Exil gegangen, was in der Partei de facto zu einer Spaltung führte, da die Verbliebenen ihnen Feigheit vorwarfen.[97] Zuvor aber schon, am

2. Mai, waren die Gewerkschaftshäuser von der SA besetzt, am 10. Mai (Tag der Bücherverbrennung) das noch nicht ins Ausland gerettete SPD-Parteivermögen konfisziert worden. Die sozialdemokratischen Abgeordneten, die an der Reichstagssitzung teilnahmen, stimmten für die Resolution, die Reichstagspräsident Göring dann triumphierend als einstimmig beschlossen verkünden konnte.

Der Vorgang bestärkt die Bedeutung, die Hitler dem Legalitätsschein zumaß, und belegt gleichzeitig den Realitätsverlust, der bei nicht Wenigen noch weit über das Ermächtigungsgesetz hinaus anhielt.

Aber war das Ermächtigungsgesetz eigentlich »legal«? Mit Anführungszeichen oder ohne? War es »formal legal« oder »scheinlegal«, und was will das jeweils besagen? Hierüber herrscht eine Verwirrung der Geister bis in die heutige Zeit. Solche und andere Formulierungen beantworten die Frage nach der Legalität nicht, sondern lassen sie offen, so zum Beispiel auch Martin Broszat: »Unter diesen Umständen kam dem Ergebnis der Abstimmung nicht mehr eine machtpolitisch entscheidende, sondern nur noch eine formale, im Hinblick auf die von der NS-Führung erstrebte Anerkennung der Legalität ihres Vorgehens aber doch sehr wesentliche Bedeutung zu.«[98] Will heißen: Hitler hatte eigentlich schon alle Macht (durch die Notverordnungen usw.), wollte – oder brauchte? – aber noch die »Anerkennung der Legalität«. Wie wichtig war dies? Hatte es nun eine »nur formale« oder eine »wesentliche Bedeutung«? Und bedeutete die »Anerkennung« der Legalität auch, dass es legal war? Sebastian Haffner hat es lakonisch formuliert: »legal, wenn man so will.«[99] Für Eberhard Jäckel war es die »formale Rechtsgrundlage von Hitlers Herrschaft«.[100] Die historischen Darstellungen sind seither, wenn sie denn dem Ermächtigungsgesetz überhaupt Bedeutung zumessen, eigentlich von dieser Ambivalenz abgerückt und erklären das Zustandekommen wie den Inhalt des Ermächtigungsgesetzes als keineswegs legal, und dennoch bleibt dies eine Frage. Für die Schulbücher der Generation Mitte der 1990er bis Mitte der 2000er Jahre war das Gesetz oder der ganze Prozess überwiegend »in formaler Hinsicht legal«[101], der Reichsrat oder »die Vertreter der Länder«[102] hätten zugestimmt. In Wirklichkeit waren die Länderregierungen, wie bereits erwähnt, zuvor abgesetzt und durch Reichskommissare ersetzt worden.

Die F.A.Z. bemühte noch 2013, zum 80. Jahrestag, die seit langem eingeübte Formel von der »formalrechtlichen Basis für die Diktatur.« War es »rechtlich«, also rechtens, zustande gekommen? Genauer heißt es in der F.A.Z.: »Zusammen mit den genannten Februar-Notverordnungen und der bald folgenden, immer weiter ausgeweiteten, für viele tödlichen ›Heimtückeverordnung‹ bildete das Ermächtigungsgesetz die formalrechtliche Basis für diese erste deutsche Diktatur, die verfassungsrechtlich fortan nur noch einen einzigen Zustand kennen sollte: den Ausnahmezustand.«[103] Was heißt hier »verfassungsrechtlich«? Blieb die Weimarer Verfassung in Kraft?

Auch in aktuellen Schulbüchern finden sich semantisch zweideutige Formulierungen, so liest man in einem neuen Oberstufenbuch: »Das Gesetz bildete die *scheinbar rechtliche Grundlage* für die systematische Zerstörung des Verfassungsstaates.« (Hervorheb. im Orig.). Laut dem vorhergehenden Satz »konnte die Reichsregierung Gesetze, auch Verfassungsänderungen, unter Ausschluss des Reichstages und des Reichspräsidenten durch einfachen Beschluss in Kraft setzen.«[104] Das Verb »konnte« suggeriert hier noch eine rechtliche Grundlage, die es nicht gab. Dies hätte man durchaus anders darstellen können, wie es zum Beispiel Winkler formuliert hat: »Hitlers Legalitätstaktik – sein Versprechen vom September 1930, die Macht nur auf legalem Weg zu übernehmen – war eine wesentliche Vorbedingung der Machtübertragung vom 30. Januar 1933, hatte an diesem Tag ihren Zweck jedoch noch nicht zur Gänze erfüllt. Sie bewährte sich ein weiteres Mal am 23. März 1933, als sie zur faktischen Abschaffung der Weimarer Reichsverfassung herangezogen wurde. Hitler konnte fortan die Ausschaltung des Reichstags *als Erfüllung eines Auftrags erscheinen lassen, der ihm vom Reichstag selbst erteilt worden war.*«[105] (Hervorheb. WG).

Dieser Anschein von Legalität war, wie schon betont, nach außen und nach innen notwendig. Nach innen zur Beschwichtigung der bürgerlichen Öffentlichkeit und vor allem zur Sicherung der Loyalität der Beamtenschaft, wie Winkler immer wieder hervorhebt, darunter der Polizei, die zwar durch die SA-Aktionen und Konzentrationslager umgangen werden sollte, aber dennoch für den neuen Staat benötigt wurde. »Das Gros der deutschen Justizbeamtenschaft – der Richter, Staatsanwälte und Ministerialbeamten«, schreibt Lothar Gruchmann über die damalige Justiz, »folgte 1933 der Hitler-Regierung schon aus dem Grunde, weil sie ›legal‹ zur Macht gekommen war und somit in der Kontinuität des Rechts stand. Vor allem das Ermächtigungsgesetz vom 24. März 1933 [...] wirkte sich als eine ›Pauschal-Legalisierung‹ auch für die zurückliegenden Vorgänge vom Februar und März aus.«[106]

Das »Phantom des Marxismus« und die Unterschätzung des Nationalsozialismus

Die »Sozialfaschismus«-These, die die Kommunistische Internationale (Komintern) auf Initiative Stalins während ihrer »ultralinken« Phase ab 1928 ausgab, identifizierte die Sozialdemokratie als den Hauptgegner der Kommunisten und betraf vor allem die Situation in Deutschland. Die SPD habe sich dem Kapital ausgeliefert, versuche dessen Herrschaft durch die Täuschung der Arbeiterklasse aufrechtzuerhalten und sei letzten Endes der Steigbügelhalter des Faschismus. Darunter verstand man eine Diktatur über das Proletariat, quasi die Umkehrung der angestrebten Diktatur *des* Proletariats, in der Sowjetunion verwirklicht zuerst als Diktatur der Partei und dann eines Mannes. Die Tolerierung Brünings durch die SPD lieferte für diese Propaganda eine unverhoffte Grundlage. So erklärte der Generalsekretär der Komintern, Manuilski, Ende März 1931: »Die Sozialdemokratie, die durch die Konstruktion eines Gegensatzes zwischen der ›demokratischen‹ Form der Diktatur der Bourgeoisie und dem Faschismus die Wachsamkeit der Massen im Kampfe gegen die heraufziehende politische Reaktion und gegen den Faschismus einschläfert und die das konterrevolutionäre Wesen der bürgerlichen Demokratie als eine Form der Diktatur der Bourgeoisie verhüllt, ist der aktivste Faktor und Schrittmacher der Faschisierung des kapitalistischen Staates.«[107] Und im Februar 1932 der KPD-Vorsitzende Ernst Thälmann: »Niemand wird heute mehr daran zweifeln, daß wir es bei dem Kurs der Brüning-Groener-Regierung im Reich und ihrer Braun-Severing-Filiale in Preußen mit einem faschistischen Kurs zu tun haben, daß wir recht hatten, als wir im Dezember 1930 von einer ausreifenden, noch nicht ausgereiften faschistischen Diktatur sprachen!« Im Dezember 1931 hatte er sich den Worten eines kommunistischen Genossen angeschlossen, der in der Zeitschrift *Der Propagandist* im September geschrieben hatte: »Eine sozialdemokratische Koalitionsregierung, der ein kampfunfähiges, zersplittertes, verwirrtes Proletariat gegenüberstände, wäre ein tausendfach größeres Übel, als eine offene faschistische Diktatur, der ein klassenbewusstes, kampfentschlossenes, in seiner Masse geeintes Proletariat gegenübertritt.«[108] In der Reichstagssitzung vom 14.10.1931 zitierte der Kommunist Hermann Remmele, damals in der Hierarchie der Partei direkt hinter Thälmann stehend, eine (nicht näher nachgewiesene) öffentlich erklärte Befürchtung Brünings und machte sie sich umgewendet zu eigen: »Der Bourgeoisie erklären wir: es wird noch weniger ein Ausweg sein, wenn Sie dort die faschistischen Horden zur Macht kommen lassen. Das hat Herr

Brüning klar gesagt: wenn sie erst einmal an der Macht sind, wird die Einheitsfront des Proletariats zustande kommen und wird alles hinwegfegen.«[109] Im Januar 1932 bestärkte Manuilski Thälmann, Remmele und Pieck offenbar in dieser Ansicht, wenn man der Veröffentlichung des linken Schriftstellers Georg Schwarz in einem gegen die KPD gerichteten Buch 1933 glauben darf: »Danach sei der Nationalsozialismus eine Art Vorspann für die proletarische Diktatur, da er die SPD und Gewerkschaften zertrümmere. Die Masse der Arbeiter würde sich dann der Führung der KPD anvertrauen.«[110]

Es gab wohl aber noch ein ganz anderes außenpolitisches Kalkül der Sowjetunion. Nach der Analyse des ausgebooteten Gegenspielers Stalins, Trotzki, hatte Stalin mit seinem »Sozialismus in einem Land« die Weltrevolution aufgegeben und unterwarf die Politik der Komintern der rein strategischen Zielsetzung der Sowjetunion nach außenpolitischer Absicherung ihrer Existenz. Winkler betont: »Stalins Nahziel war auch nach 1930 nicht eine kommunistische Revolution in Deutschland, sondern die Zertrümmerung der Sozialdemokratie. Je weiter diese Partei von der Macht entfernt wurde, um so besser. Ein deutlicher Rechtsruck, selbst eine Militärdiktatur hatte, außenpolitisch gesehen, für die Sowjetunion ihr Gutes.«[111] Warum?

Die Sozialdemokratie war die prowestlichste politische Kraft in Deutschland, das hieß in diesem Kontext: in Bezug auf Frankreich und Großbritannien. Die USA hatten sich in der Ära des Isolationismus von der politischen Weltbühne zurückgezogen und in den zwanziger und dreißiger Jahren sogar wirtschaftliche Beziehungen mit der Sowjetunion zugelassen, die Stalins Industrialisierungsprojekt zugutekamen, obwohl die USA die UdSSR erst 1933 politisch anerkannte. Großbritannien und Frankreich blieben dagegen noch die Interventionsmächte aus dem Russischen Bürgerkrieg 1918–22 und der Völkerbund ihr Instrument gegen die Sowjetunion. Dies sollte sich erst nach der Machtübernahme Hitlers und dem Austritt Deutschlands aus dem Völkerbund ändern, als die Sowjetunion 1934 dem Völkerbund beitrat und nun zu einem Bündnispartner gegen Deutschland avancierte. Zuvor war die Konstellation genau umgekehrt: Für die KPD war der Völkerbund ein »›Instrument des Angriffskrieges gegen die Sowjetunion‹; Deutschland solle zum Landsknecht der englischen Imperialisten gemacht werden«, resümiert Winkler[112], während die SPD ihrerseits Ende 1925 in einer Parteibroschüre eine eindeutige Alternative »Völkerbund oder Bündnis mit Sowjetrußland« aufgestellt hatte.[113] Die Bolschewiki hatten jedoch mit den deutschen Konservativen immer positive Erfahrungen gemacht: 1917 wurden Lenin und die Parteiführung im Exil von der Schweiz quer durch Deutschland im Sonderzug nach Russland gebracht, um dort durch eine zweite Revolution Russland aus dem Krieg aussteigen zu lassen, was dann auch geschah. Seit dem Vertrag von Rapallo 1922 wurden dann durch die Mitte-Rechts-Regierungen in Deutschland, auch unter Außenminister Stresemann, die Beziehungen zur Sowjetunion vertieft, die General von Seeckt einfädelte und aufrechterhielt und eine geheime Aufrüstung der Reichswehr ermöglichten, auch wenn die gleichzeitige Orientierung nach Westen durch Stresemann mit dem Vertrag von Locarno 1925 und dem Völkerbundbeitritt Deutschlands dem entgegenstand und von den Kommunisten gegeißelt wurde. Nach dem Tod Stresemanns kam der Rechtsruck in den bürgerlichen Parteien und die verschärfte Betonung nationaler Interessen der sowjetischen Strategie wieder entgegen. So blieb die SPD die einzig nennenswerte prowestliche Kraft auf der politischen Bühne Deutschlands, und »die sowjetische Staatsräson, so wie die führenden Männer von Staat und Partei sie auffaßten, erforderte auf absehbare Zeit nicht den Sieg des deutschen Kommunismus, sondern die Niederlage der prowestlichen Kräfte Deutschlands.«[114]

Entsprechend hatte sich die KPD im Wahlkampf 1930 spektakulär in einer nationalen Wende politischen Positionen der radikalen Rechten angenähert. Vorbereitet worden war dies schon im gemeinsamen Kampf gegen den Young-Plan. In der linken, pazifistischen und KPD-kritischen Zeitschrift *Das Andere Deutschland* schrieb Heinrich Ströbel am 13.9.1930: »Die schmählichste Erscheinung dieses Wahlkampfs ist sicherlich die nationalistische Einheitsfront der Kommunisten und Nationalsozialisten. [...] Sie [= die Kommunisten] beschuldigen die Sozialdemokraten ganz im Stile und Geiste der Nationalsozialisten des ›Landesverrats‹. Sie schwindeln mit den Nazis um die Wette den deutschen Arbeitern vor, daß die Reparationslasten des Young-Plans die deutsche Wirtschaft und die deutsche proletarische Lebenshaltung bedrohten. [...]

Der sächsische kommunistische Landtagsabgeordnete Sindermann [Bruder des späteren SED-Politikers, WG] erklärte letzter Tage in einer Chemnitzer Versammlung auf die Zwischenrufe eines Sozialdemokraten: ›Nicht international, sondern national, mit den Faschisten wollen wir die deutsche Arbeiterschaft befreien. Bolschewismus und Faschismus haben beide ein gemeinsames Ziel: die Zertrümmerung des Kapitalismus und die der Sozialdemokratischen Partei!‹ [...] Mit einem Wort: die deutschen Kommunisten, die ja bisher schon alle Konspirationen des deutschen und des sowjetrussischen Militarismus verheimlichten und beschönigten, sind nun vollends die Handlanger und Spießgesellen des deutschen Hakenkreuzlertums geworden!«[115]

Im Exil hielt die KPD zunächst noch an der Theorie fest, der Nationalsozialismus sei die »unvermeidlich letzte Phase des Kapitalismus«.[116] Die strategische Wende der Komintern hin zur Volksfront 1934/35, für die politische Lage in Frankreich und Spanien als neue Richtlinie ausgegeben, und die Annäherung an die Sozialdemokraten im Exil änderten die Analyse der Kommunisten. Der Hitler-Stalin-Pakt, der 2. Weltkrieg und die Nachkriegspolitik führten dann zu neuen Orientierungen.

Aus DDR-offizieller Sicht im Rückblick wurde »mit der Hitlerregierung [...] die offene, terroristische Diktatur der reaktionärsten, am meisten chauvinistischsten, aggressivsten Kräfte des deutschen Finanzkapitals aufgerichtet.« Ihre Hauptziele waren die »Zerschlagung der KPD sowie aller Arbeitnehmerorganisationen und Unterdrückung der anderen demokratischen Kräfte als Voraussetzung für den geplanten Raubkrieg«, die »Vernichtung der Sowjetunion.« [117] Diese Interpretation aus der letzten Dekade der DDR unterwarf die Erklärung des Faschismus auch der sowjetischen außenpolitischen Perspektive, ergänzt innenpolitisch durch den »wachsenden Masseneinfluss der revolutionären Arbeiterbewegung«, denn »der antifaschistische Kampf konnte den Einfluß der faschistischen Bewegung zurückdrängen« (Anspielung auf den Stimmenrückgang der NSDAP im November 1932), »die herrschende Klasse fürchtete das Erstarken des Sozialismus.«[118]

Nuancierte neomarxistische Positionen im Westen in den 1970er Jahren stellten dann die kommunistische Gefahr als vorgeschobene Rechtfertigung des Großkapitals heraus, wie bei Reinhard Kühnl: »Nicht so sehr durch die Stärke seines Gegners ist der Kapitalismus in diesem Augenblick in seiner Existenz bedroht, sondern vor allem durch die immanenten Schwächen und Widersprüche seines eigenen Systems; nicht durch eine mächtige, im Aufstieg begriffene und die revolutionäre Umwälzung bereits in Angriff nehmende sozialistische Arbeiterbewegung, sondern durch die Unfähigkeit des Kapitalismus, den Wirtschaftsprozeß mit den Mitteln der Selbstregulierung und der parlamentarischen Demokratie in Gang zu halten. [...] Es verdient [...] betont zu werden, daß weder in Italien 1922 noch in Deutschland 1933 eine ›kommunistische Gefahr‹ in diesem Sinne bestand.« Kühnl schließt dann allerdings die Lücke zur orthodoxen Position: »Gleichsam als vorbeugende Maßnahme, um es zu einer revolutionären Lage gar nicht erst kommen zu lassen und das System schon vorher wieder funktionsfähig zu machen, wurde die politische Macht von der herrschenden Klasse an die faschistische Bewegung übergeben. Dabei spielte die Erinnerung an die prekäre Situation der Jahre 1918/20 zweifellos eine wesentliche Rolle. Der Faschismus kann demnach, sieht man ihn aus der Perspektive der herrschenden Klasse, als eine nachträgliche und zugleich präventive Konterrevolution gekennzeichnet werden.«[119]

Gewiss stand kein kommunistischer Umsturz bevor, das wissen wir heute, inwiefern dies in der Öffentlichkeit damals allerdings ernsthaft befürchtet wurde und dazu beitrug, umgekehrt den Nationalsozialismus zu unterschätzen, für die einen, oder ihn gar zu rechtfertigen, für die anderen, wird durch solche ideologische Deutungen nicht erfasst – und soll es auch nicht.

Nach der Septemberwahl 1930, am 17. Oktober, appellierte Thomas Mann in seiner »Deutschen Ansprache« im Beethoven-Saal zu Berlin an die Vernunft des deutschen Bürgertums, »sich mit der Sozialdemokratie zu verbünden und sich dabei vom ›Phantom‹ des Marxismus nicht schrecken zu lassen«, wie Winkler zusammenfasst.[120] Er warnte vor dem »radikalen Nationalismus«, prangerte dessen »Weltfremdheit und politische Romantik« an, die uns in den Krieg geführt haben«, den Nationalsozialismus als »Bewegung mit der Riesenwelle exzentrischer Barbarei und primitiv-massendemokratischer Jahrmarktsrohheit«[121], und stellte dabei eine enge Verbindung zwischen Innen- und Außenpolitik her. Er »begründete sein Plädoyer vor allem damit, daß die Sozialdemokraten für den friedlichen Aufbau Europas standen und die zuverlässigste Stütze der Politik Gustav Stresemanns gewesen waren. Wenn er die Meinung vertrete, daß der politische Platz des deutschen Bürgertums an der Seite der Sozialdemokratie sei, so verstehe er das Wort ›politisch‹ im Sinne der unauflöslichen Einheit von Innen- und Außenpolitik.«[122]

Thomas Mann hatte Recht, das Bürgertum daran zu erinnern, was der Zentrumspolitiker und Reichskanzler Josef Wirth 1922 nach dem Attentat auf Walther Rathenau so programmatisch ausrief: »Der Feind steht rechts!« Doch Thomas Mann unterschätzte vielleicht die Überschätzung des »marxistischen Phantoms« in seiner Anspielung auf das Kommunistische Manifest (»Ein Gespenst geht um in Europa ...«). 1848 erklärten Marx und Engels den Kommunismus zu einem Gespenst, vor dem Europa damals noch gar keine Angst hatte, es war ihr Wunschdenken, durch Übertreibung das zu erreichen, das zu sein sie vorgaben, die Angst vorzugaukeln, um sie zu erzeugen. Bei Thomas Mann dasselbe in entgegengesetzter Richtung: Er erklärte den Marxismus zum Phantom – nicht Gespenst, sondern Hirngespinst –, doch 1930 und in den folgenden Jahren war die reale Lage genau umgekehrt wie 1848: Die bürgerliche Welt – und das war beileibe nicht nur die Bourgeoisie im marxistischen Sinne – und ganz Europa hatte Angst vor dem kommunistischen Gespenst, das in der Sowjetunion Lenins und Stalins leibhaftige Gestalt angenommen hatte.

»Der Unterschätzung der nationalsozialistischen Gefahr entsprach die Überschätzung der Drohung, die von den Kommunisten ausging«, bilanziert Winkler für den Zeitpunkt der Rede Manns, Ende 1930, nach dem ersten Wahlerfolg der NSDAP: »Am 12. Dezember bezeichnete der Kanzler vor dem Vorstand der Zentrumsfraktion die KPD als die gefährlichere Partei, und Kaas ergänzte, daß die führenden Sozialdemokraten, darunter auch der neue preußische Innenminister Severing, derselben Auffassung seien. Die KPD hatte sich diese Einschätzung selbst zuzuschreiben. Während die NSDAP den Eindruck erweckte, sie strebe die Macht auf strikt legalem Weg an, betonten die Kommunisten stets aufs neue, daß sie entschlossen seien, ihre revolutionäres Ziel ›Sowjetdeutschland‹ mit revolutionären Mitteln zu erreichen – einschließlich dessen, was Wilhelm Pieck am 17. Oktober im Reichstag die ›Unschädlichmachung‹ aller Stützen des kapitalistischen Systems genannt hatte. Tatsächlich stand nach Meinung Stalins in Deutschland die wachsende Zersetzung der kapitalistischen Gesellschaft, aber noch nicht die kommunistische Revolution auf der Tagesordnung. Doch die Angst, die die Kommunisten hervorriefen, war gleichwohl real, und niemand profitierte mehr davon als ihre radikalen Widersacher: die Nationalsozialisten.«[123] – »Die KPD sah sich als eine, nein die Partei des gewaltsamen Umsturzes schlechthin – und obwohl sie gar keine konkreten Revolutionspläne hatte, wurde sie weithin als das gesehen, was sie vorgab zu sein.«[124]

Das Verhältnis der KPD zum Staat und zur in Preußen regierenden SPD war auch durch den Berliner »Blutmai« von 1929 geprägt worden, als bei einer nicht genehmigten 1. Mai-Demonstration der Kommunisten in der Konfrontation mit der Polizei viele Menschen erschossen und verwundet wurden, nicht nur Demonstrationsteilnehmer. Der sozialdemokratische Polizeipräsident Zörgiebel hatte im Dezember nach schweren Auseinandersetzungen zwischen Nationalsozialisten und Kommunisten mit etlichen Toten politische Veranstaltungen unter offenem Himmel verboten. Die KPD wollte jedoch den Konflikt provozieren und ließ den Rotfrontkämpferbund am 1. Mai aufmarschieren, die Polizei reagierte panisch und irrational mit dem Einsatz von Militärfahrzeugen mit Maschinengewehren, schoss nicht nur auf errichtete Barrikaden, sondern zum Beispiel auch auf Fenster, aus denen rote Fahnen hingen, und tötete insgesamt 33 Menschen, darunter auch Unbeteiligte.[125]

Dieser drastische Einschnitt in der Geschichte der Weimarer Republik beendete die friedliche Phase der »Goldenen Zwanziger«, und es waren nicht Nazis und SA-Leute, um die es bei dieser Konfrontation ging. Der »Blutmai« trug wesentlich zur Feindschaft zwischen KPD und SPD bei, zumal er genau in die »ultralinke« Phase Stalins und der Komintern seit 1928 fiel, die die Sozialfaschismustheorie hervorbrachte.[126]

Eine interessante Perspektive darauf, wie die politische Entwicklung damals wahrgenommen wurde, liefern auch jüdische Zeitschriften und Zeitzeugnisse. Hier zeigt sich eine Parallele zum Verhältnis KPD/SPD im Konflikt zwischen den Zionisten und dem assimilierten Judentum des *Centralvereins der Deutschen jüdischen Glaubens (C.V.)*. So denunzierten die Zionisten die deutsche Gesellschaft als intrinsisch antisemitisch und den Weg des assimilierten Judentums als ebenso illusionäre wie verräterische Aufgabe des Judentums. Am 30. Januar 1934, ein Jahr nach der Ernennung Hitlers zum Kanzler, bilanzierte die *Jüdische Rundschau*, Sprachrohr der deutschen Zionisten, die aktuelle Lage als eine Chance für den Zionismus aufgrund des Endes des Assimilationstrugbildes: »Diese Lebenslüge ist am 30. Januar 1933 zusammengestürzt, und so stehen wir vor einem eigentümlichen Paradox: heute, wo wir als Juden völlig auf uns selbst angewiesen und durch einen deutlichen Trennungsstrich von der Umwelt geschieden sind, leben wir weniger in einem Ghetto als früher, wo deutsche Juden sich einbildeten, die echten Deutschen zu sein.«[127]

Diejenigen, denen dieses Verdikt galt, klammerten sich bis zuletzt an die Institutionen der Weimarer Republik und die damit in der Tat verbundenen Illusionen. Als sich insgeheim zum Jahreswechsel 1932/33 die Berufung Hitlers in die Kanzlerschaft vorbereitete, sah die *C.V.-Zeitung* die Nazis schon auf dem absteigenden Ast, nach dem Stimmenrückgang von 4 % bei den Novemberwahlen, und beurteilte dann auch noch die neue Regierung Hitler als »ein Experiment, dessen Misslingen wahrscheinlich ist. [...] »Wer aber könnte sich größere Gegensätze denken als den Führer einer Massenpartei, die sich sogar Arbeiterpartei nennt, als Kanzler und den konsequentesten Exponenten kapitalistischer Interessen in Deutschland als Wirtschaftsminister [= Hugenberg, WG].«[128] Eine Woche später, am 9.2.1933, brachte die *C.V.-Zeitung* beschwörend das Faksimile von Hindenburgs *Keine Abenteuer!*, einem Slogan aus dem Reichspräsidentenwahlkampf 1925, was vielleicht mehr als alle Artikel deutlich werden lässt, wie sehr die Führung des Centralvereins die Zeichen der Zeit verkannte. Sie war überzeugt, »dass auch diese Regierung [...] keine Angriffe auf die verfassungsmäßigen Rechte der jüdischen Deutschen unternehmen wird«, die deutschen Juden »vertrauen auf den endlichen Sieg der Wahrheit und der Vernunft.«[129] Und es handelte sich dabei nicht um taktisches Wohlverhalten gegenüber der neuen Regierung, sondern um den Ausdruck einer echten Überzeugung.[130]

Die ganze Spannbreite der Interpretation des politischen Geschehens durch deutsche Juden kommt auch in zwei gegensätzlichen, aber dann doch miteinander verbundenen Einschätzungen in den Tagebüchern von Victor Klemperer und Willy Cohn heraus.

Der berühmte Romanist Klemperer, Professor in Dresden, ein ursprünglich eher konservativ eingestellter Mensch, der dann in der Weimarer Republik zur liberalen Mitte schwenkte und »Demokraten« wählte (womit wohl die DDP gemeint war), notierte am 10. März, also nach der letzten Reichstagswahl, im Rückblick: »30. Januar: Hitler Kanzler. Was ich bis zum Wahlsonntag, 5.3., Terror nannte, war mildes Prélude. Jetzt wiederholt sich haargenau, nur mit anderem Vorzeichen, mit Hakenkreuz, die Sache von 1918. Wieder ist es erstaunlich, wie wehrlos alles zusammenbricht. Wo ist Bayern, wo ist das Reichsbanner usw. usw.? Acht Tage vor der Wahl die plumpe Sache des Reichstagsbrandes – ich kann mir nicht denken, daß jemand *wirklich* an kommunistische Täter glaubt statt an bezahlte Nazi-Arbeit.«[131] (An der Stelle »Nazi« steht ein Hakenkreuz im Original).

Der Breslauer Geschichtslehrer Willy Cohn, eher der SPD nahestehend, notierte dagegen schon vor dem Reichstagsbrand, am Tag der Ernennung Hitlers zum Kanzler sowie am Folgetag: »Ich fürchte, dass dies den Bürgerkrieg bedeutet! Demnächst wird die Rechte siegen, aber am Ende steht der Kommunismus! Und kommt nun eine Revolution von links, dann wird sie nicht so milde ausfallen. Hält sich aber Hitler an die Verfassung, dann ist er bei seinen Leuten auch erledigt. Jedenfalls trübe Zeiten, besonders für Juden! [...] Heute Abend große Kundgebung am Platz der Republik. Auch sie werden mit der Wirtschaftskrise nicht fertig werden, und dann kommt der große Umschlag nach links!«[132]

Beide hatten somit den abschreckenden Vergleich mit der linken Revolution 1918 im Kopf, während Klemperer jedoch jetzt die »umgekehrten Vorzeichen« sah und den Reichstagsbrand als Inszenierung der Nazis verstand (der wirkliche Hintergrund ist bis heute ungeklärt), war Cohn offenbar von der drohenden Revolution von links überzeugt, und zwar noch vor dem Reichstagsbrand, die aufgrund der von der Regierung Hitler nicht zu bewältigenden Wirtschaftskrise kommen werde. Hierin mischten sich verschiedene Topoi aus gegensätzlichen Quellen: von der Angst vor den Kommunisten über die Meinung vieler Sozialdemokraten, die Hitler-Regierung werde schnell »abwirtschaften«, bis zur kommunistischen Prophezeiung »Nach den Nazis kommen wir«.

Der Herausgeber von Klemperers Tagebücher bis 1932 schrieb in seinem Nachwort: »Klemperer spürte die herannahende Katastrophe, die Herrschaft der ›Hakenkreuzler‹«, und bezieht sich dabei auf eine Eintragung vom 15.12.1932: »Gestern bei der Rektoratsbesprechung wurde gesagt, daß 80% unserer Studenten Hitleranhänger seien.«[133] Doch bleibt diese Notiz lapidar, einen Monat zuvor hatte Klemperer mit Freunden ein »kleines Nazi-Café« frequentiert (3.11.), obwohl er zuvor am Tag der Reichstagswahl vom 31. Juli bei Freunden war und übers Radio die Ergebnisse hörte. »Hitler ante portas – oder wer sonst? Und was wird aus mir, dem jüdischen Professor?« Doch scheint es ihm nicht wirklich nahe gegangen zu sein, denn »viel einschneidender als der Wahlsonntag war der nächste Sonntag. Da saß zugelaufen ein ganz junges schwarzes Kätzchen – ich brachte es um 7 Uhr früh an Evas Bett.«[134]

Zum Scheitern verurteilt?

Am Ende stellt sich wieder die eingangs gestellte Frage: War die Weimarer Republik zum Scheitern verurteilt? Und wenn ja, von Anfang an? Diese These wird manchmal explizit formuliert, sie taucht aber implizit überall dort auf, wo schon zu Beginn die fehlende Akzeptanz der Republik, die »ungeliebte Republik«, hervorgehoben wird. Die Antwort darauf muss jedoch lauten: Nein. Das Ende der Weimarer Republik war zu ihrem Beginn auch nicht prognostizierbar. Man konnte Befürchtungen haben, man konnte als Pessimist alles schwarz sehen, gewiss, etwa wie Tucholsky, aber man konnte nicht *wissen*, was kommt. Wenn der Künstler Georg Scholz in seinen Bildern von 1921–22 »Hakenkreuzritter« malte, Szenen mit Personen im Café, auf der Straße, von denen jeweils ein Mann, das heißt eine der dargestellten Personen, ein kleines Hakenkreuz am Revers trägt, so zeigt das nur die Präsenz dieses Symbols, das ursprünglich über die NSDAP hinaus Verwendung fand, unter Kriegsveteranen oder nostalgikern, besonders eifrigen Gegnern der Republik, die es natürlich gab. Diese Abbildung der damals gegenwärtigen Realität musste jedoch deswegen noch keine Prognose der Zukunft sein, zu der wird sie erst durch unsere retrospektive Interpretation.

Vor über dreißig Jahren stellte Detlev Peukert schon fest: »Die Geschichte der Weimarer Republik wurde bisher fast ausschließlich entweder von ihrem Anfang oder von ihrem Ende her geschrieben. Die Frage nach dem Charakter der Novemberrevolution und die Versailler Friedensregelung markierte mit den Geburtsfehlern der Republik gleichsam auch deren Strukturschwächen und letztlich die Gründe ihres

Untergangs. Umgekehrt projizierte die Frage nach den Bedingungen der nationalsozialistischen Machtergreifung die Voraussetzungen der ›deutschen Katastrophe‹ bis in die Anfangsjahre oder gar bis weit in die Vorgeschichte der Republik.« Doch »›Weimar‹ geht nicht in Anfang und Ende auf«.[135] Dies gilt auch heute noch – in doppelter Hinsicht: als Phänomen und als Kritik daran. Dennoch ist das Bild von der Weimarer Republik in der öffentlichen Wahrnehmung negativ besetzt, Weimar ist kein »Erinnerungsort« der Demokratiegeschichte, mit Auswirkungen bis in die Sphäre der historischen Forschung und Lehre hinein, deren Defizite die Leiter der *Forschungsstelle Weimarer Republik* an der Friedrich-Schiller-Universität Jena, Michael Dreyer und Andreas Braune, im Vorfeld des hundertjährigen Jubiläums betonten.[136]

Trotz aller Nuancen minimieren die deterministischen Erklärungen der Geschichte den menschlichen Faktor oder unterschlagen ihn sogar, ja, verleugnen manchmal gar die Fakten (z.B. die Wahlergebnisse). Grundsätzlich wird Politik nicht nur erlitten, sondern auch gemacht, so dass eine Reihe von objektiven und subjektiven Faktoren am Untergang der Republik zusammenwirkten. Die Darstellungen aber, die von der Krise am Anfang zur Krise am Ende der Weimarer Republik springen, als ob es die Phase der Stabilisierung dazwischen nicht gegeben hätte oder als ob sie irrelevant sei, unterschlagen schlicht ein wichtiges Element für die Gesamtbeurteilung und suggerieren schon mit der Dauerkrise die Instabilität der Republik von Anfang an.

Objektive Faktoren: Sie werden in den Darstellungen in extenso genannt (Versailles, konservative bis reaktionäre alte Eliten usw.), zu gering veranschlagt wird manchmal aber die Weltwirtschaftskrise. Der Reichstag von 1928 hatte die bis dahin geringste Zahl rechtsextremer Abgeordneter, zwei Jahre später war die NSDAP zweitstärkste Partei. Gewiss hatte die Kampagne gegen den Young-Plan auch zur Popularisierung Hitlers und zur Gewichtsverlagerung von der DNVP weg zur NSDAP hin beigetragen, aber erklärt werden kann der Aufstieg der NSDAP ohne die Weltwirtschaftskrise nicht.

Subjektive Faktoren: das vielfältige Versagen der Politiker, rechten wie linken Demokraten, zu verschiedenen Zeitpunkten in verschiedenen Situationen, wie sie oben analysiert wurden. Vieles läuft dabei in der rückblickenden Bewertung Gefahr, aus der Position des Besserwissenden heraus den damaligen Akteuren unberechtigte Vorwürfe zu machen. Vieles wurde jedoch auch damals schon kritisiert, kontrovers diskutiert, aber falsch entschieden. Die Kommentare zum Scheitern der Großen Koalition 1930 sind das beste Beispiel dafür.

Die Zuweisung der Schuld an die Bevölkerung, die unreif für die Demokratie gewesen sei und die Republik nie wirklich akzeptiert habe, ist jedoch nichts anders als eine Kollektivschuldthese, die diejenigen, die Verantwortung trugen, nachträglich aus der Verantwortung entlässt. Nicht die Wähler, die Gewählten waren das Problem.

Anlässlich der Ausstellung des Deutschen Historischen Museums in Berlin *Hitler und die Deutschen* 2010 schrieb der ZDF-Journalist Peter Hahne für *Bild am Sonntag* seine Eindrücke nach dem Besuch auf. Die Ausstellung gebe »keine Chance für einen eventuellen ›Mythos Hitler‹, stattdessen: Realität«, schreibt er. »Und zu dieser Realität, und das ist mir hier erstmals so intensiv bewusstgeworden, gehört die Tatsache, dass die Mehrheit des deutschen Volkes von Anfang an begeistert dabei war. Da gibt es keine Trennung von Führer und Verführten, die Deutschen leisteten vorläufigen [i.e. vorauseilenden, WG] Gehorsam. Sich anbiedernde Kinderbriefe schon vor der Machtergreifung, die ja in Wahrheit eine demokratische Wahl war [...]«

Was heißt: »von Anfang an begeistert?« Ganz offensichtlich schon in der Weimarer Republik. Im gezielten Changieren dieses »von Anfang an« zwischen 1933 und vorher zieht Hahne dann die Schlussfolgerung: »Das ist die Stärke dieser Ausstellung, die ein schwaches Volk zeigt, das eben nicht nur willenlos mitgelaufen ist und unwissend verführt wurde. Diese Ausstellung entzaubert den Führer-Mythos, indem sie die damalige Generation entzaubert. Hitler war kein Betriebsunfall der Geschichte, stelle ich fest. Den Führerstaat gab es nicht ohne Zustimmung, sondern durch Selbst-Gleichschaltung eines ganzen Volkes.«[137]

»Nicht nur willenlos mitgelaufen, unwissend verführt«, sondern »Selbstgleichschaltung« ... Diese Kollektiv*anschuldigung* wechselt dialektisch in die Kollektiv*entschuldigung*: ein »schwaches Volk«. Nach dem Krieg haben die Westdeutschen selbst – oder zumindest viele von ihnen – dieses Verhältnis Führer/Verführte zu ihren Gunsten deuten wollen. Wie schon der amerikanische Offizier David Lerner feststellte, als er in der von den US-Truppen besetzten Zone 1945 die ersten Interviews mit Deutschen führte: »Der jetzt in Mode gekommene Ausdruck ›belogen und betrogen‹ ist nur eine fromme Lüge, durch die der Deutsche, der ihn gebraucht, unbedacht zugibt, daß er irgendwann einmal an die Nazis geglaubt hat und ihnen gefolgt ist. Sonst könnte er jetzt nicht behaupten, ›belogen und betrogen‹ worden zu sein.«[138] Darauf folgte 1946–48 eine kurze Phase der Selbstkritik in der publizistischen Öffentlichkeit, als die von den Alliierten zugelassenen Zeitungen und Zeitschriften sich der Situation stellten, in der sich die Deutschen befanden, und 1950 schrieb der Vorsitzende des Geschichtslehrerverbandes,

Gerhard Bonwetsch, im ersten Heft von *Geschichte in Wissenschaft und Unterricht,* »dass das deutsche Volk die Lüge des Nationalsozialismus nicht erkannt hat.«[139] Hierin verdichten sich Vorwurf und Entlastung, je nach Lesart, in einem einzigen Satz.

Eine aktuelle und ziemlich radikale Variante der Kollektivschuldthese lieferte der thüringische Kultusminister Helmut Holter, nach der Wende langjähriger Partei- und Fraktionsvorsitzender der PDS/Linken in Mecklenburg-Vorpommern, und zu dem Zeitpunkt Vorsitzender der Kultusministerkonferenz, am 31.1.2018 in einem Interview mit der *tageszeitung*. Auf sein spezielles Anliegen Demokratieerziehung befragt, erklärte er: »Nehmen Sie das Beispiel der Weimarer Republik. Irgendwann gab es dort keine Demokraten mehr, die die Demokratie verteidigten. Schüler müssen verstehen, dass demokratische Freiheitsrechte nicht selbstverständlich sind. Dass sie immer wieder verinnerlicht und verteidigt werden müssen.«[140]

Was wie ein Schuldvorwurf aussieht, wird auch hier zur Entschuldigung, unbewusst, »ein schwaches Volk« wie bei Hahne. Wenn alle schuld sind, ist keiner schuld – keiner persönlich. Das ist die dialektische Kehrseite der Kollektivschuldthese. Sie entlastet die Befürworter des Ermächtigungsgesetzes und die Mitläufer im »Dritten Reich« und ist übertragbar auf andere vergleichbare Situationen. So erklärte Holter auch in Bezug auf Stasi und ideologisierten Schulunterricht in der DDR: »Wir waren damals im Denken nicht frei.« Ob er nur die Schüler meint oder alle DDR-Bürger, ist im Wortlaut nicht ganz klar, doch aus jedem Schüler wurde ein Erwachsener. Diese für einen Ex-SED-Funktionär erstaunlich radikale Anklage des DDR-Regimes entpuppt sich nach derselben Logik als Freispruch für alle DDR-Bürger: Niemand war schuld, nur das Regime, denn, wenn bisher galt, unter der Zensur ist zumindest das Denken frei, so geht Holter auch hier noch ein Stück weiter: Wer nicht einmal im Denken frei ist, kann keine Schuld auf sich geladen haben. Wie die Dialektik von Führer und Verführten. Diese Interpretation hatte Holter sicher nicht vor Augen, sie ist aber darin enthalten.

Die »Demokratie ohne Demokraten« wird von der historischen Kommission der *Linken* (die Kursivschreibung meint immer die Partei) 2013 in ihrer Bewertung der Weimarer Republik klassischer im Sinne der marxistischen Geschichtsschreibung erklärt. Sie verknüpft das heutige Bedauern über den Untergang der »ersten bürgerlich-demokratischen Republik in Deutschland« – »Ergebnis der Revolution 1918/19, erkämpft von den Arbeitern und Soldaten, die das Ende des Völkermordens des ersten Weltkrieges anstrebten und den Sozialismus wollten« – mit alten Analysen: »Die Schwäche des revolutionären Flügels der Arbeiterbewegung und die Bereitschaft der rechten Führung der Sozialdemokratie zum Kompromiss mit den reaktionären Eliten erbrachte eine ›Demokratie ohne Demokraten‹ und einen Niedergang der Demokratie.«[141] Den »antifaschistischen Kampf« der KPD bewertet die *Linke* heute kaum anders als die PDS in den Jahren nach der Wiedervereinigung. Deren Bewertung unterschied sich wiederum kaum von derjenigen der SED, wie Heinrich August Winkler 1996 feststellte, wonach lediglich Kritik an der Sozialfaschismusthese geübt wurde zugunsten der späteren Volksfront-Linie.[142] Dies findet sich, allerdings verklausuliert, auch 2013 wieder: Gewiss, »ihre [= der KPD] fehlgeleitete Strategie, ihr Kampf an falschen Fronten schwächten die Schlagkraft und die Glaubwürdigkeit der Hitlergegner. Sie und die anderen antifaschistischen Kräfte mussten ihre Unfähigkeit, einen demokratischen und antifaschistischen Konsens zu finden, mit bitteren Erfahrungen und großen Opfern bezahlen.« Doch wird die Hauptschuld weiterhin auf die SPD geschoben: »Gegen linke Kräfte in der eigenen Partei und wichtige Gruppierungen wie der SAP oder der KPD(O) gab die rechte Führung der SPD, geblendet durch ihren Antikommunismus, wichtige Errungenschaften der Weimarer Demokratie preis. Der Staatsstreich von Papens in Preußen und die Unfähigkeit der SPD-Führung, gegen diesen Putsch die Massen zu mobilisieren, ließen das Jahr 1932 zum Entscheidungsjahr auf dem Wege zur Machtübernahme der NSDAP werden.«[143]

Für die PDS der 1990er Jahre war die Spaltung der Arbeiterbewegung nach wie vor die entscheidende Voraussetzung für die Machtübernahme des »Hitler-Faschismus« – im Sprachgebrauch unterscheidet sich übrigens heute noch die *Linke* nicht von der SED, die die Eigenbezeichnung des Nationalsozialismus aufgrund des darin enthaltenen ›Sozialismus‹ tabuisierte. Die *Linke* differenziert in ihrem Papier von 2013 immerhin diesen zentralen Punkt (Spaltung der Arbeiterbewegung): »Es gehört zu den verbreiteten Überzeugungen, dass die Aktionseinheit der Arbeiterbewegung den Faschismus hätte verhindern können. So wünschenswert eine solche Einheit gewesen wäre und welche bedeutende Rolle sie für den künftigen Antifaschismus hätte spielen können; die Kräfteverhältnisse der Jahre 1932/1933 legen nahe, dass selbst eine solche Einheitsfront die rechtskonservative und faschistische Dominanz nicht mehr hätte brechen können.« Für die SED war jedoch die Aufhebung der Spaltung der Arbeiterparteien im Geiste des »Schwurs von Buchenwald« ihr Gründungsmythos und ihre vorgebliche Legitimation.

3. »Vergangenheitsbewältigung« und Gründungsmythen in Ost und West nach 1945

Es gab viele Formen, das Gewissen ablenken zu lassen, nicht zuständig zu sein, wegzuschauen, zu schweigen.
Richard von Weizsäcker, 8.5.1985[1]

An dieser Stelle ist ein genauerer Blick auf die Lehren aus der Vergangenheit, die nach 1945 gezogen wurden, in einem weiter gefassten Sinne angebracht. Auf die Labilität der Weimarer Politik folgte die Stabilität der Bonner Republik. Mit dieser erinnerungskulturellen Überzeugung der Westdeutschen wird nicht nur die Bundesrepublik stabiler gemacht, als sie ist, sondern auch die Weimarer Republik labiler, als sie war. Und »das übermächtige ›Bonn ist nicht Weimar‹-Narrativ hat verdeckt, in welchem Ausmaß die Kontinuität zwischen beiden demokratischen Verfassungsordnungen tatsächlich bestand und besteht.«[2] »Aus Weimar lernen«, im negativen Sinne, war aber das gemeinsame Anliegen in West *und* Ost nach 1945, und beide deutschen Staaten haben es für sich vereinnahmt. Der demokratische Neuanfang definierte sich nicht nur gegenüber dem Nationalsozialismus, sondern auch gegenüber der ersten deutschen Demokratie, der man die Schuld am Sieg des Nationalsozialismus gab. Auch die »antifaschistisch-demokratische« Staatsgründung in der DDR gab sich eben in einem eigenen Sinne »demokratisch«, und entsprechend wurde der Kampf um die semantische Besetzung des Begriffs *Demokratie* zwischen West- und Ostdeutschland geführt, bis in die Namensgebung hinein: Deutsche Demokratische Republik. Mit zunehmendem zeitlichem Abstand nach deren Untergang verwirrt heute die Vereinnahmung der Demokratie in der DDR die jüngeren Generationen, wenn sie Dokumentationen der DDR-Propaganda lesen oder sehen/hören, in der zum Beispiel vom »demokratischen Sektor Berlins« die Rede ist, oder »vom friedlichen Weg der Vereinigung Deutschlands in einem demokratischen Staat«.[3]

Beide deutsche Staaten proklamierten somit von Anfang an, sogar noch vor der Staatsgründung, auf je eigene Weise und miteinander rivalisierend einen demokratischen Neubeginn. Dabei verband sich auf beiden Seiten Neues mit Altem: Während im Westen die neue Demokratie nicht unwesentlich mit altem Personal auf die Beine gestellt wurde, schwang das Pendel in der DDR von einer Parteidiktatur in die nächste. Die Gegenüberstellung der Gründungsmythen Ost und West in der Ausstellung im Bonner *Haus der Geschichte* im Frühjahr und Sommer 2018, *Deutsche Mythen seit 1945*[4], zeigte die Unterschiede, aber auch Parallelen zwischen Ost und West.

Zusammenbruch oder Auferstehung

»Auferstanden aus Ruinen«, der Beginn der »Becher-Hymne«, das heißt der »National«-Hymne der DDR mit dem Text von Johannes R. Becher, spiegelt noch das Gemeinsame, ebenso wie der Schluss: »Deutschland einig Vaterland«, doch interessanterweise standen im Westen vor allem die Ruinen im Vordergrund, im Osten die Auferstehung. Publikationen der Nachkriegszeit im Westen thematisierten den Untergang, die aus dem Osten den Aufbau. Obwohl der Begriff der »Stunde Null«, nur im Westen so formuliert, auch für beide Narrative gelten könnte, steht er im Westen für das Nichts, den Verlust, das Besiegtsein, aus dem der Neuanfang folgte, im Osten für den Sieg über den »Hitler-Faschismus«. Im Begriff des »Zusammenbruchs« lebte im Westen noch ein Stück Perspektive des Untergegangenen fort, auch im Trümmer-Mythos (»Alles war kaputt«) sah man sich in erster Linie als die Geschlagenen, im Osten identifizierte man sich komplett mit dem Sieger – »Dank euch, ihr Sowjetsoldaten!« – und erklärte sich damit selbst zum Mit-Sieger, symbolisiert im »Schwur von Buchenwald«.[5]

Im Westen verstand man sich als zweifaches Opfer der Geschichte, erstens durch die Diktatur Hitlers und zweitens durch die Besatzung der Alliierten, so dass sogar der ehemalige sozialdemokratische Reichstagspräsident Paul Löbe auf der ersten Sitzung des Bundestages am 7.9.1949 in seiner Eröffnungsrede als Alterspräsident (und Berliner Abgeordneter) zwar den Alliierten für die Unterstützung im »Freiheitskampf Berlins« 1948 dankte sowie für die Nahrungsmittelhilfen für Westdeutschland, aber den Kritikern »von außen«, die den (West-) Deutschen Undankbarkeit vorwarfen, entgegenhielt: »Wir erkennen das dankbar an und bestreiten auch keinen Augenblick das Riesenmaß an Schuld, das ein verbrecherisches System auf die Schultern unseres Volkes geladen hat. Aber die Kritiker draußen wollen doch eines nicht übersehen: das deutsche Volk litt unter zwiefacher Geißelung. Es stöhnte unter den Fußtritten der eigenen Tyrannen und unter den Kriegs- und Vergeltungsmaßnahmen, welche die fremden Mächte zur Überwindung der Naziherrschaft ausgeführt haben.«[6]

In beiden Teilen gab es jeweils ein Opferbewusstsein, aber konträr gegenüberstehend, sowohl im Verhältnis zur Besatzungsmacht als auch im Verhältnis zum Nationalsozialismus, wie Peter Reichel darstellt: »Auch in Ostdeutschland dominierte ein Opferselbstbild, ein heroisches allerdings. Zwar sprach man von Millionen Opfern des Hitler-Faschismus, aber der mit sozialer Anerkennung verbundene Status ›Opfer des Faschismus‹ sollte den ›antifaschistischen Kämpfern‹ gegen den Nationalsozialismus vorbehalten bleiben.«[7]

Während die Auseinandersetzung mit Weimar im kommunistischen Geschichtsbild relativ schnell geklärt war in dem Sinne, dass die Schuldigen klar identifiziert und die Erneuerung klar definiert wurden, war sie für die Bonner Republik weit schwieriger und damit auch tiefgreifender, allerdings nicht sofort. Die Schulddebatte der Nachkriegsjahre und die »Vergangenheitsbewältigung« in der frühen Bundesrepublik betrafen zunächst nicht die Verbrechen des Nationalsozialismus, deren juristische Aufarbeitung im Wesentlichen mit den Nürnberger Prozessen abgeschlossen schien und die fortan »im Labyrinth des Schweigens« (um den gleichnamigen Film zu zitieren) blieben, bis sie mit dem Paukenschlag des Auschwitz-Prozesses in Frankfurt am Main auf die historisch-politische Agenda kamen. Vielmehr ging es in den Jahren nach Kriegsende um die Frage, »wie Hitler möglich war«.

In der DDR gab es, wie bereits angesprochen, auch ein Syndrom der Verdrängung des Völkermordes, allerdings hier zugunsten der Betonung der politischen Unterdrückung, darunter eben vieler Kommunisten. Nicht Auschwitz, sondern Buchenwald war der Ankerpunkt für den historischen Rückblick. Und sogar, wenn Auschwitz benannt wurde, selten genug, war es ein Synonym für politische Unterdrückung. So zum Beispiel schon in der von Alfred Kantorowicz in Berlin 1947–49 herausgegebenen, aber in allen Besatzungszonen vertriebenen Zeitschrift *Ost und West*, die von einer zunächst relativ unabhängig linken Position aus versuchte, einen Brückenschlag zwischen den sich auseinanderentwickelnden Zonen zu vollziehen, indem sie Autoren aus beiden Welten druckte. Sie passte sich dann aber immer mehr der herrschenden SED-Linie an und wurde 1949 eingestellt, als der Vertrieb in den Westen zusammenbrach und das Format der Zeitschrift für die DDR nicht mehr akzeptabel war. Darin schrieb der Chefredakteur Maximilian Scheer im Januar 1949 über »Weimar und Auschwitz«:

»Es begann damit, daß sich die republikanischen Führer in der Regierung unmittelbar nach dem Waffenstillstand vom November 1918 mit den alten Kräften verbündeten. Das ist historisch erwiesen, ist unleugbar. Das war der Anfang. Was immer später geschah, hatte seine Wurzeln in diesem Bündnis republikanischer Führer mit den geschlagenen Führern der kaiserlichen Armee.« Diese Hypothek, die in der Tat auf der weiteren Entwicklung lastete und die der Autor aufgrund früherer Recherchen sehr detailliert anhand der personellen Kontinuitäten zahlreicher republikfeindlicher Akteure, der Putschisten und Attentäter und ihrer Komplizen in Politik und Justiz darstellt, endet in der Gesamtbeurteilung der Weimarer Republik: »Das Unwesen von Auschwitz war das ins Gigantische gesteigerte Unwesen der Weimarer Republik. Ohne Weimar kein Hitler, und kein Auschwitz ohne Weimar!« Und er setzt seine Schlussfolgerungen fort in Bezug auf das Westdeutschland der Jahreswende 1948/49 mit einer Beobachtung aus dem Westberliner Rheingau-Theater, wo Besucher einer Wochenschau über den sowjetischen Delegierten bei der 3. Tagung der UN-Vollversammlung in Paris sagten: »Man sollte ihn totschlagen, wenn er herauskommt.« Für den Autor genug um zu bilanzieren: »So – genau so begann der Weg nach Auschwitz.«[8]

Philosophisch überhöht stellte Ernst Bloch in seiner Antrittsvorlesung an der Universität Leipzig am 24.5.1949 die entstehende Bundesrepublik und den Westen insgesamt in die negative Tradition Weimars: »Vor uns liegt eine offene Fahrt, eine zu besserem Leben; sie ist so fällig und deutlich wie nirgends in der Geschichte. Die Skeptizismen, Relativismen, Nihilismen einer untergehenden Gesellschaft, die von 1919 begannen und so viel Kenntnis des Rechten verhindert oder verschüttet haben, sind hier [= in Ostdeutschland] zu Ende und wenn der Westen sie weiter betreibt, so mögen die Toten ihre Toten begraben.« Dem Nihilismus des Westens hielt er den »sozialistischen Aufbau« entgegen: »Dasein voll Kraft, Begeisterung, Halt, Glaube an eine bessere Welt. [...] Kommt nicht vielmehr dem Spätkapitalismus diese Öde zu, das frierende Unzuhause, mit kurzen Betäubungen und dahinter eine Finsternis: grassieren nicht dort Heideggers vorlaufende Entschlossenheit zum Tode, die Jaspers'sche Metaphysik des Scheiterns, die Sartre'sche Lehre vom Existieren im Hohlraum des Nichts? [...] 1918 hieß das Untergang des Abendlandes, 1949 heißt es Existentialismus (a non existere, vom Nicht-mehr-Existieren her), Ontologismus (vom verschwundenen Sein her), Nihilismus. Und wohl verstanden: nur der spätbourgeoise faule Zauber, nicht die marxistische Geschichtsanalyse führte zu solcher Vernichtung hin.«[9]

Die Gegenüberstellung zwischen dem Marxismus in seiner damaligen dogmatischen Ausprägung im Osten und dem Existentialismus in seinen Varianten im Westen bringt in der Tat die unterschiedlichen Weltsichten und Wahrnehmungen auf den Punkt – ohne dass man die damit verbundene Wertung teilen muss –, die damals nicht nur die Welt des Geistes, sondern auch die reale Welt im Alltag bestimmten. Während im Osten Sieg- und Aufbauparolen einen Schnitt mit dem Vergangenen über die Verdrängung des schlechten Gewissens durch einen neuen Enthusiasmus ermöglichten, stand im Westen der Nachkriegszeit das Grübeln über die menschliche Existenz im Vordergrund, bis ein neues Gefühl des »Wir sind wieder wer« eine positive, aber ebenso vergangenheitsverdrängende Lebenshaltung im Alltag ermöglichte.

Schuld

Die Schlussstrich-Mentalität herrschte vor, sie wurde über zahlreiche Amnestieversuche im Bundestag letztlich politisch nicht durchgesetzt, obwohl Adenauer wegweisend schon bei der seiner ersten Regierungserklärung am 20.9.1949 gefordert hatte:

»Durch die Denazifizierung ist viel Unglück und viel Unheil angerichtet worden. Die wirklich Schuldigen an den Verbrechen, die in der nationalsozialistischen Zeit und im Kriege begangen worden sind, sollen mit aller Strenge bestraft werden. Aber im übrigen dürften wir nicht mehr zwei Klassen von Menschen in Deutschland unterscheiden: die politisch Einwandfreien und die Nichteinwandfreien. Diese Unterscheidung muß baldigst verschwinden. Der Krieg und auch die Wirren der Nachkriegszeit haben eine so harte Prüfung für viele gebracht und solche Versuchungen, daß man für manche Verfehlungen und Vergehen Verständnis aufbringen muß. Es wird daher die Frage einer Amnestie von der Bundesregierung geprüft werden, und es wird weiter die Frage geprüft werden, auch bei den Hohen Kommissaren dahin vorstellig zu werden, daß entsprechend für von alliierten Militärgerichten verhängte Strafen Amnestie gewährt wird.«[10]

Tatsächlich erfolgte eine Teilamnestie, da die Kapitalverbrechen, die man dabei klammheimlich einbeziehen wollte, außen vor blieben – dies wäre auch von den Alliierten damals verhindert worden, wie der gescheiterte Versuch der postumen Rehabilitierung von General Jodl zeigt. Die noch jahrzehntelang danach versuchten Amnestien auch für diese Kapitalverbrechen scheiterten immer wieder an der letztlich fehlenden Mehrheit im Bundestag.[11]

Die Erklärung der jüngsten Vergangenheit schwankte im Westen zwischen einer Schuldzuweisung an eine kleine NS-Elite, die in Nürnberg abgeurteilt worden war, und einer so pauschalen Kollektivschuld, dass sie, wie schon erwähnt, in eine Kollektiventschuldigung umschlug.

Nicht nur die Erklärung mit der Verführung, der man erlag, oder dem Zwang zum Konformismus, dem man unterlag, hatten entschuldigenden Charakter, es gab auch eine kollektive Selbstkritik, die so universell war, dass sie niemanden persönlich betraf, oder so eingegrenzt, dass man nicht dazugehörte. Das scheinbare Paradox des Letztgenannten zeigte sich in der Schuldzuweisung an das Preußentum und seinen Militarismus, ein heute vergessenes, aber damals weit verbreitetes Ideologem in Westdeutschland, das ganz zu Beginn auch im Osten aufleuchtete, dann aber in der Anklage der Junker zusammen mit den Großindustriellen und -bankiers hin auf den »Klassenfeind« gelenkt wurde, ebenso wie der preußische Militarismus im Imperialismus der Kapitalisten aufging.

So hieß es noch in einer der ersten Ausgaben der *Berliner Zeitung* vom 26.5.1945, damals noch direkt von der Sowjetischen Militäradministration herausgegeben: »Der Kasernengeist, die Verherrlichung der preußischen Soldateska, das ist das Gift, mit dem die regierenden Klassen die Seele des deutschen Volkes vergifteten. Keinem Hitler wäre es jemals gelungen, im Verlauf von wenigen Jahren das Millionenvolk eines hochentwickelten industriellen Landes degenmäßig [sic!] zu machen, wären nicht die Deutschen durch den ihnen im Verlauf von zahlreichen Generationen eingeimpften Militärkult vergiftet. [...] In der kurzen Periode der Weimarer Republik sehnten sich Millionen Deutscher nach der Armee, nach dem Exerzierplatz. Der Soldat der Reichswehr war ein Abgott seiner Angehörigen und Verwandten. ›Marschieren, marschieren‹ riefen die Militaristen und die Nazis den Deutschen zu. Nun sind die Deutschen so weit marschiert!«[12]

Nur drei Wochen später wurden die Schuldigen in einem Aufruf der KPD präzisiert: »Die Schuld und Verantwortung tragen die gewissenlosen Abenteurer und Verbrecher, die die Schuld am Kriege tragen. Es sind die Hitler und Göring, Himmler und Goebbels, die aktiven Anhänger und Helfer der Nazipartei. Es sind die Träger des reaktionären Militarismus, die Keitel, Jodel [sic] und Konsorten. Es sind die imperialistischen Auftraggeber der Nazipartei, die Herren der Großbanken und Konzerne, die Krupp und Röchling, Poensgen und Siemens.« Nach der weiteren Anklage der zehn Millionen Hitler-Wähler kam man dann in einer Variante der Verführungsthese die Bevölkerungsmehrheit betreffend, halb anschuldigend, halb entschuldigend (»von der Demagogie vergiftet«), zum Kern des Problems, warum Hitler nicht verhindert wurde:

»Unser Unglück war, daß Millionen und Abermillionen Deutsche der Nazidemagogie verfielen, daß das Gift der tierischen Rassenlehre, des ›Kampfes tun Lebensraum‹ den Organismus des Volkes verseuchen konnte. Unser Unglück war, daß breite Bevölkerungsschichten das elementare Gefühl für Anstand und Gerechtigkeit verloren und Hitler folgten, als er ihnen einen gutgedeckten Mittags- und Abendbrottisch auf Kosten anderer Völker, durch Krieg und Raub versprach. So wurde das deutsche Volk nun Werkzeug Hitlers und seiner imperialistischen Auftraggeber. […]

Nach all dem Leid und Unglück, der Schmach und Schande, nach der dunkelsten Ära deutscher Geschichte, heute, am Ende des ›Dritten Reiches‹, wird uns auch der sozialdemokratische Arbeiter Recht gehen, daß sich die faschistische Pest in Deutschland nur ausbreiten konnte, weil 1918 die Kriegsschuldigen und Kriegsverbrecher ungestraft blieben, weil nicht der Kampf um eine wirkliche Demokratie geführt wurde, weil die Weimarer Republik der Reaktion freies Spiel gewährte, weil die Antisowjethetze einiger demokratischer Führer Hitler den Weg ebnete und die Ablehnung der antifaschistischen Einheitsfront die Kraft des Volkes lähmte.

Daher fordern wir: Keine Wiederholung der Fehler von 1918! Schluß mit der Spaltung des schaffenden Volkes!«[13]

In Schulbüchern der späten DDR wurde zur Erklärung ein Amalgam aus der linksradikalen Phase der KPD (Hauptfeind: SPD) und des nach dem Sieg der Nazis in Deutschland von Stalin für Frankreich und Spanien ausgegebenen Volksfrontkurses präsentiert. So hieß es in einem Buch von 1980 einerseits:

»Die Weimarer Republik war das Instrument der Monopolherren, Militaristen und Junker zur Aufrechterhaltung ihrer Klassenherrschaft. Sie war keine den Interessen des Volkes dienende Demokratie. […] Am Ende erwies sich das bürgerlich-parlamentarische System der Weimarer Republik als ungeeignet, auch nur die begrenzten demokratischen Rechte und Freiheiten, die sich die Volksmassen im November 1918 erkämpft hatten, wirkungsvoll zu verteidigen. Damit offenbarte das Ende der Weimarer Republik zugleich den völligen Bankrott der sozialdemokratischen Politik des sogenannten ›dritten Weges‹.«

Auf der anderen Seite hätte dann aber dieses »System« verteidigt werden sollen: »Der Untergang der Weimarer Republik war nicht gesetzmäßig. Durch den einheitlichen Kampf der Arbeiterklasse und ihrer Verbündeten für die Erhaltung der Demokratie hätte er verhindert werden können. Doch die rechten Führer der Sozialdemokratie paktierten mit Teilen des Finanzkapitals, setzten die Spaltung der Arbeitsklasse fort und verhinderten mit ihrer antikommunistischen Politik den einheitlichen Kampf der Arbeiterklasse und aller antifaschistischen Volkskräfte.«[14]

Hatte für die linksradikale Phase die Zerstörung der Republik noch Priorität, inklusive der Hoffnung, nach einem Staatsstreich Hitlers käme die proletarische Revolution, und war die SPD als Verräterin dabei noch der Hauptfeind, der versuchte, die Arbeiterklasse irrezuführen, so ging es nun um das Bündnis der »antifaschistischen Volkskräfte«, was sogar über die SPD hinauswies. Die linksradikale Revolutionsthese konnte nicht mehr aufrechterhalten werden, weil die Revolution nicht stattgefunden hatte, umso leichter konnte man den ausgebliebenen Widerstand gegen Hitler nun mit der Schuldzuweisung an die SPD erklären, was letztlich auch der gemeinsame Nenner von beiden Erklärungen blieb. Damit konnte man auch die Zwangsvereinigung zur SED 1946 rechtfertigen und überhaupt der DDR zuerst ein antifaschistisches Image geben, auf das dann später die sozialistische Identität folgte.

Eine Variante der marxistischen Interpretation gab es auch schon früh im Westen durch das Buch von Arthur Rosenberg über die Weimarer Republik, das erstmals im tschechischen Karlsbad 1935 unter dem Titel »Geschichte der deutschen Republik« erschienen war und ab 1955 von der linksorientierten Europäischen Verlagsanstalt unter leicht verändertem Titel neu verlegt wurde. Es konkurrierte mit den ersten großen Analysen der Weimarer Republik in der Bundesrepublik und setzte damals eine singuläre marxistische Note in der historischen Aufarbeitung. Allerdings präsentierte die EVA den Autor als Zeitzeugen, der »eine Epoche beschreibt, in der er selber politisch gestaltend tätig gewesen ist«, ohne zu erwähnen, dass Rosenberg Mitglied der KPD gewesen war, zeitweise in führender Position (Politbüro) und zwischen den verschiedenen Flügeln hin- und herpendelnd bis zu seinem Austritt 1927, den er mit der Kritik an der Komintern als Organ Moskaus begründete. Er war damals noch Reichstagsabgeordneter (1924–28) und galt als »Paradepferd der kommunistischen Reichstagsfraktion« (Charakterisierung durch den *Vorwärts*).[15] In seinem Buch analysierte Rosenberg die Weimarer Geschichte ganz nach dem Klassenkampf-Schema, mit einer interessanten Würdigung Stresemanns als einen Bürgerlichen, der für die politische Klassenversöhnung durch eine republikanische Mitte arbeitete. Die Bekämpfung der Großen Koalition durch die »kapitalistische Gegenrevolution« führte nach seiner Analyse bereits 1929/30 zum Untergang der Republik durch eine »Diktatur des Bankkapitals«. Dabei waren zu diesem Zeitpunkt, »genauso wie 1923, alle Elemente einer großen Volksrevolution gegen das herrschende System vorhanden.« Dass es dazu nicht kam, begründete er mit dem Versagen beider Arbeiterparteien, der SPD durch ihre Einbindung in das »System«, der KPD durch den Widerspruch zwischen ihrem nach außen getragenen

Radikalismus und der Tatsache, dass »die Stalinsche Bürokratie in Deutschland niemals ernsthaft an die Revolution geglaubt« hat. »Die Partei hatte keinen Plan zur Gewinnung der Massen und keinen Weg für die Zukunft.«[16] Mit dieser Kritik an beiden Parteien, ansatzweise trotzkistisch bezüglich der KPD, konnte das in vielen Auflagen bis weit in die 1970er Jahre verlegte Buch in besonderer Weise die Linke in der SPD und die Neue Linke außerhalb ansprechen.

Im Westen der Nachkriegszeit standen zunächst jedoch ganz andere Themen im Vordergrund der Schulddebatte: der preußische Militarismus, die Autoritätshörigkeit im Volk, die zum Teil bis auf Luther zurückgeführt wurde, und dergleichen mehr, zumal dies in der aktuellen politischen Lage angesichts der sich entwickelnden Ost-West-Spaltung zupass kam, da sowohl das alte wie auch das neue Übel im »Osten« verortet werden konnte. Dabei wurde der alte rheinische und süddeutsche Antiprussianismus nicht selten noch mit Anleihen an die Rassenlehre grundiert, so ziemlich drastisch 1946 in der Dominikaner-Zeitschrift *Die Neue Ordnung*:

»Dem preußischen Staate war dagegen der Militarismus beinahe wesentlich, weil er dem preußischen Volk im Blute lag. [...] Preußen wurde immer geleitet von Ostelbien her und durchweg von Ostelbiern. [...] Der Ostelbier trägt slavische und germanische Erbanlagen in sich. Es ist unmöglich, den Prozentsatz genau zu anzugeben, zumal da dieser Prozentsatz bei fast allen Ostelbiern verschieden sein dürfte. [...] Die Gesamtheit des Volkes ist eine germanoslavische Mischung und trägt als Volk die Charakterzüge einer solchen Mischung. [...] Der Slave ist in hervorragendem Maße zum Leiden angelegt. Es ist unverkennbar, daß dieser Wesenszug höchste ethische Werte zu entfalten vermag. [...] Andererseits ist nicht zu leugnen, daß diese Leidensanlage zur Verkümmerung führen kann.«[17]

Die Adaption des NS-Jargons, der *Lingua Tertii Imperii* nach Klemperer oder des *Wörterbuchs des Unmenschen* nach Sternberger/Storz/Süskind (das im eigenen Titel das von ihm Analysierte reproduzierte, nämlich die Dämonisierung des Gegners), zu dessen Erklärung und Verurteilung machte auch vor Wissenschaftlern und Intellektuellen nicht halt, die von den »Untermenschen« sprachen, die Deutschland »als Instrumente des Nationalsozialismus hat hervorbringen können« (Wilhelm Röpke[18]), vom Nationalsozialismus »als Entartungserscheinung unseres Wesens« (Friedrich Meinecke) oder von Hitler als einem »Fremdrassigen« (zitiert von Meinecke): »›Dieser Mensch‹, so sagte mir Otto Hintze einmal, ›gehört ja eigentlich gar nicht zu unserer Rasse. Es ist etwas ganz Fremdes an ihm [...]‹«[19]. Hinze meinte damit Hitler als

Österreicher und dass sein Fanatismus eher balkanischer Herkunft sei, als dass er sich durch die Habsburger Monarchie erklären ließe.[20]

»Die Psychoanalyse lehrt, wie nah solche Abwehr dem Abgewehrten bleibt«, kommentierte 1967 Wolfgang Fritz Haug dieses Phänomen in seiner Studie *Der hilflose Antifaschismus*[21], die zunächst nur von der Ringvorlesung der FU Berlin zum Thema »Nationalsozialismus und die deutsche Universität« im Rahmen der Universitätstage 1966 ausging. Auch zwei Jahrzehnte nach Kriegsende hatte sich das beschriebene Phänomen noch erhalten, wie Haugs eindrucksvolle Analyse belegt.

Im Feindbild »Osten« konnten uralte und ganz neue Feindbilder amalgamiert werden. Zunächst alte Konflikte innerhalb Deutschlands: War der preußische Untertanengeist nicht schon »rassisch« bedingt, so führten ihn auch nicht-katholische Autoren gerne historisch auf den Lutheranismus zurück.[22] Dann wurde auch die Urangst vor dem Osten reaktiviert, derer sich zuletzt auch die Nazis bedient hatten. Als Konrad Adenauer in der Weimarer Republik als Präsident des Preußischen Staatsrates immer wieder nach Berlin fahren musste, erklärte er einmal 1948 laut *Spiegel*, habe er im Zug »bei Magdeburg die Jalousien heruntergelassen, ›damit ich diese asiatische Steppe nicht sehen mußte.‹ [...] Nichts war dem Kölner Oberbürgermeister peinlicher als der Gedanke, der ›preußische Nationalismus‹ und Berlin könnten noch einmal das Reich beherrschen. Vor Berlin fing für ihn bereits Asien an, eine unheimliche, zutiefst undeutsche Landschaft, in der sich eine von westdeutscher Kultur losgelöste Herrenkaste mit der Gefügigkeit des unterworfenen Slawentums verbunden habe.«[23] Und Aloys Wenzl, 1947–48 Rektor der Leopold-Maximilians-Universität München, schrieb zur selben Zeit von der »asiatischen Despotie von den Vogesen bis zum Ural«, die Hitler errichten wollte.[24] Drohte das jetzt nicht aus umgekehrter Richtung und unter umgekehrtem politischem Vorzeichen? Dies sah Adenauer in der Tat genau so, als er 1947 die geopolitische Konfrontation zwischen einer »christlich-abendländischen Front« und einer »asiatischen Front« prophezeite.[25] Alles in allem konnte man somit sagen, noch einmal in der *Neuen Ordnung*: »Liegt hier nicht der Unterschied zwischen den beiden ›Lebensarten‹, von dem Präsident Truman sprach und zwischen denen er eine Entscheidung forderte? [...] Nicht umsonst hat es Gott so gefügt, daß dieser Gegensatz – ein europäischer und Weltgegensatz schlechthin – zwischen Oder und Elbe erneut zum Ausdruck kommt.«[26]

Im Abendland-Diskurs waren katholische Stimmen tonangebend, und diese Zeitschriften wurden in den Nachkriegsjahren mangels anderer Medien viel gelesen, aber die Kritik an der Abkehr von den Werten des Abendlandes und die damit verbundene Schuldzuweisung an eine säkulare Entwicklung – über Deutschland hinaus, aber im »deutschen Schicksal« kulminierend – war viel breiter. Ebenso war der Rekurs auf eine biblische Terminologie nicht auf christliche Zeitschriften und Autoren beschränkt, wenn Hitler quasi als der Antichrist dargestellt wurde, denn das Phänomen Hitler lasse »sich nur ohne Rest begreifen, wenn man die letzte Konsequenz zieht und das Walten dämonischer, ja satanischer Kräfte anerkennt«, wie Rudolf Pechel 1947 in der *Deutschen Rundschau* schrieb.[27]

Etwas allgemeiner und als einer der wenigen die KZ-Verbrechen thematisierend fragte Hans Paeschke im Januar 1947 im *Merkur*: »Wie viele wollen heute nicht an die Greuel der Konzentrationslager glauben, weil sie fürchten, ihr Wissen könne dadurch nachträglich schuldhaft werden?«, und erklärte: »So entsteht die Gefahr, daß man unter Verleugnung einer relativen Verantwortlichkeit des Individuums vorschnell nach überpersönlichen Prinzipien greift, die als ›Das Schicksal‹ oder ›Die historische Notwendigkeit‹ alles Geschehene *schlechthin* rechtfertigen und nichts ändern.«[28]

Der entstehende Ost-West-Konflikt und die Konfrontation zwischen SPD und KPD um Vergangenheit und Gegenwart überschatteten im Westen die durchaus unterschiedlichen Interpretationen der Ursachen für die Lage, in die Deutschland gekommen war. Hinsichtlich des Untergangs der Weimarer Republik beschuldigten sich Sozialdemokraten und Kommunisten nicht nur wechselseitig des mangelnden Widerstandes gegen Hitler, es gab da auch analoge Kontroversen innerhalb der SPD, vor allem hinsichtlich der Frage nach der verfehlten Einheit der Arbeiterbewegung. Der »Schwur von Weimar« hatte auch in der West-SPD noch eine lange nachhaltige Wirkung. Kontroversen gab es auch in liberal-konservativen Kreisen zwischen einer Eingrenzung der Schuld auf eine Verführungselite und der Ausweitung auf eine Quasi-Kollektivbeschuldigung des ganzen Volkes – nicht für die NS-Verbrechen wohlgemerkt, sondern für die »Machtergreifung« Hitlers. Doch jede Schuldzuweisung an andere war letztlich auch ein Versuch der Ent-Schuldigung für sich selbst. »Wo es der Parteivorstand vermochte«, schreibt Sebastian Ullrich über Schumacher und die SPD in *Der Weimar-Komplex*, »versuchte er, kritische Publikationen über die Politik der Weimarer SPD zu verhindern. Nachdem Louise Scheidemann sich 1947 um die Veröffentlichung der Exilschriften ihres Vaters bemüht hatte, schrieb der stellvertretende Parteivorsitzende Erich Ollenhauer ihr am 25. Februar 1948, es liege im Interesse der Partei, ›wenn das Manuskript, in dem sich Ihr Vater ja teilweise sehr kritisch mit der offiziellen Politik der Partei in der Weimarer Republik auseinandersetzt, nicht in der gespannten Situation veröffentlicht wird‹.«[29] Schumachers anklagende Haltung gegenüber der CDU als Nachfolgerin der Zentrumspartei und überhaupt gegenüber allen, die damals für das Ermächtigungsgesetz gestimmt hatten, und sein daraus hergeleiteter »historisch-moralischer Führungsanspruch« (Ullrich) schlossen eine kritische Aufarbeitung der eigenen Versäumnisse geradezu aus.

Wer nicht, wie auf der Linken, die Industriellen und »das Kapital« prioritär als Hintermänner Hitlers beschuldigte, der suchte, auf der liberal-konservativen Seite, dem Volk die Hauptschuld zu geben sowie damit verbunden einer spezifischen deutschen Geschichte, in der die errungene Freiheit und Demokratie zu spät gekommen waren, um sich in kurzer Zeit festigen zu können. Das deutsche Volk sei nicht reif für die Demokratie gewesen, und die Nuancen zwischen Theodor Heuss und Reinhold Maier etwa, den beiden herausragenden Liberalen der Nachkriegszeit, schwankten allenfalls in der Frage der Schuldfähigkeit des deutschen Volkes: ob es denn nicht selbst Opfer der Geschichte war, wozu Heuss tendierte, oder ob es »sich von der Demokratie lossagte«, wie Maier meinte: »Im Übermut hat das deutsche Volk die Demokratie über Bord geworfen. [...] Es hat unsere demokratischen Auffassungen verhöhnt und verlacht, es hat nach dem starken Mann gerufen und es hat ihn erhalten.«[30]

So urteilte 1946 ein Liberaler, der 13 Jahre zuvor nicht nur für das Ermächtigungsgesetz gestimmt, sondern dies im Reichstag auch gerechtfertigt hatte: »Wir fühlen uns in den großen nationalen Zielen durchaus mit der Auffassung verbunden, wie sie heute von Herrn Reichskanzler hier vorgetragen wurde. [...] Wir verstehen, daß die gegenwärtige Reichsregierung weitgehende Vollmachten verlangt, um ungestört arbeiten zu können«[31] Damit wurden in der Rede durchaus auch geäußerte Bedenken gegen die nicht vorhandene Sicherung der Grundrechte von Maier selbst wieder beiseitegeschoben. Nach dem Krieg negierte Maier die Bedeutung des Ermächtigungsgesetzes für die weitere Entwicklung, hob aber hervor, wie oben schon zitiert, dass mit der Zustimmung Schlimmeres verhütet worden sei, so wie die fünf Abgeordneten der Staatspartei am Tag nach der Abstimmung öffentlich erklärten, dass durch ihr Stimmverhalten »die Sprengung der Gesetzlichkeit [...] vermieden wurde.« Theodor Heuss meinte dagegen 1947: »Die Abstimmung zu dem Ermächtigungsgesetz hat [...] nachher keinen Menschen politisch draußen interessiert.«[32]

Mit soziologischen Erklärungsmustern wie der Massengesellschaft und der Negation des Individuums durch die Moderne schlechthin knüpften liberale Erklärungsmuster an altkonservative und vor allem katholische Weltdeutungen an, die in der Säkularisierung der Gesellschaft und der Vermassung im Industriezeitalter das Ur-Übel sahen, aus dem der Nationalsozialismus erwachsen konnte. Dieses Argument konnte man auch unverändert gegenüber dem Sozialismus/Kommunismus ins Feld führen. Nicht nur, dass es dann auch keine spezifisch deutsche Schuld mehr gab, die Schuldfrage selbst wurde auf ein schicksalgleiches Abstraktionsniveau gehoben, und entsprechend oft fiel das Wort »Verhängnis« in den Publikationen. Dabei stellt sich dann die Frage, warum dies gerade in Deutschland diese Konsequenzen hatte, analog zu Heuss' Argumentation gegenüber linken Erklärungsmustern: »Wäre der Hitler nur eine Funktion des privat-monopolistischen Kapitalismus, warum konnte er dann nicht in England, in Amerika erscheinen? Weil sie, was uns fehlt, eine Geschichte der Freiheit hinter sich haben.«[33] Eine Antwort, die freilich nur eine weitere Frage nach sich zieht, nämlich die nach der deutschen Sondergeschichte. Hier griff immer wieder der antipreußische Diskurs, wie ihn auch Adenauer pflegte, und damit auch seine Anklage an das deutsche Volk als Ganzes verband, diplomatisch formuliert, dennoch eindeutig in dem Sinne, dass die Verführten sich dabei nicht als Opfer der Verführung entschuldigen konnten:

»Der Nationalsozialismus hätte in Deutschland nicht zur Macht kommen können, wenn er nicht in breiten Schichten der Bevölkerung vorbereitetes Land für seine Giftsaat gefunden hätte. Ich betone, in breiten Schichten der Bevölkerung. Es ist nicht richtig, jetzt zu sagen, die Bonzen, die hohen Militärs oder die Großindustriellen tragen allein die Schuld. Gewiss, sie tragen ein volles Maß an Schuld, und ihre persönliche Schuld, deretwegen sie vom deutschen Volk vor deutschen Gerichten zur Rechenschaft gezogen werden müssen, ist um so größer, je größer ihre Macht und ihr Einfluss waren. Aber breite Schichten des Volkes, der Bauern, des Mittelstandes, der Arbeiter, der Intellektuellen, hatten nicht die richtige Geisteshaltung, sonst wäre der Siegeszug des Nationalsozialismus in den Jahren 1933 und folgende im deutschen Volk nicht möglich gewesen. Das deutsche Volk krankt seit vielen Jahrzehnten in allen seinen Schichten an einer falschen Auffassung vom Staat, von der Macht, von der Stellung der Einzelperson. Es hat den Staat zum Götzen gemacht und auf den Altar erhoben. Die Einzelperson, ihre Würde und ihren Wert hat es diesem Götzen geopfert. Die Überzeugung von der Staatsomnipotenz, von dem Vorrang des Staates und der im Staat gesammelten Macht vor allen anderen, den dauernden, den ewigen Gütern der Menschheit, ist in zwei Schüben in Deutschland zur Herrschaft gelangt. Zunächst breitete sich diese Überzeugung von

Preußen ausgehend nach den Freiheitskriegen aus. Dann eroberte sie nach dem siegreichen Krieg von 1870/71 ganz Deutschland.«[34]

Diese Erkenntnis hielt Adenauer freilich nicht davon ab, sich nur wenig später einerseits gegen eine übertriebene Entnazifizierung als vermeintliche Kollektivanschuldigung und für eine Amnestie einzusetzen sowie sich andererseits in seiner Regierung auch mit Alt-Nazis zu umgeben.

Einen wichtigen Aspekt in jenen Deutungen der Weimarer Republik und ihres Untergangs hat Sebastian Ullrich analysiert, wenn er feststellt, dass jene universalgeschichtlichen Interpretationen nicht nur erlaubten, die deutsche Schuld in einer allgemeinen Fehlentwicklung zu relativieren, sondern auch Weimarer Republik und »Drittes Reich« in »einen gemeinsamen verfallsgeschichtlichen Zusammenhang« zu stellen: »Dabei zeigte sich eine starke Kontinuität von antiparlamentarischen Denkhaltungen der späten Weimarer Zeit. Die Kritik an Verfassung und Parteien wurde zuweilen mit einer Radikalität vorgetragen, die Zweifel aufkommen ließ, ob es tatsächlich darum ging, aus den Weimarer Fehlern zu lernen. Wer sich in der Endphase der Republik von der parlamentarischen Demokratie abgewandt hatte, der behielt sein negatives Bild des Weimarer ›Systems‹ oftmals auch nach 1945 bei.«[35]

Die heute zum Teil absonderlich anmutenden historischen Erklärungsversuche aus der Nachkriegszeit können hier nicht weiter im Detail thematisiert werden, dazu gibt es zahlreiche Untersuchungen.[36] Eine der Konsequenzen des Misstrauens gegenüber dem Volk war aber, dass man die repräsentative Demokratie uneingeschränkt lassen wollte und bewusst keine plebiszitären Komponente ins Grundgesetz aufgenommen hat. Anders als für die Länder sind Volksbegehren und Volksabstimmungen auf Bundesebene nicht vorgesehen. Doch gab es dafür gar keinen direkten abschreckenden Vorgang in der Weimarer Republik, die große kontroverse Volksabstimmung zum Young-Plan 1929 ging ja nicht im Sinne von DNVP/NSDAP bzw. KPD aus, allerdings aufgrund der Wahlabstinenz, so dass das Quorum von 50 % aller Wahlberechtigten bei Weitem unterschritten wurde: 13,5 % nahmen daran teil, fast nur die Befürworter des Volksbegehrens, also für die Ablehnung des Young-Plans. Der Hinweis auf negative Erfahrungen mit Plebisziten aus der Weimarer Republik kann sich nicht darauf berufen, es sei denn, dass die Kampagne für das Volksbegehren der NSDAP dennoch genützt hat. Die ablehnende Haltung der Verfasser des Grundgesetzes rührte denn auch nicht daher, sondern aus der Entwicklung der Reichstagswahlen, die die NSDAP 1932 zur stärksten Partei machte und ihr zusammen mit der DNVP bei der letzten Wahl 1933, die freilich nicht mehr als demokratisch gelten kann, eine Mehrheit brachte. Es waren die schon erwähnten Schuldzuweisungen an das deutsche Volk von Heuss, Maier, Adenauer und anderen, die einen bleibenden Rest Skepsis gegenüber dem Wähler begründete. Sie bekamen Schützenhilfe von Historikern und Rechtswissenschaftlern. »Das demokratische Prinzip als solches bietet noch keinen Schutz vor der Diktatur, wie die geschichtliche Erfahrung zeigt. Im Gegenteil: die egalitäre Demokratie stellt ihre wichtigste politische Voraussetzung dar«, urteilte zum Beispiel der einflussreiche Historiker Gerhard Ritter 1948. »Demnach«, resümiert Ullrich, »war die totale Diktatur eine Folge des Prinzips der Volkssouveränität, das keine vor dem Mehrheitswillen geschützten Bereiche des Rechts, des Geistes oder der Religion mehr zulasse.«[37]

Die Angst vor dem Volk als Souverän war als solche nicht ganz unbegründet, zeigten doch die Umfragen, die die US-Besatzungsbehörde in der Nachkriegszeit in Auftrag gab, die sogenannten *OMGUS Surveys*, wie stark die Überzeugung verbreitet war (um die 50 % in den Umfragen bis 1949), dass der Nationalsozialismus im Prinzip eine »gute Idee«, aber nur »schlecht ausgeführt« worden sei. Dies wurde durch Umfragen der Franzosen in etwa bestätigt.[38] Auch das sogenannte *Gruppenexperiment* des Instituts für Sozialforschung Anfang der 1950er Jahre erwies die latente, aber klar analysierbare fortwirkende Prägung durch den Nationalsozialismus und die damit erfolgende Schuldabwehr und -verdrängung.[39] Dabei handelte es sich wohlgemerkt um *Folgen* des Nationalsozialismus, nicht um *Voraussetzungen* für dessen Weg an die Macht.

Weimar hatte jedoch generell in der Bevölkerung einen schlechten Ruf und wohl nicht wegen des darauffolgenden Nationalsozialismus. Auf die Frage, wann es dem deutschen Volk in seiner Geschichte am besten gegangen sei, ergaben weitere Umfragen in den 1950er Jahren, dass jeweils knapp die Hälfte der Befragten der Ansicht war, dies sei im Kaiserreich oder in den Friedensjahren des »Dritten Reichs« so gewesen, nur 7 % votierten für die Weimarer Republik (Oktober 1951). Dass die Frage nur hinsichtlich des materiellen Wohlbefindens verstanden wurde und Demokratie und Rechtsstaatlichkeit dabei offenbar keine Rolle spielten, bestätigt die Umfragen der Alliierten zuvor und fand auch später Bestätigungen in weiteren Umfragen.[40]

Die scheinbar so eindeutigen Lehren aus Weimar, die mit der Gründung der Bundesrepublik gezogen wurden, waren den Zeitgenossen selbst damals auch lange nicht so klar, wie es später erschien und bereits Mitte der 1950er Jahre von Allemann mit seinem Statement *Bonn ist nicht Weimar* pointiert zum Ausdruck gebracht wurde. So wurde der

Unterschied zwischen der Bundesrepublik und der Weimarer Republik von den Zeitgenossen zunächst gar nicht als so gravierend wahrgenommen, manifest waren eigentlich nur die geänderten verfassungsrechtlichen Stellungen des Präsidenten und des Kanzlers, doch dies offenbar weniger als das Phänomen »Parteienstaat«, umso mehr angesichts der Splitterparteien im Bundestag, bevor die 5 %-Hürde eingeführt wurde. Freilich gab es auch keine Alternative zum »Parteienstaat«, lediglich die Schwächung der Zentralgewalt durch einen verstärkten Föderalismus war möglich und wurde auch dementsprechend genutzt, wobei die Vorstellungen in dieser Richtung, wie eingangs angesprochen, zum Teil noch weiter gingen als die Bundesverfassung, die dabei herausgekommen ist.

Auf die besagten Umfragen urteilte die *Schwäbische Landeszeitung* 1956, es bestehe »eine tiefe Abneigung gegen den Vielparteienstaat und dessen politische Wandlungsfähigkeit.«[41] Ganz offenbar bezog sich die Angst vor Instabilität, zu der die Weimarer Republik ja durchaus Anlass gegeben hatte, auch auf eine grundsätzliche Distanz zum Pluralismus, zur *Wahl* im Sinne von *Auswahl*, zur Notwendigkeit einer eigenen Entscheidung. Hier mag man noch Nachwirkungen des »autoritären Charakters« und der »Angst vor der Freiheit« im Sinne der Analysen der Frankfurter Schule erkennen. Mit dem Resultat, dass Stabilität und Kontinuität – fast ein Pleonasmus – für die Geschichte der Bonner Republik von so zentraler Bedeutung waren, dass der Historiker Eckart Conze *Sicherheit* als »Leitkategorie einer modernen Politikgeschichte der Bundesrepublik« vorgeschlagen hat.[42] Tatsächlich waren die langen Regierungsphasen Ausdruck einer grundsätzlichen Bindung an Parteien, wie sie die Wahlforscher ja auch immer wieder festgestellt haben, die den jeweils gewählten Regierungsmehrheiten einen großen Vertrauensvorschuss entgegenbrachte, bevor man sich aus Unzufriedenheit bei der nächsten Wahl politisch umorientierte. So gab es drei große politische Phasen, die schon als Epochen in die Geschichte eingegangen sind: zwei von der CDU dominierte (1949–1966 und 1982–1998) sowie eine von der SPD dominierte (1969–1982). Diese Zeiten der Stabilitäten sind mit dem Ende der Ära Kohl auch zu Ende gegangen.

4. »Heimkehr in die deutsche Geschichte«? Berlin ist nicht mehr Bonn

Das deutsche Sonderbewusstsein regeneriert sich von Stunde zu Stunde.
Jürgen Habermas, 1993[1]

Inwiefern ist die »Berliner Republik« nur die Fortsetzung der Bonner Republik? Ist sie nur eine durch den Beitritt der »neuen Länder« erweiterte Bundesrepublik und begründet nur der Hauptstadtwechsel die neue Benennung? Oder war die alte Bundesrepublik ebenso wie die DDR nur »ein transitorisches Staatengebilde des Kalten Krieges«, wie es der Historiker Klaus Schönhoven 1999 formulierte? Ist dadurch also eine *neue* Republik entstanden? Die Verfassung ist gewiss dieselbe geblieben, doch hat sich sonst etwas substanziell verändert? Hat die Berliner Republik eine andere »politische Physiognomie«, wie Johannes Gross 1995 meinte, und was meinte er damit genau?[2] Kann und soll die »Generation Berlin« eine andere Politik, vor allem eine andere Außenpolitik betreiben, »jenseits vergangenheitspolitischer Alarmreflexe«, wie der Soziologe Heinz Bude 1999 proklamierte?[3] Den Apologeten der »Berliner Republik« widersprachen altbekannte Kritiker solcher Töne wie Jürgen Habermas, der in seiner Paulskirchenrede zum 50. Jahrestag des Kriegsendes darauf hinwies, dass auch »1989 im Schatten von 1945« stünde und zur »Normalität einer Berliner Republik« gehöre.[4]

Die umfangreiche Debatte um Begriffe, Meinungen, Intentionen und Visionen hinsichtlich der Berliner Republik kann hier nicht resümiert werden, so sei unter anderem auf die Analyse von Manuel Becker verwiesen[5], aber das eine oder andere daraus muss zur Sprache kommen.

Bundespräsident Herzog, Bundeskanzler Kohl und andere führende Politiker der alten Bonner Regierungsparteien lehnten den Begriff »Berliner Republik« ab, Gerhard Schröder und die Seinen nahmen ihn gerne auf. Die Regierung Schröder I war die letzte Bonner und erste Berliner Regierung (1998–2002), der Umzug nach Berlin fiel mit dem Regierungswechsel zusammen, der zugleich der erste echte Wechsel war, ein kompletter Austausch, nicht nur ein Koalitionswechsel zwischen CDU/CSU, SPD und FDP, wo jeweils eine Partei in der Regierung blieb. Ein »Triumph des Wählerwillens«: Die Abwahl der existierenden Koalition und deren komplette Ersetzung durch eine andere, auf Bundesebene vollkommen neue, rot-grüne Koalition, mit der SPD wieder als stärkster Fraktion, erstmalig seit 1972. So wurde für Gerhard Schröder die Berliner Republik schnell zu »seiner« Berliner Republik[6] und »Joschka Fischer rief am 27. September 1998 zumindest rhetorisch eine neue Republik aus: ›Heute hat sich die Bonner Republik aufgelöst und die Berliner Republik ist entstanden.‹«[7] Es fehlte nur das richtige Ambiente und der historische *kairos*[8], um daraus eine gelungene Anspielung auf die Ausrufung der Weimarer Republik durch Philipp Scheidemann zu machen. Joschka Fischer schrieb dann tatsächlich auch Geschichte, als er das NATO-Engagement im Kosovo – spät genug im jugoslawischen Kriegsgeschehen – 1999 auf dem Bielefelder Parteitag der Grünen unter Polizeischutz in 20 Minuten mit dem berühmt gewordenen Rückgriff auf Auschwitz rechtfertigte: »Nie wieder Krieg, nie wieder Auschwitz, nie wieder Völkermord, nie wieder Faschismus«.[9] Das »Nie wieder Krieg« bekam hier durch das »Nie wieder Ausschwitz« eine ganz neue Ausrichtung: Weg vom Pazifismus des Sich-Verweigerns, hin zur Intervention gegen Gewalt und Mord. Mit Krieg Krieg verhindern oder beenden: Dies war ein Paradigmenwechsel in der Geschichte der Linken und Grünen – und auch der Bundesrepublik.

Neue Einheit, neue Lage?

In der Auseinandersetzung um die neue weltpolitische Rolle der Berliner Republik stehen sich seither nicht mehr einfach politische Links-/Rechts-Lager gegenüber wie noch zehn Jahre zuvor im »Historikerstreit«, denn eine neue weltpolitische Verortung der Berliner Republik wurde auch von der regierenden rot-grünen Koalition propagiert, wenn auch anders als von den eher national-nostalgischen Autoren, und Gegner fanden und finden sich wiederum auf beiden Seiten der alten politischen Lager.

Vollmundig erklärte Heinz Bude in der aus SPD-Kreisen 1999 gegründete Zeitschrift *Berliner Republik*: »Helmut Kohl wurde bei der Bundestagswahl von 1998 als übrig gebliebener Repräsentant der Modell-Deutschland-Generation [...] abgewählt. So wie dieser ewige Kanzler die Überzeugung der Westbindung mit der Energie des Weitermachens verband, versöhnte er zuletzt die Kritiker wie die Apologeten des Projekts Bundesrepublik. Doch die Mehrheit des Wahlvolkes brachte mit ihrer Entscheidung zum Ausdruck, dass der Gründungskonsens von 1945 jetzt zur Geschichte gehört und keine Gegenwart mehr erfasst.«[10]

Und in diesem hochnäsigen Ton geht es noch weiter bei Heinz Bude in seiner Ausrufung der »Generation Berlin«, die schon zehn Jahre nach dem Mauerfall vergessen hatte oder vergessen wollte, dass sie ihre Existenz nicht Oskar Lafontaine, sondern Helmut Kohl verdankte, und dass die Sozialdemokratie – Willy Brandts Spruch vom »Zusammenwachsen, was zusammengehört« zum Trotz – ihre Mühe gehabt hatte, sich mit der Wiedervereinigung im Kohlschen Tempo anzufreunden. Bude schreibt weiter: »Der Abtritt dieses ›letzten Dinosauriers‹ aus der Aufbau- und Durchhaltegeneration hat den Raum für die zweite Chance der Protestgeneration geschaffen. Noch nie in der Geschichte der Bundesrepublik war ein Kabinett von einer einzigen Generation dominiert, die so lange in den Startblöcken gestanden hat. Ob sie aus dem Südwesten und der IG Metall, aus Berlin und dem Milieu der Voltaire-Clubs oder aus dem Lipperland oder der Welt der Jusos stammen, was sie zusammenbringt, ist ein gemeinsames Gefühl der Beginnzeit und gemeinsame Aussicht auf Dauer. Als Mittfünfziger erheben sie den Anspruch, dem Land, das sie einst von Grund auf ändern wollten, ihren Stempel aufzudrücken. Voraussetzung dafür war allerdings die demonstrative Abkehr von den Ideen von 1968. Gerhard Schröder in erster Linie stand für die Entsorgung der kulturrevolutionären Altlast von 1968.« (Ebd.)

Es ist übrigens eine historische Pointe, dass ausgerechnet der Rheinland-Pfälzer Kohl die Rückkehr nach Berlin organisierte, nachdem Generationen von Rheinländern der preußischen Herrschaft innerlich (und manchmal auch nicht nur innerlich) widerstanden hatten bzw. dies vorgaben. Adenauer war nach 1945 froh darüber, dass sich sein Westdeutschland von Preußen – oder was davon noch übrig war – abgekoppelt hatte, auf das man nun, wie oben angesprochen, auch eine historische Schuldzuweisung projizieren konnte. Dies geschah auch, als man zur »historischen« Rechtfertigung der Gründung des Bundeslandes Nordrhein-Westfalen auf den Antiprussianismus verwies, wie Christoph Cornelißen anmerkt: »Die Menschen an Rhein und Ruhr hätten schon immer ›jede unnötige Beschränkung der persönlichen Freiheit, den Drill, Kommißgeist und Terror verachtet und wie die Pest gehaßt‹. Es sollte Jahre dauern, bevor eine kritische historische Forschung derartige apologetische Selbstbeschreibungen zurechtrücken konnte.«[11]

Doch die Rückkehr nach Berlin war eine Rückkehr in ein »entpreußtes« Berlin, und der glücklichen Tatsache der Existenz Westberlins während des Kalten Krieges verdankte sich eine Vereinnahmung Berlins unter umgekehrtem Vorzeichen. Wenn man nun den Preußengeist in Berlin nicht mehr antraf, so auf der anderen Seite die manifesten Relikte der gerade untergegangenen DDR.

Globale politisch-historische Betrachtungen nach der Wiedervereinigung haben die Bonner Republik in der Wahrnehmung wieder zu dem Provisorium werden lassen, als das sie ursprünglich konzipiert war, aber dann längst hinter sich gelassen hatte. Für Arnulf Baring symbolisierte der Hauptstadtwechsel 1999: »Die Rückkehr nach Berlin kann die Heimkehr in die deutsche Geschichte bedeuten.«[12] Dieses eigentlich radikalste Diktum aller Neubewertungen der Bundesrepublik – befand sich Deutschland denn vorher »außerhalb der deutschen Geschichte«? – bezog sich für Baring auf die Rückkehr in die Mitte Europas und die Wiederentdeckung Osteuropas als Nachbarn sowie damit verbunden auch eine neue politische Position in Europa: »Die Masse der Westdeutschen wird erst dann, wenn die Hauptstadt wieder Berlin ist, überhaupt merken, was sich 1990 ereignet hat. Nach dem Umzug wird man hoffentlich allmählich erfahren, was von der ›Berliner Republik‹ zu halten ist, von der man jetzt so viel hört.« Die Rückkehr nach Berlin sei nicht nur symbolisch eine Rückkehr in die deutsche Geschichte, sie vollziehe als zweiten Schritt nur das, was der erste, die Wiedervereinigung, bewirkt habe, nämlich das Ende der »Atempause der Weltgeschichte«, wie Baring schon 1991 postulierte.[13]

Dabei drückte Baring schon seine Skepsis darüber aus, ob die Berliner Regierung ihrer historischen und geopolitischen Mission gerecht werde: »Man muß sich gedanklich mehr anstrengen bei diesem Ortswechsel, der zugleich eine Rückkehr in unsere lange Geschichte ist. Wer einen neuen Stil deutscher Politik entwickeln, sich offener, unbefangener, souveräner geben möchte als im kleinstädtisch zugeschnittenen Bonn, muß sich an einem hohen Anspruch messen lassen. Er muß mehr im Blick haben als die letzten 50 Jahre. Aber er darf gleichzeitig keinen Augenblick die Tugenden vergessen, die der alten Bundesrepublik Respekt und Zustimmung der Welt eingetragen haben: die Bescheidenheit des Auftretens, den kooperativen Arbeitsstil, die Fähigkeit, anderen zuzuhören, ihre Interessen wahrzunehmen, behutsam am Konsens mitzuwirken.« (Ebd.)

Arnulf Baring ist aber nur ein besonders renommierter Autor unter vielen zu diesem Thema. Gleich nach dem 9.11.1989, schreibt der Journalist Friedemann Schmidt in seiner außerordentlich kenntnisreichen Doktorarbeit, »setzt in Ost- und Westdeutschland eine intensive Suche nach Möglichkeiten einer Wiederanknüpfung an ›unbelastete‹ Traditionen preußisch-deutscher Nationalstaatlichkeit ein, wobei – im Gegensatz zu den ersten Anläufen in den 80er Jahren – nunmehr Vertreter aller politischen Lager beteiligt sind. Das neonationale ›Nachdenken über Deutschland‹ avanciert nicht nur zum Topthema von Feuilletons,

Fernseh-Talkshows und unzähligen Buchveröffentlichungen – mit dem Vollzug der deutschen Einheit rückt das Normalisierungsgebot zur Leitlinie der deutschen Außenpolitik auf und bestimmt auf weite Strecken regierungsamtliches Handeln.

So erkennen [...] einige jüngere Autoren im Umfeld der Neuen Rechten die Chance, im Windschatten der Debatte die eigenen nationalistischen Positionen in den allgemeinen Diskurs einzubringen und sich hierüber öffentlichkeitswirksam zu positionieren. [...] [So] bricht eine ganze Gruppe neurechter und rechts-konservativer Autoren im medialen Umkreis von Ullstein/Springer-Verlag, FAZ, ›Focus‹ und ›Junge Freiheit‹ zu neuen Ufern auf und verschafft den bislang lediglich in neu-rechten Zirkeln diskutierten Themen eine breite Publizität.«[14]

Während es den relativ Moderaten unter ihnen darum ging, das »gebrochene Selbstvertrauen« Deutschlands wieder zu einem »Selbstbewusstsein« zu heilen, wie für die *Bild am Sonntag*-Redakteure Heimo Schwilk und Ulrich Schacht, steckten die von ihnen in ihrem Buch *Die selbstbewusste Nation* gesammelten Beiträge gleichwohl einen viel weiteren Horizont ab, von der radikalen Dekadenzklage eines Botho Strauß (»Anschwellender Bocksgesang«) bis zur Forderung nach nationaler Selbstbestimmung durch einen antieuropäischen Kurs gegen den Vertrag von Maastricht.[15] Und »politischer Verismus«, diese Wortschöpfung von Karlheinz Weißmann, einem einschlägigen Autor der Neuen Rechten, setzt dort das Signal für eine ganze Bandbreite von Themen, denn »politisch zur Wahrheit finden« setzt bestehende Täuschung, Tabuisierung oder Lügen voraus, und dies kann viel weiter reichen als die von allen gegeißelte »political correctness« oder die später von PEGIDA so kraftvoll lancierte »Lügenpresse«-Kampagne. Es kann auch bis zur Rehabilitierung des Geschichtsrevisionismus durch Anerkennung der Holocaust-Leugnung als »ernsthaften Beitrag zur wissenschaftlichen Debatte« führen, wie wir weiter unten (S. 186f.) noch sehen werden. Dass letzteres mit diesem Begriff an der zitierten Stelle intendiert war, soll hier wohlgemerkt nicht behauptet werden, es soll nur der semantische Raum abgesteckt werden, den die Begrifflichkeit von der »Wahrheit«, dem »Brechen von Tabus« usw. in diesem politischen Kontext einnimmt. Sprachliche Anspielungen jedweder Art bewegen sich immer in einem Spielraum zwischen Autor und Interpret.

Arnulf Baring wurde von den neokonservativen und neurechten Autoren bejubelt. Für die gleichwohl von ihm beschworenen Tugenden der Bonner Republik, die es gelte beizubehalten, hatten die meisten der von der neuen »geo-historischen« Lage Deutschlands Begeisterten nicht viel übrig. Zu den Brückenbauern zwischen ganz rechts und weniger rechts, die damit auch die spätere Entwicklung hin zur AfD vorbereiteten, gehörte auch der *Welt*-Journalist Carl Gustav Ströhm (1930–2004) deutsch-baltischer Herkunft und Osteuropaexperte (»der Ströhm«). Unter anderem arbeitete er bis 1999 für die *Welt* und schrieb dann parallel seit der politischen Wende in Europa 1989/90 auch für die *Junge Freiheit* und für *Criticón*, bereits zwei Niveaustufen auf der Bahn nach rechts außen, wie später im Kapitel *Eine konservative Revolution?* noch eingehender zu zeigen sein wird. Zusammen mit Armin Mohler, einer Honoratiorenfigur der Neuen Rechten seit den 1950er Jahren, sah er mit dem Untergang des Sowjetimperiums nicht nur eine Verschiebung des *geopolitischen* Koordinatensystems und damit eine neue herausragende Rolle für Deutschland kommen, sondern auch eine Verschiebung der *historischen* Achsen, wonach Deutschland wieder ein »normales Selbstverständnis« gewinnen und sich von der aufgezwungenen Vergangenheitsbewältigung befreien könne, wenn durch »die horrenden sowjetisch-kommunistischen Untaten nachträglich die Deutschen in einem besseren Licht erscheinen«. Ein neuer Anlauf – nach dem »Historikerstreit« – zum Vergleich der Massenverbrechen sollte so zu einer Relativierung der deutschen führen, für die extrem Rechten sollte dies das Einfallstor zur Revision der Geschichte sein.[16] Formeln wie die »psychische Festlegung auf die Kriegsniederlage und den Zustand der Besiegten von 1945« aus dem damaligen neurechten Zentralorgan *Criticón* fassen all diese Aspekte in ihrer Interpretationsbreite geschickt zusammen.[17] Die Überwindung einer anhaltenden politischen und geistigen »Entmündigung« durch die Alliierten, die »Verwestlichung« durch die USA, in Verbindung mit einem auferlegten »Schuldkult«, wie man dann später auch in der AfD sagen wird, geht für die damalige wie für die spätere Neue Rechte zusammen mit einer außenpolitischen Befreiung von denselben Mächten durch die Wiedergewinnung einer schon aus der geopolitischen Mittellage resultierenden Machtposition, die es wieder aktiv einzunehmen gelte, unter anderem durch eine Mittlerposition zu Russland. Alles in allem eine neue geographische, politische und historische Verortung.

Carl Gustav Ströhm war auch für das *Studienzentrum Weikersheim* aktiv, das seinen christlich-konservativen Anspruch aus CDU-Kreisen durch eine Osmose nach rechts erweiterte. Ursprünglich 1979 als Gegenbewegung zur linksintellektuellen Dominanz gegründet, arbeitete es für die »geistig-moralische Wende«, die von Helmut Kohl versprochen, aber nicht umgesetzt worden war – eine Analyse, die zur Grundlage für die Konstituierung der Neuen Rechten insgesamt wurde. Zum Studienzentrum und auch als Autor zu *Criticón* fand übrigens auch der langjährige SPD-nahe Sozialphilosoph Günter Rohrmoser mit dem Ziel einer Neubegründung des Konservatismus. Ein weiterer vom Studienzentrum verlegter Autor ist Bruno Bandulet (*1942), wie Ströhm von der *Welt* kommend und dort zeitweise Chef vom Dienst, der sich stringent nach rechts bis hin zum Autor des Kopp-Verlages entwickelte und dort zuletzt 2016 sein Buch *Beuteland – Die systematische Plünderung Deutschlands seit 1945* veröffentlicht hat.

Verfassung, Verfassungswirklichkeit, Verfassungsschutz

Es ging also um nichts weniger als die erneute Akzeptanz einer wiedergefundenen, vermeintlich historischen Rolle Deutschlands aufgrund seiner Mittellage in Europa. Für Baring ging es jedoch auch um die innere Verfassung der Bundesrepublik. Die Moderation in seinen Erwartungen an eine neue Politik, die diese Herausforderung der neuen Lage auf sich nimmt, mit dem oben zitierten Dank an die »Tugenden« der verabschiedeten Bonner Republik, steht in einem seltsamen Verhältnis zu dem viel radikaleren Inhalt seiner Vision, die er 1999 im letzten Kapitel seines Buches *Es lebe die Republik, es lebe Deutschland!* ausbreitet, aus dem der oben zitierte Artikel (Anm. 12) im *Spiegel* vorab kondensiert wurde. Dort zielt seine Vision auch auf eine gravierende innere Veränderung der Republik ab: »Unser Grundgesetz räumt siegreichen Parteien keine vergleichbaren Gestaltungsmöglichkeiten ein, macht tatkräftiges Regieren kaum möglich. Das deutsche Regierungssystem entstand unter dem Eindruck der Katastrophe, zu der die Diktatur geführt hatte. Vom Nationalsozialismus geschockt, haben die Verfassungsväter eine ausgewogene Machtbalance ersonnen, die der Immobilität und dem Stillstand Vorschub leistet, die ohnehin in unserer Konsensgesellschaft naheliegen. Das wird sich in Krisenzeiten fatal bemerkbar machen. Möglicherweise hat das Grundgesetz, unsere verfassungspatriotische Grundlage, seine beste Zeit hinter sich.«

Und dann kritisiert Baring die Macht des Bundesrates und erwägt eine faktische Abschaffung des Föderalismus, mehr Macht für den Bundespräsidenten, auch durch eine Direktwahl, sowie das Mehrheitswahlrecht zur Stärkung der institutionell schwachen Exekutive. »All diese verfassungspolitischen Gedanken sind vorerst freilich für die Katz«, räumt er dann allerdings ein, um fortzufahren: »Erst nach einer großen Erschütterung, einer revolutionären Bewußtseinsänderung, wird eine grundlegende Umgestaltung der Verfassung denkbar werden. Vielleicht haben wir Glück und der Druck der Verhältnisse erzwingt eine andere Regierungspraxis. Dann könnten wir beim Grundgesetz bleiben. Goethe, den wir in diesem Jahr nicht grundlos feiern, hatte jedenfalls Recht, als er sagte, das größte Bedürfnis der Menschen sei eine mutige Obrigkeit.«

»Mehr Obrigkeit« – und was heißt schon »mutig«? – ist eine Forderung, die nicht nur an die Epoche Goethes Erinnerungen wachruft, und keine guten. Nationales Selbstbewusstsein, Zentralismus, Obrigkeit..., eine revolutionäre Bewusstseinsänderung, eine neue Verfassung..., das waren fast schon apokalyptische Visionen, die zwar nicht Realität wurden, die dem ehemaligen Sozialdemokraten (1952–1983) aber Beifall bei der Neuen Rechten brachten wie 1997 schon *Scheitert Deutschland?*[18], wo er unter anderem gegen den Euro Stellung nahm. Auch im letzten Kapitel von *Es lebe die Republik*... wirft er Frankreich vor, mit der Erfindung des Euro Deutschland nach der errungenen Freiheit zur nationalen Einigung wieder oder weiterhin an die Leine zu legen. Damit verbunden setzt er aber auf das selbstbewusste Vertreten deutscher Interessen, eine Verantwortung Deutschlands für die Entwicklung in Osteuropa und die Erweiterung der EU, während er gleichzeitig der bisherigen Konstruktion der Europäischen Union, der »Brüsseler Bürokratie« vorwirft, die nationalen Identitäten und Interessen zu leugnen. Auch dieses pro Europa, aber contra Brüssel bedient einen neonationalistischen Diskurs, den heute die AfD verkörpert.[19]

Eine Veränderung nicht der Verfassung, aber der Verfassungsrealität konstatierte schon 1995 ein anderer Vordenker der Berliner Republik, nämlich ihr inoffizieller Namensgeber, Johannes Gross: »Daß die geschriebene und die tatsächliche Verfassung eines Landes auseinanderfallen, ist für die Verfassungsgeschichte keine Neuheit. [...] Wir brauchen nur an die Geschichte der Weimarer Republik erinnern, um zu erkennen, daß die Verfassung der parlamentarischen Republik 1920 trotz gleichem Wortlaut nicht dieselbe war wie die präsidiale Verfassung von 1930.«[20] In der Tat ist die Verfassung keineswegs das starre Gerüst, als das sie erscheint, doch die Spielräume der Weimarer Verfassung waren viel weiter gezogen als die des Grundgesetzes. Mit Gross kann man jedoch in dem Passus »Das Nähere regelt ein Gesetz«, der fast jedem Grundgesetzartikel, selbst den Grundrechten, beigegeben ist, eine offene Tür für Interpretationen sehen, die sich immer weiter vom ursprünglichen Sinn des jeweiligen Grundgesetzartikels entfernen: Das »Nähere« wird immer umfangreicher. Hinzu kommt, dass aus zahlreichen Urteilen des Bundesverfassungsgerichts keineswegs Einschränkungen dieses Spielraums resultieren, sondern eher Erweiterungen, jedenfalls zu einigen Themen, die Gross anführt. So sieht er generell eine Tendenz zur »Überwölbung der herkömmlichen Bürger- und Menschenrechte durch das im Grundgesetz nirgends genannte Grundrecht der Grundversorgung.« (S. 20). Was Resultat von Sozialpolitik ist, wird nicht mehr als politische Entscheidung, sondern als Grundrecht aufgefasst; was früher in der Sozialen Marktwirtschaft die Sozialpartner, Arbeitnehmer und Arbeitgeber, durch ihre Organisationen miteinander verhandelten, wird immer mehr als Aufgabe des Staates wahrgenommen und dort, wo er diese Aufgabe (vermeintlich) nicht genug wahrnimmt, zum Gegenstand von Klagen vor Gerichten bis zur obersten Instanz. Die Dritte Gewalt wird zur universalen Entscheidungsinstanz für politische Fragen und damit der Wirkungsbereich der Verfassung, oder vielmehr ihrer Interpretation, in immer weitere und immer tiefere Bereiche des öffentlichen Lebens ausgedehnt, nach Gross auch beim Recht auf Eigentum und Schutz desselben: »Nach der Rechtsprechung des Bundesverfassungsgerichts sollte« – so Gross im Rückblick auf die vergangene Entwicklung – »unter Eigentum nicht mehr der traditionelle Eigentumsbegriff verstanden werden (bereichert um die Sozialbindung des Grundgesetzes), die Gewährleistung des Eigentums sollte nun auch für verbriefte Ansprüche gegen den Staat oder seine Leistungsträger gelten, etwa im Bereich der Renten, während umgekehrt ein Schutz des Eigentums gegen konfiskatorische Steuerpolitik nicht in rechtliche Erwägung trat.« (S. 15).

Gross hat noch ein anderes Beispiel parat: »So schwoll schon seit langem die Tendenz an, die Bestimmung des Artikels 6 GG: ›Ehe und Familie stehen unter dem besonderen Schutz der staatlichen Ordnung‹ durch Gesetz und Rechtsprechung so auszudeuten, daß die Väter der Verfassung im Parlamentarischen Rat sich nur die Augen hätten reiben können. Nicht nur der Wegfall der Diskriminierung der nichtehelichen Lebensgemeinschaft, ja die gesellschaftliche bis rechtliche Ächtung solcher Diskriminierung, die allmähliche Gleichstellung der unehelichen Kinder [...] haben dazu geführt, daß diese institutionelle Garantie des Grundgesetzes überhaupt keinen Inhalt mehr hat [...].« (S. 14). Wie würde Johannes Gross sich die Augen reiben, wenn er sähe, was daraus mehr als zwanzig Jahre später geworden ist, in Zeiten der »Ehe für alle«? Man erinnere sich an die Diskussion darum, dass »Familie« nahezu 70 Jahre nach dem Grundgesetz etwas Anderes bedeute als damals. Doch sieht Gross nicht das Spannungsverhältnis zwischen verschiedenen grundgesetzlichen Prinzipien, dem Recht auf Gleichheit, das heißt rechtlicher Gleichbehandlung, und der Bevorzugung (durch Förderung) einer verrechtlichten Lebensform. Und dabei war gerade in diesem Bereich umgekehrt die Verfassungswirklichkeit jahrzehntelang skandalös hinter der Verfassung zurückgeblieben, nämlich hinsichtlich der Gleichberechtigung der Frauen – auch und gerade in der ehelichen Gemeinschaft, die die verheiratete Frau und Mutter in einigen Bereichen geradezu entmündigte (fehlende Selbstbestimmung in beruflicher und finanzieller Hinsicht) gegenüber ledigen und kinderlosen Frauen, die auf der anderen Seite dann gesellschaftlich schlecht angesehen waren.

Man muss keineswegs Parteigänger von Gross' wirtschaftsliberalen oder kulturkonservativen Ansichten sein, um mit ihm festzustellen, dass seine Beobachtungen über die Veränderung der Verfassungswirklichkeit zutreffend sind und dass diese Allmacht von Gerichtsentscheidungen, auch unterhalb des BVG durch Verwaltungsgerichte, zunehmend die Politik in ihrem Entscheidungsspielraum einengt und zugleich durch die immer ausgedehntere Interpretation der Verfassung diese selbst auch verändert, nicht in ihrem Buchstaben, aber in ihrem Geist und seiner Materialisierung in der Verfassungswirklichkeit: »Das Nähere regelt ein Gesetz.« Noch grundsätzlicher kann man, ganz im Sinne von Gross, feststellen, dass sich das Verständnis der Menschen- oder Grundrechte, ursprünglich als *Garantien von Freiheiten* verstanden, immer mehr in einen *Anspruch auf Leistungen* seitens des Staates verwandelt, wonach Grundrechte in *positives Recht* (Gesetze) umgesetzt werden müssen. Positives Recht wird dann quasi Grundrecht, es entstehen »soziale Grundrechte«, wie auch die Rechtsphilosophie darlegt und am Beispiel des oft geforderten »Rechts auf Arbeit« exemplifiziert.[21]

Was Gross 1995 noch nicht ahnen konnte, war die faktische Abschaffung der grundgesetzlich verankerten Wehrpflicht ohne Grundgesetzänderung, sondern durch eine absolute Mehrheit des Bundestages für eine *Aussetzung* der Wehrpflicht. Wie kann es sein, dass der Bundestag 2011 den Art. 12a ohne verfassungsändernde Zweidrittel-Mehrheit (CDU/CSU, FDP, Grüne = 400 von 622 Mandaten) einfach außer Kraft setzt und stattdessen gesetzlich einen Freiwilligen Wehrdienst einführt? Begründet wurde die Novellierung damit: »Die allgemeine Wehrpflicht stellt einen erheblichen Grundrechtseingriff dar. Ihre konkrete Ausgestaltung und Durchführung ist deshalb auf ihre weitere Erforderlichkeit und Verhältnismäßigkeit hin regelmäßig zu überprüfen. […] Vor dem Hintergrund der dauerhaft veränderten sicherheits- und verteidigungspolitischen Lage sind die mit gesetzlichen Pflichtdiensten verbundenen Grundrechtseingriffe nicht mehr zu rechtfertigen.«[22]

Damit erklärte eine nicht qualifizierte Mehrheit einen Grundgesetzartikel als grundrechtlich nicht mehr gerechtfertigt. Ähnliches, wenn auch nicht ganz so gravierend, war zuvor schon bei der Frage von »Out of Area«-Einsätzen der Bundeswehr (und speziell in Afghanistan) geschehen, was mit GG Art. 87a und 80a schwerlich in Einklang zu bringen war, aber mit Art 24 (Einbeziehung in ein »System kollektiver Sicherheit«, hier: NATO) begründet wurde. Entsprechend entschied hier das BVG: »Der NATO-geführte ISAF-Einsatz in Afghanistan dient der Sicherheit des euro-atlantischen Raums.«[23] Es war die richterliche Antwort auf eine politische Frage, die eigentlich jenseits der Kategorien juristischer Überprüfung liegt, daher nur politisch entschieden werden könnte und somit auch hier einen entsprechenden verfassungsrechtlich gebotenen Konsens im Bundestag erfordert hätte.

Unabhängig davon, ob man sich in seinem politischen Urteil diesen Überlegungen anschließen will oder nicht, ist doch im Sinne der Überlegungen von Johannes Gross auch hier festzustellen, dass sich die rechtlich bindende Interpretation der Verfassung, also die Verfassungswirklichkeit, immer weiter von dem entfernt, was das Grundgesetz vorsah, als die entsprechenden Artikel geschaffen wurden. Dass sich die politische Wirklichkeit seither verändert hat, ist unbestritten, dann müsste aber eben das Grundgesetz angepasst werden. Das hatte damals Adenauer mit langem Anlauf für die Verabschiedung von Notstandsgesetzen berücksichtigt und dafür die SPD benötigt, was dann erst nach ihm in der Großen Koalition zustandekam. Stattdessen wird heute durch die immer weiter gehende Interpretationsfreiheit des Grundgesetzes der spezifische Zwang zur Zweidrittelmehrheit für Grundgesetzänderungen *de facto* außer Kraft gesetzt und der jeweiligen Koalitionsmehrheit überlassen. Das ist mit Sicherheit nicht im Sinne der Erfinder.

Wenn diese Entwicklung also zu konstatieren ist, inwiefern ist sie dann einem Effekt »Berliner Republik« geschuldet? Gross tut sich schwer damit, kausale Faktoren dafür zu benennen und gibt zu, dass diese Entwicklung noch in der Bonner Republik begonnen hat, schließlich schrieb er dies ja nur wenige Jahre nach der Wiedervereinigung. Den Hang zur »political correctness« sieht er als Ersatz für den mangelnden inneren Konsens einer Republik, die »zu einem den Staatsbürger verpflichtenden Staatsethos unbegabt« erscheint und nun zudem, als Berliner Republik, »zum Unterschied von der Bonner [Republik] der äußeren Feinde – vorerst – ledig und frei von der zähmenden Kraft existientieller Bedrohung von draußen« ist (S. 19). Letzteres kennzeichnet die Situation vor 9/11, der mangelnde innere Konsens im Sinne von Gross zeigt sich dennoch auch danach weiterhin.

Von den achtziger zu den neunziger Jahren ist die Bundesrepublik vielstimmiger geworden, mit der wiedergefundenen nationalen Einheit schwand umgekehrt der nationale Konsens, der Föderalismus wurde gestärkt, schon durch die Vermehrung der Bundesländer sowie durch ihr Gewicht im Bundesrat, von Gross kritisch betrachtet, wenn auch nicht so radikal wie von Baring. Doch auch Gross wünschte sich damals zum Beispiel eine Stärkung des Bundespräsidenten. Weniger bekannt und auch von Gross nicht erwähnt, ist die Tatsache, dass das Grundgesetz im Zuge der Wiedervereinigung hinsichtlich des Föderalismus auch verändert wurde bzw. bestehende Artikel eine neue Aktualität bekamen. Dies geschah an zentraler Stelle in Art. 72 zur Zuständigkeit des Bundes für die »Herstellung gleichwertiger Lebensverhältnisse im Bundesgebiet«, während andererseits im selben Artikel einschränkend die »Bundesgesetzgebung an das neue Kriterium der ›Erforderlichkeit‹ gebunden und somit die Länder gestärkt« wurden.[24]

In jüngster Zeit stellt sich die Frage nach der faktischen Gültigkeit der Verfassung nach Buchstaben und Geist auch noch auf eine ganz andere Weise. Einerseits offenbarten die Enthüllungen von Edward Snowden über die Arbeit nicht nur des US-amerikanischen Geheimdienstes NSA, was den Geheimdiensten schon früher von Kritikern bis Verschwörungstheoretikern vorgeworfen wurde, nämlich die unkontrollierte und tendenziell unbegrenzte Überwachung von allem, was sich überwachen lässt. Dies kann in Zeiten der Digitalisierung tatsächlich bis zur totalen Überwachung gehen und ist jedenfalls bis hin zum Abhören des Handys der Bundeskanzlerin erfolgt. Der Skandal war groß, die Konsequenzen minimal. Noch unter Obama versprach die amerikanische Regierung zukünftig Zurückhaltung, inwiefern aber deutsche Geheimdienste an der Ausspähung und Verwendung ausgespähter Daten beteiligt waren, blieb in der Debatte im Schlagschatten der Verantwortung des »Großen Bruders« jenseits des Atlantiks letztlich auf der Strecke. Wohl auch, weil man im Zuge eines *do ut des* zwischen deutschen und amerikanischen Geheimdiensten ab und zu von diesen auch Informationen bekommt, die bei der Terrorismusbekämpfung helfen.

Geheimdienste operieren per Definition illegal, und das war solange irrelevant, wie es nur um Spionage gegen den Feind im Kalten Krieg ging. Und auch damals wurden schon Freunde belauscht, ohne dass sie es wussten oder aber doch ahnten und versuchten, dem vorzubeugen. Seither jedoch und vor allem in der digitalisierten Welt gibt es diese Unterscheidungen nicht mehr, und es ist ganz offensichtlich, dass deutsche Geheimdienste jenseits des gesetzlichen Rahmens auch im In- und Ausland agieren. Öffentlich wurde dies unter anderem auch durch die Aufdeckung der Spionage des Bundesnachrichtendienstes bei Zielobjekten in Österreich (Regierungsbehörden, internationale Organisationen wie die IAEO, Großfirmen …).[25]

Auf der anderen Seite zeigt sich aber auch in Europa und in Deutschland, dass diese potenziell allumfassende Überwachungsmöglichkeit konkret dort, wo sie geboten wäre, nämlich in der Terrorismusbekämpfung, oft genug versagt hat. Die meisten terroristischen Attentäter seit dem Anschlag auf *Charlie Hebdo* in Frankreich, Belgien, Deutschland und auch Großbritannien waren den Behörden bekannt. Akribische Recherchen investigativer Journalisten, die den Medien als »Vierter Gewalt« eine immer größere Bedeutung verleihen, bringen immer mehr Versäumnisse und Verfehlungen ans Tageslicht, die von staatlichen Behörden zu verantworten sind und vertuscht werden sollen. In der inzwischen fast schon als *never ending story* zu bezeichnenden Aufklärung im Fall des Berliner Weihnachtsmarktattentäters Anis Amri trat so auch zutage – wie meistens durch Indiskretionen aus Behördenkreisen –, dass der Verfassungsschutz in Amris unmittelbarer Umgebung einen V-Mann platziert hatte, dies aber von Verfassungsschutzchef Hans-Georg Maaßen gegenüber der Öffentlichkeit, dem Parlament und offenbar auch der Regierung verheimlicht wurde.[26] Mit Hinweis auf den »Quellenschutz« haben sich Nachrichtendienste, Verfassungsschutz, Bundes- und Landeskriminalämter einen Freiraum erkämpft, in dem sie nahezu unbehelligt tätig sein können.

Das Geflecht von BND und Verfassungsschutz erweist sich auch in dieser Hinsicht immer mehr als das, was linke Kritiker seit langem schon in ihm gesehen haben: als ein Staat im Staate, der an Gesetzen vorbei agiert und den gewählten politischen Organen zwar formal untergeordnet ist, es ihnen gegenüber aber an Loyalität fehlen lässt. Dies hat sich im Laufe des Jahres 2018 zunehmend auf die Person des Verfassungsschutzpräsidenten Maaßen fokussiert. Seine Kontakte zur AfD, und zwar schon bevor diese in den Bundestag einzog, sowie der offensichtliche Versuch der Verharmlosung der rechtsradikalen Umtriebe in Chemnitz, hier zunächst auf einer Linie mit dem sächsischen Ministerpräsidenten Kretschmer und Bundesinnenminister Seehofer, ließ den Verfassungsschutzchef als einen politischen Akteur im öffentlichen Geschehen erscheinen, der auf eigene Faust handelt. Er gab Presseerklärungen ab nicht nur ohne Absprache mit der Kanzlerin (was mit Seehofer abgesprochen war, wissen wir nicht), sondern auch im Gegensatz zu dem, was bereits aktenkundig bei Polizei und Staatsanwaltschaft in Chemnitz und kurz zuvor Grundlage einer Erklärung von Regierungssprecher Seibert gewesen war, nämlich das, was Maaßen in der Bild-Zeitung bestritt: organisierte Gewalt gegenüber Personen (politischen Gegnern und vermuteten Ausländern) und Einrichtungen (ein jüdisches Restaurant) sowie auch die Echtheit des in Frage gestellten

»Hetzjagd-«Videos. Am 18.10. hielt Maaßen dann noch eine Abschiedsrede in einer Runde europäischer Geheimdienstler, die auch ins Intranet seiner Behörde gestellt wurde, in der er sich als Opfer »Linksradikaler in der SPD« darstellte, da er als »Gegner einer naiven und linken Ausländer- und Sicherheitspolitik bekannt« sei.[27] Während in der Debatte zur Causa Maaßen von CDU/CSU-Politikern immer versucht wurde, die Dimension des Problems zurechtzurücken, da es sich nur um einen »Leiter einer nachgeordneten Behörde« handele, brüskierte Maaßen in seinem Abgang noch die Regierung nicht nur innerhalb seiner »nachgeordneten« Behörde, sondern sogar auf europäischer Ebene.

Dabei hatte Maaßen gerade die Leitung des Verfassungsschutzes bekommen, weil unter seinem Vorgänger Fromm allzu viele Skandale passierten bzw. öffentlich wurden, so vor allem der ebenfalls nicht wirklich aufgeklärte Fall der Verwicklung des Verfassungsschutzes in die rechtsextreme Szene um den »Nationalsozialistischen Untergrund« und den NSU selbst (z.B. die Präsenz eines Verfassungsschutzagenten bei dem Mordanschlag in Kassel) sowie die Vernichtung von offenbar kompromittierenden Akten dazu nach Bekanntwerden des NSU. Nicht zu vergessen zum Thema V-Leute im rechtsradikalen Milieu ist auch, dass die erste Klage zum Verbot der NPD vom BVG abgewiesen werden musste mit der Begründung, dass sich zu viele V-Leute in der Partei bis hin zur Spitze befanden, so dass gar nicht zu identifizieren war, wer für welche politischen Inhalte der Partei verantwortlich war. Angesichts dessen, dass die Verfassungsschutzämter auch rechtsradikale Aktivitäten nicht nur in diesem Sinne »personell unterstützten«, sondern auch finanzierten[28], darf man sich fragen, wer hier wen unterwandert hat und dies vielleicht immer noch tut. Das gilt auch für den sächsischen AfD-Politiker, der sich in seiner Partei und auch öffentlich damit brüstet, für den Verfassungsschutz zu arbeiten und Geheimnisträger zu sein.[29] In Erinnerung zu rufen ist auch, dass nach der späten »Entdeckung« der »Reichsbürger« durch die Öffentlichkeit anlässlich des Zwischenfalls 2016, als einer von ihnen auf Polizisten schoss, auch bekannt wurde, dass es »Reichsbürger« in der Polizei und anderen Behörden gab (und sicher noch gibt), auch in der Bundeswehr. Bekannt waren sie offenbar schon vorher, gegen sie vorgegangen wurde aber erst nach dem besagten Zwischenfall.

Die neue Einheit und ihre alten Lasten

Der neue Rechtsradikalismus, der sich über Zwischenstufen des Populismus von harten Neo-Nazis mit Hitlergruß über die Formationen der Neuen Rechten wie die Identitären bis zur AfD zieht, hat eine Verankerung in jenen Teilen der Bevölkerung, die meistens als die normalen besorgten Bürger apostrophiert werden, und stärker in den ostdeutschen Ländern als im Westen – allen empörten Abwehrreaktionen gegen »Pauschalisierung« und »Diskriminierung« der Ostdeutschen zum Trotz, aber Zahlen und Taten sprechen eine deutliche Sprache. Dabei gibt es gar keine »pauschale Verunglimpfung« der Ostdeutschen in den Medien, sondern wird als solche gerne in der Abwehrreaktion erfunden, um die eigene Identität in Abgrenzung dagegen zu definieren. Nirgendwo wurden alle Chemnitzer mit den rechtsextremen Ausschreitungen identifiziert oder alle Dresdner mit PEGIDA, nirgendwo alle Sachsen zu Rechten erklärt.

Die wiedergefundene Einheit sieht nach knapp drei Jahrzehnten anders aus als vorausgesehen. Schon wird nicht ohne Grund darüber spekuliert, dass in den ostdeutschen Ländern, in denen 2019 Landtagswahlen anstehen, kaum noch Koalitionsregierungen gegen die AfD möglich sein könnten.

Die wiedergefundene Einheit stand am Anfang nicht nur für Arnulf Baring im Zeichen einer historischen Restauration früherer Größe, Bedeutung und Selbstgewissheit, deren Vision die gesellschaftliche Realität dagegen weitgehend ausblendete. Und auch Johannes Gross, der ein feines Gespür für sich anbahnende Entwicklungen hatte, sah die Verwirklichung der inneren Einheit Deutschlands 1995 sehr optimistisch:

»Die sozialen und ökonomischen Unterschiede sind Jahre nach der Wiedervereinigung noch wahrnehmbar, doch findet die Angleichung mit solcher Geschwindigkeit statt, daß im zehnten Jahr der Einheit wird festgestellt werden können, daß die Deutschen im Lebensstandard mehr Gleichheit realisiert haben als im Jahrtausend davor. Die seelische Ein- und Angliederung wird mit der Entstehung – und erst mit der Entstehung – einer nichtkommunistischen ostdeutschen gesellschaftlichen Oberschicht bewirkt werden, die allen Eindruck einer Bevormundung, eines Subjekt-Objekt-Verhaltens im Umgang zwischen West und Ost beseitigen kann. Die wichtigste Voraussetzung künftiger innerer Einheit war am 3. Oktober 1990 schon gegeben die Deutschen verfügen zum ersten Male in ihrer Geschichte über einen verläßlichen Begriff, was Deutschland sei, und haben ein gemeinsames Geschichtsbild.«[30]

Doch zehn Jahre nach der Einheit hatten die Unterschiede zwischen Ost und West noch nicht einmal ihren Höhepunkt erreicht, wenn man die Arbeitslosigkeit als Gradmesser nimmt. Die Berliner Republik hat in vielfacher Weise die Altlast der DDR absorbiert, ökonomisch und politisch, letzteres in Gestalt der PDS. Viele sahen diese Wiedervereinigung positiv genau als das, was ihre Gegner befürchteten und, als es eintrat, anprangerten: einen »Anschluss«, eine Vereinnahmung des Ostens durch Ausdehnung des Westens. Doch war dies nicht mehrheitlich vom Osten gewollt? Trotz seines »Verwestlichungswunsches« war Ostdeutschland wirtschaftlich, politisch, sozial und in gewisser Weise auch kulturell »fremd«, und das, »was zusammengehörte«, musste auch tatsächlich erst »zusammenwachsen«, nach dem berühmten Wort Willy Brandts. Aus der Sicht der ostdeutschen Bevölkerung wurde jedoch in kürzester Zeit ihr Leben auf den Kopf gestellt. Die Nachgeborenen werden kaum mehr verstehen können, wie groß dieser Fremdheitsschock für beide Seiten war, von dem die flapsigen Ossi- und Wessi-Begriffe noch ein anschauliches Relikt sind.

Bei unserem wichtigsten Nachbarn Frankreich wurde die Wiedervereinigung noch lange nach ihrem Vollzug in jeder Hinsicht als eine *Addition* beider deutscher Staaten gesehen, und so nahm man dort mit Schrecken das »Gewicht des wiedervereinigten Deutschlands« wahr, »le poids de l'Allemagne réunifiée« war ein ständiger Topos der politischen Diskussion in den Medien. In Wirklichkeit war es zunächst eine *Subtraktion*, wenn man ganz nüchtern die finanzielle Last betrachtet. Als SPD-Kanzlerkandidat Oskar Lafontaine 1990 daher vor den unterschätzten Kosten der Wiedervereinigung warnte, war das sachlich richtig, aber politisch falsch, denn welche Schlussfolgerung hätte sich denn daraus ergeben? Keine Wiedervereinigung? Keine finanzielle Abfederung des wirtschaftlichen Zusammenbruchs im Osten?

Nachdem die DDR-Bürger durch die friedliche Revolution das SED-Regime gestürzt hatten und recht schnell ihren Wunsch auf Wiedervereinigung manifestierten, ging die Entscheidungshoheit über den Modus vivendi der Vereinigung auch recht schnell an den Westen. Für Frank Richter, Pfarrer und Aktivist von 1989, Chef der sächsischen Landeszentrale für politische Bildung 2009–2017, war es eine »unvollendete Revolution«, die 1989 stattgefunden hatte: »Eine innere, tief greifende, umfassende und nachhaltige Demokratisierung der Gesellschaft der DDR aus eigener Kraft, wie sie nach den vielen Jahrzehnten totalitärer und autoritärer Herrschaft notwendig gewesen wäre, unterblieb. [...] Der Begriff ›Wiedervereinigung‹ suggeriert politische Augenhöhe. Diese hat es zu keinem Zeitpunkt gegeben – auch deshalb nicht, weil die Mehrheit der Deutschen in der DDR den Anschluss wollte.«[31] Bei der sogenannten »Abwicklung« der ostdeutschen Wirtschaft – ein Begriff, der den Zynismus des »Siegers« bewusst oder unbewusst zum Ausdruck brachte, so wie die »Treuhand« dazu der passende Euphemismus war – ist im Sinne einer solidarischen Lösung der Probleme sicher vieles, gleichwohl nicht alles, falsch gemacht worden: Es haben sich vorwiegend westdeutsche kapitalistische Interessen durchgesetzt, hierzu ist die Kritik an der »Übernahmementalität« sicher berechtigt. Statt in der neuen Konkurrenzsituation defizitäre, aber deswegen noch nicht hoffnungslos marode Ost-Betriebe erst einmal weiter zu subventionieren und ihnen die Möglichkeit der Modernisierung zu verschaffen – nach dem Prinzip Hilfe zur Selbsthilfe –, hat die Politik westdeutschen Anlegern Schnäppchen zur Übernahme angeboten, die in vielen Fällen keinen Aufbau, sondern Abbau nach sich zogen, hat die Folgen des Abbruchs finanziert, dabei in ganzen Landstrichen Tabula rasa gemacht und eine enorme Arbeitslosigkeit in Kauf genommen – im doppelten Sinne des Wortes –, von der Rentenfinanzierung und anderen Transferleistungen ganz abgesehen.

An all dem waren die Ostdeutschen aber nicht unschuldig, denn mit dem Mauerfall begann eine massive Abwanderung nach Westen (1989 alleine 400 000), und so wurde politisch ultimativ die D-Mark gefordert: »Kommt die D-Mark, bleiben wir, kommt sie nicht, geh'n wir zu ihr!« Auch wenn später die These lanciert wurde, dieser Spruch sei »von Bonn« als Slogan in die Demonstrationen eingeschmuggelt worden[32], so drückt er doch unzweifelhaft die Meinung der meisten Ostdeutschen aus, und das war ja auch nur konsequent, wenn man die Wiedervereinigung wollte. Mit einem Schlag wurde damit aber eine Grundlage der ostdeutschen Wirtschaft, der Handel mit den anderen osteuropäischen Ländern, zerstört, gleichzeitig wurden die ostdeutschen Betriebe der Konkurrenz aus Westdeutschland ausgesetzt. Mehr noch: Die ostdeutschen Konsumenten, durch die großzügigen Umtauschbedingungen auf einmal, wenn auch nur vorübergehend, kaufkräftig, wollten nun alles aus dem Westen haben und boykottierten massiv die von ihnen selbst hergestellten Produkte im Konsumbereich. Schon vor der Währungsunion kam es zum Ausverkauf der letzten DDR-Waren. Den Investoren aus dem Westen war dies recht.[33] Die westdeutsche Wirtschaft erlebte durch den Wiedervereinigungsprozess einen enormen Boom. Die meisten Ostdeutschen glaubten jedoch dem Kanzler die versprochenen »blühenden Landschaften« und haben ihm und seiner Partei dadurch sogar die Wiederwahl gesichert. So konnten später viele von ihnen analog zu den Westdeutschen 1945 denken, »belogen und betrogen« worden zu sein, mit der gleichen Verdrängung ihres eigenen Irrtums, allerdings in einer Situation gewonnener, nicht verlorener Freiheit.

Dies hier in kritischer Sicht auf beide Seiten festzustellen, heißt nicht, sich in die »herablassende Überheblichkeit« einzufügen, die Richter den Westdeutschen vorwirft, wenn sie wiederum den Ostdeutschen vorwerfen, dass »sie das, worüber sie sich beklagen, doch unbedingt gewollt hätten.« Doch die gegenseitigen Vorwürfe bestätigen sich dialektisch auch gegenseitig: Der Vorwurf der »Siegermentalität« an die Wessis entspricht eine »Opferattitüde« der Ossis, die das Vorurteil nicht auflöst, sondern auf beiden Seiten verfestigt. Nimmt man jedoch diese Enttäuschten der Vereinigung und die anderen zusammen, die von Anfang an PDS gewählt und damit ihre Opposition zum Ausdruck gebracht haben, so ergab dies einen großen Anteil von »Abgehängten«, »Vereinigungsverlierern«, Vereinigungsgegnern oder einfach nur Unzufriedenen. Für Richter »liegt es auf der Hand, dass dies eine der Ursachen dafür ist – keineswegs die einzige; monokausale Begründungen verbieten sich, aber eben *eine* Ursache –, dass vielen Ostdeutschen die freiheitlich-demokratische Grundordnung nach wie vor fremd ist.« Dies in öffentlichen Diskussionen als »Sachverhalt« darzustellen sei sehr schwer, fügt Richter hinzu, »der bloße Hinweis darauf wird allzu oft persönlich oder moralisch aufgefasst.«[34] Ist er sich aber auch wirklich der Tragweite seiner Analyse bewusst?

Tatsächlich brachte die Wiedervereinigung zunächst auch keine »blühenden Landschaften«. Mit ein paar Jahren Verzögerung stieg die Arbeitslosigkeit 1997 im Osten auf 17,7 % und 2005 auf 18,7 %, fast doppelt so hoch wie im Westen (9,9 %)[35], mit regionalen Spitzenwerten, die noch darüber lagen. So beurteilte die Analyse der Bundeszentrale für politische Bildung die Arbeitsmarktreformen der Agenda 2010 in deren »Erfüllungsjahr« 2010 durchaus kritisch, weil »die Verbesserungen auf dem Arbeitsmarkt an der eigentlichen Zielgruppe der Reformen, den Langzeitarbeitslosen, größtenteils vorbeigehen: Der Rückgang der Arbeitslosenzahlen resultiert maßgeblich aus einer Verringerung der Kurzzeitarbeitslosigkeit. Im Bereich der Langzeitarbeitslosen liegen die Zahlen weiterhin über dem Ausgangsniveau von 2005.« Außerdem »zeigt der Blick auf die Gesamtzahl der Leistungsbezieher, dass eine allzu überschwängliche Beurteilung des Erfolges der ›Hartz-Reformen‹ an der Realität vorbei geht: Den im Frühjahr 2018 knapp 3,4 Mio. in der Arbeitslosenstatistik geführten Erwerbslosen – 1,2 Mio. im ALG I und 2,2 Mio. im ALG II – stehen weitere 2,7 Mio. Personen gegenüber, welche aufgrund von (Qualifizierungs-)Maßnahmen, Vorruhestandsregelungen oder niedrig entlohnter Erwerbsarbeit zwar aus der offiziellen Arbeitslosenrechnung herausfallen, aber dennoch auf staatliche Leistungen angewiesen sind.«[36]

Der Umzug von Bonn nach Berlin markierte auch symbolisch das Ende der Ära Kohl, die SPD-geführte Regierung Schröder musste die hinterlassenen Probleme des CDU-Einheitskanzlers lösen – ein sozioökonomischer Kahlschlag im Osten, eine stetig steigende Arbeitslosigkeit und Staatsverschuldung in ganz Deutschland – und setzte mit der Agenda 2010 eine Lösung durch, für die sie noch 2018 Applaus vom CDU-Regierungspartner in der erneuerten Großen Koalition bekam (weil ja die »Hartz IV«-Empfänger keine Armen seien, so Jens Spahn). Die SPD selbst aber musste dafür erst einmal Ablehnung in ihren eigenen Reihen erfahren und dafür bitter mit der Spaltung der Partei bezahlen, die in der weiteren Konsequenz zur Verankerung der PDS/Linkspartei im Westen und, wenn auch zusammen mit anderen Faktoren, zur kontinuierlichen, drastischen Schwächung der SPD führte.

Der zur Bundestagswahl 2017 statistisch phänomenal niedrige Stand der Erwerbslosenzahl verdankt sich nicht nur einer seit dem Einbruch durch die Finanzkrise 2008/09 wieder angestiegenen Konjunktur, sondern eben auch der statistischen Verzerrung der sozialen Realität durch die geringfügigen Beschäftigungsverhältnisse, die mit den Hartz-Reformen gefördert wurden und seither immer mehr zugenommen haben. Von den insgesamt 31 373 691 sozialversicherungspflichtig Beschäftigten 2016 hatten nur 22 825 336 einen Vollzeitjob, also ungefähr zwei Drittel. Neben den 8 400 291 sozialversicherungspflichtigen Teilzeitbeschäftigten gab es aber auch 7756094 atypische oder prekäre Beschäftigungsverhältnisse (nicht sozialversicherungspflichtige geringfügige Entlohnung und/oder kurzfristige Beschäftigung).[37] Wie sich das Prekariat konkret darstellt, bedürfte noch einer zusätzlichen Detaillierung, doch sind die prekär Beschäftigten gewiss zum großen Teil eigentlich Arbeitslose, wenn sie nach wie vor ein reguläres Beschäftigungsverhältnis suchen und durch ihr Prekariat auch kein substanziell höheres Einkommen haben als durch ALG II oder zusätzlich gefördert werden (sogenannte »Aufstocker«). Die Zahl der »Hartz IV«-Empfänger inklusive »Aufstocker« betrug im März 2018 noch 4 261 673.[38] Auch wenn Teilzeit oft gewünscht ist, zumindest übergangsweise (in Familien mit kleinen Kindern usw.), so machen trotzdem beide Kategorien Teilzeit und Prekariat zusammengenommen 16156385 Personen aus (Werte von 2016). Zählt man die atypischen oder prekären Beschäftigungsverhältnisse (7756094) mit den registrierten Arbeitslosen (2 690975)[39] zusammen, so ergab dies eine Zahl von 10447069 Personen, die arbeitslos oder atypisch/prekär beschäftigt waren und als prinzipiell arbeitssuchend (reguläres Beschäftigungsverhältnis) gelten können. Dies entspricht in der Relation ca. 46 % der Zahl der Vollbeschäftigten.

Die statistische Streichung der Geringverdiener aus der Arbeitslosenstatistik täuscht über die soziale Realität hinweg. Dies ist allerdings ein gesamtdeutsches Problem und keine ostdeutsche Besonderheit. So hatte 2016 zum Beispiel Sachsen 1 553 509 sozialversicherungspflichtig Beschäftigte, darunter 439 670 in Teilzeit, gegenüber 172 106 ausschließlich geringfügig Beschäftigten sowie 157 862 Arbeitslosen.[40] Die Zahl der Arbeitslosen und Geringbeschäftigten betrug somit 329 968 und ist im Verhältnis zur Zahl der sozialversicherungspflichtig Beschäftigen (inkl. Teilzeit) mit ca. 21 % geringer als im Bundesdurchschnitt mit ca. 33 %.

Es gibt heute also eine Angleichung des Ostens an den Westen, aber nicht flächendeckend. Außerdem darf bei dieser Entwicklung nicht vergessen werden, dass dies auch durch die Abwanderung vieler Ostdeutscher nach Westdeutschland beeinflusst wurde. So war die Einwohnerzahl Sachsens von 1990 bis 2011 von 4,764 Mio. auf 4,054 Mio. gesunken (– 14 %).

Sachsen war ursprünglich ein Musterland der Ost-CDU mit absoluten Mehrheiten bei den Landtagswahlen 1990, 1994 und 1999. Im selben Zeitraum hat sich die PDS von 10,2 auf 22,2 % emporgearbeitet, 2004 erfuhr die CDU ihren ersten Erdrutsch, sank von 56,9 auf 41,1 % und bildete mit der SPD (9,8 %) eine Koalition. Die NPD rückte zugleich mit 9,2 % in den Landtag ein, behielt 2009 5,6 % und scheiterte 2014 mit 4,9 %, weil nun die AfD 9,7 % erzielte (zusammen ergab dies 14,6 %). Das war wohlgemerkt noch in der Lucke-Ära, vor der Spaltung der AfD. 2009 und 2014 verzeichnete die Linkspartei einen kontinuierlichen Rückgang von 23,6 auf 18,9 %. Rechnet man linke und rechte Opposition (NPD bzw. AfD) jeweils zusammen, erreichte diese Fundamentalopposition 2004 einen Höhepunkt mit 32,8 % (23,6 + 9,2), was mit dem Höchststand der Arbeitslosigkeit von 18,3 % damals zusammentraf, sank 2009 auf 26,2 % (20,6 + 5,6) und stieg 2014 wieder auf 33,5 % (18,9 % Linke, 4.9 % NPD, 9,7 % AfD). Bei der Bundestagswahl 2017 rückte die AfD mit 27 % auf Platz 1, sicher auch ein Bonuseffekt für ihre Noch-Spitzenkandidatin Frauke Petry, die Linke bekam 16,1 %, die CDU 26,9 %. Bei allen Wahlen blieb die SPD ungefähr stabil bei Werten um 10+x. AfD und Linke zusammengenommen erzielten bei der Bundestagswahl 43,1 %.

Das erinnert strukturell schon deutlich an Weimarer Verhältnisse. Sachsen war übrigens mit seiner Landtagswahl 1930 Vorreiter des NSDAP-Aufstieges vor der Reichstagswahl im selben Jahr. Sie erzielte bei dieser Landtagswahl 14,4 % (gegenüber 5 % 1929), die KPD 13,6 %. Die Regierungsverantwortung hatte bis 1929 die SPD, die dann jedoch keine Mehrheit im Landtag mehr für sich zustande brachte, auch weil sich das bürgerliche Lager auf mehrere eher konservative oder wirtschaftsliberale Kleinparteien verteilte, so dass es noch nicht einmal für eine große Koalition SPD-DDP-DVP reichte und deswegen der Landtag im Jahr darauf neu gewählt wurde, was ein noch schlechteres Ergebnis brachte.

Anders als damals ist in den letzten Jahren die Arbeitslosigkeit in Sachsen jedoch nach einer lang anhaltenden Höhe zwischen 17,5 und 18,3 % 1998–2005 kontinuierlich bis auf 6,7 % im Jahr 2017 gefallen.[41] Auch diese Entwicklung zeigt – bei aller oben genannten Kritik an der Arbeitslosenstatistik –, dass es keinen linearen Zusammenhang zwischen sozioökonomischer und politischer Entwicklung nach 2009 gibt, im Gegenteil: Die Entwicklung ist geradezu gegenläufig.

Alle Versuche, wie oft geschehen, den Erfolg der AfD in Sachsen mit der spezifisch ostdeutschen Situation seit der Wiedervereinigung zu erklären, das heißt primär mit der sozioökomischen Benachteiligung, mit den »Wendeverlierern«, sind daher verfehlt. Auch eine umfragebasierte Untersuchung der Motive der PEGIDA-Teilnehmer bestätigt das.[42] Nicht materielle Benachteiligung oder soziale Not sind ausschlaggebend, sondern psycho-kulturelle Faktoren, darunter das Gefühl der Benachteiligung, das aus der Diskrepanz zwischen den Erwartungen und der Realität erwächst. Mit anderen Worten: Die gefühlte Benachteiligung ist das Entscheidende, und sie richtet sich verstärkt gegen Nicht-Deutsche (Immigranten, Flüchtlinge), deren soziale Unterstützung in Deutschland nicht akzeptiert wird, obwohl deren Präsenz in Ostdeutschland unterdurchschnittlich ist: Ende 2015 waren es 3,5 % in Sachsen (10,5 % im Bund), davon knapp ein Drittel EU-Ausländer. Zu diesen 158 743 Ausländern kamen dann 2016 jedoch 41 270 hinzu, darunter 37,6 % aus dem Nahen Osten.[43]

Die Bilanz der deutschen Einheit zum 3.10.2018 brachte die Unzufriedenheit der Ostdeutschen zum Ausdruck, so lange danach immer noch durchschnittlich geringere Löhne, Renten usw. als im Westen zu haben, also weiterhin benachteiligt zu sein.[44] Dies ist jedoch, wie dargelegt, das Resultat vieler Faktoren, und ein echter Vergleich müsste, wie bei allen sozioökonomischen Vergleichen, nicht die Nominalzahlen, sondern die Realwerte vergleichen, also die reale Kaufkraft. Und da kann sich jemand in Dresden mit weniger Einkommen, aber auch niedrigeren Ausgaben (Miete usw.) durchaus besserstellen als eine Vergleichsperson in München. Im Übrigen gleichen sich Löhne und Renten immer mehr an, weil der Anstieg im Osten seit Jahren höher ausfällt als im Westen. Dennoch gibt es immer noch zwei Tarifgebiete für den ganzen Bereich der Sozialversicherung.

Was in öffentlichen Diskussionen, gerade in den zahlreichen TV-Talkrunden, nicht immer so klar zum Vorschein kommt, wenn der Frust der Ostdeutschen thematisiert wird, ist, dass es dabei oft auch weniger um die Benachteiligung des Ostens hier und heute noch geht, sondern bereits um einen historischen Rückblick auf die Jahre nach der Wende und die hier oben beschriebene lange Talfahrt in Arbeitslosigkeit und Misere, der die Aufnahme der Flüchtlinge entgegensteht, für die alles getan werde – anders als für die Ostdeutschen damals –, damit sie sich integrieren können, obwohl sie es gar nicht wollen – auch umgekehrt zu den Ostdeutschen seinerzeit. So ist wohl die Wahrnehmungs- und Gefühlslage nicht aller, aber vieler Ostdeutscher.[45]

Dabei ist der Nationalismus eine Kompensation für nicht erfolgte oder nicht empfundene Wertschätzung seit der Wiedervereinigung, erklärt Frank Richter. Und dies ist mit einer Selbst-Viktimisierung verbunden: Man sieht sich als Opfer zweier Diktaturen und der anschließenden Bevormundung durch den Westen noch dazu. Anders als im Westen, stellt Richter treffend heraus, hat es in Ostdeutschland auch keine Aufarbeitung der Vergangenheit(en) gegeben, die eine Selbstkritik eingeschlossen hätte: Nach 1945 sah man sich als Opfer und Sieger zugleich, wie oben beschrieben, »›im Westen‹ hatte man im Zuge der 68er Revolte kollektiv das ›Nazi-Schämen‹ gelernt«, im Osten nicht. Umso mehr galt das für die untergegangene DDR. Die Opposition in der DDR erzeugte auch die paradoxe Reaktion, dass man, weil man grundsätzlich ablehnte, was von der SED kam, umgekehrt alles für gut befand, was sie verteufelte. So »konnte nationalistisches, rassistisches und faschistisches Gedankengut durchaus weiter existieren.«[46] Dies reicht gewiss nicht zur Erklärung der Dimension der aktuellen rechtspopulistischen Welle, so wenig wie der Hinweis darauf, auch von Richter, dass die DDR-Bürger nach zwei Diktaturen keinerlei konkrete Erfahrungen mit der Demokratie hatten. In der Zwischenzeit haben sie sie jedoch und die Tendenz bei den Wahlen geht auf Distanz zu ihr. So erscheint mir ein Relikt aus der Vergangenheit vielmehr, dass man während der beiden Diktaturen, auch wenn man sie ablehnte, doch so auf den Staat fixiert war, dass man auch nach der Wende weiterhin alles Neue und alles Bessere weiterhin vom Staat erwartete, dieser Wunschtraum aber so nicht erfüllt wurde, obwohl sich tatsächlich viel verändert hat. So bleibt aber die Kluft zwischen der Realität und der psycho-mentalen Wahrnehmung. Demokratie garantiert nicht von sich aus Wohlstand für alle, gleichwertige Lebensverhältnisse, sie garantiert nur die gleichen Rechte für alle und die Teilhabe für alle am kollektiven Entscheidungsprozess. Auch dass die Unzufriedenen jetzt eine rechte Protestpartei wählen können, ist Ausdruck von Demokratie.

Dieser durchaus komplexe Hintergrund der innerdeutschen Geschichte seit der Wiedervereinigung hat also auch zur Veränderung Deutschlands beigetragen, mit politischen Konsequenzen, auf die im Folgenden einzugehen ist.

Die fünfte Partei und die DDR-Vergangenheit

Die Berliner Republik zeichnet sich nicht zuletzt auch dadurch aus, dass mit der Wiedervereinigung die PDS als neue politische Komponente ins Spiel kam. Damit war ausgerechnet nach dem Untergang der SED-Herrschaft wieder eine Partei links von der SPD in der politischen Landschaft präsent, noch dazu aus der SED hervorgegangen, für die »demokratischer Sozialismus« kein Anagramm von »Sozialdemokratie« war und deren Sozialismus sich nicht einfach auf ein Mehr an Sozialstaat beschränkte, so jedenfalls programmatisch. Mit den Regierungsbeteiligungen in ostdeutschen Ländern tat sich hier allerdings eine Kluft zwischen Programmatik und Wirklichkeit auf, die mit einer gewissen Verzögerung zum Rückgang des Wählervotums für die PDS aus Enttäuschung und später dann auch zu einer Wählerwanderung von der Linkspartei hin zur AfD, der sechsten Partei, führte.

In einer Zusammenfassung der fünf zentralen Konsenspunkte der programmatischen Statements auf dem ersten Sonderparteitag in der Übergangsphase im Dezember 1989 bekannte sich die SED-PDS, wie sie anfangs hieß, zwar zum »Parteienpluralismus« und schwor dem Stalinismus ab, andererseits hieß es aber im ersten Konsenspunkt: »Die Delegierten des Sonderparteitages sehen es als ihre Pflicht an, sich im Namen der Partei gegenüber dem Volk aufrichtig dafür zu entschuldigen, dass die ehemalige Führung der SED unser Land in diese Existenz gefährdende Krise geführt hat. Wir sind willens, diese Schuld abzutragen.«[47] Nicht das zusammengebrochene SED-Regime als solches, sondern dessen Untergang sowie die Gründe dafür waren das Bedauerliche – ein verräterischer Anfang für eine Partei, die etwas Neues zu sein vorgab, sich aber nicht neu gründete, sondern nur umbenannte. Die Gründe dafür sind vielfältig, nicht zuletzt ging es um das Parteivermögen. Tilman Fichter nannte die Umbenennung später ein »Schulbeispiel für die postkommunistische Sprachpolitik«.[48] Warum *post*kommunistisch? In gewisser Weise kehrte man zu den Anfängen zurück. Denn nun, angefangen mit dem ersten Parteiprogramm im Februar 1990, wurde der Demokratiebegriff wiedergefunden wie zu Beginn der SED 1946, und der Staatssozialismus ersetzt durch eine »Regulierung durch den Markt mittels strategischer Wirtschaftssteuerung des Staates«, denn eine »umfassende Demokratisierung der Gesellschaft erfordere tatsächliche Produktionsdemokratie.«[49] In der Diskussion um das Parteiprogramm 1993 ging es noch massiv darum, die antikapitalistische Stoßrichtung zu bewahren und auch öffentlich zu zeigen. In einem kommentierenden Aufsatz stieß auch der später als Reformer geschätzte und umstrittene Vordenker André Brie noch entsprechend nostalgische Töne an: »Die kapitalistische Gesellschaft ist nicht das letzte Wort der Geschichte, es sei denn ihr Todesschrei.« Der Repräsentant eines gerade untergegangenen Sozialismus prophezeite den Überlebenden des Kapitalismus den bevorstehenden Untergang ihres Systems...

Dieser altmarxistischen Poesie traten auch alt-SEDlerische Töne an die Seite, nämlich in der Bewertung, »dass in der BRD politisch, ökonomisch, sozial und psychologisch der Boden entsteht und durch bornierte Regierungspolitik bereitet wird für eine erneute verhängnisvolle Rolle Deutschlands in Europa und für einen neuen deutschen Nationalismus.«[50] Da war er noch: Der »Antifaschismus« und »Antiimperialismus« der SED, weichgezeichnet zum »Antinationalismus«, aber noch erkennbar, vier Jahre nach dem Fall des quasi Anti-Alles-»Schutzwalls«, in einem neuen Leben in der »BRD«, mit der »DDR« virtuell noch in den Köpfen.

Mitte der neunziger Jahre hatte sich André Brie gewandelt und rief die Partei auf (resümiert von Prinz), sie »müsse endlich in der Bundesrepublik ankommen und ein positives Verhältnis zur parlamentarischen Demokratie und zum Grundgesetz finden.«[51] Darauf entspann sich im *Neuen Deutschland* eine heftige Debatte, in der die Altstalinisten wie Karl-Eduard von Schnitzler Brie heftig kritisierten und dagegen Brie-Unterstützer erklärten: »Wäre es nicht höchste Zeit, die PDS für die Menschen erträglich zu machen, die nie in der SED waren? Denn sieben Jahre sind seit der Wende vergangen und nur zehn Prozent der PDS-Mitglieder sind nie SED-Mitglieder gewesen.«[52]

Fünfzehn Jahre nach der Wende, in ihren Programm von 2004, hatte sich die Partei weiterentwickelt, die Programmatik blieb weiterhin im Wortlaut gedämpft sozialistisch: »In einer sozialistischen Gesellschaft, wie wir sie anstreben, dienen Produktions-, Verteilungs- und Konsumtionsweise dem Ziel, allen die Bedingungen eines selbstbestimmten und solidarischen Lebens zur Verfügung zu stellen.«[53] Die »gesellschaftliche Dominanz der Profitlogik« soll durch »sozialstaatliche Regulierung« und »wirkliche Vergesellschaftung«, eine »Demokratisierung der Gesellschaft«, gebrochen werden, die Mittel und Wege dafür sollen »den Zielen von Gewaltfreiheit und Demokratie entsprechen«, doch »nicht aus dem Frieden mit den Herrschenden, sondern aus der Gegenwehr der Unterdrückten und Benachteiligten [...] entsteht eine menschlichere Gesellschaft.« (S. 3, 4). Nicht die schematische Verstaatlichung sei das Ziel, sondern »die Verfügungsgewalt über hochkonzentriertes Kapitaleigentum und Finanzfonds schrittweise sozialen Kriterien zu unterwerfen.« (S. 5).

Was damit gemeint ist, bleibt vage, es fällt aber nicht schwer, weiterhin die Parallelen zum ersten Programm der SED 1946 zu erkennen, als es, der politischen Lage in Deutschland geschuldet, noch darauf ankam, sich mit weitergehenden Zielen zurückzuhalten und stattdessen den Demokratiebegriff für sich zu vereinnahmen: »Ausbau der Selbstverwaltung auf der Grundlage demokratisch durchgeführter Wahlen. Leitung aller öffentlichen Einrichtungen und der Wirtschaft durch ehrliche Demokraten und bewährte Antifaschisten« usw.[54]

Gleichwohl war das Programm von 2004 schon zuvor, in seinem Entstehungsprozess wie auch im Nachhinein in den Kommentaren, heftig umstritten zwischen dem Reformflügel und den Orthodoxen.[55] Dabei ging es um das Selbstverständnis der Partei, die DDR-Vergangenheit und die Einschätzung der bundesrepublikanischen Gesellschaft. Heraus kam ein von Anfang an von der Programmkommission entworfener Kompromiss, der eine Mehrheit gegenüber der radikalen Minderheit gewann, die ihrerseits heterogen aus verschiedenen innerparteilichen linken Zirkeln zusammengesetzt war: aus der »Kommunistischen Plattform« um Sahra Wagenknecht, dem »Marxistischen Forum«, das noch orthodoxer und DDR-nostalgischer ausgerichtet ist, sowie westdeutschen Linksradikalen und einem besonderen pazifistischen Flügel. Es war jedoch die letzte große Theorie- und Standortdebatte, denn spätestens mit der rot-roten Regierung im Berliner Rathaus seit 2001 drängten sich Fragen der politischen Pragmatik im Hinblick auf Regierungsbeteiligungen auf. Mit der konkreten Machtperspektive trat die Theoriedebatte in den Hintergrund, und durch die Vereinigung mit den abtrünnigen Sozialdemokraten und Gewerkschaftern der WASG wurde dies nur bestärkt.

Für politischen »Klartext« sorgte lange Zeit die *Kommunistische Plattform* (KPF) in der PDS/*Linken*, die für einen echten Linkskurs der Partei arbeitet, »für den Sozialismus als Ziel gesellschaftlicher Veränderungen« und »gegen jegliche Art von Antikommunismus«[56], für einen »Systemwechsel« und »eine Gesellschaftsordnung«, »in welcher die Ausbeutung des Menschen durch den Menschen abgeschafft [...] wird«. Sie meint, dass der »Sozialismus im 20. Jahrhundert [...] historisch legitim war und ist«, und ihre »Solidarität mit dem sozialistischen Kuba ist unverbrüchlich.«[57] Und die Bundesrepublik? Sahra Wagenknecht bestritt 1995, »dass die Bundesrepublik demokratisch, dass sie sozial und dass sie ein Rechtsstaat ist«, und erklärte noch 2001, »die DDR sei nicht undemokratischer gewesen als die Bundesrepublik« (im Resümee von Prinz). Andere aus jenen Kreisen bestritten zu jener Zeit den demokratischen Charakter der Bundesrepublik, sie sei eine »embryonale Demokratie« oder, nach ihrer Interpretation des Parteiprogramms von 2003, gar nicht demokratisch, weil kapitalistisch.[58]

Obwohl die KPF, wie sie sich abgekürzt gern nennt, stets numerisch wenig innerhalb der Partei repräsentierte und ständig Thema von Auseinandersetzungen war, wurde und wird sie logistisch von der Partei gefördert, letztlich als Partei in der Partei geduldet, und konnte in der Person von Sahra Wagenknecht schließlich an die Spitze der Partei aufrücken, nämlich zur Vorsitzenden der Bundestagsfraktion (zusammen mit Dietmar Bartsch). Dafür war Wagenknecht auch bereit, Kompromisse einzugehen, und unterschied sich darin von den Radikalen des Marxistischen Forums. Ihr Ziel war nicht die reine Lehre, sondern die Einflussnahme auf die Partei. 2001 schrieb Gregor Gysi in seinem Buch: »Im Klartext bedeutet dies, daß Sahra Wagenknecht und ihrer Mitstreiterinnen und Mitstreiter den Pluralismus in der PDS nur so lange anerkennen, wie sie eine Minderheit bilden. Sollten sie aber jemals die Mehrheit erreichen, dann würde auch der Pluralismus in der PDS sofort überwunden werden. Dann gäbe es nur noch ein Weltbild, nur noch eine Weltanschauung, nur noch einen ›wissenschaftlichen Sozialismus‹. Und alle, die sich dem einen Weltbild nicht unterordnen wollten, hätten mit entsprechenden Konsequenzen zu rechnen.«[59] Klare Worte. Das gleiche könnte man sich auch hypothetisch hinsichtlich der *PDS/Linken* als Ganzes fragen, käme sie denn in eine Position gesellschaftlich-politischer Mehrheit.

Dieser Parteipluralismus tolerierte jedoch die KPF, denn »die Kommunistische Plattform gehört nach Meinung der Parteispitze zu einem wichtigen Bestandteil der PDS«, schrieb Eckart Jesse 2002[60], weil sie für ihr Selbstverständnis und ihre Selbstdarstellung gebraucht wurde: Das Argument, man sei keine autoritäre SED mehr mit Fraktionsverbot, schützte letztlich die ideologische Verbindung zur alten SED, die für das dialektische Verhältnis der PDS zwischen Kontinuität und Bruch mit der Vergangenheit nötig war, damals auch noch aufgrund der überalterten Mitgliederstruktur. Dafür gibt es heute jedoch eine neue Generation radikalerer, jüngerer Mitglieder und Anhänger und seit der Vereinigung zur *Linken*, die von der KPF übrigens kritisch gesehen wurde, einen permanenten Richtungskampf.

Dies brachte im Inneren eine wirkliche Veränderung der Republik. Nachdem die PDS 1990 durch die beiden getrennten Wahlgebiete in Ost und West nur im Osten die Fünfprozenthürde überspringen musste, konnte sie mit insgesamt nur 2,4 % 17 Abgeordnete im Bundestag stellen, 1994 scheiterte sie mit 4,4 % an der Sperrklausel für das gesamte Bundesgebiet, konnte diese aber durch drei errungene Direktmandate außer Kraft setzen und bekam 30 Sitze. 1998 schließlich übersprang sie mit 5,1 % gerade die Hürde, erlitt aber 2002 einen Einbruch mit 4,0 % und konnte nur zwei Berliner Direktmandate erringen. Das dritte Direktmandat war ihr durch eine Umstrukturierung der Berliner Bezirke/Wahlkreise verloren gegangen.[61] Doch 2005 hatte sie sich davon mehr als erholt und kam auf 8,7 %. Entscheidend hierfür dürfte die Enttäuschung der SPD-Wähler über die Schrödersche Sozialpolitik gewesen sein, da die SPD über vier Prozent verlor, die die PDS numerisch dazugewann. So half die beginnende Krise der SPD der PDS zur Existenzsicherung und mit der Erweiterung zur *Linken* auch zur Etablierung im Westen.

1998 konnte die PDS durch ihre zahlenmäßige Präsenz im Bundestag die rot-grüne Mehrheit noch nicht verhindern, zu stark war der Anti-Kohl-Effekt gewesen, so dass diese Koalition gegen CDU/CSU und FDP auf der einen und die PDS auf der anderen Seite eine Mehrheit errang. Als stärkste Fraktion mit 40,9 % im Bundestag schien die SPD zudem an ihre Hochzeit 1972 anzuknüpfen. Doch das schwere finanzielle Erbe der Wiedervereinigung und die wirtschaftliche Flaute brachten die Regierung in eine akute Schuldenkrise, die sich nach ihrer knappen Wiederwahl 2002 in der sozialpolitischen Wende »Agenda 2010« niederschlug. Verluste bei den Landtagswahlen und die immer größere schwarz-gelbe Mehrheit im Bundesrat zwangen Bundeskanzler Schröder zur Neuwahl mittels des inszenierten Misstrauensvotums 2005. Heraus kam die erste Große Koalition der jüngeren Zeit. Rechnerisch wäre damals eine rot-rot-grüne Mehrheit möglich gewesen, doch eine Koalition mit der PDS war für die SPD innerhalb der eigenen Wählerschaft wie auch gesellschaftlich nicht denkbar, zumal nach der Abspaltung ihres linken Flügels. Durch den Austritt der Hartz-IV-Gegner aus der Partei hatte sie ja gerade diejenigen verloren, die für ein solches Bündnis eingetreten wären. Diese Abweichler konstituierten sich zunächst als WASG (Wahlalternative Arbeit & Soziale Gerechtigkeit) und fusionierten 2007 mit der PDS zur *Linken*. Nun konnte sich bundesweit am linken Rand eine konkurrierende Partei verankern, mit der politisch zunächst auf Bundesebene und in den westdeutschen Ländern keine Koalitionsmöglichkeiten bestanden, weil die politischen Differenzen in zahlreichen Fragen und nicht zuletzt das grundsätzliche Problem der Vergangenheit der PDS unüberwindbar schienen. Auf Landesebene zeigte sich dies exemplarisch in Hessen nach der Niederlage der CDU-Regierung unter Roland Koch 2008, als die relative Wahlgewinnerin SPD unter Andrea Ypsilanti eine Mehrheit nur unter Bruch des Wahlversprechens durch ein Bündnis mit der Linkspartei zustande bekommen hätte. Der Versuch kostete Ypsilanti die Karriere und ihrer Partei die Chance auf einen Wechsel, denn das Dilemma der SPD stärkte wieder die CDU, die bei der Neuwahl erneut an die Macht kam und bis heute die führende Partei blieb.

Aufgrund des Scheiterns der FDP 2013 im Bund hätte auch hier noch einmal rechnerisch eine Mehrheit für Rot-Rot-Grün bestanden, doch die Bundes-SPD scheute aus den genannten Gründen noch einmal davor zurück. Unterhalb dieser Schwelle und nur in den östlichen Ländern ging man dagegen Koalitionen mit der Linkspartei ein, dabei in Thüringen sogar mit der Linkspartei an der Spitze unter Ministerpräsident Ramelow.

Das Dilemma der SPD

Hatte die Kohl-Abwahl-Stimmung 1998 der SPD noch einmal einen grandiosen Erfolg beschert und mit 40,9 % zur stärksten Partei gemacht, so holte sie bei der Bundestagswahl 2017 nur noch die Hälfte der Stimmen. In der Zange von Linkspartei und CDU, zwischen Sozialismus und einer sozialen Merkel-CDU, wurde der Spielraum für die SPD und damit auch deren sozialdemokratische Identität immer prekärer. Seit 2017 verschärft sich das Dilemma aufgrund einer zusätzlichen Herausforderung durch die Grünen und eine ganz neue durch die AfD, die unterschiedliche Wählerschichten der SPD abziehen, während die SPD zusammen mit der Union in einem sinkenden Boot gefangen erscheint. Dabei hatte die zweite Große Koalition der Berliner Republik 2013–2017 eigentlich inhaltlich viel für die SPD gebracht, nur dann keinen Wahlerfolg am Ende, sondern das Gegenteil, eine Katastrophe angesichts des gefühlten Befreiungsschlages in der öffentlichen Gunst durch die Kanzlerkandidatur von Martin Schulz. Seine Nicht-Haltung zur *Linken* mag ihren Anteil dazu beigetragen haben, so kommt denn die SPD aus dem Dilemma nicht heraus, dass sie für ein Bündnis mit der *Linken* auf Bundesebene nicht die nötige Zustimmung bekommt, ohne dieses Bündnis aber keine Mehrheit. Denn in der Fünfparteienkonstellation zeichnete sich nach der Ära Schröder ab, dass es auf Bundesebene rechnerisch für Rot-Grün alleine kaum noch eine Mehrheit geben würde, wenn die FDP auch im Bundestag vertreten ist. Und da war die AfD noch gar nicht im Spiel.

Auch zu Beginn der Weimarer Republik wäre die in KPD umbenannte Spartakusgruppe noch nicht zu der erdrückenden Konkurrenz links von der SPD geworden, wenn sich nicht ein starker linker Flügel von der SPD abgespalten hätte (USPD, ca. ein Drittel der Mitglieder), von dem dann wiederum zwei Drittel zur KPD gingen, wodurch sie erst zu einer Massenpartei wurde. An Wählerstimmen gewann die KPD nach dem Tief in der Dezemberwahl 1924 immer dazu: 1928, auf dem neuen Höhepunkt der SPD, mobilisierte die KPD ungefähr ein Drittel so viele Wähler wie die SPD (10,6 %/29,8 %), 1930, nach dem Bruch der Großen Koalition mehr als die Hälfte (13,1 %/24,5 %), und in der Novemberwahl 1932 näherte sie sich der SPD an (16,9 %/20,4 %).

Wie oben dargelegt, blieb die Weimarer SPD programmatisch relativ links definiert, verstand sich wie die KPD als Partei der Arbeiterklasse, so dass sich aus beiden Parteien eine Art Nullsummenspiel ergab: zusammengezählt erreichten beide immer zwischen 33 und 37 % der Wähler. Angesichts dessen, dass die SPD somit nicht hoffen konnte, ihre programmatischen Ziele durchzusetzen, da sie mit bürgerlichen Parteien koalieren musste, entwickelte sie zwar einen Pragmatismus in der Regierung, wie in der Großen Koalition 1928–30, aber keine konzeptionelle Strategie, die sie positiv sowohl nach links wie nach rechts abgegrenzt hätte, ohne deswegen einerseits die notwendigen Koalitionen zu verunmöglichen und andererseits die eigene Wählerschaft zu verprellen. Vielleicht eine unmögliche Quadratur des Kreises, der Versuch wäre aber nötig gewesen. Symptomatisch war, wie gezeigt, der Bruch der Großen Koalition nicht an einem grundsätzlichen, sondern an einem vergleichsweise banalen Problem.

Der Konflikt um die Agenda 2010 und die Abspaltung der WASG hatten bei Weitem nicht die Bedeutung der Abspaltung der USPD damals, wo es von der Zustimmung zu den Kriegskrediten 1914 bis zur Revolution 1918 um existenzielle Dinge ging. Die Mitgliederzahl der SPD war schon seit Ende der 1980er Jahre kontinuierlich rückläufig bis zum »Schulz-Effekt« 2017. Mit einem Rückgang von 693 894 auf 650798 von 2002 nach 2003 hatte sie zwar einen etwas höheren Verlust als in den Jahren zuvor, wo der jährliche Rückgang um die 20000 betrug, doch war der Effekt in der Wählergunst viel entscheidender: Von 40,9 % 1998 sank sie auf 38,5 % 2002, 34,2 % 2005 und 23 % 2009, ein erster tiefer Einbruch nach der ersten Großen Koalition der Berliner Republik. 2013 stieg sie wieder leicht auf 25,7 % und sank schließlich nach der zweiten Großen Koalition 2017 auf ihr bislang absolutes Tief von 20,5 %. So lag es nahe, die Beteiligung an der Großen Koalition dafür verantwortlich zu machen und daher eine erneute GroKo abzulehnen, doch die Gegner um den Juso-Vorsitzenden Kevin Kühnert konnten keine Alternative aufzeigen. Bei Neuwahlen drohte der SPD der freie Fall nach unten, denn womit hätte sie denn Wahlkampf machen wollen? Wählt uns in die Opposition? Oder für ein rot-rot-grünes Bündnis, für das weder die Zustimmung der Grünen noch die der eigenen Wählerschaft gesichert wäre und für das es schon im September nicht mehr gereicht hatte? Zwar ist die Ablehnung der GroKo (»schlechteste Regierung«) in der SPD-Wählerschaft größer als die von Rot-Rot-Grün, doch würde letzteres, wäre es denn angekündigt, die damit nicht einverstandenen Wähler weitaus stärker von der Wahl der SPD abhalten. So jedenfalls der damalige Stand der Umfragen. Auf ihre positive Wertung befragt, stimmten bei einer Umfrage vor der Bundestagswahl 2017 mehr SPD-Anhänger für eine Große Koalition unter sozialdemokratischer Führung (Schulz) (32,1 %), während die Optionen Rot-Rot-Grün (29,7 %) und Rot-Grün-Gelb (27,2 %) nicht weit auseinander lagen.[62] Durch Obstruktion eine Neuwahl zu erzwingen, erschien dann jedoch auch den GroKo-Gegnern in der SPD zu riskant. Allerdings ist damit das Dilemma für die SPD nicht gelöst. Es ist auch kein singuläres Problem der deutschen Sozialdemokratie, sieht man sich den noch viel drastischeren Einbruch der niederländischen Partei von der Arbeit und die faktische Auflösung der französischen Sozialisten an.

Egal wie das Votum über die Große Koalition 2018 ausging, die SPD konnte nur verlieren: Entweder würden sich Wähler (und auch Mitglieder) abwenden, die in der erneuten Großen Koalition das Grab der SPD sahen, oder umgekehrt diejenigen, für die Mitregieren immer noch besser als eine selbstverschuldete Handlungsunfähigkeit war. Was dann dennoch die Mehrheit von nur 54 % für Koalitionsgespräche auf dem SPD-Parteitag am 21.1.2018 zustande brachte, war wohl zuallererst die Angst vor Neuwahlen – immerhin 46 % wollten das Risiko eingehen – und dass die Option CDU-Minderheitsregierung eben zu Recht als *keine* Option eingeschätzt wurde. Wie viele ernsthaft glaubten, eine Nachverhandlung über einige Punkte aus der Sondierung wäre wirklich möglich gewesen, wird unbekannt bleiben, viele dürften es nicht gewesen sein.

Der Parteitag schloss ein Jahr der Illusionen ab, die die SPD seit der triumphalen Wahl von Martin Schulz zum Kanzlerkandidaten und Parteichef sich selbst und der Öffentlichkeit gegenüber gemacht hatte: zuerst Illusion in eine Regierungsübernahme, dann in die Erneuerung in der Opposition, beides vom selben Hoffnungsträger versprochen, in den man die dritte Illusion gesetzt hatte. Dabei hatte gar keines der großen Projekte, die man anschließend in den Koalitionsverhandlungen durchgesetzt hat oder durchsetzen wollte, vorher den Wahlkampf bestimmt: (1.) Das Europathema war seltsamerweise kleingeschrieben worden, obwohl – oder weil? – Schulz doch bis dahin Präsident des Europaparlaments gewesen war. Stattdessen wurde er als »der Mann aus Würselen« präsentiert. Dann ist (2.) die Bürgerversicherung sehr wohl eine alte Forderung, nicht nur in der SPD, wurde aber im Wahlkampf nicht thematisiert. Diese, wie auch (3.) die Rentenreform, wären in der Tat Projekte, die ohnehin nur durch eine Große Koalition oder jedenfalls einen parteiübergreifenden Konsens realisierbar wären, doch über die notwendige *grundlegende* Reform der Rentenversicherung, nicht nur für Details, hat sich die SPD keine Gedanken gemacht, dabei hätte sie gerade da gegenüber der Union punkten können. Und auch (4.) das Thema Wohnungsnot hatte im Wahlkampf beileibe nicht den Stellenwert, den es dann anschließend bekommen hat.

Allgemeine Vorstellungen von sozialer Gerechtigkeit kann die Linke jedoch besser vertreten und finden viele Wähler auch dort besser, weil glaubwürdiger, aufgehoben. Die SPD hätte somit deutlich machen müssen, wie sie konkret mehr Gerechtigkeit herstellen könnte. Dies wurde aber nur in einigen Ansätzen versucht. Ein neuer »Klassenkampf« für »die kleinen Leute« fischt aber nicht nur im selben Teich wie die Linke, er muss zwangsläufig minoritär bleiben, weil gerade in diesem Wahlkampf Umfragen zufolge mehr Deutsche als seit langem mit ihrer Situation grundsätzlich zufrieden waren.

Nicht nur der Parteitag, auch die Mitgliederabstimmung über die Große Koalition nach den Koalitionsverhandlungen war in Wirklichkeit ein Pyrrhussieg für die Parteiführung. Mit knapp zwei Drittel Befürwortern war sie keineswegs ein »überzeugendes« Ergebnis, das »die Partei wieder zusammenführt« (Olaf Scholz). Denn viele, vielleicht die meisten, die für die GroKo gestimmt haben, taten dies Umfragen zufolge nicht aus innerer Überzeugung, sondern unter dem Druck der Verhältnisse mangels Alternative. Stimmungsbilder aus SPD-Gliederungen in den Medien vor und nach der Abstimmung haben das deutlich gemacht, fast niemand der Befragten hat sein Ja aufgrund eines überzeugenden Ergebnisses der Koalitionsverhandlungen begründet, wie es die Parteiführung tat und auch tun musste. Doch die Parteiführung interpretierte das Abstimmungsergebnis in ihrem Sinne. »Der Parteivorstand der SPD um Andrea Nahles und Olaf Scholz hat nahezu einstimmig für eine große Koalition geworben«, kommentierte die *Zeit*, »die 120 000 Genossen, die dagegen waren, und die vielen, die nur aus Vernunft und nicht aus Überzeugung mit Ja stimmten – sie alle haben im Vorstand kaum jemanden, der für sie spricht.«[63]

Die Intrigen in der Parteiführung bei gleichzeitiger Ausweitung der innerparteilichen Demokratie haben der Parteiführung einen noch nie dagewesenen Autoritätsverlust beschert, einen vor kurzem noch 100%-Hoffnungsträger von heute auf morgen ins Abseits treten lassen, in das er auch seinen Vorgänger in der Partei und sozusagen gewünschten Vorgänger im Außenministerium mitgerissen hat. Die Wähler haben einen verfehlten Wahlkampf nicht honoriert, die Partei nicht die abrupten Richtungswechsel, persönlichen Machtambitionen und Ränkespiele. Als Martin Schulz im Parteihaus unter der keineswegs segnenden, sondern mahnenden Hand des bronzenen Willy Brandt dem staunenden Publikum Sigmar Gabriel für seine hervorragende Arbeit als Außenminister dankte und dann erklärte: »Ich habe beschlossen, als Außenminister der neuen Regierung anzugehören«, war dies ein unglaublicher Affront gegen die bisherigen politischen Gepflogenheiten, ganz abgesehen davon, dass Schulz vorher hoch und heilig versprochen hatte, nicht in eine Regierung Merkel eintreten zu wollen. Unter Brandt-Wehner-Schmidt blieben die Intrigen noch weitgehend hinter den Kulissen, bei Scharping-Lafontaine-Schröder traten sie schon halb in die Öffentlichkeit, nun fanden sie aber vor laufender Kamera statt.

Die nicht zusammenpassende Mischung aus Ränkespiel und Demokratie zeigte sich auch im Aufstieg von Andrea Nahles. Zunächst wurde sie nach der Bundestagswahl von dem kurzzeitigen Parteichef Martin Schulz als Fraktionsvorsitzende in der Öffentlichkeit »vorgeschlagen«, noch bevor die Fraktion überhaupt zusammengetreten war. Die Fraktion wurde vor quasi vollendete Tatsachen gestellt, und hätte sie den »Vorschlag« abgelehnt, hätte sie die Krise der SPD nach der Wahl nur noch befeuert. Anschließend vollzog sich innerhalb kürzester Zeit die Demontage von Martin Schulz, an der er selbst großen Anteil hatte, so dass Nahles von der Fraktions- und auch zur Parteivorsitzenden durch Mitgliedervotum werden konnte, sogar bei einer Gegenkandidatin, der bundespolitischen unbekannten Flensburger Oberbürgermeisterin Simone Lange, die 34 % Proteststimmen gegen Nahles auf sich vereinigen konnte.

Die SPD ist somit in gewisser Weise auch »Opfer« ihrer innerparteilichen Demokratisierung. Noch nie hatten die Jusos und insgesamt die Parteilinke so großen Einfluss in der Partei und ein so großes Echo in der Öffentlichkeit: Juso-Chef Kevin Kühnert wurde fast über Nacht zum Herausforderer der Parteiführung. Davon hätten die Jungsozialisten in den 1970er Jahren nur träumen können, damals prägte eine Schizophrenie von Aufbegehren und Gehorsam die Partei, bis der NATO-Nachrüstungsbeschluss erstmalig die Partei auch bis auf Parteitagsebene gegen den eigenen Regierungschef Helmut Schmidt aufbrachte.

Doch hat sich natürlich der Gegenstand des Konfliktes zwischen Links und Rechts innerhalb der Partei verschoben. Es ist keineswegs »normal«, dass die Hauptkontrahenten des Wahlkampfs anschließend eine »Große Koalition« bilden, und wenn die Ausnahme zur Regel wird, dann hat sich diese »Normalität« gravierend verändert. Der eigentliche politische Skandal der Regierungsbildung 2017/18 liegt im vorherigen Scheitern der schwarz-gelb-grünen Sondierungsgespräche. Und wenn nun vor allem die FDP bei jeder Gelegenheit den fehlenden Zusammenhalt der Großen Koalition mit der daraus folgenden Lähmung der Regierung geißelt, so hat sie selbst einen erheblichen Anteil daran, dass dies zustande kam.

Die sechste Partei und die NS-Vergangenheit

Die Veränderung der »Normalität« besteht schon in der Verengung der Möglichkeiten zur Mehrheitsbildung durch den rasanten Erfolg der AfD. 2013 scheiterte sie noch mit 4,7 % bei der Bundestagswahl, was gleichwohl ein Überraschungserfolg war nach nur wenigen Monaten Parteiexistenz, und errang bereits 7,1 % bei der Europawahl 2014 (zum Vergleich: Linke 7,4 %). Die weiteren Erfolge bei den Landtagswahlen 2014/15 sowie die Radikalisierung nach der Spaltung im Sommer 2015 brachten ihr einen enormen Aufschwung bei den darauf folgenden Landtagswahlen 2016 mit Spitzenwerten im Osten (Sachsen-Anhalt 24,3 %, Mecklenburg-Vorpommern 20,8 %) und dann 12,3 % bei der Bundestagwahl 2017. Somit ist auch am rechten Rand eine neue radikale Partei entstanden, die für die Union nicht koalitionsfähig ist, jedenfalls noch nicht. Der neue Fraktionsvorsitzende der CDU in Sachsen hat schon angekündigt, dass nach der dortigen Landtagswahl 2019 eine Koalition mit der AfD nicht von vornherein ausgeschlossen sei.[64] Dieser Schritt würde dann gewiss mit der Parallele auf der Linken legitimiert (SPD-Linkspartei).

Nimmt man die Ergebnisse der Bundestagswahl in Sachsen, wo die AfD die CDU knapp überflügelt hat (27 %/26,9 %), so gäbe es für Sachsen bei diesem Stand noch nicht einmal eine Mehrheit von CDU-SPD-FDP (zusammen 45,6 %), die Grünen würden dafür zusätzlich noch gebraucht, die zur Zeit mit 5,7 % im Landtag vertreten sind. Umfragen von INSA und Infratest-Dimap vom August 2018 sahen die CDU zwar leicht vorn mit 28 bzw. 30 %, verbuchten jedoch 25 % für die AfD und 18 % für die *Linke* und somit keine substanziell veränderte Konstellation.[65] Eine kleine Verschiebung würde reichen, um mit einer rechnerischen Mehrheit von Linke und AfD sogar eine Maximalkoalition der Mitte von CDU-SPD-Grüne-FDP zu verhindern. Die Regierungsunfähigkeit könnte dann in der Tat nur dadurch aufgelöst werden, dass die CDU auf die Linke oder die AfD zugeht. Bei dem Blick nach rechts scheint nicht zu stören, dass die AfD sich selbst immer weniger nach rechts außen abgrenzt und Probleme mit Neonazis in den eigenen Reihen hat, die sich unter anderem einen Spaß daraus machen, Nazisymbole zu verwenden und eine Fotomontage zu erstellen, auf der Soldaten mit Gewehren auf Angela Merkel zielen.[66]

Die AfD wurde von Abtrünnigen der »Altparteien« und des Establishments, das sie dann bekämpften, gegründet. Auch wenn wir in der vorliegenden Untersuchung oft auf Frontenwechsler von extrem links nach extrem rechts im Umfeld der Neuen Rechten zu sprechen kommen, so darf dies nicht übersehen werden. Nicht nur Bernd Lucke (Ex-CDU), Hans-Olaf Henkel (zuvor Unterstützer von FDP und Freien Wählern) und manch anderer Euro-Kritiker aus der ersten Phase kamen von dort, sondern auch unter den sich dann weiter radikalisierenden Führungsmitgliedern der heutigen AfD gibt es noch genügend Ehemalige aus den »Altparteien«, allen voran Alexander Gauland und Albrecht Glaser, beide aus der hessischen CDU, Gauland als ehemaliger Leiter der Hessischen Staatskanzlei (1987–91), Glaser als Frankfurter Stadtkämmerer (1997–2001) sowie weitere Bundestagsabgeordnete[67] oder Beatrix von Storch, kurzzeitig FDP-Mitglied. Auch der brandenburgische Landesvorsitzende und für eine weitere Parteikarriere hoch gehandelte Andreas Kalbitz war Anfang der 1990er Jahre in der Jungen Union, schrieb in der *Jungen Freiheit* und trat für einen rechten Aufbruch in der Union ein, wechselte dann zu den *Republikanern* und war Mitglied in eindeutig rechtsextremen Gruppierungen.[68] Daneben gibt es eine ganze Reihe ehemaliger Bundeswehroffiziere oder Polizisten auf der Führungsebene oder in den Parlamenten, am bekanntesten der Berliner AfD-Vorsitzende Georg Pazderski.

Anders als die *Linke* hat sich die AfD mit zunehmendem politischem Erfolg nicht etwa staatspolitisch gemäßigt, ganz im Gegenteil, dieser Kurs von Frauke Petry wurde auf dem Kölner Parteitag 2017 abgeblockt und führte nach der Bundestagswahl zum Austritt von Petry aus Fraktion und Partei, mit Marcus Pretzell und einigen Getreuen in der Partei. Immerhin gingen in einigen Landtagen und Kommunalparlamenten durch jüngste Richtungskonflikte oder in der Folge des Petry-Austritts etliche Mandate verloren, außerdem gab es schon zuvor Austritte von Abgeordneten in einigen Ländern.[69] Der Plan einer Spaltung der Partei und der Etablierung einer neuen, gemäßigteren Rechtspartei ging jedoch nicht auf. Nur zwei Jahre, nachdem sie selbst die Abspaltung des Flügels um den Parteigründer Lucke mit herbeigeführt und dessen Erbe als Vorsitzende angetreten hatte, ist Petry genau dasselbe passiert wie ihm und aus den gleichen Gründen: Der Kurs der AfD geht in die entgegengesetzte Richtung und ihre Popularität auch. Die Partei hat sich immer weiter und immer schneller radikalisiert, und zwar an der Basis ebenso wie – mit Verzögerung und abgestuft – auf der mittleren und oberen Parteiebene, so dass gestern über die Partei geschriebene Bücher heute schon überholt sind. »Man kann förmlich zusehen, wie sich die AfD an der inneren Radikalisierung berauscht wie an einer Eigenbluttransfusion – und bisher hat es sich in den Umfragen auch immer ausgezahlt«, kommentierte Mariam Lau in der *Zeit* die Radikalisierung der Zustände in Chemnitz und die Radikalisierung der Worte durch Repräsentanten der AfD.[70]

Dieser Erfolg innerhalb kürzester Zeit ist ohnegleichen für rechtspopulistische oder rechtsextreme Parteien in Europa seit 1945. Er ist aber vergleichbar mit dem Wahlerfolg der NSDAP 1930, als sie von 2,6 auf 18,3 % emporschnellte, also einen noch größeren Sprung machte, in nur etwas kürzerer Zeit, nämlich zwischen der regulären Reichstagswahl 1928 und der Neuwahl 1930, aber mit längerem Anlauf dazu. Geholfen hat ihr damals entscheidend die Weltwirtschaftskrise, deren erste Ausläufer nach Deutschland kamen, sowie die Beteiligung an der Kampagne gegen den Young-Plan, ohne Erfolg in der Sache, aber mit propagandistischem Erfolg für die NSDAP, die fortan der konservativ-monarchistischen DNVP den Rang ablief.

Die äußeren Umstände unterscheiden sich auf den ersten Blick völlig. Damals war Deutschland als Besiegter des Ersten Weltkriegs dank der Außenpolitik Stresemanns gerade wieder in die internationale Gemeinschaft aufgenommen worden, nämlich in den Genfer Völkerbund, und hatte auch eine wirtschaftliche Erholung und gesellschaftlich-kulturelle Blütezeit in den »Goldenen Zwanzigern« hinter sich, die freilich fragil war, nur ein paar Jahre dauerte (seit 1924) und 1930 von den ersten Ausläufern der Weltwirtschaftskrise überschattet wurde. Heute hat Deutschland die Finanzkrise 2007/08 im europäischen Vergleich am besten gemeistert und hat seine Rolle als führende Nation Europas ausgebaut – steht damit aber auch in der Kritik, weil sie diese Rolle für die einen zu viel, für die anderen zu wenig einnimmt.

Und dennoch gibt es Parallelen zwischen damals und heute im Hinblick auf den Aufstieg der extremen Rechten. Der erste Erfolg der AfD verdankt sich ebenfalls einer Kampagne um die deutsche »Souveränität«, nämlich gegen den Euro, der als ähnliche Versklavung Deutschlands dargestellt wird wie damals der Young-Plan. In beiden Fällen kommen auch ein von außen hereinbrechender, bedrohlicher *global impact* und eine nationale, antieuropäische Demagogie von innen zusammen. Ein Teil des *global impact* ist die Migrations- und Flüchtlingsfrage, zu der der damalige Antisemitismus auf den ersten Blick kein wirkliches Pendant darstellt, da er sich gegen bereits ansässige deutsche Staatsbürger richtete. Gleichwohl fand der Antisemitismus schon im Kaiserreich und auch in der Weimarer Republik Auftrieb durch jüdische Flüchtlinge vor den Pogromen im zaristischen Russland und dann vor der kommunistischen Herrschaft. Auch heute wendet sich Angst vor Überfremdung zunächst gegen die angekommenen Flüchtlinge, dann aber auch gegen die schon länger im Land lebenden Muslime. Dass zwischen beiden oft nicht unterschieden wird und dies für die rechte Ideologie auch ganz irrelevant ist, erfahren hier lebende Inländer migrantischer Herkunft mit oder ohne deutsche Staatsbürgerschaft oft auf schmerzhafte Weise.

Eine weitere Parallele zwischen damals und heute besteht auch darin, dass sich der rechte *und* der linke Rand des politischen Spektrums als antieuropäisch und antiglobal definieren, damals gegen den Genfer Völkerbund, heute gegen die Brüsseler EU. Lediglich in der Migrationsfrage gibt es noch einen fundamentalen Gegensatz zwischen AfD und *Linke*, abgesehen von Sahra Wagenknecht. Wie Linke und Rechte tatsächlich zusammengehen können, das zeigt wenig spektakulär die Koalition von SYRIZA mit der Rechtspartei ANEL in Griechenland, weitaus spektakulärerer aber die Koalition zwischen *Cinque Stelle* und *Lega* in Italien. Im Kampf gegen das Establishment und die EU fand dort zusammen, was zusammenpasst.

Am rechten Rand ist nun auch in Deutschland eine Anti-System-Partei entstanden, die auf die Union denselben ambivalenten Druck ausübt wie die *Linke* auf die SPD: sich davon abgrenzen oder darauf zubewegen? Und dasselbe Dilemma, dass angestammte Wählerschichten in beide Richtungen abwandern, von der SPD zur Linken oder zur AfD, von der Union zur AfD oder kompensatorisch zu anderen Parteien der Mitte, zunehmend zu den Grünen.

Schon die ersten Landtagswahlen in Sachsen, Brandenburg und Thüringen wurden von der AfD mit einer Anti-Ausländer-Propaganda bestritten und der Einzug in die Landtage wohl damit auch gewonnen. Der Wahlkampf richtete sich damals gegen den Zuzug von EU-Ausländern aus Osteuropa und die darauf zurückgeführte und als ansteigend empfundene Kriminalität, aber auch schon gegen die ersten Auswirkungen der Flüchtlingswelle. »Es gibt einfach Bürger fremder Staaten, die nicht zu uns gehören«, erklärte Alexander Gauland auf einer Wahlkundgebung 2014, »wir nehmen immer noch die falschen Menschen auf und das führt zu Kriminalität.«[71] Das »passte« zu allen Fremden, egal woher, und brachte in Sachsen 9,7, in Brandenburg 12,2 und in Thüringen 10,6 %. Parteichef Lucke war dort nur noch ein geduldeter Gast, die eigentlichen Triebkräfte um Gauland, Petry und Höcke wiesen schon in einer radikalere Zukunft. Der Zufall wollte es auch, dass die ersten Landtagswahlen mit Chancen für die AfD in Ostdeutschland stattfanden.

Die Radikalisierung der Partei nach rechts begann auch im Osten, wo sich die neu konstituierenden Landesverbände der AfD weit weniger aus abtrünnigen Mitgliedern der Altparteien rekrutierten als aus bislang »Unpolitischen«, von den »Altparteien« Frustrierten, und von Leuten, die bereits in der rechten Szene zuhause waren oder Affinitäten dorthin hatten. Schon einen Monat nach Gründung der AfD durch die Wirtschaftsprofessoren um Bernd Lucke schrieb Götz Kubitschek, einer der Ideologen der Neuen Rechten, in einem Blog: »[...] Wenn es ihnen [= den AfDlern] nur jetzt gelänge, Deutschland ein wenig vor dem zu bewahren, was der Komplex ›Euro‹ noch alles anrichten könnte. Denn dieses Thema ist das feine Thema, das Türöffner-Thema, und unsere Themen (Identität, Widerstand, Gender-, Parteien- und Ideologiekritik) kommen hintendreingepoltert, wenn wir nur rasch und konsequent genug den Fuß in die Tür stellen.«[72] Dabei war in diesen Kreisen anfangs die AfD durchaus umstritten, weil für manch einen von ihrer ganzen Art der Imitation der anderen Parteien her schon zu etabliert oder gar »systemstabilisierend«.[73]

Kubitscheks (* 1970) politische Wurzeln gehen zurück auf die Wochenzeitung *Junge Freiheit*, deren Redakteur er zeitweilig war, sowie rechte Burschenschaften. Er knüpfte früh Kontakte sowohl zu Alt-Rechten um den Ernst-Jünger-Kreis als auch zu späteren Aktivisten der AfD. Im Jahr 2000 gründete er sein »Institut für Staatspolitik« in einem ehemaligen

Rittergut in Schnellroda (Sachsen-Anhalt), die Zeitschrift *Sezession* mit der entsprechenden Website und den Antaios-Verlag.

Schon vor der Gründung der AfD überstieg die Galaxie der Zirkel und Medien der Neuen Rechten bei Weitem die organisatorische Dimension und den gesellschaftlichen Einfluss der Neuen Linken in den siebziger Jahren. Dies war vor allem durch das Internet möglich, über das rechte Themen durch entsprechende Kommentare des aktuellen Geschehens schnell verbreitet werden, während »Öffentlichkeit herstellen« in den siebziger Jahren nur physisch und materiell möglich war, durch persönlichen Einsatz und in ihrem Wirkungsradius sehr beschränkte Medien wie Flugblatt und Zeitschrift. Entsprechend schwierig ist es, einen genauen Wirkungsradius heutiger Websites abzuschätzen, mit Sicherheit wird er aber regelmäßig unterschätzt, zum Teil sogar von Leuten, die sich gezielt damit befassen, etwa wenn Melanie Amann meint, bei *sezession.de* handele es sich nur um »eine kleine Spartenseite« und ihr Betreiber, der Rechtsintellektuelle Götz Kubitschek, »flüstert den AfD-Funktionären keine explizit antidemokratischen Inhalte ein – auch er hat kein alternatives Staatsmodell parat«, während sie andererseits seine Gefährlichkeit herausstellt:

»Kubitschek hat einer ganzen ›Identitären Bewegung‹ (IB) in Deutschland Leben eingehaucht: Jungen Männern mit hippen Frisuren, Heidegger im Kopf, Popmusik im Ohr und ironisch-fremdenfeindlichen Sprüchen auf dem T-Shirt: ›Ab in den Süden – Remigration.‹ Die Frauen lassen sich auf romantischen Blumenwiesen fotografieren, flechten ihr langes Haar zu altmodischen Zöpfen. Mit den tumben Glatzköpfen der NPD wollen diese modernen Wandervögel nichts zu tun haben, sie geben sich kreativ, belesen und rhetorisch gewandt. Aber auffällig viele IB-Männer waren zuvor in Neonazi-Organisationen aktiv, auch wenn sie beteuern, zur Vernunft gekommen zu sein, dem Bösen abgeschworen zu haben. Dabei haben sie in erster Linie die Optik gewechselt.«[74]

Tatsache ist, dass Kubitschek und sein Umfeld in beide Richtungen wirken und eine Brücke zwischen den »Identitären« und der AfD herstellen. Kubitscheks *Institut* hat seit seiner Gründung im Mai 2000 Einfluss auf die politische Szene in Deutschland genommen und sich dies auch zum Ziel gesetzt: »Uns geht es um Öffentlichkeit, Vernetzung und Aktion. […] Ketzerisch ausgedrückt: Wir werden nicht die x–te Arbeitsgruppe zum Thema ›Alte verlorene Schlachten‹ einrichten. Es liegt zu den unterschiedlichsten Themen viel gutes Material in den Schubladen, das meiste ist auch veröffentlicht. Was wir brauchen, ist eine Öffentlichkeitsoffensive. Viele unserer Themen sind vermittelbar, wenn wir uns geschickt anstellen.«[75]

Hierfür seien an dieser Stelle ein paar Beispiele genannt: So war auf einer der ersten Veranstaltungen des Instituts im September 2001 unter anderem der hessische CDU-MdB Martin Hohmann geladen, der über »Strategie im Parlamentarismus« sprach, neben anderen Referenten für Strategien der Konservativen Revolution und Öffentlichkeitsarbeit, insgesamt eine gelungene Mischung aus der Politik, dem akademischen Bereich und der Neuen Rechten. Hohmann wurde 2004 wegen einer antisemitischen Rede zum Tag der deutschen Einheit 2003 von der CDU ausgeschlossen, 2017 kam er in den Bundestag zurück als Abgeordneter der AfD. Im Dezember 2002 fand ein öffentliches Gespräch mit Arnulf Baring zum Thema »Bürgertum« statt, im März war Bernd Rabehl geladen mit einem Vortrag über »Die Linke und die Nation.«[76]

Rabehl war engster Vertrauter Rudi Dutschkes, er und Horst Mahler sind nicht die einzigen aus der damaligen SDS-Führung, die später von extrem links nach extrem rechts abgebogen sind. Rabehl orientierte sich in den 1990er Jahren nach rechts außen, spätestens seit seiner Rede über die »Überfremdung und Auflösung einer nationalen Kultur« 1998 vor der rechtsextremen Münchner Burschenschaft Danubia mit seiner dortigen Präsentation von Dutschke und sich selbst als »nationalrevolutionären« 68ern. 2005 sprach Rabehl dann vor der sächsischen NPD-Fraktion und bekräftigte im NPD-Journal *Deutsche Stimme:* »In letzter Konsequenz bin ich meinem Denken von damals treu geblieben, nur dass sich inzwischen die politischen Positionen verschoben haben. Was früher als ›links‹ angesehen wurde, gilt heute als ›rechts‹.«[77] In Kubitscheks Antaios-Verlag brachte er jüngst sein Buch *Raumrevolution – Das Kapital und die Flüchtlingskrise* heraus. Darin wird der linke Antiamerikanismus von damals mit dem von heute nahtlos zusammengeführt, und die Frage ist sogar, inwiefern das damals schon angelegt war, wie auch Götz Aly im »irritierenden Rückblick« auf die 68er festgestellt hat: »Im Antiamerikanismus überschnitten sich die Gedankenwelten der von Goebbels verformten Eltern und ihrer zum harten Contra aufgelegten Kinder.«[78] Für Rabehl war es definitiv damals angelegt, es war quasi dasselbe, weil der Feind derselbe war und ist. Vor dem Hintergrund einer nach wie vor klassischen marxistischen Kapitalismuskritik und einer sicher zutreffenden Beschreibung der Misere des »postkolonialen«, in Wirklichkeit immer noch imperialistischen Zeitalters auf der südlichen Hemisphäre, entfaltet Rabehl seine Verschwörungstheorie, in der das US-Finanzkapital (er distanziert sich dabei ausdrücklich vor jedem verstecken Antisemitismus) die ganze Welt beherrschen will und dies nach dem Ende des Kalten Krieges auch erreicht hat. Seit 1945 hatte die »Okkupationsmacht« USA Westeuropa und speziell Deutschland im Griff, nach der Wende 1990 drohte der Untergang des Sozialismus und der nach Osten ausgreifende europäische Einigungsprozess sich vom Erfolg zum Nachteil für die USA zu entwickeln. So musste eine neue Konfrontation mit Russland aufgebaut werden, damit Deutschland sich nicht mit ihm wirtschaftlich verbündet, und da die wirtschaftliche Vormachtstellung der USA in der Welt zurückging, musste die aufstrebende EU sogar bekämpft werden. So wie die USA selbst sich der »Umvolkung« durch die Einwanderung aus dem Süden erwehren muss, so soll eine solche durch eine Migration von Massen an Krisenflüchtlingen über das Mittelmeer nach Europa stattfinden, »durch die italienische Mafia organisiert, der illegalen Bündnismacht der USA seit dem Zweiten Weltkrieg. Diese Machenschaften wurden durch arabische Schleuser erweitert und intensiviert« und in Deutschland als »Multikulti« verkauft, weil in einer »Geheimdiplomatie« ausgemacht worden sei, dass Deutschland auf militärisches Engagement im Nahen Osten verzichten könne, wenn es stattdessen die Flüchtlinge aufnehme. In Wirklichkeit sei es aber eine »Kriegserklärung an Zentraleuropa« (= Deutschland).[79]

Schließlich erklärt Rabehl die »Völkerwanderung« nach Europa auch demographisch durch eine Gesetzmäßigkeit, die er vom Malthusianismus (Thomas Robert Malthus, *Das Bevölkerungsgesetz*, 1798) adaptiert hat und quasi eine soziologische Parallele zu den rassenbiologischen Darlegungen Björn Höckes vom November 2015 in Schnellroda darstellt. Höcke sprach vom »Reproduktionsverhalten« des »afrikanischen Ausbreitungstyps«, der auf den dekadenten europäischen »Platzhaltertyp« treffe, und vertrat seine These als »populationsökologische« Betrachtungsweise auf ein »phylogenetisch« determiniertes Reproduktionsverhalten.[80] Hier ist bei Rabehl die Verbindung zu Malthus, der vom strukturellen Bevölkerungsüberschuss die zwangsläufige Verelendung oder Notwendigkeit von Auswanderung ableitete, weil die Steigerung der agrarischen Ernährungsgrundlagen nicht folgen könne. Für Rabehl sind die Migranten in Verbindung von Marx und Malthus eine demographische »Reservearmee«, die die Industriestaaten unter Druck setzt.

Rabehls Sicht der Dinge zeigt, welche Horizonterweiterung das neurechte Denken unter Vereinnahmung einer linken Kapitalismuskritik vorgenommen hat. Die »Abschaffung der Arbeiterbewegung« und die Zerstörung der Linken durch den Sieg des amerikanischen Finanzkapitals schaffen für Rabehl »die Notwendigkeiten einer Kapitalismuskritik von rechts. Sie ist das Gebot der Stunde.«[81]

Die Neue Rechte war ursprünglich so zersplittert wie früher die Neue Linke. Den weit verzweigten Hintergrund der Neuen Rechten und ihrer Einflussnahme auf die AfD in ihrer Frühphase haben Liane Bednarz und Christoph Giesa schon 2015 in ihrem Buch *Gefährliche Bürger* tiefgründig analysiert. Deutlich wird dabei, wie sich bei den intellektuellen Köpfen politische Transformationen von extrem links nach extrem rechts, von libertär oder liberal zu autoritär, vom Pro- zum Antieuropäer in mehr als einer Biographie vollzogen haben.[82] Die Zersplitterung der extremen Rechten in kleine Grüppchen ist inzwischen schon längst durch eine Vernetzung aufgehoben, die zwar nicht alle Unterschiede nivelliert, aber die Gemeinsamkeiten in den Vordergrund stellt. Dabei bilden sich eben jene Brücken von der AfD zu den »Identitären«, den »Reichsbürgern« und NPD-Kreisen, von denen sich die Partei anfangs distanzieren musste und zu denen sie auch heute noch nicht *offiziell* in Verbindung treten kann, dies aber immer *offener* tut, bis hin zur Rekrutierung von Personen aus diesen Kreisen als Assistenten von Bundestagsabgeordneten.[83] Einer von ihnen ist Erik Lehnert, der von Kubitschek die Geschäftsführung des Instituts für Staatspolitik übernahm und 2017 Mitarbeiter des AfD-MdB Harald Weyel wurde. Am Abend der Bundestagswahl beglückwünschte sich Kubitschek in der *Sezession* online, dass sich jetzt in der AfD-Fraktion in diesem Sinne Tür und Tor für Mitarbeiter öffnen und die Präsenz im Bundestag generell eine »Resonanzraumerweiterung« darstelle, »die Brücke hat einen Mittelpfeiler bekommen«, »auch für uns bricht eine andere Zeit an.« – »Die zahlreichen Wahlerfolge der AfD«, kommentiert Christoph Butterwegge, »führten zum größten Arbeitsbeschaffungsprogramm für Deutschlands extreme Rechte seit dem Zweiten Weltkrieg.«[84]

Die individuellen Verflechtungen einzelner Mitglieder oder sogar Funktionsträger zur rechtsextremen Szene sind so vielfältig, dass es wohl keinen Überblick darüber gibt. Umso problemloser zirkulieren die Ideen von ganz rechts außen in die AfD und weiter in die Öffentlichkeit hinein. Götz Kubitschek und seiner Frau Ellen Kositza wurde 2015 noch die Aufnahme in die AfD verweigert, die *Patriotische Plattform* in der AfD erklärte dazu: »Die AfD wird entweder mit Götz Kubitschek sein oder sie wird gar nicht sein!« Zur ideologischen Verortung führte sie dabei einige Bücher aus dem Antaios-Verlag an, »die zur Pflichtlektüre jedes AfD-Mitglieds gehören sollten«, nämlich: »›Die Verteidigung des Eigenen‹ von Martin Lichtmesz, ›Zurüstung zum Bürgerkrieg‹ von Thorsten Hinz und ›Warum ich kein Linker mehr bin‹ von Manfred Kleine-Hartlage.«[85]

Lichtmesz (eigtl. Semlitsch) ist ein österreichischer Autor, der von der Linken zur Neuen Rechten fand, wie so viele andere auch, ähnlich Kleine-Hartlage, auf den wir weiter unten zu sprechen kommen.

Thorsten Hinz, langjähriger Mitarbeiter der *Jungen Freiheit*, entwickelt in seinem Buch eloquent die in der gesamten Neuen Rechten verbreitete These vom aufgezwungenen Bürgerkrieg, nämlich durch die organisierte Einwanderung mit dem Ziel der Auslöschung der Deutschen in ihrer Identität und letztlich auch als physische Mehrheit im Lande. Dabei bedient er sich eines 1993 von Hans Magnus Enzensberger unter dem Eindruck (nicht nur) des jugoslawischen Bürgerkrieges in die politische Debatte geworfenen Stichwortes, nämlich des »molekularen Bürgerkrieges« zwischen gesellschaftlichen Gruppen, der den Kalten Krieg und seine heißen Konflikte ablöse, mithin eine Gegenthese zum »Ende der Geschichte«.[86] Enzensbergers These, die nicht nur gegen die allgemeine Zunahme und Banalisierung von Gewalt, sondern auch gezielt gegen den neuen gewalttätigen Rechtsextremismus Anfang der 1990er Jahre gerichtet war, wird nun von Hinz umgedreht und auf die wachsende Kriminalität durch die anwachsende Ausländerpopulation bezogen.

Auf einschlägig bekannte Missstände vor allem in Berlin gestützt, wie den Fall Rütlischule und die Bandenkriminalität der libanesischen Clans, entfaltet Hinz ein Horrorszenario von »ausländischen Jugendgangs« und »sich rasch reproduzierenden Großfamilien und Clans«, die durch eine »Dauerpräsenz von Gewalt« ein »Klima allgemeiner Angst« und eine »schleichende Zerstörung der Gesellschaft« herbeiführen, was ihn an das Ende der Weimarer Republik erinnert (Vergleich zu SA und Rotfrontkämpferbund).[87] Die Liste der strukturellen und zum Teil organisierten Kriminalität mit Einschüchterung von Polizei und Justiz und faktischen No-Go-Areas in Berlin konnte man seit Erscheinen des Buches 2008 noch erheblich erweitern, erinnert sei nur an die Jugendrichterin Kirsten Heisig, die 2010, noch vor Erscheinen ihres Buches *Das Ende der Geduld: Konsequent gegen jugendliche Straftäter*, nach offiziellem Untersuchungsbericht Selbstmord begangen hat.[88] Ein erster Schlag gegen die Clans erfolgte erst im Sommer 2018 über den Zugriff in Sachen Geldwäsche.[89] Ausgehend von einer realen und äußerst gravierenden Problemlage extrapoliert Hinz jedoch von Neukölln auf die ganze Stadt und von dort auf ganz Deutschland.

Entscheidend ist, dass dies nach Hinz keine erlittene, sondern eine herbeigeführte Entwicklung sei, Volk und Staat all dem gegenüber schwach sind, weil geschwächt wurden und werden. Die »physische Schwäche der Deutschen« durch ihren demographischen Rückgang

»korrespondiert zusätzlich mit einem Minderwertigkeitskomplex, der aus ihrem verinnerlichten Schuldgefühl herrührt. Um Machtfragen zu klären und einen Deutschen psychologisch mattzusetzen, genügt es häufig schon, ihn als ›Nazi‹ zu beschimpfen.« Eine Distanz zur staatlichen Autorität und die Ablehnung des Nationalgedankens gehörte schon »zu den psychologischen Folgen der deutschen Teilung, der totalen Niederlage 1945 und ihren brutalen Umständen, welche die Herausbildung eines normalen National- und Staatsbewußtseins nicht zuließen«, und werde seit der 68er Revolte weitergeführt zu einer gänzlichen Entfremdung von sich selbst durch Auslöschung der deutschen kulturellen Identität: »Der Zustrom von Ausländern wurde und wird als Mittel betrachtet, über die Schaffung demographischer Tatsachen auf kurzem Wege in Deutschland zur multikulturellen Gesellschaft zu gelangen.« – »Das Ineinandergreifen von universalistischem Humanitarismus, Multikulturalismus, Schuldkomplex und NS-Fixierung« habe dazu geführt, dass »der deutsche Staat und seine Funktionseliten [...] außer dem Dritten Reich über kein geschichtlich-kulturelles Bezugssystem verfügen und für politisch richtig halten, was in ihren Augen das Gegenteil der NS-Zeit markiert. [...] Die Deutschen haben sich selbst als schwach und angreifbar zu erkennen gegeben, als ihre Eliten sie der Welt als ›Tätervolk‹ präsentierten. Die Prügel, die sie jetzt ganz handfest durch Ausländer beziehen, ist die objektivierte Form ihrer moralischen Selbstgeißelung.« Als Kronzeugen zitiert er Claus Leggewie, der 1990 in seinem Buch *Multikulti – Spielregeln für eine Vielvölkerrepublik* in der Tat die Auflösung nicht nur des Nationalen im Politischen, sondern auch jeglichen kulturellen Eigen-Seins zugunsten »transnationaler Mobilität« und »multipler Konstellation von Personen und Gemeinschaften« propagierte und sich jüngst (2017) zu einer Neuauflage des Buches beglückwünschen konnte.[90]

Das multikulturalistische Wunschdenken von Leggewie und Co. mag von so manchem geteilt werden, es entspricht gleichwohl keiner realen Politik, liefert aber stattdessen den Bezugspunkt für die rechte Verschwörungstheorie.

Deren Fundament liegt jedoch woanders, nämlich im spezifischen Rückblick auf die deutsche und globale Geschichte, und sie endet im historischen Revisionismus: Während Hinz von den »brutalen Umständen« der Nachkriegszeit spricht, waren die beiden Weltkriege für ihn »aus der Distanz betrachtet« ein »Weltbürgerkrieg zwischen liberalen (später auch bolschewistischen) Universalisten und den Verfechtern autarker Großräume.«[91] Dieses gleich eingangs lancierte und in seiner Kürze scheinbar unangreifbare Statement offenbart den ideologischen

Rahmen alles Folgenden im Buch. Die Adaption von Ernst Noltes These vom »Europäischen Bürgerkrieg« zwischen Nationalsozialismus und Bolschewismus hebt dieses Bürgerkriegsparadigma auf ein noch universelleres Niveau unter Einschluss des 1. Weltkriegs. Im Bürgerkriegskonzept verschwindet die Schuldfrage zugunsten eines existenziellen Kampfes zweier Antagonismen in der Welt, der als Jahrhundertkonflikt verstanden wird und nach Hinz' Analyse zur Aktualität und dem Titel des Buches, »Zurüstung zum Bürgerkrieg«, auch noch anhält. Da die ganze Stoßrichtung gegen den Universalismus gerichtet ist, identifiziert sich Hinz zwangsläufig mit den »autarken Großräumen« und legitimiert dabei unausgesprochen die darin steckende Expansion Deutschlands, letztlich die Lebensraum-Ideologie, die nichts anderes als einen »autarken Großraum« für Deutschland beanspruchte. Schon die Wortwahl nimmt die NS-Terminologie auf, die ihrerseits das Vokabular des Imperialismus und der akademischen Geopolitik absorbiert hatte. Statt »Universalismus« hätte der NS-Jargon »Kosmopolitismus« gesagt, aber dasselbe gemeint. Anders als bei Nolte sind in der NS-Ideologie aber auch Liberalismus und Bolschewismus als Universalismen vereint, es fehlt bei Hinz lediglich die antisemitische Komponente. Deren Ausschließung aus dem »universellen Bürgerkrieg« ermöglicht die implizite Identifizierung mit Nazi-Deutschland, das sich durch die Eroberung eines notwendigen »autarken Großraums« gegen die Gefahr des entfremdenden Universalismus zu verteidigen suchte und – so die ebenfalls implizite Schlussfolgerung – diesen Kampf leider verloren hat.

Überhaupt ist die Ausklammerung der ganzen NS-Innenpolitik, wenn man darunter das Regime, seine Ideologie und seine Herrschaft fassen will, zugunsten der geopolitischen Analyse ganz im Sinne der damaligen Geopolitik eine in der Neuen Rechten verbreitete Strategie zur Rehabilitierung des extremen Nationalismus. Als der spätere Schriftsteller Hans Werner Richter in der Nachkriegszeit sich aus der »Hypnose« der NS-Ideologie befreite und Selbstkritik für sich und andere übte, schrieb er (als vermutlicher Leitartikelautor in *Der Ruf*): »Auch wenn wir nicht nationalsozialistisch gedacht haben, nationalistisch haben wir gedacht. Großdeutschland hat uns imponiert. ›Deutschland, Deutschland, über alles‹ ins Superlative gesteigert, war unser außenpolitisches Bekenntnis.«[92] Die Neue Rechte adaptiert dies gewissermaßen in umgekehrter Richtung: Während sich Richter damals Mitschuld gab, auch wenn er kein Nazi im engeren Sinne war, so soll nun diese Epoche identifikatorisch entschuldigt werden, indem man sich vom Nationalsozialismus distanziert, aber den Nationalismus übernimmt.

Und dann bleibt Hinz auch gar nicht beim Status quo stehen: Im Titel des Buches knüpft er an den beschriebenen Weltbürgerkrieg an und die morphologische Flexibilität der deutschen Sprache erlaubt hier durch den Begriff »Zurüstung«, die eigene Vorbereitung auf den Bürgerkrieg als vom Geschehen und durch den Gegner erzwungen darzustellen. So wie überhaupt im Kampf zwischen Universalismus und Autarkie der Universalismus der Angreifer ist, weil er sich seiner Natur gemäß ausbreiten will, und die Autarkie der Schutz dagegen. Nach dieser zwingenden Lesart verteidigte sich Deutschland also in den beiden Weltkriegen gegen einen Weltfeind.

Zur Erinnerung: Dieses Buch empfahl die *Patriotische Plattform* der AfD um Hans-Thomas Tillschneider, von dem weiter unten noch die Rede sein wird, schon 2015 als »Pflichtlektüre jedes AfD-Mitglieds«. Hinz' zum Teil von Enzensbergers *Aussichten auf den Bürgerkrieg* inspiriertes Buch widerlegt somit in einem Punkt auch seinen Inspirator: Enzensberger konstatierte einen Verfall der Ideologien, der nur noch eine »leere Aggression« übrig lasse, auch beim Rechtsradikalismus.[93] Hinz und andere stellen unter Beweis, dass ein gekonntes Recycling eine alte, verbrauchte Ideologie wieder gebrauchsfähig machen kann.

Dass Björn Höcke im Oktober 2015 auf dem Marktplatz in Magdeburg angesichts der massiven Flüchtlingsmigration erklärte: »Wenn wir diese Entwicklung nicht stoppen, dann prognostiziere ich... einen Bürgerkrieg!«[94], ist angesichts der damaligen Situation zunächst nicht so verwunderlich, Geschichte und Kontext dieses rechtsextremen Paradigmas zeigen nun aber, dass es vollkommen unabhängig von der Flüchtlingskrise 2014–2016 existiert, weil lange vorher entstanden ist und auch heute noch weiterwirkt. Es wurde inzwischen auch von AfD-Parteichef Alexander Gauland ungeschminkt übernommen und auf dem Kyffhäuser-Treffen 2018 propagiert. Dieses jährliche Treffen des »Flügels« um Höcke und Poggenburg, der sich als »die patriotische Avantgarde der einzigen patriotischen Partei in diesem Land« versteht (Tillschneider auf dem Treffen 2018[95]), ist das Hochamt der Selbstberauschung durch die von Mariam Lau so treffend charakterisierte »Eigenblut-Transfusion«. Dort erklärte Gauland unter frenetischem Beifall:

»Liebe Freunde, die Bundeskanzlerin will vollendete Tatsachen, bevor sie abtritt. Sie will den Bevölkerungsaustausch unumkehrbar machen [...]. Andere Länder holen sich Einwanderer, damit sie arbeiten, die Bundesregierung will, dass wir für die Einwanderer arbeiten, damit die in Ruhe Kinder in die Welt setzen und den Bevölkerungsaustausch vollenden können. Und das wollen wir nicht. [...].Wir sollen uns im

Dienste des Menschheitsfortschritts verdrängen lassen, wir sollen als Volk und als Nation allmählich absterben und uns in einem höheren großen Ganzen auflösen. […] Es geht uns einzig und allein um die Erhaltung unserer Art zu leben und zu sein. […]«[96] Mit dem Recht auf Verteidigung der Heimat, das Gauland anschließend proklamierte, war er auch nicht mehr weit weg vom »aufgezwungenen Bürgerkrieg«.

Zuvor trat unter anderem schon der sächsische Richter und heutige AfD-MdB Jens Maier auf der Veranstaltung der *Jungen Alternative* in Dresden zusammen mit Björn Höcke in entsprechend radikaler Rhetorik gegen »die Herstellung von Mischvölkern« in Europa auf und lobte die NPD, sie sei bislang »die einzige Partei« gewesen, »die immer geschlossen zu Deutschland gestanden hat« – so explizit am Tag der Verkündung des BVG-Urteils zur NPD am 17.1.2017. »Für den politischen Gegner war es leicht, ihr Bemühen um eine gerechte Bewertung der Vergangenheit als Verherrlichung des Dritten Reiches umzuinterpretieren.« Gleichwohl gestand Maier zu: »Und ehrlich gesagt, es gab ja auch viele bei denen, die in der Nazi-Nostalgie [strebten] *[akustisch unklar]*.« Und schlussfolgerte, die NPD sei deswegen »nicht zukunftsfähig. Nun sind wir da, die Neue Rechte.«[97]

Für dieses Ziel arbeitete schon sehr früh die *Patriotische Plattform* in der AfD. Sie entstand Anfang 2014 (online im Februar) als – spiegelverkehrt zur *Kommunistischen Plattform* in der PDS – Rechtsaußen-Zirkel, erreichte nach Einschätzung der dänischen Zeitung *Politiken* bis zu einem Drittel der AfD-Mitglieder und hat sich im Herbst 2018 aufgelöst, um der Überwachung durch den Verfassungsschutz zu entgehen. Unter Führung des Islamwissenschaftlers Hans-Thomas Tillschneider, seit 2016 MdL in Sachsen-Anhalt, entwickelte die Gruppe eine radikal antiislamische Stoßrichtung, arbeitet eng mit PEGIDA zusammen – »ein Glücksfall für Deutschland« / »Bundesverdienstkreuz für Bachmann!« – und steht den *Identitären* auch »geographisch« sehr nahe. Tillschneider hatte sein Abgeordnetenbüro im *Haus der Identitären Bewegung* in Halle, wo ihn im Herbst 2018 noch ein ARD-Team besucht hat. Inzwischen hat er die Lokalität aufgegeben, um nicht in den Beobachtungsfokus des Verfassungsschutzes zu geraten.[98] Eine originelle außenpolitische Position vertrat Tillschneider durch seinen Aufruf »Solidarität mit Bashar al-Assad«.[99] Die Plattform verlor jedoch ihre ursprüngliche Funktion als Impulsgeber für eine ideologische Radikalisierung durch die Etablierung des in der Partei fester verankerten »Flügels« um Björn Höcke, an dem Tillschneider auch beteiligt ist und der seit dem ersten Kyffhäusertreffen 2015 zunehmend Einfluss gewinnt und nicht nur von

Gauland, sondern auch von Meuthen 2018 als ideologischer Wegweiser akzeptiert wurde.

Für die Entwicklung ihres politischen Selbstverständnisses stehen bei der AfD fast von Anfang an neben dem Kampf gegen die »Umvolkung« auch die Lehren aus der Vergangenheit oben an und auch diese werden immer drastischer und provokativer. Neben der »Verteidigung der Heimat« geht es um die »Rückeroberung der Geschichte«. Dabei profitiert man von einer Grauzone, die zwangsläufig in der Meinungsfreiheit liegt und gezielt ausgenutzt wird durch Relativierung, Minimierung, und das heißt Verharmlosung, der negativen Seiten der deutschen Geschichte. Den Nationalsozialismus als einen »Vogelschiss in der über Tausend Jahre erfolgreichen deutschen Geschichte« zu bezeichnen – die, nebenbei bemerkt, gar keine tausendjährige Erfolgsgeschichte war –, geht weit über den Holocaust als »Detail der Geschichte« hinaus, für den Jean-Marie Le Pen vor vielen Jahren schon in Frankreich verurteilt worden war, was ihm aber bleibende Präsenz in den Medien und in der kollektiven Erinnerung eingebracht hat. Denn es mag ja sogar wichtige Details der Geschichte geben, aber keinen wichtigen »Vogelschiss«, so wie Gauland dies dann anschließend in der üblichen »So war das nicht gemeint«- und »Politisch unklug«-Rhetorik behauptet hat. In seiner Rede vor der Parteijugend am 2.6.2018 hatte er erklärt: »Ja, wir bekennen uns zu diesen zwölf Jahren, aber Hitler und die Nazis sind nur ein Vogelschiss [...]« etc. Das »ja–aber« macht's, einer der ältesten rhetorischen Tricks, seit es Sprache gibt. Alle Welt hat verstanden, worum es ging: um den »Schuldkult«, das älteste Thema der Rechten überhaupt und von Björn Höcke in seiner Dresdner Rede im Januar 2017 gekonnt für die AfD in die Öffentlichkeit lanciert, auch dank der Videoaufzeichnung seiner Rede durch *Compact*, neben *Sezession* dem zweiten bedeutsamen rechten Zirkel mit gleichnamiger Zeitschrift und Website, geführt von Jürgen Elsässer, einem jener Frontenwechsler, einst in der linksradikalen Szene aktiv und dann zuletzt beim Aufbau-Verlag, bevor er seine nationalistische Erleuchtung hatte.

Nicht nur Björn Höcke, auch der schon erwähnte Jens Maier, damals noch Richter in Dresden, sprach dort gegen den »Schuldkult«, die »Umerziehung der Deutschen durch die Westalliierten.«[100] Höcke bezeichnete das Holocaustdenkmal in Berlin als »Denkmal der Schande«, Ausdruck des »Gemütszustands eines total besiegten Volkes«, »der nach 1945 begonnenen systematischen Umerziehung«, gegen die es »einer erinnerungspolitischen Wende um 180 Grad« bedürfe. Dazu gehört auch, dass die Rede des damaligen Bundespräsidenten Richard von Weizsäcker am 8. Mai 1985 zum 40. Jahrestages des Kriegsendes

Höckes Meinung nach »eine Rede gegen das eigene Volk und nicht für das eigene Volk« gewesen war, ohne weitere Erläuterung, aber damit kann nur Weizsäckers Wort von der Befreiung am 8.5.1945 gemeint sein.[101] Wer jedoch denkt, hiermit sei man schon am rechten Rand der AfD angelangt, täuscht sich: Die *Junge Alternative* Dresden selbst, vor der Höcke und Maier sprachen, hatte schon 2016 zum Volkstrauertrag auf Facebook unter #Heldengedenktag gepostet. Das Original wurde gelöscht, nachdem es ein reges Medienecho gefunden hatte, es gibt jedoch eine Kopie auf AfD-Watch und den Text auch im Buch der AfD-Aussteigerin Franziska Schreiber, bis September 2017 Vorsitzende der *Jungen Alternative* Sachsen:

»Wir stehen in der Pflicht, als Deutsche, die noch Deutsch sein wollen, denselben entschlossenen, mutigen und selbstlosen Kampf zu führen, wie ihn unser Volk immer geführt hat. Ob Hermann der Cherusker, ob Prinz Eugen, ob Lützow oder Albert Leo Schlageter. Ob unsere Großväter und Urgroßväter auf den Schlachtfeldern der großen Kriege oder unsere Brüder und Schwestern auf den Straßen der DDR. Der Wille unseren Nachfahren ein freies Deutschland zu hinterlassen, in dem das Erbe unserer Ahnen erhalten wird, dafür leben und kämpfen wir!«[102]

Franziska Schreiber zufolge hatte sich die sächsische JA hierfür durch eine Rede des neonazistischen *Dritten Weges*, einer Abspaltung von der NPD, zum Gedenken an Rudolf Heß inspirieren lassen. Schlageter war nach 1918 als Freikorpssoldat und Mitglied einer Tarnorganisation der 1922 in Preußen verbotenen NSDAP ein militanter Aktivist gegen die französische Besatzung und wurde während der Ruhrkrise 1923 wegen Sprengstoffanschlägen von einem französischen Militärgericht zum Tode verurteilt.

Doch Höcke stand im Januar 2017 im Rampenlicht, die Parteigliederung, vor der er sprach, nicht so sehr. Die Aufregung um Höckes Rede war groß, aber wer hat darauf hingewiesen, dass seine geschichtspolitische Intention auch bereits im AfD-Grundsatzprogramm 2016 festgeschrieben war? Weniger provokativ, so doch eindeutig: »Die aktuelle Verengung der deutschen Erinnerungskultur auf die Zeit des Nationalsozialismus ist zugunsten einer erweiterten Geschichtsbetrachtung aufzubrechen, die auch die positiven, identitätsstiftenden Aspekte deutscher Geschichte mit umfasst.«[103]

Das Entscheidende an diesem fast harmlos anmutenden Satz ist die damit verbundene Aussage, die heutige Erinnerungskultur – und damit auch schulischer Unterricht – sei auf den Nationalsozialismus verengt, ohne die »identitätsstiftenden Aspekte« der deutschen Geschichte. Beide Behauptungen stimmen natürlich nicht: Auch wenn die Erinnerung an den Nationalsozialismus eine herausragende Stellung hat, so ist die historische Erinnerung nicht darauf beschränkt und die identitätsstiftenden Aspekte sind keineswegs ausgeblendet. Allerdings kann man diesen Begriff nicht nur »positiv« belegen, denn zur Identitätsstiftung gehören auch Lehren aus einer negativen Vergangenheit, und an dieser Stelle schließt sich der Kreis. Trotzdem ist der Geschichtsunterricht an deutschen Schulen nicht auf diese »zwölf Jahre« fokussiert oder verengt. Man könnte auch geradewegs das Gegenteil behaupten, dass dieses Thema nämlich zu wenig behandelt würde, und auch dieser Vorwurf kommt ja von anderer Seite aus immer wieder, sozusagen spiegelbildlich kurzschlüssig in Reaktion auf die neurechten Tendenzen. Dabei geht es nicht um die Frage einer *quantitativen*, sondern einer *qualitativen* Abwägung, sowohl was die »zwölf Jahre« in der Geschichte als auch was ihren Stellenwert im Unterricht betrifft.

Die geschickte Form, den »Schuldkult« zu bekämpfen, ist nicht die Verharmlosung in der Sache selbst (Nationalsozialismus), sondern von deren Bedeutung. Gauland gibt ja zu: 50 Millionen Tote, aber eben nur ein »Vogelschiss« in der deutschen Geschichte. Ein wichtiges damit verbundenes »Detail« der Geschichte – in Wirklichkeit im Zentrum stehend – ist die Beteiligung der Wehrmacht am Holocaust. Eine Zäsur in deren Wahrnehmung lieferte die Wehrmachtsausstellung des Hamburger Instituts für Sozialgeschichte, die Mitte der 1990er Jahre eine heftige Kontroverse in Deutschland hervorrief. Anlässlich der Ausstellung in München 1997 schrieb der *Bayernkurier*, flankiert von entsprechender öffentlicher Unterstützung durch CSU-Politiker, die Ausstellung sei ein »moralischer Vernichtungsfeldzug gegen das deutsche Volk«.[104]

Auch Gauland hatte das Thema Wehrmacht schon vor der »Vogelschiss«-Rede im Visier, nur hat fast niemand gemerkt, worin der rhetorische Trick bestand. In einer Rede auf dem Kyffhäusertreffen am 2.9.2017 schloss Gauland inhaltlich an die Dresdner Höcke-Rede an, indem er betonte: »Kein anderes Volk [in Europa] hat so deutlich mit seiner falschen Vergangenheit aufgeräumt. Man muss uns diese 12 Jahre jetzt nicht mehr vorhalten. […] Wenn die Franzosen zurecht stolz auf ihren Kaiser sind, und die Briten auf Nelson und Churchill, haben wir das Recht, stolz zu sein auf die Leistungen deutscher Soldaten in zwei Weltkriegen.«[105]

Nachdem dies mit einiger Verspätung durch die Medien gegangen war, rechtfertigte Gauland seine Aussage zu den Soldaten, nach dem Bericht in der *Welt*: »›Ich weiß auch, dass sechs Millionen Juden ermordet worden sind‹, sagte Gauland weiter. ›Aber Millionen deutscher Soldaten haben ihre Pflicht getan für ein verbrecherisches System. Aber da ist das System schuld und nicht die Soldaten, die tapfer waren.‹ Im Übrigen habe er nichts anderes gesagt als Frankreichs damaliger Präsident François Mitterrand am 8. Mai 1995 in einer Rede. ›Da hat er die Tapferkeit der deutschen Soldaten wie auch der anderen Soldaten gelobt und hat diese Tapferkeit dem verbrecherischen Regime gegenübergestellt‹, so Gauland. ›Und diese persönliche Tapferkeit, auf die kann man stolz sein.‹«[106]

Damit hat Gauland schon zum oben zitierten »Heldengedenktag« der JA Dresden von 2016 aufgeschlossen, nur sind die beiden Weltkriege noch keine Freiheitskriege für ihn, aber die Soldaten trotzdem Helden. Folgerichtig erklärte der Vorsitzende der *Jungen Alternative* Niedersachsen, Lars Steinke, den Hitler-Attentäter Stauffenberg zum »Verräter«. Denn »der Krieg war nämlich – entgegen der heutigen Propaganda – kein Krieg primär gegen Hitler, sondern gegen Deutschland und das deutsche Volk.« Auch eine im gesamten rechtsextremen Bereich grundlegende These. Steinke steht den *Identitären* nahe[107], ein Tatbestand, aufgrund dessen die AfD die JA-Landesverbände Niedersachsen und Bremen 2018 (vorläufig) aufgelöst hat, um einer Beobachtung durch den Verfassungsschutz zuvorzukommen.

Keines der Medien, die darüber groß berichteten, hat Gaulands Aussage zu Mitterrand damals einem Faktencheck unterzogen. Parallel zu einer entsprechenden Erklärung mit Hinweis auf Mitterrands Rede, die ich als hessischer Landesvorsitzender im Verband der Geschichtslehrer Deutschlands am 29.9.2018 online veröffentlichte, gab es denselben Faktencheck auf BILDBlog. Ein aufmerksamer Kommentator auf Twitter – im Blog dokumentiert – wies auch darauf hin, dass es einen Hinweis auf Mitterrands Rede von dpa schon gegeben hatte und am 25.9. auf TAG24 publiziert wurde, allerdings ohne eine Analyse des Vergleichs.[108] Doch eben um diese geht es. Mitterrand sprach das besagte Thema in seiner Rede zum 50. Jahrestag des 8. Mai 1945 in Berlin an. Zum Thema, wie Europa vom Krieg zum Frieden kam, schloss er:

»Ich bin nicht gekommen, um den Sieg zu feiern, über den ich mich 1945 für mein Land gefreut habe. Ich bin nicht gekommen, um die Niederlage herauszustellen, weil ich wußte, welche Stärken das deutsche Volk hat, welche Tugenden, welcher Mut, und wenig bedeutet mir seine Uniform und auch die Vorstellung in den Köpfen dieser Soldaten, die in so großer Zahl gestorben sind. Sie waren mutig. Sie nahmen den Verlust ihres Lebens hin. Für eine schlechte Sache, aber ihre Taten hatten damit nichts zu tun. Sie liebten ihr Vaterland. Das muß man sich klar machen. Europa bauen wir auf, wir lieben unsere Vaterländer.«[109]

Auf den ersten Blick zeigt sich tatsächlich eine scheinbare Parallele, wenn Mitterrand vom Mut und von der Vaterlandsliebe der deutschen Soldaten spricht, die für eine schlechte Sache ihr Leben hingaben. Man muss auch mit Mitterrands Bewertung der Vaterlandsliebe in diesem Krieg hier nicht einig gehen, aber an keine Stelle sprach er davon, dass man deswegen *stolz* auf die Soldaten sein könne. *Stolz* auf sie sein, wie Gauland meint, bedeutet, sie hätten *das Richtige* getan, doch das sagt Mitterrand überhaupt nicht, ganz im Gegenteil: Der Tenor seiner ganzen Rede geht um das Verständnis (im Sinne von Verstehen) für *das falsche Tun.*

Der »Schuldkomplex« taucht als Motiv und politisches Erklärungsmuster auch da auf, wo man es zunächst nicht vermuten würde. So dient er auch zur Erklärung des vermeintlich »geplanten Untergangs Deutschlands.« Unter diesem Titel hat Ralf Nienaber in seinem Buch verschiedene Faktoren des »Untergangs« zu einem verschwörungstheoretischen Ensemble zusammengefügt. Nienaber ist nordrhein-westfälisches AfD-Mitglied, stand ursprünglich hinter Marcus Pretzell, hat sich aber ihm und Frauke Petry bei ihrem Austritt nicht angeschlossen und kam in den Vorstand der parteinahen Erasmus-Stiftung. In seinem 2016 erschienenen und unmittelbar auf die Flüchtlingskrise reagierenden, aber nicht darauf beschränkten Buch *Geplanter Untergang* hat er eine lange Liste echter und imaginierter Fehlleistungen aller Ministerien der Regierung aufgelistet, von denen etliche nicht von der Hand zu weisen sind, so zum Beispiel die katastrophale Situation der Bundeswehr, für die der Begriff »Bedingt abwehrbereit« – im *Spiegel* 41/1962 Auslöser der »Spiegel-Affäre« –, geradezu ein Euphemismus wäre. Daneben gibt es aber weit mehr ideologische, ohne ausreichenden Faktennachweis konstruierte Szenarien der Apokalypse wie zum Beispiel den Bildungsverfall, den Bundesbildungsministerin Wanka zusammen mit ihren Landeskolleginnen und -kollegen durch die von ihr priorisiete »philosophisch-pädagogische Umerziehung der Deutschen zum Einheits-Gender-Europäer« verursache. Das Entscheidende in diesem Buch ist die Verknüpfung von allem zu einer globalen Verschwörungstheorie, denn hinter allem stehe ein systematischer Plan zur Zerstörung Deutschlands, eben ein »geplanter Untergang.« Dieser erfolge jedoch geopolitisch von außen, die Regierung Merkel sei nur die willige Helferin dabei. Ein erstes Ergebnis davon sei schon gewesen, dass »Deutschland durch die Wiedervereinigung nicht souverän geworden ist«, nämlich durch die Unterwerfung unter den Euro. Die geplante Schwächung Deutschlands sei das Ziel von »US-Geostrategen«, die schon seit Beginn des 20. Jahrhunderts immer fürchten, »dass sich Deutschland mit Russland irgendwann einmal wirtschaftlich oder sogar militärisch verbinden könnte.« (Vgl. Rabehl, siehe oben.) Die innere Schwächung Deutschlands diene im »Merkel-Plan« dazu, die äußere zu unterstützen. Ein geheimer Plan innerhalb dieses Plans sehe vor, so Nienaber 2016, dass die syrischen Flüchtlinge in der Türkei letzten Endes doch alle nach Deutschland gelassen würden und zudem allen Türken und Kurden Visafreiheit erteilt würde. Merkels persönliches Motiv für die »Auflösung Deutschlands« sei Rache für die untergegangene DDR, in der sie sich wohlgefühlt habe. »Sie konnte sich aber auf viele deutsche Politiker verlassen, die aus ideologischer Verblendung einen anderen Staat – einen sozialistischen – herbeisehnen oder aus Rückgratlosigkeit diesen nicht verhindern. [...] Deutschland ist in die Zange genommen worden. Einerseits von einzelnen ausländischen Geostrategen, Geheimdiensten und Spekulanten, andererseits von deutschen Politikern, die – wie Merkel – einen anderen, einen sozialistischen Staat wollen. Sie haben offensichtlich einen Schuldkomplex verinnerlicht, der besagt, dass die Deutschen aus der Geschichte verschwinden müssen. Nur so lässt sich für sie die NS-Erbschuld tilgen. Und die Flüchtlingslawinen sind Mittel zum Zweck.«[110]

Nienabers Verschwörungsthesen schließen an eine Vielzahl ähnlicher Publikationen aus den einschlägigen Verlagen Kopp, Antaios usw. an, jedoch handelt es sich bei ihm um einen Funktionsträger der AfD. Er ist einer derjenigen, die den wesentlichen Kern der Ideologie der Neuen Rechten in die AfD bzw. in deren Erasmus-Stiftung hineintragen. Sein Weltbild zeigt auch und gerade, wie viele Einzelthemen sich zu einer verschwörungstheoretischen Gesamtsicht zusammenfügen und welche Rolle dabei auch der Schuldkomplex spielt – nicht der der Gesellschaft, wohlgemerkt, sondern der der Rechten. Eine spezielle Variante der Verschwörungsthese fügte der brandenburgische AfD-Vorsitzende Andreas Kalbitz im hessischen Landtagswahlkampf hinzu, indem er erklärte: »Es gibt Entwicklungen, die sind nicht reversibel, und genau das passiert mit dieser Zuwanderung, [wie es mit] *[akustisch unklar]* dieser Flutung, dieser Migration, dieser Flutung ist, da versucht eine Regierung, ein neues Wahlvolk zu schaffen.«[111]

Die Relativierung der Geschichte bleibt nicht beim »Schuldkult« stehen und macht auch nicht vor dem Antisemitismus halt, nicht einmal vor der Relativierung oder sogar Leugnung des Holocaust. Aufschlussreich für die Entgrenzung in diesem Bereich ist ein ins Netz gestellter Austausch zwischen Marc Jongen, damals baden-württembergischer AfD-Landtagsabgeordneter und heute Nachfolger Meuthens als Landesvorsitzender sowie MdB, immer als »Parteiphilosoph« charakterisiert, und Götz Kubitschek über den »Fall Gedeon«. Der Stuttgarter

Landtagsabgeordnete Wolfgang Gedeon wird dort von Kubitschek als wegen »seiner antizionistischen Schriften in die Kritik geraten«[112] präsentiert, ein typisches Amalgam des neuen Antisemitismus: Antizionismus als Rechtfertigung gegen den Antisemitismus-Vorwurf. Dabei leitet sich in Wirklichkeit nicht nur bei Gedeon, sondern auch andernorts oft genug der Antizionismus vom Antisemitismus her. Denn der Ex-Maoist (wieder ein Frontenwechsler) äußert sich nicht nur über den Zionismus, sondern auch über die jüdische Geschichte schlechthin. Für ihn waren nämlich historisch »die talmudischen Ghetto-Juden der innere Feind des christlichen Abendlandes«, dann »wurde der Judaismus in seiner säkular-zionistischen Form sogar zu einem entscheidenden Wirk- und Machtfaktor westlicher Politik. [...] Der Zionismus aber ist ein integraler, wenn nicht dominanter Bestandteil des westlichen Systems.« Weswegen es in Deutschland auch eine Einschränkung der Meinungsfreiheit gebe. Den Holocaust leugnet Gedeon nicht, sieht ihn ihm aber nur ein Verbrechen unter vielen anderen (ein »Detail« nach Le Pen), doch »wenn man nun der Ansicht ist, die Juden seien immer noch das auserwählte Volk Gottes, dann sind natürlich jüdische Opfer mehr wert als ukrainische oder japanische.« (Ukrainische erscheint hier unklar, japanische meint wohl Opfer der Atombombenabwürfe?). In der Frage der jüdischen oder zionistischen (das ist eins) Weltherrschaft kommt Gedeon auch auf die *Protokolle der Weisen von Zion* zu sprechen, deren verschwörungstheoretische Fälschung er als nicht erwiesen ansieht, vielmehr erscheint ihm der Inhalt eher plausibel für eine Urheberschaft aus dem Umfeld des Zionismus: »Bei den Urhebern der Protokolle geht es also um zionistische Cliquen, von denen einige sicher nach diesem Konzept arbeiten dürften.« Das Präsens in der sprachlichen Formulierung ist nicht zufällig. Denn diese »zionistischen Cliquen« hat er dann in »den politischen Methoden der Brüsseler EU vor Augen.«

Soweit einige von dem Dresdner Politologen Werner Patzelt in seinem Gutachten für Jörg Meuthen und die baden-württembergische AfD-Fraktion zitierten Aussagen aus Gedeons Büchern.[113] Erfordert dies noch einen Kommentar?

Im Dialog einigen sich Kubitschek und Jongen darauf, dass Leute wie Gedeon mit ihren Verschwörungstheorien kontraproduktiv für das rechte Lager sind, weil sie seinen Gegnern Munition liefern und in ihrer Vereinnahmung der »Großdenker« wie Nietzsche auch diese wiederum diskreditieren. »Der letzte große Angriff der Diskurswächter«, schreibt Jongen, »betraf bekanntlich Martin Heidegger, dem man aus einigen Bemerkungen in seinen ›Schwarzen Heften‹ endgültig den antisemitischen Strick zu drehen versuchte. Wer heute ›nachweist‹, daß Heideggers Seinsdenken nur eine metaphysische Verbrämung eines vulgären Antisemitismus sei, auf den warten hohe akademische Prämien, symbolischer wie auch pekuniärer Art.« (Teil 6 des Dialogs). Heideggers Denken auf den Antisemitismus zu reduzieren, ist gewiss falsch, aber das Völkische war inhärent, worauf wir weiter unten zu sprechen kommen, und dass Heidegger Antisemit war, ist keine Frage. Fazit: Leute wie Gedeon stören die Rehabilitierung Heideggers, Nietzsches und anderer »Großdenker« gegen deren Bann durch das linke Establishment.

Doch deswegen darf man sich nicht zur Verurteilung Gedeons & Co. vom Establishment verführen lassen. Dies durchzieht die ganze Argumentation Kubitscheks. Gleich zu Beginn des Dialogs greift er zuallererst das Thema Zensur auf und spricht von »tabubewehrten Zonen, wenn wir über die weltgeschichtliche Bedeutung des Judentums, des Zionismus oder der Holocaustindustrie nachdenken.« Diese Tabus existieren politisch und juristisch, »man kann die Tabus aus wissenschaftlicher Sicht aber auch ablehnen, und zwar ohne jede Prüfung der Sachverhalte, nämlich schlicht, weil es keine Frage- und Forschungstabus geben sollte.« Dann legt er dar, warum er Gedeons Ansichten nicht im Einzelnen teilt, ihn aber als Opfer einer politischen Instrumentalisierung durch das Establishment sieht.[114]

»Man muss alles sagen dürfen« führt jedoch auf den Weg vom schlichten Antisemitismus bis zum Holocaust-Negationismus, nämlich diese Positionen zur Sprache zu bringen unter Berufung auf die Meinungsfreiheit, ohne sich vorgeblich mit ihnen zu identifizieren.

Genau dies versuchte Armin Mohler schon 1994 in der *Jungen Freiheit* durchzusetzen im Rahmen einer zeitweiligen Funktion als Kolumnist in der Rubrik »Notizen aus dem Interregnum« (Will heißen: Nach der Wende von 1989/90 kommt noch eine andere). »Doch nach nur einem Jahr kam es nach einer Auseinandersetzung über Holocaust-Leugnung zum Bruch mit der Zeitung«, schreibt Volker Weiß, als Mohler an die These in seinem 1989 veröffentlichten Buch *Der Nasenring. Im Dickicht der Vergangenheitsbewältigung* anknüpfte (von Weiß zitiert): »›Diejenige Souveränität, welche man den Deutschen zuallererst (oder am liebsten gar nicht) zugestehen könne, sei die über ihre Geschichte. Die offiziös verordnete deutsche Geschichte ist immer noch der beste Nasenring für jene unbefangenen Optimisten, welche immer noch auf die deutsche Voll-Souveränität hoffen.‹ Anlass für diese Aussage waren die Debatten darüber, in Deutschland die Leugnung des Holocausts unter Strafe zu stellen. Die seit einigen Jahren ausführlicher werdende Forschung zu Nationalsozialismus und Shoah zählte in Mohlers Augen nicht. Sein Urteil zu den Fachhistorikern lautete: ›Sie haben ihre Wissenschaft längst verraten.‹« Dies führte zum Bruch zwischen Mohler und der JF, denn »Mohler hatte gegen eines der ungeschriebenen Gesetze der Neuen Rechten verstoßen, das gebot, die Verbrechen der Vergangenheit zu relativieren statt zu leugnen.«[115] Doch Kubitschek gab die gesammelten Interregnum-Artikel von Mohler 2013 als Buch heraus, erweitert um die Kritik daran, die in der JF erschien, und kommentierte aus seiner Sicht rückblickend: »1994 war für die ›Junge Freiheit‹ ein Scheide-Jahr. Sie löste sich vom nationalrevolutionären Flügel ihres Mitarbeiterstamms und setzte den von Dieter Stein immer schon forcierten nationalliberalen Kurs fort. [...] Chefredakteur Dieter Stein kommentierte eine herausfordernde Kolumne Mohlers über Revisionismus und deutsche Souveränität und stellte ihr eine Antwort der Publizistin Salcia Landmann gegenüber – eine Kombination, die Mohler argumentativ in eine Ecke drängte, in der er sich zurecht nicht sah.«[116]

Das bedeutet nicht, dass die JF das Thema Auschwitz scheut, es kommt nur auf das *Wie* an. Ein gängiges Mittel der Relativierung ist der Vorwurf der Instrumentalisierung des Holocaust, wie er auch in der Paulskirchenrede von Martin Walser und in der Dresdner Rede von Höcke zum Ausdruck kam, und drastisch zugespitzt hat dies der schon erwähnte Thorsten Hinz 2009 in der JF in einem Artikel, in dem er die »Kampagne gegen den Papst« einer sich auf Aufklärung berufenden »Massendemokratie« gegen den Vatikan geißelt, einer »Zivilreligion« als »Demokratie-Abart«, eines jener »Dämonen«, der nach einem Spruch Ernst Jüngers die verlassenen Altäre besetzen:

»Der mächtigste Dämon der Gegenwart ist die Zivilreligion, in der Auschwitz an die Stelle Gottes tritt, eine messianische Zeitenwende markiert und als ›zweites Golgatha‹ das erste überlagert, wie Historiker und Theologen, jüdische wie christliche, offen erklären.

Der Holocaust wird den Regeln des Wissenschaftsbetriebs entzogen, seiner Konkretheit und seines Kontextes entkleidet, mittels Zeremonien, Rituale, Strafgesetzen und sakraler Sprachgebung auf die Höhe eines Mysteriums gestemmt, das priesterlicher Vermittlung bedarf. Dahinter steckt der umfassendste und härteste politisch-ideologische Dezisionismus seit der russischen Oktoberrevolution. Die Holocaust-Religion setzt sich ungleich geschickter ins Werk als die marxistisch-leninistische Staatskirche. Statt auf Konfrontation zur christlichen Religion zu gehen, wird diese adaptiert und transformiert.«[117]

Außer fast alltäglicher xenophober und rassistischer Polemik[118], die immerhin zwischendurch zum Rücktritt von André Poggenburg als sachsen-anhaltinischem Partei- und Fraktionsvorsitzenden geführt hat und ihn dann nach einer erneuten Provokation aus der Partei drängte, sind auch spezifisch antisemitische Äußerungen in der AfD über den Fall Gedeon hinaus durchaus weiter verbreitet, wenn es auch, anders als bei Gedeon, meist eher spontane und manchmal auch schwer nachprüfbare Aussagen sind. Der Fall des niedersächsischen AfD-Kommunalpolitikers Gunnar Baumgart, der 2015 auf Facebook zu einem negationistischen Artikel verlinkte (»Kein einziger Jude ist durch Zyklon B oder die Gaskammer umgekommen!«), war dabei besonders spektakulär.[119] Nachdem in Hessen schon 2013 ein AfD-Schatzmeister wegen Postings in purem NS-Jargon gehen musste, fand auch 2016 sein Parteikollege Gottfried Klasen, vorher langjähriges CDU-Mitglied, dass der Zentralrat der Juden die »politische Meinungsbildungshoheit sowie die politische Kontrolle über Deutschland« habe und alle Parteien infiltriere, wie die *Frankfurter Rundschau* berichtete.[120] Eine Zusammenstellung antisemitischer Äußerungen von AfD-Politikern gibt es auf *Belltower*, und Verifizierbares hat auch Wolfgang Benz, emeritierter Historiker und Antisemitismusforscher, zusammengetragen, wonach unter anderem der sachsen-anhaltinische AfD-Abgeordnete Wolfgang Olenciak, dort Mitglied des Ausschusses, der den Verfassungsschutz kontrolliert, die Bundeskanzlerin als »zionistische US-Agentin« apostrophiert und den Rothschilds vorgeworfen hat, die nächste Wirtschaftskrise vorzubereiten.[121] Für Olenciak hatte das, anders als für manchen anderen, keine Konsequenzen, im Gegenteil, mit 33,4 % holte er das Direktmandat im Wahlkreis Bitterfeld.

Die AfD versucht, den Antisemitismus in den eigenen Reihen durch den Fingerzeig auf Antisemitismus in muslimischen Kreisen, den es natürlich gibt, zu überspielen, so werden in den verschiedenen Parlamenten regelmäßig entsprechende Anfragen nach der Kriminalstatistik gestellt, um hierüber ein weiteres Argument gegen die Präsenz von Flüchtlingen und anderen Immigranten zu finden.[122] »Juden werden in der AfD allenfalls akzeptiert, weil Israel gegen die Muslime kämpft«, meint Franziska Schreiber, und das Motiv für die Gründung der Vereinigung »Juden in der AfD« (JAfD) ist der muslimische Antisemitismus bei Immigranten.[123]

5. Rückblicke und Ausblicke

Diese Gesellschaft wird ihre eigenen Geister hervorbringen, die wir heute noch nicht kennen.
Micha Brumlik, 1998[1]

Eine konservative Revolution?

Die Veränderung der Republik vollzieht sich heute vor unseren Augen, und diese Veränderung beinhaltet auch einen Rückgriff auf ideologische Vorbilder aus der Weimarer Republik. Die CSU ging in die Koalitionsverhandlungen mit der SPD mit der von Alexander Dobrindt ausgegebenen Parole von der »konservativen Revolution«: »Auf die linke Revolution der Eliten folgt eine konservative Revolution der Bürger.« Womit er gleichzeitig das Anti-68er- und das Anti-Eliten-Ressentiment bediente und dies dann auch suggestiv mit der neuen Bedrohung zusammenbrachte: »Fünfzig Jahre nach 1968 wird es Zeit für eine bürgerlich konservative Wende in Deutschland. Linke Ideologien, sozialdemokratischer Etatismus und grüner Verbotismus hatten ihre Zeit. Der neue Islamismus attackiert Europas Freiheitsidee und Selbstverständnis und darf seine Zeit gar nicht erst bekommen. Darum formiert sich in Deutschland eine neue Bürgerlichkeit. Auf die linke Revolution der Eliten folgt eine konservative Revolution der Bürger. Wir unterstützen diese Revolution und sind ihre Stimme in der Politik.«[2]

Die erste Bedrohung ermöglicht die zweite, denn »damals haben linke Aktivisten und Denker den Marsch durch die Institutionen ausgerufen und sich schon bald Schlüsselpositionen in Kunst, Kultur, Medien und Politik gesichert. Sie wurden zu Meinungsverkündern, selbst ernannten Volkserziehern und lautstarken Sprachrohren einer linken Minderheit.« In einer zwanghaften rhetorischen Zuspitzung machte Dobrindt schließlich nicht vor dem Lächerlichen halt: »Deutschland ist nicht der Prenzlauer Berg, aber der Prenzlauer Berg bestimmt die öffentliche Debatte.«

Das alles entspricht in Wort und Geist dem Weltbild der Neuen Rechten und hätte original von der AfD stammen können, wie so manches andere auch, was die CSU in den folgenden Monaten an Erklärungen abgab, und nicht nur sie. Die AfD versuchte von Anfang an, den Begriff »konservativ« für sich zu vereinnahmen, allerdings noch mit der Verbindung zu »liberal«. Dobrindt wurde bei seinem Vorstoß von etlichen

Unterstützern sekundiert, so durch dem CDU/CSU-Fraktionsvorsitzenden Volker Kauder im Interview am 1.4.2018, in dem er zur »Verteidigung unserer Werte und Lebensweisen«[3] aufrief, als ob Deutschland sich in einem Krieg befände, in einem nach außen oder nach innen oder beides, oder durch den Parlamentarischen Geschäftsführer der FDP, Marco Buschmann am 18.1.2018, dem es zwar nicht um eine »konservative Revolution« ging, aber dennoch gegen denselben imaginierten Gegner: »Das Denken der 68er endlich überwinden. 50 Jahre nach den Studentenunruhen ist Deutschland in einer ähnlich narkotisierten Lage wie damals unter Kanzler Kiesinger. Es braucht Aufbruch, nicht große Koalition.«[4] Da durfte Alan Posener in der *Welt* dagegenhalten, um der Debatte etwas mehr Gleichgewicht zu geben: »Dobrindt und Buschmann wissen nicht, wovon sie reden.«[5] Und der Soziologe Armin Nassehi brachte es auf den Punkt: »Wer das implizit Rechte bedient, kann heute einfacher punkten.«[6]

Ob Dobrindt wusste, dass der Begriff »konservative Revolution« historisch besetzt ist und dass er auch, mit diesem historischen Bezug, das Credo des gesamten rechten Spektrums bis kurz vor die Neonazis darstellt, wissen wir letztlich nicht. Der Historiker Volker Weiß, Autor von *Die autoritäre Revolte*, sieht das »klar kalkuliert«.[7]

Der Begriff »konservative Revolution« wurde 1949 von Armin Mohler (1920–2003) in seiner gleichnamigen Dissertation erfunden, für die er in Basel von Hermann Schmalenbach (Basel) und Karl Jaspers (Heidelberg) promoviert wurde. Bis zu seinem Tod entwickelte sich Mohler zur intellektuellen Autoritätsfigur der Neuen Rechten. Der Schweizer war während des Krieges fahnenflüchtig nach Deutschland gegangen um sich für die SS zu melden, wurde dort aber offenbar als nicht zuverlässig genug angesehen, wenn man den biographischen Angaben glaubt[8], die wohl vor allem von ihm selbst stammen.

Dass Jaspers, der nach 1945 zu einer großen moralischen Autorität in Westdeutschland wurde, Mohler zu seiner Dissertation mit den Worten gratulierte: »Ihre Arbeit ist eine großangelegte Entnazifizierung dieser Autoren, die besticht und heute in Deutschland mit Begierde gelesen werden wird«[9], zeigt, wie schwierig es selbst für ihn war, die Weimarer Republik aus der notwendigen Distanz heraus zu beurteilen und damit auch die Entwicklung hin zum Nationalsozialismus, an der »diese Autoren«, über die Mohler promovierte, auf die eine oder andere Weise beteiligt waren. Mohler dagegen war die Problematik seiner Dissertation viel bewusster, und so musste er sich gleich im Vorwort gegen die falsche Gleichsetzung der »Konservativen Revolution« mit dem Nationalsozialismus zur Wehr setzen: Sie sei »vielmehr ein eigenständiges Gebilde […], das nicht mit Notwendigkeit in den Nationalsozialismus mündet«, während er gleichzeitig zugab, dass »die Verzahnungen der ›Konservativen Revolution‹ mit dem politischen Geschehen nach 1933 noch im Dunkel liegen und in ihrer Tragweite noch nicht abgeschätzt werden können.« Dann klassifizierte er die »Konservativ-Revolutionären« als »die ›Trotzkisten‹ des Nationalsozialismus«[10]. Diese waren jedoch auch Bolschewisten gewesen und dem Vergleich zufolge die »Konservative Revolution« ideologisch eng mit dem Nationalsozialismus verbunden. Tatsächlich passt der Vergleich für den linken Flügel der NSDAP, der schon vor 1933 innerparteilich weitgehend entmachtet und dann bei der »Niederschlagung des Röhm-Putsches« zum Teil auch physisch liquidiert wurde (Gregor Strasser). Für Mohler gehören Otto und Gregor Strasser entsprechend zur »Konservativen Revolution«. Vierzig Jahre später, zur erweiterten Neuausgabe 1989, fügte er im neuen Vorwort hinzu, dass »der Nationalsozialismus von den Trägern der ›Konservativen Revolution‹ in Deutschland und im Ausland so oft als der Verwirklicher ihrer Ideen mißverstanden worden ist«, weil er sich ihrer Ideen bediente, sie selbst aber politisch erfolglos blieben.

Der von Mohler geschaffene Begriff der »Konservativen Revolution« umfasst einen äußerst heterogenen Kreis von politischen Denkern und Akteuren. Da wurde der eine mit der »Niederschlagung des Röhm-Putsches« 1934 umgebracht, wie Edgar Julius Jung, der andere war später im Widerstand, wie Ernst Niekisch, Vordenker der »Nationalbolschewisten«, wogegen andere sich nach 1933 anpassten, aus dem Kreis um die Zeitschrift *Die Tat*, etwa deren Herausgeber Giselher Wirsing, der der SS beitrat und im Krieg dort weitere Karriere machte. Großes Vorbild für Mohler war Ernst Jünger, dessen Privatsekretär er 1949–53 wurde, bis Jünger die Neuausgabe seiner Tagebücher mit opportunen Korrekturen versehen wollte (und es dann auch tat[11]), der einige Stellen zum Opfer fielen, die dann zu nationalistisch oder der NS-Ideologie zu nahe schienen. Für Mohler war das Verrat Jüngers an sich selbst.

Nach einer publizistischen Tätigkeit als Pariser Auslandskorrespondent für mehrere Zeitungen wurde Mohler 1961 Sekretär und 1964–85 Geschäftsführer der Carl Friedrich von Siemens-Stiftung. Daneben war Mohler weiterhin publizistisch tätig, unter anderem für *Christ und Welt*, deren Chefredakteur der oben genannte Giselher Wirsing war, bis 1933 Herausgeber der *Tat*. Dessen Karriere nach 1933 hat Mohler in der 1989 um einen bio-bibliographischen Anhang erweiterten Ausgabe seines Buches tunlichst verschweigen, anders als bei Hans Zehrer, der 1933 als Chefredakteur der *Tat* ausscheiden musste.[12]

Mohler nutzte dann vor allem die Stiftung für Tagungen und Publikationen mit einschlägigen alt- und neurechten Autoren, so etwa 1978 mit und über Carl Schmitt (1888–1985), dem »Kronjuristen« des »Dritten Reiches«, unter Teilnahme von Paul Carell (eigtl. Paul Schmidt, 1911–1997), ehemals SS-Obersturmbannführer und Pressesprecher des Außenministers Ribbentrop, oder Hellmut Diwald (1924–93), der im selben Jahr (1978) in seinem Buch über die Deutschen eine Verharmlosung des Holocaust vertrat (– sei nicht intentional gewesen).[13] Später wurde er darin von Robert Hepp (*1938), ebenfalls Teilnehmer der Tagung, in einem Beitrag zu einer Gedächtnisschrift für Diwald nach dessen Tod 1993 mehr als nur verteidigt, da Hepp in einer Fußnote auf Latein (!) einen Kommentar einbrachte, der später vom Amtsgericht Tübingen als Leugnung des Holocaust verstanden wurde. Hepp vertrat eine modernisierte Form der Rassentheorie, einen biologistischen Volksbegriff, und sah schon in den 1970er Jahren den »Volkstod« der Deutschen kommen. Beide, Diwald und Hepp, personifizierten den Übergang von der alten Nazi-Ideologie zur Neuen Rechten, waren Professoren an deutschen Universitäten und beide sogar in Erlangen von Hans-Joachim Schoeps promoviert worden, der in der Weimarer Zeit ein glühender Verfechter der »Konservativen Revolution« gewesen war und noch über 1933 hinaus Illusionen hatte, nationalbewusste Juden könnten sich mit dem Nationalsozialismus verbinden. Obwohl er als Jude beide Eltern im Holocaust verlor, knüpfte er nach 1945 an seine nationalkonservativ-preußischen Überzeugungen von früher an.

Vermutlich hätten sich etliche der mit »Konservative Revolution« charakterisierten Autoren mit dem Begriff »konservativ« eher schwergetan, da diese Formel eine heterogene Sammlung politischer Strömungen zusammenfasst, von denen keine zurück in die alten Bahnen des Konservativen im Sinne des Kaiserreichs wollte. So wurde in diesem Zusammenhang auch der Begriff »jungkonservativ« geprägt. Es gab große Diskrepanzen in der Haltung zum Sozialismus sowie beträchtliche Nuancen in der Ausprägung des Nationalismus, die völkische Strömung darunter war rassistisch und damit zutiefst antisemitisch, allen gemeinsam war jedoch die Ablehnung von Liberalismus und Demokratie.[14] Dennoch fasst die Formel »Konservative Revolution« ganz gut den gemeinsamen Nenner von Demokratiefeinden zusammen, die keine eingeschriebenen Nazis waren, jedenfalls vor 1933 nicht, jedoch den Völkischen nahestanden, und von daher schon lässt sich kein klarer Trennungsstrich ziehen. Alle teilten ideologisch *etwas* mit den Nazis, aber eben nicht *alles,* und vor allem konnten sie im Nachhinein nicht pauschal für den Zweiten Weltkrieg und den Holocaust mitverantwortlich gemacht werden, jedenfalls nicht im direkten Sinn. Somit konnten sie später zur Referenz für die Neue Rechte werden, zumal sich unter den bekannten Protagonisten auch NS-Opfer und Widerständler befanden.

»Konservative Revolution« ist eigentlich ein Widerspruch in sich, er drückt jedoch damit den Widerstand gegen die Weimarer Republik aus und den Wunsch, diese durch eine Revolution zu stürzen, die wieder alte konservative Werte, aber auf neue Weise, zur Geltung bringt. Gleichzeitig ist das Adjektiv »konservativ« euphemistisch und soll eine in Wirklichkeit rechtsextreme Ideologie durch eine akzeptierte Vokabel diskursfähig machen. Weiter als nur gegen die Weimarer Republik zielte diese »konservative Revolution« auf die Annullierung der historischen Entwicklung seit der Französischen Revolution ab, der Liberalismus galt als der die Welt in den Untergang stürzende Todfeind – hierin gab es Querfront-Verbindungen zur radikalen Linken –, während die Demokratie durch Umdeutung und Umformulierung begrifflich zum Teil übernommen wurde, als neu definierte Volksherrschaft. Es handelte sich also um eine Revolte gegen die Moderne schlechthin, inspiriert von Nietzsche, dem George-Kreis, Oswald Spengler, dessen *Untergang des Abendlandes* der »Konservativen Revolution« nach ihrer Auffassung eine Legitimität zur Rettung des Abendlandes als Akt der Verteidigung und damit ein Widerstandsrecht verlieh – und auch ihren Epigonen noch verleiht. Es galt auch nicht nur, das Abendland in seinem Inneren zu retten, sondern auch den Niedergang seiner Weltgeltung aufzuhalten, die Umkehrung der europäischen Dominanz in eine Unterordnung unter andere wieder zurückzudrehen.

Vieles, was die heutige Neue Rechte ausmacht, findet sich hier. Mit dem Unterschied, dass Spengler diesen Untergang fast fatalistisch beschrieb, während andere daraus eine Aufforderung zum Handeln entnahmen. Der gemeinsame ideologische Nenner war die Bekämpfung der Idee der Gleichheit – der Völker, »Rassen«, Geschlechter, der Menschen schlechthin –, es war die »Umwertung aller Werte«, im Sinne von Nietzsche, der sich in der Folge all jene anschlossen, »denen die demokratische Bewegung nicht bloss als eine Verfalls-Form der politischen Organisation, sondern als Verfalls-, nämlich Verkleinerungs-Form des Menschen gilt.«[15] Wir kommen später darauf zurück.

Diese radikale Rechte wird deswegen nicht akzeptabler, weil sie mit den Verbrechen des Nationalsozialismus vermeintlich nicht belastet ist, denn sie trug publizistisch und propagandistisch zur Diskreditierung der Weimarer Republik und damit auch zum Aufstieg und Sieg des Nationalsozialismus bei. Sie lieferte ihm wesentliche Ideen und Stichworte, allen voran Moeller van den Bruck, der große Vordenker, mit seinem Buch *Das Dritte Reich* (1923). Ihre Ideologie und politischen Ziele waren damals und sind heute verfassungsfeindlich, insofern sie die Demokratie ablehnen. Das wird heute so nicht mehr auf die Fahnen geschrieben, sondern rhetorisch der Spieß umgedreht, die existierende als verfehlte oder entartete Demokratie angeprangert und die eigene Überzeugung als die echte und wahre demokratische dagegengestellt.

Zur Diskreditierung der parlamentarischen Demokratie damals wie heute tragen wesentlich die Schriften Carl Schmitts bei. Er war keineswegs der einzige konservative Staatsrechtler der Weimarer Zeit, auch andere standen der Republik skeptisch bis ablehnend gegenüber.[16] Voraussetzung für die Kontroversen innerhalb der Staatsrechtslehre war der Umstand, dass zum ersten Mal eine Verfassung ausschließlich vom Volk bzw. seinen Vertretern beschlossen wurde ohne Kompromisse mit einer monarchischen Obrigkeit. Es kam daher eine fundamentale Sinnfrage ins Spiel, die den Rechtspositivismus, der das Recht als gesetztes Recht aus sich selbst definierte, kritisierte und nach der Begründung von Rechtsnormen fragte. Diese Frage- oder Infragestellung kam nicht nur von rechter Seite, sondern auch von linker, zum Beispiel durch den Staatsrechtsphilosophen Gustav Radbruch, der auch 1920–21 und 1923 Justizminister war. Als Sozialdemokrat stand er natürlich hinter dem Rechtssystem der Weimarer Republik, das er auf seine Weise interpretativ ergänzte, indem er das Gerechtigkeitsprinzip über das gesetzte Recht stellte. »Aus Juristen Demokraten machen«, so ein prägnanter Titel in der *Zeit* zu seiner Würdigung am 60. Todestag, war sein Ziel angesichts eines reaktionären Richterbundes, der schon 1921 gegen den »Lügengeist« und das »Bastardrecht« des parlamentarischen Gesetzgebers polemisierte und nach einem Führer rief.[17]

Carl Schmitt wurde im Rückblick meistens nur verkürzt als der juristische Legitimierer (»Kronjurist«) Hitlers gesehen und bezog daraus sein zweifelhaftes Renommee, weitgehend ausgeblendet ist dabei die Tatsache, dass er schon zuvor dem Nationalsozialismus propagandistisch den Weg bereitet hat, indem er von der Höhe des Staatsrechtlers aus, scheinbar politisch neutral, schon 1923/24 dem modernen Parlamentarismus und speziell dem der Weimarer Republik die Legitimation absprach. Später (1932) formulierte er seine Kritik dann aus zu seiner berühmt-berüchtigten Unterscheidung zwischen Legalität und Legitimität, wobei er der Legalität des Parlaments in seiner damaligen Verfassung als Ausdruck des pluralistisch organisierten Parteienstaates die Legitimität einer Volksvertretung absprach: Nicht der Wille des Volkes werde dort vertreten, sondern die Vorstellungen der Parteien, die wiederum von außenstehenden Lobbys (nach heutigem Sprachgebrauch) beeinflusst und korrumpiert seien.[18] Anders als die Polemiken aus der nationalkonservativen und faschistischen Ecke heraus konnte Schmitt damit Anerkennung finden, dass er den Parlamentarismus in dieser Argumentation nicht per se verurteilte, sondern ihn dialektisch aufgrund seiner Widersprüche verwarf, mit der Schlussfolgerung, was für die bürgerliche Phase des 19. Jahrhunderts zur Überwindung der Monarchie noch notwendig gewesen sei, habe sich im Zeitalter der Massendemokratie des 20. Jahrhundert fundamental verändert und sei somit überholt. So beurteilte auch Armin Mohler im historischen Rückblick und Ausblick über die nationalen Grenzen hinaus, aber mit einer auch noch 1949 geltenden Überzeugung, »die formlose Massendemokratie mit dem ihr innewohnenden Hang zur Diktatur als Gegebenheit der Zeit in den meisten Ländern.«[19]

Um die Bedeutung solcher Gedanken für die heutige Neue Rechte zu verdeutlichen, verweisen wir hier auf eine Präsentation der Schrift von Schmitt im »Staatspolitischen Handbuch« des »Instituts für Staatspolitik« Götz Kubitscheks. Durch den hochtrabenden Auftritt dieser Unternehmung inklusive der Webadresse www.staatspolitik.de, die bekommen zu haben sicher einer gelungenen Mischung aus Glück und Verstand zu verdanken ist, will man sich quasi auf der Höhe eines Carl Schmitt verorten. So betont auch der Eintrag des Artikels unter dem ursprünglichen Titel von Schmitts Schrift von 1923, »Die geistesgeschichtliche Lage des heutigen Parlamentarismus«, speziell dessen Aktualität.

Die Grundidee des Parlaments, ja schon der Begriff (vgl. parlare/parler), bezieht sich darauf, dass im Prozess der parlamentarischen Debatte »die Wahrheit des Arguments« siege, partikulare Interessen zurückstehen und daraus die beste Politik im Sinne des Gemeinwillens (volonté générale) entstehe. Zwischen dieser idealtypischen Vorstellung und der Realität kann man unschwer immer eine Kluft ausmachen. In dem besagten Artikel heißt es dazu:

»Die Verwirklichung dieses Gedankens in der Institution des Parlaments ist allerdings an bestimmte Voraussetzungen gebunden, wie beispielsweise Unabhängigkeit und Aufgeschlossenheit der Parlamentarier. Sind diese Bedingungen nicht mehr gegeben, etwa aufgrund unüberbrückbarer ideologischer Differenzen, parteipolitischer Abhängigkeit oder wirtschaftlicher Einflußnahme, kann der Parlamentarismus seinem ursprünglichen Ideal nicht mehr gerecht werden; es werden dann nur noch Kompromisse zwischen sich entgegenstehenden Interessen ausgehandelt. Eine Diskussion im eigentlichen Sinne findet nicht mehr statt.«[20]

Dieses Problem oder Defizit der Demokratie wird auch von aufrechten Kritikern (zur Definition gleich weiter unten) der Entwicklung der Demokratie und ihrer Institutionen aufgegriffen, wenn sie auf die Mechanismen der Mehrheitsbildung, auf Fraktionszwang, Vorentscheidungen in den Ausschüssen oder in Hinterzimmern sowie dem damit verbundenen Lobbyismus verweisen oder im Zuge der Medialisierung auf die zunehmende Entwertung des Parlaments zugunsten der Auftritte in den Medien.[21] Carl Schmitt zeigte aber keine Konsequenz im Sinne einer Alternative aus seiner Kritik des Parlamentarismus auf, es sei denn die pure Negation. Tatsächlich ging es ihm wie allen anderen auch nicht um die Kompensation der Defizite, nicht um die Verbesserung des »Systems«, sondern um dessen Abschaffung. Insofern war es keine aufrichtige Demokratiekritik, sondern eben nur ein zweifellos eloquenter Ausdruck ihrer grundsätzlichen Ablehnung. Spätestens 1929 äußerte Schmitt unzweideutig seine Sympathie für Mussolinis Faschismus als Wiederherstellung der staatlichen Autorität: »Der faschistische Staat will mit antiker Ehrlichkeit wieder Staat sein, mit sichtbaren Machtträgern und Repräsentanten, nicht aber Fassade und Antichambre unsichtbarer und unverantwortlicher Machthaber und Geldgeber.«[22] Dass Schmitts Vorstellung von Demokratie (»wirkliche Demokratie«) aber grundsätzlich vom vorherrschenden Begriff Demokratie differierte, machte er schon 1923 deutlich, wie in dem besagten Artikel des »Staatspolitischen Lexikons« zitiert und hervorgehoben wird: »Jede wirkliche Demokratie beruht darauf, daß nicht nur Gleiches gleich, sondern, mit unvermeidlicher Konsequenz, das Nichtgleiche nichtgleich behandelt wird.« Der Autor des Artikels kommentiert dazu: »Eine allgemeine Gleichheit, die meint, ohne jegliches Unterscheidungsmerkmal auszukommen, und daher jedem Menschen lediglich aufgrund seiner Eigenschaft als Mensch die gleichen Rechte zuerkennt, kann keine politische Einheit begründen und aufrechterhalten. Ein Staat, der die allgemeine Gleichheit verwirklichen will, löst sich unweigerlich selbst auf.«

Entscheidend ist jedoch die Fortsetzung des obigen Zitats von Schmitt im Original:

»Jede wirkliche Demokratie beruht darauf, daß nicht nur Gleiches gleich, sondern, mit unvermeidlicher Konsequenz, das Nichtgleiche nicht gleich behandelt wird. *Zur Demokratie gehört also notwendig erstens Homogenität und zweitens – nötigenfalls – die Ausscheidung oder Vernichtung des Heterogenen.*«[23] (Hervorheb. WG)

Schmitt führt dazu zwei Beispiele aus »Demokratien« an: die »radikale Aussiedlung« der griechischen Volksgruppe aus der Türkei im Zuge der »rücksichtslosen Türkisierung« nach dem Ersten Weltkrieg und die Absperrung Australiens gegenüber unerwünschten Einwanderern. Diese Vergleiche erklären jedoch keineswegs das von ihm postulierte Recht auf »Vernichtung« (von den im Osmanischen Reich verübten Pogromen bzw. Genoziden spricht er nicht). »Die politische Kraft einer Demokratie zeigt sich darin, daß sie das Fremde und Ungleiche, die Homogenität Bedrohende zu beseitigen oder fernzuhalten weiß«, heißt es bei Schmidt weiter. Dann kommt er zur in der Sache richtigen Feststellung, dass in der britischen Demokratie als Kolonialmacht der Staat Bevölkerungsteile beinhaltete, die nicht gleichberechtigt waren, über die sogar geherrscht wurde (in den Kolonien), und im Rückgriff bis auf die antike Demokratie schreibt er an gleicher Stelle weiter:

»Im übrigen muß man sagen, daß eine Demokratie – weil zur Gleichheit immer auch eine Ungleichheit gehört – einen Teil der vom Staate beherrschten Bevölkerung ausschließen kann, ohne aufzuhören, Demokratie zu sein, daß sogar im allgemeinen bisher zu einer Demokratie immer auch Sklaven gehörten oder Menschen, die in irgendeiner Form ganz oder halb entrechtet und von der Ausübung der politischen Gewalt ferngehalten waren, mögen sie nun Barbaren, Unzivilisierte, Atheisten, Aristokraten oder Gegenrevolutionäre heißen.«

In dieser Argumentation zeigt sich das umgekehrte Phänomen zur obigen Parlamentarismuskritik. Sollte dieser durch seine inneren Widersprüche oder durch den Widerspruch zwischen Anspruch und Wirklichkeit ad absurdum geführt werden, so werden die Widersprüche der beschriebenen eingeschränkten Demokratien – Gleichheit, aber nicht für alle – als das Wesen der Demokratie schlechthin präsentiert. In dem von Schmitt postulierten Recht auf »Ausscheidung« oder gar »Vernichtung« des Heterogenen erkennt man mit Schrecken eine zukünftige Entwicklung, wenn das damals ernst genommen werden sollte, was ja wohl die Intention des Autors war, obwohl er offenbar selbst von der Konsequenz des vom ihm Geschriebenen zurückgeschreckt ist und kein Beispiel für die »Vernichtung« angeführt hat. Entsprechend hat auch Kubitschek diesen Satz nicht in sein Zitat übernommen. In der Präsentation der Schrift von Schmitt, die auch über Kubitscheks Antaios-Verlag lieferbar ist, heißt es mit Herstellung des Bezuges zur Aktualität, Schmitts »Herleitung der für eine Demokratie zwingend notwendigen Homogenität der Stimmberechtigten, seine Dekonstruktion Rousseaus – das alles löst den Nebel auf, durch den wir auf unsere heutige Situation blicken.«[24]

Wer wollte, konnte also schon früh in Schmitts Schriften den politischen Abgrund erahnen, den seine rechtsphilosophische Argumentation zu übertünchen suchte, und analog gilt dies heute hinsichtlich seiner Rehabilitierung. Was Schmitt schrieb, bilanziert Kurt Sontheimer, »schien wissenschaftlich haltbar, war frei von den sonst üblichen völkischen Übertreibungen und Ressentiments und war doch ein äußerst wirksamer Hieb gegen die Idee des Parlamentarismus.«[25]

Gleichwohl wurde und wird auch kein rechtsextremer Klartext gescheut, wenn der Autor nur vom Stigma des Nationalsozialismus freigehalten werden kann. Edgar Julius Jung, einer der Hauptautoren der »Konservativen Revolution«, ist das wichtigste Beispiel dafür. Der Titel seines Hauptwerks, *Die Herrschaft der Minderwertigen* (1927), drückt dessen Botschaft so eindeutig aus, dass er fast schon die Lektüre des Buches überflüssig macht. Mit dem Titel war natürlich die parlamentarische Demokratie gemeint, und das Buch wird heute auf den einschlägigen Webseiten der Neuen Rechten gepriesen oder angepriesen (zum Verkauf), so bei Kubitschek, aber auch bei der *Jungen Freiheit*:

»Einer der bekanntesten Vordenker dieses modernen, sich als revolutionär empfindenden Konservatismus war Edgar Julius Jung, und eine seiner wichtigsten staatsphilosophischen Schriften war dessen Hauptwerk ›Die Herrschaft der Minderwertigen – Ihr Zerfall und ihre Ablösung durch ein Neues Reich‹. Die Faszination, die heute noch von Jung ausgeht, liegt in der seltenen Einheit von Geist und Tat – in beiderlei Hinsicht suchte er als Revolutionär zu wirken –, und seine geistesgeschichtliche Bedeutung besteht in der Systematik seines Hauptwerks, das geradezu als Leitfaden der Konservativen Revolution gelesen werden kann.«

Jungs Vorstellung eines »organischen Staatsaufbaus« fasst die Zeitung so zusammen: »Konkret sollte dies durch einen ständestaatlichen Aufbau des Reiches bewirkt werden, bei dem das parlamentarische System mit seinen verhältnismäßig abstrakten Repräsentationsformen, den oft vom tatsächlichen Volkswillen abgelösten Parteiapparaten, durch eine hierarchisch-pyramidale Struktur von möglichst kleinen Einheiten zu ersetzen ist, bei denen sich jeweils Wähler und Gewählte persönlich kennen. Dadurch sieht Jung die Auswahl der Besten, das heißt der am Gemeinwohl und letztlich an einer metaphysischen Allheit orientierten Vertreter in einer neuen, leistungsabhängigen Aristokratie garantiert.«[26]

Die *Junge Freiheit*, die eigentlich auf eine Abgrenzung nach rechts außen achtet, kann »die Faszination, die heute noch von Jung ausgeht«, so bewundern, weil sie betont, Jung habe sich einerseits in seinem Buch gegen die Rassenideologie der Nazis gewandt und sei dann 1934 Opfer Hitlers im Zuge der »Niederschlagung des Röhm-Putsches« geworden. Letzteres stimmt, ersteres nur sehr bedingt. Jung bezieht gewiss Position gegenüber der rein biologistischen Rassenkunde, bei der ihm »Seele«

und »Geist« fehlen, insofern folgt er der Linie des Rassentheoretikers Ludwig Ferdinand Clauß, der stärker der »Völkerpsychologie« verbunden war als der biologischen »Rassenkunde«. Jung setzt entsprechend mehr auf »Volk« als auf »Rasse« und zählt dementsprechend die Juden mit zum deutschen Staatsvolk im »geistigen«, das heißt im genannten völkerpsychologischen Sinne, »Rassen« existierten für ihn nur auf der großen, weltgeschichtlichen Ebene. Hier ist der Unterschied zu den Nazis deutlich. Doch gab es für Jung trotzdem »höher-« und »minderwertige« Völker sowie auch eine solche Hierarchisierung innerhalb des deutschen Volkes, nach »geistigen« Eigenschaften. Hier wiederum sind die Juden die Gegner für ihn, da sie »überwiegend das Lager des Individualismus bevölkern«, schreibt er. »Vom Standpunkte dieses Buches aus gesehen sind sie Reaktionäre, die im großen und ganzen an einer Weltanschauung festhalten, die überwunden werden muss. Die Juden sind individualistisch und damit das geborene Volk des Kollektivismus.« Das scheinbare Paradox, dass die Juden Urheber von Liberalismus und Kollektivismus gleichzeitig sein sollten, eine eindeutige Parallele zur NS-Ideologie, löst sich dadurch auf, dass die Gleichheit aller Individuen im Liberalismus die Individualität im Sinne von Unterschieden negiere und daher Voraussetzung für die Negierung des Individuums im Kollektivismus sei. »Es ist nur eine Frage«, schlussfolgert Jung, »ob auf die Dauer ein Minderheitenvolk seine geistige Zuständlichkeit dem zahlenmäßig viel stärkeren Wirtsvolk aufzwingen darf und kann. Heute haben die Juden diese geistige Machtstellung inne und verteidigen sie mit einer Kraft, die Gegenwirkung erzeugen muß.«

Jung erklärte den Antisemitismus als Gegenbewegung zum »Antigermanismus« der Juden und bezog sich dabei in der Neuausgabe seines Buches von 1929 auf Wilhelm Stapel (1882–1954), der von Mohler zur »Konservativen Revolution« gezählt wird, einer der führenden Autoren des politischen Antisemitismus in der Weimarer Republik war und sich ab 1931 für den Nationalsozialismus aussprach. Somit wird klar, wie wenig fern Jung in dieser Frage letztlich der NS-Ideologie stand und wie sehr auch in dieser besonderes heiklen Frage des Rassismus und Antisemitismus die »saubere« Trennung zwischen solchen Autoren und den Nazis reine Fiktion ist.

Abgesehen davon übernahm Jung in seinem Buch eine ganze Reihe der von den »Volkstumsforschern« prognostizierten Horrorszenarien vom demographischen Niedergang der Deutschen gegenüber ihren slawischen Nachbarn: »Die Völker europäischer Hochkultur* im geistigen, wirtschaftlichen und sozialen Sinne sind heute kinderarm mit rund 20 Lebendgeburten aufs Tausend. Die kulturärmeren des Ostens und

Südostens (Ostgruppe mit durchschnittlich 40 Lebendgeburten) sind kinderreich. [...] Ungleiche Bevölkerungsvermehrung ist ein wichtiger, in seiner Bedeutung noch längst nicht hinreichend gewürdigter Faktor der Politik.«[27] (*d.h. Deutschland, Frankreich...).

Die Nazis stellten dann die Prämisse vom »Volk ohne Raum« auf, während sie gleichzeitig natalistische Politik betrieben. Letzteres sollte die rückläufige Geburtenzahl im Sinne von Jung aufhalten und umkehren, ersteres bezog sich auf einen Vergleich der Siedlungsdichten in Europa, wonach Deutschland viel dichter besiedelt war als der Osten Europas (aber auch Frankeich) und von daher einen Raumanspruch geltend machten konnte – so die NS-Geopolitik vom »Lebensraum«.

Jung hatte nach dem 30.1.1933 Einfluss auf Franz von Papen gewonnen, damals Vizekanzler, und wollte offenbar innerhalb des entstehenden NS-Systems ein Netzwerk von Gleichgesinnten aufbauen, woraus die heutigen Epigonen einen gescheiterten Putschversuch Papen-Jung machen. Damit bekommt antidemokratisches Gedankengut von damals ein vermeintliches Gütesiegel des »Widerstands«, das es heute präsentabel und in den Kampf um die Definitionsmacht über den Begriff Demokratie integrierfähig machen soll.

Von der Demokratiekritik zum »Widerstandsrecht«

In seinem Verlag veröffentlichte Kubitschek anlässlich der Flüchtlingskrise 2015 die Schrift des ehemaligen NPD-Rechtsanwalts Thor von Waldstein, *Vom politischen Widerstandsrecht der Deutschen*, in der die These propagiert wird, »die Bundesregierung hole willentlich Millionen Fremde ins Land, um das deutsche Volk zu zersetzen«, wie Marcus Bensmann und Marta Orosz vom Recherchezentrum *Correctiv* resümieren.[28] Im Original heißt es, »daß die Regierung die verfassungswidrige Beseitigung des Souveräns, des deutschen Volkes, nicht nur fahrlässig hinnimmt, sondern vorsätzlich durch millionenfache, willkommenskulturbeschleunigte Einschleusung rechtswidrig eingedrungener und weiter illegal eindringender Migranten ins Werk zu setzen beabsichtigt. Die in den neuen Bundesländern noch uneingeschränkt bestehende, in den alten Bundesländern jedenfalls jenseits der Großstädte noch überwiegend vorhandene ethnische Homogenität der Deutschen soll im Wege eines Rassismus gegen das eigene Volk aufgelöst werden.«[29]

Dies ist gewiss nur eine Manifestation der in diesen Kreisen zirkulierenden These von der »Umvolkung«, die von extrem rechts den Weg über die Mittlerinstanzen der Neuen Rechten in die Mitte der Öffentlichkeit und die Reihen zumindest der sächsischen CDU gefunden hat, wo die Bundestagsabgeordnete Bettina Kudla sie in einem Tweet übernommen hat: »Die Umvolkung Deutschlands hat längst begonnen.«[30] Allerdings sollte die verfassungsrechtlich argumentierende Darlegung von Waldsteins nicht einfach nur als solch ideologische Propaganda unterschätzt werden, sie liefert der gesamten Rechten bis hinein in die Unionsparteien eine vermeintlich juristische Argumentationshilfe für den Merkel vorgeworfenen Verfassungsbruch durch die »Grenzöffnung« für die Flüchtlinge (die für v. Waldstein gar keine waren). Damit können sich die Merkel-Kritiker auch auf Kommentare ehemaliger Verfassungsrichter wie Walter Papier und Udo di Fabio berufen, die Merkel 2015 auch einen Rechtsbruch vorgeworfen haben, worauf von den Anti-Merkel-Propagandisten natürlich stets verwiesen wird.[31]

Entscheidend ist die Konsequenz daraus: Aus der Argumentation resultiert für die Rechten das Widerstandsrecht im Sinne des Grundgesetzes, das sie damit für sich vereinnahmen und, wie v. Waldstein in einer Veranstaltung im Mai 2018 in Berlin zur Sprache brachte[32], auch gegen das Bundesverfassungsgericht selbst, in dessen jüngster Rechtsprechung »ein atomistisches, die Existenz eines Volkes leugnendes Menschenbild entworfen wird«. In Fortführung seiner Argumentation von 2015 interpretiert v. Waldstein nämlich das BVG-Urteil zur NPD – die zwar aufgrund ihrer Erfolglosigkeit nicht verboten wurde, der aber gleichwohl die Verfassungsfeindlichkeit attestiert wurde – als ein »Volkssouveränitätsbeseitigungsurteil«, weil es sich »gegen den ethnischen Volksbegriff« zugunsten eines menschenrechtlich definierten Staatsvolksbegriffs ausspreche und damit alle Passagen des Grundgesetzes, die vom deutschen Volk als Souverän sprechen, missachte, ebenso wie die Regierung in der Flüchtlingskrise 2015/16.

In seinem Text von 2015 spricht er dabei gewiss Probleme der politischen Entscheidungen an (»Grenzöffnung«), wie sie die CSU auch massiv gegen Kanzlerin Merkel vorgebracht hat, es handelt sich bei v. Waldstein jedoch um keinen Diskussionsbeitrag zur Sache, nämlich wie Asyl- oder Flüchtlingspolitik falsch oder richtig sei. Er interpretiert zahlreiche Verfassungs- und Rechtsgrundlagen für seine Sicht der Dinge und leugnet dagegen andere, so etwa, dass es sich bei den syrischen Flüchtlingen um Flüchtlinge im Sinne der Genfer Flüchtlingskonvention handele, und interpretiert politische Fehlentscheidungen – wenn man sie denn so sehen will – als Absicht, nämlich als »Putsch von oben«. Er beruft sich deswegen auf das Widerstandsrecht nach den Auslegungen der Staatsrechtlers Josef Isensee: »Wenn etwa die zuständigen Organe generell darin versagen, dem freien Individuum Sicherheit und Ordnung zu gewährleisten, so verwirken sie den Gehorsamsanspruch gegenüber ihren Untertanen, und der Widerstandsfall tritt ein.«[33] Dies sei durch die Flüchtlingspolitik Merkels eingetreten.

Das hat v. Waldstein allerdings nicht erst anlässlich der Flüchtlingskrise und des BVG-Urteils entdeckt, es ist seit langem schon das Referenzzitat von Neonazis zum Widerstandsrecht gegen den »Volkstod«, die lexikalisch drastischere Variante der »Umvolkung«, unter anderem auf der rechtsextremen Website *volksbetrug.net*, die der Bundesrepublik jegliche demokratische Legitimation abspricht (am 17.5.2012). Und der auch oben zitierte und allen AfDlern von der Parteirechten als »Pflichtlektüre« empfohlenen Thorsten Hinz stellte in seiner Schrift *Die Zurüstung zum Bürgerkrieg* bereits 2008 fest, dass es einen Widerspruch im Grundgesetz gebe: »In der Präambel des Grundgesetzes wird zwar das ›Deutsche Volk‹ als oberster Verfassungsgeber beschworen, doch in Artikel I (1) werden ›die Würde des Menschen‹ und ihr Schutz zum höchsten Anliegen und ›unmittelbar geltendes Recht‹ und somit bindend für Legislative, Exekutive und Judikative erklärt.« In der Folge sei letzteres gegen ersteres ausgespielt worden, als sei im GG »nicht nur die ›Würde der Deutschen‹, sondern die Würde aller Menschen gemeint. Denkt man diese Auffassung konsequent zu Ende, dann befiehlt das Grundgesetz die Auflösung Deutschlands.«[34]

Mit der bewussten Missinterpretation des Widerstandsrechts werden dem »Widerstand« bis hin zum Terrorismus Tür und Tor geöffnet. Dass es hier nicht mehr um »zivilen Ungehorsam« geht wie bei der Linken und der Umwelt- und Friedensbewegung der siebziger und achtziger Jahre, als GG Art. 20 »Wo Unrecht zu Recht wird, wird Widerstand zur Pflicht« auch gerne zitiert wurde, zeigen unter anderem Überlegungen des *Sezession*-Autors Lutz Meyer, der 2014/15 »aus der linksanarchistischen Szene« zu Kubitschek gefunden hat und dort eine Art »Querfront« repräsentiert, in einem Artikel »Handeln in Zeiten der Beschleunigung?« Dort sinniert er über Möglichkeiten widerständigen Handelns durch einen »Griff in die Speichen des Rades« »am schwächsten Punkt« der sich immer schneller verändernden Welt und das ist »das globale Datennetz inklusive der an ihnen hängenden Finanzmärkte und die Infrastruktur der Energieversorgung.«[35] Was das Recherchezentrum *Correctiv* zwangsläufig zur Schlussfolgerung bringt: »In diesem Artikel fantasiert der Autor über Terroranschläge, wenngleich er nicht ausdrücklich von Gewalt gegen Menschen spricht.«[36]

Der Verweis auf den Staatsrechtler Isensee ist im Übrigen eine gezielte Missdeutung seiner Analyse des Widerstandsrechts nach dem Grundgesetz. Isensee ist in jenen Kreisen gerne gesehen, weil er verschiedentlich konservative Positionen vertreten hat, so zum Beispiel gegen die doppelte Staatsbürgerschaft, gewiss eine legitime Position innerhalb der verfassungsjuristischen Debatte. Das Widerstandsrecht des Grundgesetzes rechtfertigt aber auch nach Isensee keinen Widerstand gegen »einzelne Verfassungsverstöße«, nicht einmal, wenn »die Legislative Grundrechte verletzt«. »Das Widerstandsrecht bezieht sich nur auf einen Angriff, der die grundgesetzliche Ordnung als solche beseitigen will, also von Grund auf bedroht.«[37] Deswegen wird der »Verfassungsbruch« von den Rechtsradikalen so hochgespielt, denn die Möglichkeit demokratischen Handelns, auch des Protestes, sind ja nicht eingeschränkt worden, im Gegenteil, die Diskussion darüber gewinnt ständig an Bedeutung, nicht zuletzt dank der AfD. Der inflationäre Gebrauch der Formel »Recht und Ordnung wiederherstellen«, am 12.6.2018 von Innenminister Seehofer wiederholt, als es um seinen »Masterplan Migration« ging, aber auch von anderen im Streit um die »Grenzsicherung«, nimmt gewollt oder ungewollt genau diesen Impuls von der extremen Rechten her auf, denn »Recht und Ordnung wiederherstellen« heißt ja, dass sie zur Zeit nicht existieren. Den Anstoß dazu lieferte Seehofer am 9.2.2016 mit seiner Formel von der »Herrschaft des Unrechts«[38], weswegen Bayern damals auch drohte, eine Verfassungsklage einzureichen, gestützt auf das Gutachten des ehemaligen Richters am Bundesverfassungsgericht Udo di Fabio. Dessen aktueller Präsident, Andreas Voßkuhle, rügte dagegen diese »inakzeptable Asylrhetorik«, die »Assoziationen zum NS-Unrechtsstaat wecken« wolle, »die völlig abwegig sind.«[39] Dies tat er mit anderthalbjähriger Verspätung, weil inzwischen die AfD diese Verfassungsbeschwerde eingereicht hat, auf die die CSU letztlich verzichtet hatte, denn es hätte den Koalitionsbruch bedeutet. Seehofers Reaktion, Voßkuhle solle »nicht Sprachpolizei sein«, war dann allerdings einmal mehr des AfD-Geistes würdig.

Mit der Unrechtsstaat-Klage geht es auch gar nicht mehr um die aktuelle Flüchtlingspolitik, die sich schon längst dank der »Reparatur« des Fehlers von Merkel durch das Türkei-Abkommen und insgesamt auf europäischer Ebene durch die verstärkte Abschottung durch Frontex fundamental geändert hat. Es geht um die politische Ausnutzung des damaligen Fehlers, wenn es denn einer war, durch die nachträgliche Feststellung des Verfassungsbruchs – dem aber das BVG nicht gefolgt ist –, eines quasi diktatorischen Putsches, gegen den die AfD die Demokratie für sich beanspruchen und der Regierung absprechen könnte.

Das ist nämlich das, worauf Waldstein & Co. hinauswollen. Dabei mögen alle Fälle, um die es hier geht, auch die »Grenzöffnung« im Sommer 2015, politische Fehlentscheidungen oder Handlungsdefizite gewesen sein, es handelte sich aber *nicht* um eine Außerkraftsetzung von Recht und Ordnung im genannten Sinne einer »Herrschaft des Unrechts«. Vergleicht man dies nicht nur mit dem NS-Unrechtsstaat, wie Voßkuhle, sondern auch aktueller mit der Debatte, ob die DDR ein Unrechtsstaat war, so bewirkt die sprachliche Verschärfung eine inhaltliche Trübung, wenn klare Unterschiede zwischen den Dingen verschwimmen. Die Banalisierung des Begriffs trägt dazu bei, das organisierte Misstrauen in den Staat als solchen zu stärken und Fantasien vom »Widerstandsrecht« zu fördern.

Und die NPD darf sich über die ihr vom BVG attestierte Erfolglosigkeit als Partei damit hinwegtrösten, dass heute ihr Gedankengut viel erfolgreicher in die Gesellschaft getragen wird, als sie das vermochte, unter anderem durch Thor von Waldstein, der wohl nicht mehr direkt mit der NPD verbunden ist, sie aber immer noch gegen das BVG verteidigt. Die Verfassungsrichter müssen sich jedoch umgekehrt auch nach der Logik ihres Urteils fragen lassen, wonach das Parteienverbot erst dann sinnvoll erscheint, wenn die verfassungsfeindliche Partei Erfolg hat. Wann beginnt »Erfolg?« Rechtlich gegen die NSDAP vorzugehen, war 1932 definitiv zu spät, als Reichskanzler Brüning per Notverordnung mit der Unterschrift Hindenburgs zeitweilig die SA verboten hat.

Von der »Konservativen Revolution« zur AfD

»Zu zentralen Fragen stehen im AfD-Programm Potemkinsche Dörfer, Fassaden, die mit der gelebten Welt der Wutbürger wenig bis nichts mehr zu tun haben. [...] Die wahren Absichten der heutigen Parteimitglieder werden von den schriftlich niedergelegten Zielen verdeckt, auf die man sich bei einem Parteitag einigte, als die Liberalen knapp in der Mehrheit waren. Das Programm der AfD camoufliert die wahren Ziele der Parteirechten, der heutigen Mehrheit«, schreibt Franziska Schreiber in *Inside AfD*, Vorsitzende der *Jungen Alternative* Sachsen bis September 2017. »Im geheimen Wunschkatalog der AfD stehen allerlei Maßnahmen gegen Zuwanderung, die rechtlich nicht durchsetzbar sind [...] [, z.B.] Ausländer aus Sozialkassen ausschließen. Auch die sogenannten Ostgebiete sind für einen Teil der Mitglieder nicht erledigt. In der Jungen Alternative branden immer wieder Debatten darüber aus, wie Oppeln und Stettin, Königsberg und Danzig wieder ›heimkehren‹ könnten. [...] Die Antwort von Sven Tritschler auf zu offensive Forderungen war immer: Es ist noch nicht die politische Stunde. Wenn die Zeit reif ist und die Bürger bereit sind, dann ändern wir das. Markus Frohnmeiers

Alternative lautete: So etwas schreibt man nicht ins Parteiprogramm, das tut man, wenn man an der Macht ist.«[40] Sven Tritschler und Markus Frohnmeier waren bis Februar 2018 gemeinsam Bundesvorsitzende der *Jungen Alternative*, 2017 zog Tritschler in den Landtag von Nordrhein-Westfalen ein, Frohnmeier in den Bundestag.

Gleichwohl lohnt es sich, diese »Potemkinschen Fassaden« näher zu betrachten, weil sie durchaus etliches verraten, was man auf den ersten Blick nicht erkennt, und auch einen Blick dahinter erlauben. Denn auch im Grundsatzprogramm von 2016 übernimmt die AfD in sprachlich moderater, ja geradezu banaler Form zentrale Thesen der Demokratiekritik von der »Konservativen Revolution« damals bis zur Neuen Rechten heute. So heißt es darin:

»Deutschlands Staatsapparat hat inzwischen ein ungutes Eigenleben entwickelt. Die Machtverteilung entspricht nicht mehr den Grundsätzen der Gewaltenteilung. [...] Heimlicher Souverän ist eine kleine, machtvolle politische Führungsgruppe innerhalb der Parteien. Es hat sich eine politische Klasse von Berufspolitikern herausgebildet, deren vordringliches Interesse ihrer Macht, ihrem Status und ihrem materiellen Wohlergehen gilt. Es handelt sich um ein politisches Kartell, das die Schalthebel der staatlichen Macht, soweit diese nicht an die EU übertragen worden ist, die gesamte politische Bildung und große Teile der Versorgung der Bevölkerung mit politischen Informationen in Händen hat. Nur das Staatsvolk der Bundesrepublik Deutschland kann diesen illegitimen Zustand beenden.« (S. 8).

Dagegen setzt die AfD Volksabstimmungen nach Schweizer Vorbild. Lobbyismus, Korruption, Parteibuchwirtschaft, Kumulation von Amt und Mandat, Parteienfinanzierung, Nebentätigkeit von Mandatsträgern und Selbstfestsetzung der Abgeordnetendiäten... – das sind die Stichworte, an denen die Kritik erläutert wird. All diese Kritikpunkte, die man gewiss mehr oder weniger als echte Missstände betrachten kann, stehen seit vielen Jahren am Pranger und haben im Lauf der Zeit zum Teil auch Korrekturen oder zumindest Einschränkungen erfahren. Die Parteienfinanzierung sollte allerdings im Juli 2018 eine weitere Erhöhung erfahren, wogegen die Oppositionsparteien Verfassungsklage angekündigt haben. Die drastische Reduzierung der staatlichen Parteienfinanzierung, wie die AfD sie fordert, würde jedoch zwangsläufig die illegale Parteienfinanzierung wieder in altem Umfang oder noch stärker aufleben lassen, so wie übrigens die AfD selbst bzw. einige ihrer Landesverbände durch eine »millionenschwere Blackbox« von »Schatten-Spendern« unterstützt wird[41], ganz abgesehen von persönlich an Alice Weidel adressierten Spenden, die erst kassiert und nach erfolgreicher Verwendung im Wahlkampf 2017 zurückgezahlt werden konnten.[42] Auch fordert die AfD die Abschaffung der parteinahen Stiftungen, hat sich aber auf dem Augsburger Parteitag Ende Juni 2018 mit der Desiderius-Erasmus-Stiftung selbst eine geschaffen. Da sie schon vorher existierte, konnten die Posten dort auch schon im Vorfeld besetzt werden. Begründet wurde diese Entscheidung mit dem Argument: »Solange die Altparteien aber auf dieses Instrument (der Stiftungen) nicht verzichten, muss die AfD Waffengleichheit zu ihren Wettbewerbern herstellen.«[43] Vermutlich gilt dasselbe für die zum Teil horrenden Nebenverdienste von AfD-Abgeordneten, nicht erst im Bundestag seit September 2017, sondern zuvor schon in den Landtagen – alles zusammen Ausdruck einer echten Doppelmoral.[44]

Nach der selbst benannten Hauptaufgabe der Erasmus-Stiftung, geht es darum, »in Zeiten einer de facto eingeschränkten Versammlungsfreiheit und einer Einengung des ›zulässigen‹ Meinungsspektrums Verbündete für diese Ziele auszumachen und zu gewinnen.«[45] Auf dem Augsburger Parteitag am 30.6.2018 stellte Gauland in seiner Eröffnungsrede dann Vergleiche zur DDR her, unter anderem durch die Apostrophierung der »Altparteien« als »die neuen Blockparteien«.[46] Zuvor hatte die sächsische AfD-Abgeordnete Verena Hartmann in einer Bundestagsdebatte am 27.4.2018 erklärt, sie fühle sich »wieder wie im tiefsten Osten«: »Es herrscht eine Meinungsdiktatur, in der Andersdenkende ausgegrenzt, diffamiert und geächtet werden.«[47] Der verbalen Radikalisierung sind in der AfD diesbezüglich keine Grenzen gesetzt, so referierte etwa der emeritierte saarländische Germanistikprofessor Günter Scholdt seit 2014 in AfD-Kreisverbänden über »Meinungsfreiheit statt Meinungsterror«.[48]

Es geht hier wie schon gesagt nicht darum, Missstände der Demokratie zu leugnen oder zu verharmlosen, deren Gravität man im Einzelnen unterschiedlich einschätzen kann, sondern um die daraus abgeleitete Fundamentalkritik am »System«: »Bruch der Gewaltenteilung«, »heimlicher Souverän«, »politisches Kartell an den Schalthebeln der Macht«, »illegaler Zustand«, »de facto eingeschränkte Versammlungsfreiheit«, »Einengung des ›zulässigen‹ Meinungsspektrums«, ja sogar »Meinungsdiktatur wie in der DDR« oder »Meinungsterror«. Deutschland soll zur Diktatur polemisiert werden. Das Adjektiv *illegal* im Programmtext 2016 soll sich auf die bestehende bzw. nach AfD-Meinung nicht mehr bestehende Rechtsordnung beziehen, tut es aber nicht: Nach dem bestehenden Recht, das Legalität definiert, sind nur einige der angeführten Kritikpunkte illegal (illegale Parteienfinanzierung, Korruption usw.). Vielmehr definiert hier die AfD ihre eigene »Legalität«.

Wo und für wen wurde denn die Versammlungsfreiheit eingeschränkt? Wo und wie geschieht die Einengung des Meinungsspektrums? Wie äußert sich die Meinungsdiktatur? Die Auseinandersetzung um die Teilnahme der *Jungen Freiheit* an der Leipziger Buchmesse im Frühjahr 2018 könnte gewiss als Beispiel genannt werden, und zwar zu Recht, wenn es politische Ausschlusskriterien gäbe. Der Konflikt drehte sich um die Kampagne von *verlagegegenrechts.de* gegen die Teilnahme rechtsextremer Aussteller. Dass die *Junge Freiheit* jedoch von sich aus auf die Teilnahme verzichtete mit der Begründung, »durch eine einseitige und ungünstige Standplazierung in einem von der Messe konstruierten ›rechtsextremen Block‹ von Verlagen sei eine Messeteilnahme absolut rufschädigend und wirtschaftlich sinnlos«[49], so JF-Chef Stein, zeigt doch, dass es keinen Ausschluss rechter Aussteller gab.

Die aufgeführten Elemente der Parlamentarismuskritik aus der AfD-Programmatik sind gewiss nicht zufällig fast zu hundert Prozent identisch mit jenen, die Carl Schmitt 1923 zusammengefasst hat (neben viel umfänglicheren theoretisch-philosophischen Überlegungen):

»Große politische und wirtschaftliche Entscheidungen, in denen heute das Schicksal der Menschen liegt, sind nicht mehr (wenn sie es jemals gewesen sein sollten) das Ergebnis einer Balancierung der Meinungen in öffentlicher Rede und Gegenrede und nicht das Resultat parlamentarischer Debatten. Die Beteiligung der Volksvertretung an der Regierung, die parlamentarische Regierung, hat sich gerade als das wichtigste Mittel erwiesen, die Teilung der Gewalten und mit ihr die alte Idee des Parlamentarismus aufzuheben. Natürlich, wie die Dinge heute tatsächlich liegen, ist es praktisch ganz unmöglich, anders als mit Ausschüssen und immer engeren Ausschüssen zu arbeiten und schließlich überhaupt das Plenum des Parlaments, d.h. seine Öffentlichkeit, seinem Zweck zu entfremden und dadurch notwendig zu einer Fassade zu machen. Es mag sein, daß es praktisch nicht anders geht. Aber man muß dann wenigstens so viel Bewußtsein der geschichtlichen Situation haben, um zu sehen, daß der Parlamentarismus dadurch seine geistige Basis aufgibt und das ganze System von Rede-, Versammlungs- und Preßfreiheit, öffentlichen Sitzungen, parlamentarischen Immunitäten und Privilegien seine ratio verliert. Engere und engste Ausschüsse von Parteien oder von Parteikoalitionen beschließen hinter verschlossenen Türen, und was die Vertreter großkapitalistischer Interessenverbände im engsten Komitee abmachen, ist für das tägliche Leben und Schicksal von Millionen Menschen vielleicht noch wichtiger als jene politischen Entscheidungen.«[50]

Lediglich die Finanzierungsfrage taucht bei Schmitt hier nicht auf. Zu dem vorgeblichen inneren Souveränitätsverlust heute kommt für die

AfD nicht zuletzt noch der äußere durch die EU hinzu, einst Anstoß zur Gründung der AfD: »Die Politik in Europa ist durch eine schleichende Entdemokratisierung gekennzeichnet, die EU ist zu einem undemokratischen Konstrukt geworden, dessen Politik von demokratisch nicht kontrollierten Bürokratien gestaltet wird. Damit die Staaten Europas wieder zu Leuchttürmen für Freiheit und Demokratie in der Welt werden können.« (Programm 2016, S. 17). Auf dem Augsburger Parteitag 2018 verflocht Gauland in seiner erwähnten Rede beide »Entdemokratisierungen« miteinander anhand der Frage (laut Zusammenfassung seiner Eröffnungsrede), »warum alle Vorlagen der EU aus Brüssel immer nur diskussionslos im Bundestag abgenickt und durchgewinkt worden seien. Die AfD-Abgeordneten würden diese ›Demokratie-Simulation‹ in Frage stellen. Und das werde weiterhin geschehen, ›bis dieses Parlament endlich wieder die Sorgen des Volkes behandelt und Volkes Willen wirklich abbildet!‹«

Der Pauschalvorwurf der »demokratisch nicht kontrollierten EU-Bürokratie« ist der Gemeinplatz schlechthin unter allen EU-Kritikern von links bis rechts und weit in die »Alt-Parteien« hinein. Dass die EU-Beschlüsse gegen den Volkswillen seien, ist jedoch nur eine Behauptung zur Rechtfertigung der eigenen Position, und dass sie nicht demokratisch zustande gekommen seien, eine schlichte Lüge in Zeiten der »alternativen Fakten«: Sowohl das EU-Parlament, als auch die EU-Kommission sind demokratisch gewählte oder kontrollierte Gremien, alle wesentlichen EU-Entscheidungen fallen durch die Regierungschefs oder Minister der Mitgliedsländer im Europäischen Rat. Es gibt überhaupt keine Bürokratie, die Entscheidungen trifft, die Kommission handelt ausschließlich nach den Vorgaben, die sie von Parlament oder Rat bekommen hat. Dieses Thema habe ich im Europa-Kapitel in *Die Ermüdung der Demokratie* (2017) dargelegt.

Hier geht es um die Vereinnahmung des Begriffes Demokratie tendenziell in der Art, wie sie Carl Schmitt 1923 unternommen hat. Am Ende seiner Parteitagsrede 2018 betonte Gauland im Zusammenhang mit Globalisierung und Europäisierung noch einmal die »Entmachtung des Volkes«:

»Wir befinden uns in einem Kampf gegen Kräfte, die ein globalistisches Programm der Nationenauflösung und der ethnisch-kulturellen Vereinheitlichung verfolgen. Unser Kampf ist vollkommen defensiv. Es geht uns einzig um die Erhaltung unserer Art zu leben und zu sein.

Wir halten am Begriff Volk fest. Damit ist kein ethnisch exklusives Volk gemeint, das hat es nie gegeben. Aber Volk hat mit Abstammung zu tun, mit Traditionen, mit kulturellen Gemeinsamkeiten, mit Heimat.

Heimat ist ein Menschenrecht. Umgekehrt hat jeder Mensch, dem die Heimat genommen werden soll, das natürliche Recht, sie zu verteidigen.«

Während sich Gauland hier von einem strikt ethnischen Volksbegriff abgrenzt, gleichwohl aber Abstammung als Kriterium drin lässt, wirft er den Gegnern »ethnisch-kulturelle Vereinheitlichung« vor. Es ist dieselbe Umkehrstrategie, mit der die »Umvolkung« als einstiger Nazibegriff aufgegriffen wurde, um denjenigen, die sie angeblich betreiben, Nazi-Methoden vorzuwerfen. Mit dem Recht zur »Verteidigung der Heimat« und der »Erhaltung unserer Art zu leben und zu sein«, die angeblich bedroht sei, wird das Widerstandsrecht für einen vermeintlichen Existenzkampf auf Leben und (Volks-)Tod beschworen, der sich inhaltlich nicht von den Positionen der extremen Rechten der Weimarer Zeit unterscheidet.

Damit hat sich die Partei ideologisch weiter verfestigt, während im Programm von 2016 die Identität noch weitaus stärker mit dem Begriff der Kultur definiert war:

»Die Ideologie des Multikulturalismus, die importierte kulturelle Strömungen auf geschichtsblinde Weise der einheimischen Kultur gleichstellt und deren Werte damit zutiefst relativiert, betrachtet die AfD als ernste Bedrohung für den sozialen Frieden und für den Fortbestand der Nation als kulturelle Einheit. Ihr gegenüber müssen der Staat und die Zivilgesellschaft die deutsche kulturelle Identität als Leitkultur selbstbewusst verteidigen. [...] Unsere Kultur ist untrennbar verbunden mit der über Jahrhunderte gewachsenen deutschen Sprache. Diese spiegelt auf vielfältigste Weise die Geistesgeschichte, das Selbstverständnis dieses Raumes in der Mitte Europas und die Werthaltungen der Deutschen wider, die sich zwar stets verändern, aber dennoch einen einzigartigen Kernbestand aufweisen.« (S. 92 f.)

Dass sich die Völker in Europa kulturell, nämlich durch ihre Traditionen unterscheiden, wird wohl kaum jemand ernsthaft bestreiten, und insofern war auch die Äußerung der damaligen Integrationsbeauftragten Aydan Özoğus, »eine spezifisch deutsche Kultur ist, jenseits der Sprache, schlicht nicht identifizierbar«, unqualifiziert, es würde einerseits für alle Sprachen und Kulturen gelten und andererseits ja Österreicher und Schweizer zu »Deutschen« erklären. Das ändert sich auch nicht dadurch, dass es Özoğus um die Kritik der Leitkultur-Debatte ging, ein Begriff, der interpretationsbedürftig und kritisierbar ist, wenn, wie Özoğus meint, »Leitkultur zum Klischee des Deutschseins verkommt«.[51] Aber mit der »Leitkultur« den Begriff der »Kultur« auf nationaler Ebene schlechthin abzulehnen – sie spricht von regionalen

Kulturen, worin bestehen die denn dann? –, war nur wieder eine willkommene Gelegenheit für Gauland zu seiner darauf folgenden Polemik gegen Özoğus, auf die hier nicht weiter eingegangen werden muss.

Vielmehr geht es hier um das inhaltliche Verständnis der AfD von Leitkultur oder deutscher Identität. Interessant wird es, wenn man nach den Inhalten und dem Stellenwert der Begriffe fragt, die in den Texten auftauchen. Was ist der scheinbar unveränderbare »Kernbestand« der »Werthaltungen« der Deutschen? Worin besteht die »kulturelle Einheit«? Angesichts dessen, dass der Begriff »Werthaltung« aus der Psychologie und Ethik kommt, erscheint dessen Anwendung zur »Werthaltung der Deutschen«, verbunden mit »Kernbestand« und »kultureller Einheit«, wie ein Rückgriff auf die Völkerpsychologie des 19. Jahrhunderts, die das völkische Denken begleitete. Den Begriff »völkisch« wollte Frauke Petry einige Monate nach dem Parteitag 2016 bekanntlich rehabilitieren, was ihr einen Sturm der Entrüstung in den Medien einbrachte. Es ist jedoch falsch, nur auf solche Reizwörter zu achten, an denen sozusagen der Schwefelgeruch der Nazis hängt. Inhaltlich wurde Petrys Idee nämlich auch schon im Parteiprogramm ausgedrückt, nur sprachlich unverfänglicher.

Insgesamt könnten schon die beiden zitierten Passagen aus dem Programm 2016 und Gaulands Rede 2018 Ausgangspunkt für eine ganze Doktorarbeit sein ... Aus »Kultur« ist bei Gauland zwei Jahre später »die Art zu leben und zu sein« geworden, so wie damals die Völkischen und die Nazis das Wort »Kultur« durch »Volkstum« ersetzt haben und auch den aus der Biologie stammenden Begriff »Art« hierbei eingeführt haben (»artgemäß« usw.). In Gaulands Formel klingt dann noch ein existenzialistischer Flair à la Heidegger an: Was ist »unsere Art ... zu sein« oder unser Sein, falls sich Gauland etwas Tiefgründigeres dabei gedacht haben sollte?

Dass Heideggers Vorstellung vom Sein und Dasein auch ein Angebot an völkisches Denken enthielt, dürfte inzwischen wohl kein großer Streitpunkt der Wissenschaft mehr sein, nachdem in den letzten Jahrzehnten immer mehr an Heideggers Begeisterung für Autoren, die man mit Mohler zur »Konservativen Revolution« zählen kann, bekannt geworden ist, und spätestens seit 1931 für Hitler selbst, nachweislich der Edition seiner *Schwarzen Hefte* 2014 und der Briefe an seinen Bruder Fritz 2016. Die Neulektüre seiner philosophischen Schriften im Lichte seiner entzauberten Persönlichkeit unternahmen vor allem Franzosen, vielleicht, weil sie einen spezifischen Auftrag dazu für sich empfanden angesichts des Heideggerkults, der in Frankreich seit der Ära Sartre geherrscht hatte. Noch in Unkenntnis der erwähnten jüngsten

Veröffentlichungen, aber mit Zugang zu bestimmten unveröffentlichten Dokumenten, zeichnete Jean-Pierre Faye 2009 den philosophischen Weg Heideggers zum Nationalsozialismus nach, im Titel seines Buches allerdings umgekehrt formuliert: *Die Einführung des Nationalsozialismus in die Philosophie*. Heidegger konnte es den Nazis jedoch nicht recht machen, so sehr er sich bemühte, da er ihnen entschieden zu intellektualistisch, seine Sprache zu elaboriert, ja philosophisch-hermetisch war, nicht verständlich für das schlichte NS-Gemüt. Die Neulektüre seiner Schriften setzt an der Basis an, muss *Sein*, *Dasein* und selbst das simple Personalpronomen *wir* neu verstehen. 1925 bereits war die nationalistische, stark historisch orientierte und letztlich ins Völkische gehende Orientierung Heideggers vom Deutsch-Sein ausgeprägt, wie Faye die Frühphase zusammenfasst:

»Was Heidegger in seinem Kampf um eine historische Weltanschauung mobilisiert, immer vorausgesetzt, dass für ihn die Geschichte nichts anderes ist als ein Geschehen, das wir selbst sind*, ist dieses Streben nach dem Boden, nach der eigentlichen Verwurzelung, nach der Befreiung der Lebenskräfte. Das ›wir‹ bezeichnet dabei ganz offensichtlich die Deutschen, da ja in Heideggers Vorträgen nicht die Menschheit den Horizont abgibt, nicht einmal Europa, sondern, wie er sagt, ›die Existenz unserer ganzen Nation‹.** Von 1925 an lehnt er alle ›undeutschen‹ Auffassungen ab, alles, was nicht zu seiner Vorstellung von der geschichtlichen Gemeinschaft der deutschen Nation passt.«[52]

Nach der Veröffentlichung der *Schwarzen Hefte* verstärkte die Neue Rechte ihre schon »traditionellen Referenzen« (Weiß) auf Heidegger gerade zum Trotz, und die *Identitären* um den Österreicher Martin Sellner erklären Heidegger zu einem der ihren. »Heideggers Überlegungen zum ›Volk‹ von 1934 werden direkt in die Gegenwart übertragen. [...] Am Ende werden die philosophischen Termini in einfache Parolen gegossen. Von Heidegger zum rechten Szeneslogan ist es dann nur ein kleiner Schritt«, erklärt Weiß, und zitiert aus einer Schrift über Heidegger im Antaios-Verlag: »Wenn Du die drei Modi des Volksbegriffes mitdenkst, müssen wir uns als Körper, Seele und Geist definieren – das schließt den Ausschluss der Ausländer mit ein: ›Heimat, Freiheit, Tradition! Multikulti Endstation!«[53] Dabei werden auch ideologische Brücken zur Rassenideologie des ersten Drittels des 20. Jahrhunderts geschlagen (die Hitler inspirierte und dann vom NS vereinnahmt wurde), wie in der Forderung, sich »wieder [zu] vergegenwärtigen, daß der alte griechische Mensch ein nordischer Typus war, wie eindrücklich durch Statuen und Texte der Antike belegt ist.«[54]

Sieht man einmal von diesem »rassenkundlichen« Ausflug ab, so findet sich das philosophisch-kulturalistisch begründete Völkische auch in der AfD: Volk (= Körper, Seele, Geist) und Heimat, so wie Hans-Thomas Tillschneider in seiner bereits zitierten Rede auf dem Kyffhäuser-Treffen 2018 das »Deutschsein« und »Deutschtum« folgendermaßen definierte: »Die deutsche Identität ist allumfassend und deshalb gar nicht erschöpfend definierbar und feststellbar. Das heißt nicht, dass es sie nicht gibt, es ist eher so, dass alles, was es für uns gibt, dass alles, was wir mit unseren deutschen Augen sehen, deutsch ist: jeder unserer Gedanken, jedes unserer Worte, unsere gesamte Weltsicht ist deutsch. Wie sollen wir da definieren, also eingrenzen, was deutsch ist? Es gibt ein deutsches Verständnis von Familie, eine deutsche Art sich zu kleiden, es gibt eine deutsche Art zu arbeiten, eine deutsche Art zu kochen, eine deutsche Art zu bauen, eine deutsche Art zu musizieren, und diese Art unterscheidet sich von allen anderen Völkern.«

Wenn Tillschneider dabei auch Heidegger zitiert, »Zukunft braucht Herkunft« (in Wirklichkeit »Herkunft aber bleibt stets Zukunft«[55]), so wird man dem allgemein gewiss nicht widersprechen, doch das historische Geworden-Sein nach Heidegger, das sich aus dem Veränderlichen verfestigt hat, wird somit zu einem unveränderlichen »Kern« des Daseins in einer wandelbaren Welt. Aus der Geschichte als Geschehen, woher das Wort ja stammt, wird dann »Geschick«, so wie auch sozial die Verbindungen zwischen den Menschen keine Zusammengehörigkeit von Individuen mehr ist. In Heideggers *Sein und Zeit* (1927) liest sich das so: »Das Geschick setzt sich nicht aus einzelnen Schicksalen zusammen, sowenig als das Miteinandersein als ein Zusammenvorkommen mehrerer Subjekte begriffen werden kann.« In der Geschichte und in der Gemeinschaft löst sich die Individualität in der Schicksals- und Volksgemeinschaft auf, Begriffe, die ebenfalls im entscheidenden Paragraphen 74 von *Sein und Zeit* auftauchen. So versteht Jean-Pierre Faye die Entwicklung von Heideggers Gedanken in *Sein und Zeit* als eine Entwicklung »vom individuellen Ich zur Schicksalsgemeinschaft des Volkes.« In späteren Schriften der 1930er Jahre scheute Heidegger auch nicht vor dem Rassebegriff zurück.[56]

So führt die Dekonstruktion der Heideggerschen Philosophie im Lichte des politischen und biographischen Kontexts den elaborierten sprachlichen Code auf elementare Kategorien des Verstehens zurück. Und so muss umgekehrt bei der einfachen, banal erscheinenden Sprache der AfD-Verlautbarungen danach gefragt werden, was sich an Tiefgründigem dahinter verstecken kann.

An dieser Stelle sei auch daran erinnert, dass es ein Pendant zur Völkerpsychologie auch auf der Linken bis in den linksliberalen Bereich gab (bzw. residuell noch gibt), wenn vom »deutschen Nationalcharakter« die Rede war, mit dem man den Nationalsozialismus erklären wollte: Autoritätshörigkeit seit Luther, preußischer Militarismus, Untertanengeist usw., alles Elemente, die wir schon hinsichtlich der Muster zur Erklärung der Vergangenheit angesprochen haben. Dabei hatten die Erklärungen oft einen historisch-analytischen Ansatz, der sich in der Debatte um den deutschen »Sonderweg« niederschlug, sich dann allerdings auch oft genug zur Vorstellung von einem unwandelbaren Kern deutschen Wesens verfestigte, angesichts dessen die Revolution 1918/19 eher wie ein Unfall in der Nationalgeschichte aussah, wie es der Untergang der Weimarer Republik nach nur fünfzehn Jahren zu bestätigen schien. In solch einer vermeintlichen, quasi »nationalcharakterlichen« Unfähigkeit der Deutschen zur Demokratie – gescheiterte Paulskirche 1848, unvollendete Revolution 1919, Untergang der Weimarer Republik 1933 – bis zur *Reeducation* nach 1945 treffen sich dann auch wieder Linke und Rechte an einem gemeinsamen Punkt mit diametral entgegengesetzter Wertung, aber gleicher Feststellung in der Sache.

Bis vor kurzem wurde dieser ideologische Fundus der AfD-Programmatik noch von so manchem Analytiker unterschätzt angesichts eben der Banalitäten, die sich sonst auch noch im Programm finden, etwa von Melanie Amann, wenn sie zum Thema Identität und Heimat süffisant Jürgen Kaubes spöttischen Kommentar aus der F.A.Z. zum Programmparteitag 2016 zitiert: »Wenn von dem erhaltenswerten Deutschland gesprochen wird, sind ›tempo-offene‹ Autobahnen, Atommüllendlager und die Abschaffung des Naturschutzes inbegriffen. Gefährdet wird die Heimat offenbar vor allem von Einwanderern, Gewerbesteuern, englischsprachigen Studiengängen und Windrädern.«[57] Und Kaube selbst hat damals den ideologischen Hintergrund der AfD verkannt, wenn er angesichts der chaotischen und unprofessionell anmutenden Debatte bilanzierte: »Alles in allem machte der Parteitag der AfD mit seiner Programmdebatte also nicht den Eindruck, dass sie ihre Protestthemen durchdrungen hat. Früher hätte man von einem Ideologiedefizit gesprochen.« In den Medien wurden damals vor allem die Beschlüsse zum Islam und zur Flüchtlingsfrage wahrgenommen, die viel grundlegenderen Thesen aber, auch wenn sie sich nur andeuteten, weitgehend überlesen. Justus Bender (auch F.A.Z.), zitiert den Passus zum Demokratiedefizit im AfD-Programm, philosophiert dann aber auch nur darüber, dass die AfD sich heuchlerisch für das Volk und für Volksabstimmungen einsetze, im Augenblick der »Willkommenskultur« 2015 aber natürlich nicht auf der Seite des Volkes stand und, gäbe es eine Volksabstimmung zum Verbot der AfD, sie das natürlich als undemokratisch ablehnen würde.[58] Der Hinweis auf solche Inkohärenzen oder Widersprüche hilft jedoch nicht angesichts dessen, dass es in der Welt der AfD diese Widersprüche nicht gibt, da sie sich auf die »wahre Demokratie« beruft und mit der dadurch vollzogenen Vereinnahmung der Begriffs selbst die »falsche Demokratie« bekämpfen will. Kein Vertreter oder Anhänger der AfD hätte ein Problem damit darzulegen, dass die »Willkommenskultur« nur eine von den Medien inszenierte war, und wenn wir ehrlich sind, wäre diese Beurteilung auch gar nicht mal so falsch, da dieser ganze Vorgang ohne die Medien überhaupt nicht denkbar gewesen wäre. Die Manipulation des Volkes durch die Medien jedoch gehört ebenfalls zur ideologischen Grundausrüstung der Rechten (wie früher auch der Linken), und alle selbsternannten Avantgarden hatten und haben nie ein Problem damit, auch zu erklären, dass sie für das Volk sprechen, selbst wenn ihnen das Volk (noch) nicht in ausreichender Zahl folgt.

Sprache und Bedeutung sind in der Rhetorik der Rechten daher von höchst politischer Relevanz und schon Objekt einer sozusagen politischen Linguistik. Für die neonazistische Szene hat dies schon vor einiger Zeit Bernhard Pörksen untersucht.[59] Nach der jüngsten Selbstanalyse der AfD im Hinblick auf eine drohende und eine bereits in Teilen stattfindende Beobachtung durch den Verfassungsschutz wird sich bei der AfD selbst sowie auf der anderen Seite beim Verfassungsschutz die Frage stellen, inwiefern eine sprachliche Verharmlosung semantisch Gravierenderes kaschiert und inwiefern das auch nachweisbar ist, also die Frage, was jemand meint, wenn er dieses oder jenes sagt. Wir haben hier ideologische Hintergründe sogar im Programm der AfD transparent machen können, das allgemein als »harmlos« gilt. Dabei trägt auch der allgemeine Sprachgebrauch dazu bei, Einfallstore für altes Denken durch Neologismen zu öffnen. Das bekannteste ist das Adjektiv *ethnisch*, mit dem heute anstandslos Aussagen konstruiert werden können, die nicht durchgingen, wenn dort stattdessen *völkisch* stünde, und doch meint es oft genau dasselbe.

Eine siebte Partei?

In der ZDF-Talkshow von Maybrit Illner am 5.6.2018 zur aktuellen Regierungskrise im Juni 2018, nach dem vorläufigen Einlenken von Horst Seehofer und dem vorgeblichen Kompromiss im »Asylstreit«, bei dem es in Wirklichkeit nicht um einen Sachkampf, sondern um einen Machtkampf ging, erklärte Robert Habeck, Co-Vorsitzender der Bündnisgrünen, auf die Frage Illners, ob die Grünen denn »bereitgestanden« hätten für den Fall des Austritts der CSU aus der Regierung: Angesichts der Entwicklung der CSU zu einer »Orbán-Partei« – und dies nicht erst seit gestern – komme es darauf an, in der Bundesrepublik pro-europäische Mehrheiten ohne die CSU zu finden, und folglich müsse sich die CDU überlegen, wie sie sich von der CSU trenne, um nicht ständig von ihr erpresst und letztlich handlungsunfähig gemacht zu werden. So wie es in Europa selbst auch darauf ankomme, dass die nicht-nationalistisch regierten Länder zusammenarbeiten und nicht ständig versuchen, von den nationalistischen Regierungen nicht realisierbare Vereinbarungen einzufordern. Es komme jetzt für die Union darauf an, das, was »zusammengewachsen ist, aber nicht mehr zusammengehört«, wie Habeck in Umkehrung des Spruches von Willy Brandt zur deutschen Einheit formulierte, zu trennen um einen positiven Ausweg aus einer unmöglichen Situation zu finden.

Nach der von der F.A.Z. in Auftrag gegebenen Allensbach-Studie hat es der von Seehofer angestoßene Konflikt um die Asylpolitik geschafft, die Besorgnis über die Flüchtlingssituation stark ansteigen zu lassen, während in der Realität die Zahl der ankommenden Flüchtlinge ständig sank und hinsichtlich der (Nicht-)Einreise bereits in Europa registrierter Flüchtlinge – nominell Thema des Streits – im Bereich des Marginalen lag. Nach dem Institut für Demoskopie Allensbach war die Besorgnis über die Flüchtlingssituation jedoch wieder so hoch wie 2015 angestiegen (»42 % große Sorgen«), mit einem medizinischen Ausdruck sozusagen ein »Phantomschmerz«. Allerdings ging der mit der Dramatisierung von der CSU beabsichtigte Zweck wohl nicht in Erfüllung, weil die Befragten realistisch genug geblieben sind zu sehen, dass die Lösung des Problems nicht durch einen nationalen Alleingang, sondern nur innerhalb Europas möglich ist (70 %).[60] Nicht zuletzt die Tatsache, dass die rechten Regierungen der Nachbarländer Österreich und Italien ihrerseits keine von Deutschland an der Grenze Abgewiesenen aufnehmen würden, hat Seehofers Strategie – wenn es denn überhaupt eine war – innerhalb kürzester Zeit platzen lassen.

Die durch den Asylstreit im Juni 2018 ausgelöste Regierungskrise war nur der vorläufige Höhepunkt einer langanhaltenden, eigentlich von Anfang an von der CSU verfolgten Strategie. Diese hat immer darauf bestanden, eine eigenständige Partei zu sein: Sie setzte durch, dass ihre Wahlkampfspots bundesweit ausgestrahlt werden, dass sie in Politikerrunden im Fernsehen und auch sonst bei jeder Gelegenheit mit einem eigenen Vertreter anwesend ist, trotz der Fraktionsgemeinschaft mit der CDU. Treffend wurde auch schon das Verhältnis zwischen CDU und CSU als eine »Vor-Koalition« bezeichnet: »Bei der Bildung einer Koalition erhält die CSU ihre eigenen Posten und mischt auf oft eigensinnige Weise im Koalitionsgeschehen mit. Aber nur wenn man der CSU zutraute, eine Koalition selbst vorzeitig aufzukündigen, würde man sie als eigenständige Koalitionspartei wahrnehmen wollen.«[61] Dies hat die CSU – oder nur ihr Chef? – im Juni 2018 bis aufs Letzte ausgereizt.

Obwohl die CSU als bundespolitischer Akteur wahrgenommen werden will, will sie eigentlich gar keiner sein: Ihr einziges Interesse ist das bayrische Interesse bzw. das, was sie in ihrer Identifizierung mit Bayern dafür hält, weil sie, in Abwandlung des bekannten Spruches, nach dem Motto »am bayrischen Wesen soll noch einmal die Welt genesen« als bundespolitischer Akteur auftritt. Die stellvertretende bayrische Ministerpräsidentin Ilse Aigner hat das im Dezember 2017, auf dem Höhepunkt der Koalitionsfindungskrise, unübertrefflich auf den Punkt gebracht:

»Die CSU vertritt bayerische Interessen in Reinnatur. Sie setzt diese im Bund und in Europa um. Was von Berlin oder Brüssel aus mitunter als enervierendes Beharren auf Partikularinteressen wahrgenommen wird, ist unsere Identität, das Wesen unserer Partei. Wir sollten dazu stehen, denn dadurch unterscheiden wir uns von allen anderen Parteien in Deutschland. Bayern in den Mittelpunkt unseres Handelns, das Wohlergehen der bayerischen Bevölkerung und die Interessen der bayerischen Wirtschaft zum Maßstab zu nehmen hat nichts mit Provinzialität zu tun. Denn der Freistaat ist ein fortschrittsfreundliches, weltoffenes und erfolgreiches Bundesland.«[62]

Hier fehlt nur die Vorbildrolle, die die CSU für sich und Bayern sieht, doch dafür gibt es genug andere Belege und bei jeder Gelegenheit neue Bekundungen. In der historischen Darstellung der CSU-Landesgruppe im Bundestag gehen die wichtigsten politischen Erfolge der CDU/CSU im Bund allein auf das Konto der CSU, von der »Wiedererlangung deutscher Souveränität« mittels eines »eigenständigen Verteidigungsbeitrags« dank Franz Josef Strauß (nicht Adenauer), über die »Offenhaltung der deutschen Frage« durch eine CSU-Klage vor dem Bundesverfassungsgericht 1973 gegen den Grundlagenvertrag mit der DDR« (der jedoch vom BVG bestätigt wurde) bis zur Finanz- und Stabilitätspolitik, die von der Nachkriegszeit bis zum Euro von der CSU realisiert wurde – nichts weniger als das.

Die CSU-Landesgruppe hat in der gemeinsamen Fraktion auch so etwas wie ein Veto-Recht, und diese Fraktionsgemeinschaft beruht in der Tat auf koalitionsähnlichen Absprachen: »Die Fraktionsgemeinschaft mit der CDU war von Anfang an mehr als eine reine Zweckgemeinschaft. Sie basiert auf gemeinsamen politischen Zielsetzungen und Wertegrundlagen. Nur die Gemeinsamkeit von CDU und CSU gewährleistet den politischen Erfolg der bürgerlichen Kräfte in Deutschland. Dabei darf kein Partner den anderen überfordern, die Bereitschaft zum gemeinsamen Weg verlangt vertrauensvolle Rücksichtnahme. Die Fraktionsgemeinschaft verlängert sich nicht automatisch, sie muss zu Beginn einer jeden Legislaturperiode ausdrücklich erneuert und inhaltlich gefestigt werden. Hierzu wird jeweils ein Vertrag zur Fortführung der Fraktionsgemeinschaft von CDU und CSU geschlossen.«[63]

Dass die CSU prioritär bayrische Interessen vertritt, wird hier von der CSU-Landesgruppe logischerweise nicht betont, da sie sich ja als erfolgreicher bundespolitischer Faktor darstellen will.

Das Verhältnis zwischen CDU und CSU heute erinnert fatal an die Trennung der Bayrischen Volkspartei vom Zentrum 1919 aus regionalistischem Eigensinn, der sich in der CSU vererbt hat, aber auch wegen konservativeren Positionen in grundsätzlichen Fragen, auch hier ähnlich der CSU. 1919 bildete die BVP noch eine Fraktionsgemeinschaft mit dem Zentrum für die Nationalversammlung, bei der Reichstagwahl 1920 schon nicht mehr. 1925 trennte sich die BVP politisch weiter vom Zentrum, indem sie im 2. Wahlgang der Reichspräsidentenwahl Hindenburg unterstützte, während das Zentrum seinen eigenen Kandidaten Marx aufrechterhielt und dafür von der SPD unterstützt wurde. Anders als das Zentrum hatte die BVP auch konservativ-antirepublikanische Kräfte in ihren Reihen, die bis 1923 im Widerstand gegen Berlin und für die bayrische Monarchie gestanden hatten. Ihre Wahlempfehlung für Hindenburg sicherte ihm wahrscheinlich die wenigen Prozente, mit denen er gewählt wurde. Damit wurde, ohne dass das so vorherzusehen war, eine Entscheidung getroffen, die sich in der Krise der Weimarer Republik am Ende fatal auswirken sollte.

Der Kampf um eine fundamentale Richtungsänderung in der Regierungspolitik im Bund war nach dem beigelegten Streit um die Zurückweisung von Asylsuchenden an der Grenze noch nicht beendet. Schon wenige Monate später provozierte Seehofer einen neuen Konflikt mit Merkel über die Interpretation der Vorkommnisse in Chemnitz, bei dem er sich, so ist zu vermuten, mit dem sächsischen Ministerpräsidenten sowie dem Präsidenten des Verfassungsschutzes Maaßen abgesprochen hatte, jedenfalls die Einschätzung der Chemnitzer Ereignisse betreffend. Mit der Parole von der Flüchtlingspolitik als der »Mutter aller Probleme« stellte er dann jedoch eine noch viel weitreichendere und grundlegendere These auf, in der er sich nicht nur mit der AfD, sondern mit allen Rechten, einschließlich der Chemnitzer Rechtsradikalen, gemein machte. Anders als bei der Grenzfrage ging es hier tatsächlich um den Kern der Sache. Im selben Tenor sprach Gauland den Chemnitzer Demonstranten ein »Recht auf Verteidigung« zu, während aus deren radikaler Mitte Rufe wie »Für jeden toten Deutschen ein toter Ausländer!« erschallten, was im *Heute-Journal* vom 7.9.2018 in der Auseinandersetzung darum, ob es eine »Hetzjagd« gegeben habe oder nicht, zu Recht als Aufruf zum Mord interpretiert wurde.

Die Strategie, mit der Konfrontation in Berlin im bayrischen Wahlkampf zu punkten, ist gescheitert, das Gegenteil wurde erreicht: Mit 37,2 % erzielte die CSU ihr mit Abstand schlechtestes Ergebnis, erneut -10,5 wie bei der Bundestagswahl, die Grünen ihr in der Höhe ungeahnt bestes mit 17,5 % (+8,9). Die Freien Wähler, die alleine in Bayern eine eminente landespolitische Bedeutung haben, konnten ihr Ergebnis auf 11,6 % steigern (+2,6) und sich damit als Koalitionspartner in die Regierung bringen. Eine regelrechte Katastrophe war dies allerdings für die SPD, die mit 9,7 % (-10,9) noch hinter der AfD (10,2 %) auf dem 5. Platz landete. Deren Vorsitzende Natascha Kohnen war eine tragische Figur in diesem Spiel, weil sie zuvor noch erfolgreich durch ihren Protest die Revision der Entscheidung in der Causa Maaßen in Berlin herbeiführen konnte. Leider half ihr das nichts gegen den allgemeinen Trend, der mehr als die Hälfte ihrer Wähler vor allem zu den Grünen, zu den Freien Wählern und zur Linken trieb.

Für die CSU bedeutet das Ergebnis, dass Seehofers Berliner und von Söder in München sekundiertes Machtspiel die Wählerschaft nicht ausreichend überzeugte. Die »konservative Revolution« fand nicht statt, jedenfalls nicht zugunsten der CSU. Der Einzug der AfD in den Landtag und damit der Verlust der absoluten Mehrheit konnte durch die verbalradikale Annäherung der CSU an die AfD nicht gestoppt, allenfalls etwas vermindert werden. Es gab jedoch auch grundlegendere Faktoren, die dafür sorgten, dass die CSU gerade in ihren Hochburgen besonders starke Verluste erlitt, so in Altbayern in vielen Wahlkreisen mehr als -13 %, meistens zugunsten der Grünen[64] (gemeint ist damit im Saldo, nicht in der direkten Wählerwanderung). Söders Erlass für Kruzifixe in bayrischen Amtsstuben brachte sogar die Kirche gegen ihn auf, weil sie zu Recht darin keine Manifestation von Gläubigkeit und Traditionsbewusstsein, sondern eine politische Instrumentalisierung sieht. Und auch bayrische Landwirte, ebenfalls eine Traditionsklientel der CSU, wanderten zu den Grünen ab. Das erstaunlichste Phänomen ist jedoch der

Aufstieg der Grünen in den Städten, wo sie die CSU im Gesamtschnitt überholt haben, hier aber vor allem Stimmen von der SPD gewannen.

Im politischen Richtungskampf verlor die CSU also sowohl an die AfD (339 00 Stimmen) als auch in die entgegengesetzte Richtung, an die Grünen (200 000), und dann auch an die Freien Wähler (180 000). Während der neue Koalitionspartner nach der Wahl von Söder als geistesverwandt mit der CSU umworben wurde, warf Hubert Aiwanger (Chef der Freien Wähler) der CSU noch am Tag nach der Wahl im Deutschlandfunk vor, Bayern als ihren Privatbesitz zu betrachten und gerne Steuergelder unter den Parteigenossen zu verteilen. Die Wählerwanderungen im Detail sind somit komplexer, als es die Ergebnisse unterm Strich vermuten lassen. Insgesamt haben nur 59,3 % der CSU-Wähler der vorherigen Landtagswahl die Partei wiedergewählt.[65]

Die Vorstellung der CSU von sich selbst und von Bayern kam auch in zwei prägnanten Politikeräußerungen vor und nach der Wahl zum Ausdruck. So erklärte Edmund Stoiber, CSU-Ehrenvorsitzender und ehemaliger Ministerpräsident, eine Woche vor der Wahl, dass der Absturz der CSU in den Umfragen ein Resultat des Zuzugs von Deutschen aus anderen Bundesländern nach Bayern sei, die die Meriten der CSU am wirtschaftlichen Erfolg nicht kennen würden, während die CSU dagegen »unverändert tief in der Bevölkerung des Freistaates verankert« sei.[66] Beides falsch, wie die Wahl gezeigt hat, aber da zeigte sich andererseits, wenn auch noch recht gemäßigt in der Wortwahl, der ganz alte kulturelle Separatismus des 19. Jahrhunderts gegen die »Saupreißen« wieder. Fremd ist in Bayern, wer nicht aus Bayern stammt, oder »mir san mir«.

Am Tag nach der Wahl erklärte Peter Ramsauer, ehemaliger CSU-Landesgruppenvorsitzender in der Unionsfraktion und Bundesminister für Verkehr, im Hinblick auf die Konsequenzen für die zukünftige Parteiführung und Berliner Koalition, dass im Falle einer Trennung von Parteivorsitz und bayrischem Ministerpräsidenten letzterer bei Koalitionsverhandlungen in Berlin automatisch auch dabei sein müsse, da er ja dann die Politik im Land umsetzen müsse. Deutlicher geht es nicht mehr: Nicht die CSU als Partei ist Teil der Koalition, sondern Bayern.

Dabei hat die Wahl das Alleinstellungsmerkmal der CSU gerade beendet, auch wenn sie darauf verweisen kann, dass sie immer noch um 10 % besser dasteht als die CDU in Hessen oder im Bundesdurchschnitt. Die beiden Landtagswahlergebnisse gleichen sich sehr: Auch in Hessen verlor die CDU gerade stark in ihren Hochburgen, dort vor allem an die AfD, während die Grünen stark in den Städten gewannen, ebenfalls auf Kosten der SPD.

Kulturrevolution im postfaktischen Zeitalter

Der Umzug von Bonn nach Berlin fiel mit der technologischen Revolution durch das Internet zusammen, mit zwangsläufigen Auswirkungen auch im politischen Raum, für das, was soziologisch die »Öffentlichkeit« genannt wird. Die kommunikationstechnische Revolution zieht so etwas wie eine Kulturrevolution nach sich, weil sich grundlegende Verhaltensweisen ändern.

Die Situation zu Beginn der Regierung Schröder fasste diesbezüglich Hans Jörg Hennecke so zusammen: »Schon in diesen ersten Jahren, als die New Economy die Fantasien ökonomischen und gesellschaftlichen Wandels beflügelte, war erkennbar, dass das Internet mit all seinen technischen Möglichkeiten zu einer enormen Beschleunigung und Verdichtung von politischer Inszenierung und Berichterstattung führen würde. Das Verhältnis von Politik und Medien wurde komplexer, neben den Sachentscheidungen gewannen Kommunikationsentscheidungen immer weiter an Bedeutung.« Dies fand in jener Zeit auch Ausdruck in zahlreichen Beobachtungen und Untersuchungen zum Umbruch des Medienzeitalters, als dieser gerade im Gang war. »All das«, schreibt Hennecke, »schmeckte nach einem kulturellen Zeitenwechsel, der die Bonner Republik sehr schnell zu einer fern anmutenden Vergangenheit werden ließ und grundlegend neue Rahmenbedingungen für das Koalitionsmanagement schuf.« Die Entwicklung führte zu einer »politischen Kultur, die zu größerem Aufwand in Kommunikation und Inszenierung neigte und Akteure belohnte, wenn sie sich auf diese neue Handlungslogik einließen. Als Machtressource verloren die Parteiapparate an Bedeutung und wurden die Medien wichtiger.«[67]

Zwei Jahrzehnte später sollte sich dies unter anderem darin frappierend zeigen, wie die Regierungskrisen 2018 zuvorderst über die Medien ausgetragen wurden und wie zuvor schon Donald Trump dem Nachrichtendienst Twitter die politische Weihe amtlicher Pressemitteilungen verliehen hatte. Bei den immer schneller kommunizierten Meldungen wird ganz offensichtlich immer weniger vorab überlegt, was kommuniziert wird, sieht man einmal von gezielt lancierten Provokationen ab.

Fast alle Kulturrevolutionen gingen mit Medienrevolutionen einher. Angefangen mit der Reformation, die ohne den Buchdruck und, was Luther betrifft, ohne das hervorragende Management seines Impresarios Lukas Cranach vermutlich gar nicht stattgefunden hätte, so wenig, wie sich hundert Jahre zuvor Jan Hus mit demselben Anliegen durchsetzen konnte. Die »Gutenberg-Galaxie« brachte schon Züge der Moderne in die Gesellschaft, in den Alltag der Menschen, allerdings auch zweifelhafte: so beim Einsatz der Medien als politische Waffe. Die Flugblätter jener Zeit waren das *Medium* schlechthin, und in unseren Schulbüchern finden wir daraus sogenannte »Spottbilder« abgedruckt – ein Euphemismus: Was einem aus diesen Flugblättern mit Bild und Text entgegensprang, entsprach strukturell dem, was wir heute im Internet *hate speech* nennen, und aus den gleichen Gründen. Dieses neue, freie und oft auch anonyme (!) Medium befreite von allen Hemmungen, und die verbal-mediale Radikalisierung bestimmte immer mehr den politischen Kampf, bis die verbale zur materiellen Gewalt wurde. Die Enthemmung beim Schreiben war das Resultat einer losgelösten Kommunikation, bei der die Beteiligten sich nicht mehr gegenüberstanden, die keiner Kontrolle unterlag, weil es noch keine gesellschaftliche Ächtung von Hasspredigten gab, im Gegenteil, (fast) alle machten mit, Papisten wie Antipapisten. Abgesehen von der besonderen Situation des religiösen Fanatismus, der zu keiner Zeit Grenzen kannte, musste sich diese neue Öffentlichkeit in der Gesellschaft erst kommunikativ zivilisieren, sich Regeln setzen, juristische und moralisch-ethische.

Die Französische Revolution war ein neuer Höhepunkt der fanatischen Enthemmung des politischen Diskurses in der Öffentlichkeit, verbunden mit einer Verbreiterung der Kommunikation für die Massen, auch auf dem Lande, die durch die Flugschriften hergestellt wurde, wie schon während der Reformation, nur noch viel massiver. Der Kampf um die öffentliche Meinung brach hier vollends aus, weil zum ersten Mal das Volk souverän wurde, und zwar nicht nur durch die Wahl von Volksvertretern wie zuvor schon in England und Amerika, sondern auch durch seine »direkte Aktion« auf der Straße. Eine selbst ernannte politische Avantgarde gab lautstark vor, im Namen des Volkes zu sprechen. Dies war fortan obligatorisch, ob in der Französischen Revolution als radikaler Jakobiner Jean-Paul Marat, der sich »Freund des Volkes« nannte (wie seine gleichnamige Zeitschrift), oder später in der 68er Revolte in Frankreich die linksradikale Zeitschrift *La cause du peuple* (Die Sache/das Anliegen des Volkes), heute von den Rechten vereinnahmt, oder in Deutschland PEGIDA und die Neue Rechte mit »Wir sind das Volk!«.

Auch der Aufstieg der organisierten Arbeiterbewegung und namentlich der SPD im Kaiserreich war durch eine Vielzahl von sozialdemokratischen Zeitungen, einem regelrechten Presseimperium, verbunden, das *Gegenöffentlichkeit* herstellte, um einen Begriff der Linken aus der Nach-68er Zeit zu übernehmen. Das Pendant dazu auf der Rechten war das Presseimperium in der Hand von Hugenberg. Die *Propaganda*, ein neuer Begriff in der Weimarer Republik, vollzog sich dann immer mehr auch durch den Rundfunk und die entstehenden Kino-Wochenschauen. Nicht von ungefähr erfanden die Nazis dann den »Volksempfänger« für die unmittelbare Beeinflussung der Massen. Nach der Erfindung des Buchdrucks war dies die nächste kommunikationstechnische Revolution: Den »Führer« und andere Politiker konnte man original hören, selbst wenn man nicht bei der entsprechenden Veranstaltung dabei war, übrigens auch nachträglich auf den damaligen Tonträgern, den Schallplatten. Und auch Maos Kulturrevolution, der wir diesen Begriff verdanken, verdankte sich entscheidend den berühmt-berüchtigten Wandzeitungen in China, die mit ihren Thesen und Denunziationen von angeblichen Verrätern ihre »Gegenöffentlichkeit« gegen die Parteizeitungen herstellten. Und dann die Rolle der Springer-Presse während der Studentenrevolte… Die sich erfindende Neue Linke hatte damals ein ähnliches Verhältnis zu den etablierten Medien wie die Neue Rechte heute, und doch verdanken beide der«Lügenpresse« gerade die öffentliche Aufmerksamkeit.

Die kulturrevolutionäre Gegenbewegung zu »1968« und alles, was darunter subsumiert wird, durch die Neue Rechte hat aufgrund der IT-Revolution ungleich viel mehr Möglichkeiten als damals die 68er und die Neue Linke in den 70er Jahren. Während man seinerzeit seine Mühe hatte, eine Gegenöffentlichkeit gegen die Springer-Presse und die etablierten Medien überhaupt herzustellen, so hat das heutige rechte Netzwerk ein leichtes Spiel dank der Neuen Medien. Die Dimension an regelmäßigen Besuchern der einschlägigen Websites, die man nur erahnen kann, ist um ein Vielfaches höher als der Wirkungsradius der damaligen »Gegenöffentlichkeit«. Die bereits 1957 von Klaus Rainer Röhl gegründete Zeitschrift *Konkret*, die zu einem Referenzorgan für die Studentenbewegung und die Neue Linke werden sollte, bis die Zeitschrift Anfang der 70er Jahre ihre erste Krise erlebte, hatte 1964 bereits eine Auflage von 40 000, bis dahin allerdings auch durch die geheime finanzielle Unterstützung aus der DDR, die deswegen auch Einfluss auf den Inhalt nahm, bis es zum Bruch mit der SED kam. Röhls Ehefrau Ulrike Meinhof war 1960–64 Chefredakteurin, stieg aber 1969 aus, weil ihr das Blatt zu »konterrevolutionär« wurde.[68] Die Fortsetzung ist bekannt. Zum wichtigsten und bis heute trotz vieler finanzieller Krisen erfolgreichsten neuen Organ der »Gegenöffentlichkeit« wurde die 1978 gegründete *tageszeitung*, deren Auflage zwischen 50 000 und 60 000 pendelt. Die deutschlandweite Zeitung hat damit kaum die Abonnentenzahl einer Regionalzeitung, aber unvergleichlich viel mehr Einfluss auf Bundesebene. Mit ihr ging das Projekt Gegenöffentlichkeit von der radikalen in die realistische Phase über, auch über mehrere Entwicklungsphasen der *taz* selbst. Sie ist eine etablierte Zeitung geworden und doch »alternativ« geblieben.

Eine weniger bedeutende Persönlichkeit aus dem Milieu von *Konkret* als Ulrike Meinhof, aber für den vorliegenden Zusammenhang bedeutsam, ist Jürgen Elsässer. Als Linksradikaler fand er zu *Konkret* und war dort 1999–2003 Redakteur, nachdem er vorher für die *Junge Welt* gearbeitet und *Jungle World* mitbegründet hatte. Später schrieb er noch unter anderem für das *Neue Deutschland*, bis er nach zahlreichen Auseinandersetzungen innerhalb der Linken um die Kriege (Jugoslawien, Irak-Kriege) und die Haltung zu Israel eine Rechtswende nahm und spätestens 2006 mit radikal rechten Positionen in der Öffentlichkeit auftrat. Seine Versuche einer antiamerikanischen Querfront von Horst Mahler, ehemaliger »Studentenführer«, später NPD, bis zu Oskar Lafontaine misslangen. Seit Dezember 2010 ist er Chefredakteur von *Compact*, das er vor allem über die Website zum Sprachrohr für den rechten Flügel der AfD (u.a. Höckes Dresdner Rede) und zum Wahlkampfinstrument für die ganze Partei 2017 gemacht hat.

Zunächst unterscheiden sich die beiden Situationen damals und heute durch eine sozusagen spiegelverkehrte Konstellation: Während die Linke damals »neue« Inhalte über alte Kommunikationsmittel (Printmedien) verbreiten musste, kann die Rechte heute »alte« Inhalte über neue Medien (Internet) vermitteln. Doch weist der Kampf um die Öffentlichkeit damals und heute trotzdem Ähnlichkeiten auf: Beide haben ab einem gewissen Stadium der Entwicklung erkannt, dass es nicht ausreicht, nach dem Prinzip der »Echokammer« in einem selbstreferenziellen Kreislauf zu kommunizieren, auch nicht bei der heutigen Verbreitung durch das Internet. Der Weg führte in beiden Fällen unweigerlich dahin, dass sie die so viel verschrienen etablierten Medien brauchen, solange diese ihren Einfluss auf die Öffentlichkeit behalten. Es ist gewiss vorstellbar, dass sich dieser Einfluss von selbst durch die Veränderung des Medienkonsums soweit verringern wird, dass er seine herausragende Bedeutung verliert, doch arbeiten die »etablierten« Medien ja auch durch ihre Internetpräsenz gegen diese Gefahr.

Die Nutzung der verhassten Medien kommt am deutlichsten im PR-Management der AfD zum Ausdruck, wo vor allem Alexander Gauland sie ständig mit neuen *Scoops* und gezielten Provokationen bedient, während die Partei den öffentlich-rechtlichen Rundfunk eigentlich abschaffen will. Es ist dieselbe Haltung wie die der NSDAP zum Parlamentarismus: ihn soweit wie möglich für den eigenen Erfolg nutzen, um ihn dann anschließend abzuschaffen. Und eine grundsätzlich distanzierte Haltung zum Parlamentarismus deutet sich zumindest ansatzweise auch bei der AfD an, wenn sie in ihrem Wahlprogramm darauf insistiert, dass alle entscheidenden Fragen nicht mehr vom Bundestag, sondern durch Volksabstimmung entschieden werden sollen.

»Basisdemokratie« war auch ein kulturrevolutionärer Impuls der Grünen aus den Neuen Sozialen Bewegungen heraus, wie bereits oben angesprochen, und ist nicht das einzige Konzept »linksgrünversiffter« Herkunft bei der Neuen Rechten. Dies gilt zum Beispiel auch für die Doppelspitze, durch die sich nach wie vor B'90/Grüne, Linkspartei und AfD von den etablierten Parteien aus der vorgrünen Ära unterscheiden. Auch in ihrer generellen Strategie macht die Neue Rechte eine Anleihe bei der alten Linken, denn sie versucht heute, das strategische Konzept des italienischen Kommunisten Antonio Gramsci von der »kulturellen Hegemonie« mit Friedrich Nietzsches inhaltlichem Konzept der »Umwertung aller Werte« zu verbinden. Gramsci entwarf die Bedeutung der *kulturellen Hegemonie* für den politischen Kampf in seinen Gefängnisheften (1928-35), als er in der Haft unter dem Eindruck des Sieges des Faschismus in Italien die Bedeutung des kulturellen Faktors in der Meinungsbildung erkannte.[69] Es war somit ein Lernen am Sieg des Gegners. Genau das gleiche verfolgt die Neue Rechte in Bezug auf die Linke. Anders als in anderen Ländern hatte die Neue Rechte in Deutschland bislang mit dieser »Kulturrevolution von rechts« jedoch ein strukturelles Problem aufgrund der Hypothek durch die NS-Vergangenheit und die darauf aufbauende kulturelle Hegemonie des Gegners, der Linken oder linken Demokraten, also aufgrund des »Schuldkults«, wie es jetzt auch bei der AfD heißt. Andreas Kalbitz, brandenburgischer AfD-Vorsitzender und hoch gehandelter Kandidat für höhere Posten in der Partei, brachte das im hessischen Landtagswahlkampf so auf den Punkt: »In der Politik geht es ja immer auch um den Kampf um die Begriffe, um die Begriffe, Antonio Gramsci hat mal gesagt: Jeder Revolution im politischen Sinne, für uns im demokratischen Sinne, geht eine Revolution im Geiste voraus, dieses Setzen der Begriffe, das ist der AfD übrigens auch gelungen, das ist uns gelungen, wir haben die Heimatdebatte angeschoben, wir haben den Heimatbegriff wieder lebendig gemacht und die anderen rennen da jetzt hinterher.«[70]

Analog zu Gramsci erkannte zuvor Nietzsche im späten 19. Jahrhundert den Siegeszug des Gegners, das heißt damals des Demokratischen in der Gesellschaft, durch solch eine kulturelle Revolution. 1886 schrieb er: »Wir, die wir eines andren Glaubens sind –, wir, denen die demokratische Bewegung nicht bloss als eine Verfalls-Form der politischen Organisation, sondern als Verfalls-, nämlich Verkleinerungs-Form des

Menschen gilt, als seine Vermittelmässigung und Werth-Erniedrigung: wohin müssen wir mit unsren Hoffnungen greifen? – Nach neuen Philosophen, es bleibt keine Wahl; nach Geistern, stark und ursprünglich genug, um die Anstösse zu entgegengesetzten Werthschätzungen zu geben und ›ewige Werthe‹ umzuwerthen, umzukehren; nach Vorausgesandten, nach Menschen der Zukunft, welche in der Gegenwart den Zwang und Knoten anknüpfen, der den Willen von Jahrtausenden auf neue Bahnen zwingt.«[71]

So lautete die Schlussfolgerung Nietzsches auf halbem Wege, in der Mitte seines Buches *Jenseits von Gut und Böse*, das »wir« als *pluralis maiestatis* gesetzt. Mit der Forderung nach einer »Umwertung aller Werte« schloss er an seine Erkenntnis an, dass solche Umwertungen von der Vergangenheit bis in die Gegenwart stets stattgefunden haben und den Lauf der Geschichte prägten. Es entspricht auf einer kultur- und geschichtsphilosophischen Ebene dem, was der amerikanische Soziologe Thomas S. Kuhn 1962 als *Paradigmenwechsel* in der Wissenschaft bezeichnete[72] und damit einen Begriff schuf, der sich seither aus seinem ursprünglichen Verwendungszusammenhang verselbstständigt hat und zu einem universellen Begriff wurde. Nietzsches *Umwertungen* sind somit in gewisser Weise *Paradigmenwechsel*, doch weitaus stärker durch subjektive Entscheidungen geprägt. Paradigmenwechsel können sich quasi objektiv, aus verschiedenen Faktoren und im zum Teil unbewussten Zusammenspiel verschiedener Akteure vollziehen, Nietzsches Umwertungen sind dagegen weit stärker voluntaristische Prozesse, jedenfalls von ihren Initiatoren her. In beiden Fällen vollziehen sich mentalitätsgeschichtliche Umwälzungen, eine andere Sicht- und Denkweise entsteht – letztlich also eine »Kulturrevolution«.

Nietzsche erkannte im Christentum die erste *Umwertung aller Werte* in der Antike, die Aufgabe der Rationalität zugunsten des Glaubens, und in der Demokratie, verschlimmert noch im Sozialismus, die zweite Umwertung, nämlich hin zu einer »Herden-Moral«, die den Menschen nur als Masse konzipiere und in der Gleichheit aller die Rechte des Einzelnen aufhebe, denn, »wenn Alle gleich sind, braucht Niemand mehr ›Rechte‹.«[73] »Rechte« waren für Nietzsche essentiell *Vorrechte*, juristisch verbrieftes Recht auf Ungleichheit. Fasst man in diesem Zusammenhang den Begriff »Ungleichheit« etwas weiter im Sinne von »Anderssein«, »Differenz«, und »Identität« als Abgrenzung, so nähern wir uns bereits aktuellen Vorstellungen der Neuen Rechten. Für Nietzsche ging es jedoch um soziale Ungleichheit, und seine oben zitierte Konzeption der Rechte entsprach den Wertvorstellungen der vormodernen Gesellschaft. Die Gegner von Gleichheit und Menschenrechten beriefen sich ab Mitte des 19. Jahrhunderts ebenso auf die Naturgesetze, wie es die Befürworter getan hatten: Sind die Menschen von Natur aus gleich oder ungleich?, war die Frage. Hier zeigt sich bereits eine zentrale Strategie des Kampfes um kulturelle Hegemonie: Die Sprache des Gegners übernehmen und mit neuen Inhalten füllen.

Die dritte Umwertung durch den Faschismus bzw. den Nationalsozialismus als seine besondere deutsche Ausprägung und Zuspitzung kehrte die historische Entwicklung um und bediente sich dabei der Kritik Nietzsches an Demokratie und Sozialismus, vor allem auch deren Gleichsetzung, und seiner Vorstellung von der notwendigen Ungleichheit der Menschen, jetzt »völkisch« oder »rassisch« definiert. Wobei die Nazis allerdings den »Sozialismus« selbst für sich positiv umwerteten und mit der Idee der »Volksgemeinschaft« verbanden, weswegen SPD und KPD immer die »marxistischen Parteien« genannt wurden und die Marxisten wiederum ein Problem mit dem Begriff Nationalsozialismus hatten und auf den generischen Begriff Faschismus auswichen.

Im Rückblick betonen die unzähligen Analysen zum Nationalsozialismus seit 1945 vor allem dessen *Negierung* der alten Werteordnung, dabei wurde doch von den Nazis vielmehr eine intensive *Vereinnahmung* und *Umdeutung* dieser alten Werte betrieben, wie es Raphael Groß in seinem leider zu wenig beachteten Buch *Anständig geblieben* tiefgründig analysiert hat.[74] Dessen Titel zitiert die Quintessenz aus der langen Posener Rede von Heinrich Himmler am 4.10.1943[75], wo er die SS-Leute auf ihren unmenschlichen Auftrag der Judenvernichtung eingeschworen hat. Nicht die *Negierung* der alten Werte, sondern deren *Umwertung* war notwendig, um dies zu erreichen, Begriffe wie Anstand und Ehre wurden ins Gegenteil umgedeutet und von Kategorien der persönlichen Integrität zu Kategorien der Selbstaufgabe im Gehorsam: »Meine Ehre heißt Treue« war das Motto der SS. Durch die Umwertung aller Werte wurde auch in der gesellschaftlichen Breite kulturelle und politische Dominanz erzielt.

Der nach dem Untergang des Nationalsozialismus neu ausgebrochene Kampf um die kulturelle Hegemonie im Kalten Krieg drehte sich, wie oben dargelegt besonders in Deutschland, um die Besetzung des Begriffes Demokratie. Eine »kulturrevolutionäre« Veränderung der Gesellschaft fand dann in Folge der 68er-Revolte in den siebziger Jahren statt, wurde aber in der 1980er Jahren teilweise wieder revidiert, und davon zeugt vor allem die semantische Umkehrung des Begriffes *Reform*, meist im Plural gebraucht: Waren Reformen in den 1970er Jahren »linke« Reformen (»mehr Demokratie«), sind sie heute »neoliberale« Reformen: Marktorientierung, Abbau von Sozialstaat, finanzpolitische Konsolidierung. Reformen waren früher ein Stück »konkrete Utopie«, ein anderer Schlüsselbegriff aus den 1970er Jahren, also Veränderung der Realität, heute bedeuten sie Anpassung an die Realität. Ständig fanden und finden also Umwertungen von Werten statt, wenn auch nicht unbedingt *aller* Werte.

2016 war das Jahr der *Fake News*, der Durchbruch des postfaktischen Zeitalters, das Ralph Keyes schon 2004 angekündigt hatte (*Post-Truth*). Falschnachrichten hat es natürlich immer schon gegeben, sie waren geradezu elementarer Bestandteil dessen, was man früher Propaganda nannte, und zuletzt war der Kalte Krieg eine Ära des propagandistischen Kampfes in diesem Sinne. Dass sich Josef Goebbels Propagandaminister nannte, war schon ein Programm, wer im »Dritten Reich« aus dem »Volksempfänger« zum Volk sprach, das wusste man, und man glaubte, was man da hörte, oder auch nicht; dass im Kalten Krieg die jeweilige Berichterstattung über den Osten im Westen und mehr noch über den Westen im Osten nicht neutral war, das wusste man auch.

Was heute als Information über die neuen Medien gestreut und gesteuert wird und wer dahinter steht, ist dagegen oft unklar, und diese Erkenntnis hat sich in der politischen Öffentlichkeit erst vor kurzem Bahn gebrochen. Noch vor wenigen Jahren konnte die »Piratenpartei« kurzfristig eine Aufmerksamkeit für sich verbuchen mit der Vorstellung von der Freiheit im Web und der Vollendung der Demokratie durch das Web, eine Illusion ohnegleichen, während heute immer deutlicher wird, wie das Web im Gegenteil manipuliert wird und die öffentliche Meinung manipulieren kann statt sie zu repräsentieren. In den Versuchen ihrer webbasierten Basisdemokratie ertranken die *Piraten* bereits in selbst produzierten *Shitstorms*. Wenig später oder schon parallel dazu eroberte die *Hate Speech* das Internet, gefördert durch die Anonymität des Mediums. Dabei hätte das Internet tatsächlich die Vollendung des Traums der Aufklärung von der allseitigen Bildung der Menschheit sein können, doch schon die technischen Möglichkeiten des Mediums erleichtern dies nicht, sondern erschweren es: Wo es ein paar Dutzend Informationsquellen gibt, kann ich mich leicht orientieren, wo es unzählige gibt, kaum noch. Was für mich wichtig ist, entscheide kaum noch ich selbst, sondern Google wählt es für mich aus.

Das postfaktische Zeitalter wurde von der Medienrevolution vorbereitet, durch sie ermöglicht und hat 2016 massiv die Politik ergriffen. In der Brexit-Kampagne in Großbritannien und mehr noch im amerikanischen Präsidentschaftswahlkampf wurde die Lüge zum unverblümten Instrument des politischen Kampfes, während die etablierten Medien pauschal der Lüge bezichtigt wurden. Mit der Thematisierung von *Fake*

News ist der Begriff selbst zum Kampfinstrument geworden und wird von den Fake-News-Produzenten ihren Gegnern vorgeworfen. Das Besondere daran ist noch nicht einmal, dass gelogen wurde, sondern dass dies für viele Wähler akzeptabel wurde. In einem sehr luziden Artikel im *New Yorker* erinnerte Alex Ross daran, dass dies von der Frankfurter Schule in ihrer Analyse nicht nur des Faschismus, sondern auch der Kulturindustrie quasi vorausgesagt wurde, und zitiert unter anderem aus Adornos *Minima Moralia*. Darin schrieb Adorno 1945:

»Es ist dahin gekommen, dass Lüge wie Wahrheit klingt, Wahrheit wie Lüge. Jede Aussage, jede Nachricht, jeder Gedanke ist präfomiert durch die Zentren der Kulturindustrie. [...] Lügen haben lange Beine: sie sind ihrer Zeit voraus. Die Umsetzung aller Fragen der Wahrheit in solche der Macht, der Wahrheit selber nicht sich entziehen kann, wenn sie nicht von der Macht vernichtet werden will, unterdrückt sie nicht bloß, wie in früheren Zeiten, sondern hat bis ins Innerste die Disjunktion von Wahr und Falsch ergriffen [...].«[76]

... bis dahin, dass der Unterschied verschwindet: Im Streit um die Besucherzahl bei Trumps Vereidigung, die Trump zu einem welthistorischen Ereignis hochstilisierte, prägte seine Beraterin Kellyanne Conway noch einen neuen (pseudo-)historischen Begriff, als sie sich auf »alternative facts« berief und damit dem postfaktischen Zeitalter seine höchst offizielle politische Weihe gab. Nicht mehr um *die* Wahrheit geht es, sondern um eine *andere* Wahrheit, die durchgesetzt werden soll, weil auch in der öffentlichen Wahrnehmung richtig und falsch zunehmend verschwimmen. Adorno hatte Recht. Durch die Kulturindustrie, die heute noch ganz andere Dimensionen hat als zu Adornos Zeiten, ist die Strategie der kulturellen Hegemonie, sehr frei nach Gramsci, mit dem Ziel der Umwertung aller Werte, ganz eng nach Nietzsche[77], zu einem alltäglichen Kampf geworden.

6. Die Lehren der Geschichte und der neue »hilflose Antifaschismus«

Das Menetekel der Weimarer Republik besteht auch darin, dass sie vor Augen geführt hat, wie rasch und unerwartet die Freiheit verspielt werden kann.

Andreas Wirsching, 2017[1]

Es ist klar geworden, dass ein wesentlicher Aspekt der intendierten rechten Kulturrevolution auf die Erinnerungskultur und die Deutung der Geschichte abzielt und über die »deutsche Identität« auch das politische Achsenkreuz verschieben will. Die Rechte zieht ihre Lehren aus der Geschichte. Und die Demokratie? Sie will eine »streitbare« oder »wehrhafte« Demokratie sein: die zentrale »Lehre aus Weimar«, die aber im Umkehrschluss auch das Kondensat einer Fehleinschätzung von Weimar ist, wie oben thematisiert wurde. Eine Fehleinschätzung, die wiederum zurückwirkt, wenn sie impliziert, dass sich dieser Fehler von Weimar, die Antidemokraten gewähren zu lassen, in der Bundesrepublik nicht wiederholen könne, weil entsprechende Vorkehrungen dagegen getroffen wurden. Zur Begründung der »wehrhaften Demokratie« schreibt die Konrad-Adenauer-Stiftung:

»Die demokratische Verfassung der Weimarer Republik von 1919 wurde durch die Gegner der Demokratie von links und rechts instrumentalisiert. Auch die außerordentliche Machtfülle des Reichspräsidenten gemäß Artikel 48 beförderte einen schleichenden Zerfall der Demokratie, der durch die Nationalsozialisten und die Kommunisten beschleunigt wurde. Es waren jedoch weniger die verfassungsrechtlichen Fehlkonstruktionen, die das Ende der Weimarer Republik herbeiführten, sondern die fehlende Akzeptanz demokratischer Werte und der daraus entspringende Mangel an aktiven Verfechtern der Demokratie. Nicht allein in Hinterzimmern oder an Stammtischen, auch in öffentlicher Rede wurde die Demokratie verhöhnt, wurden ihre politischen Vertreter und Institutionen lächerlich gemacht. Die Nationalsozialisten bezeichneten den Reichstag etwa als ›Quatschbude‹. Die allgemeine Unzufriedenheit mit der Politik und der wirtschaftlichen Situation mündete in eine sich ausbreitende Verachtung der Demokratie. Deshalb bezeichnet man heute die Weimarer Republik als ›Demokratie ohne Demokraten‹.«[2]

Sehen wir einmal von der weiter oben im Weimar-Kapitel ausführlich analysierten Legende von der »Demokratie ohne Demokraten« ab, die sich hier selbst ad absurdum führt, weil im letzten Satz dann doch verdeutlicht wird, dass die »sich ausbreitende Verachtung der Demokratie« mit der »wirtschaftlichen Situation« zu tun hatte und folglich nicht von Anfang an bestand; sehen wir auch von den Spezifika der Verfassung (Stellung des Reichspräsidenten) ab; so fallen ansonsten doch erstaunliche Ähnlichkeiten zu heute ins Auge, vor allem zum Aspekt Verhöhnung der demokratischen Institutionen und Beleidigung ihrer Repräsentanten, namentlich der Kanzlerin, weit über die sachliche Kritik hinaus, im halböffentlichen und öffentlichen Bereich, bei Wahlkampfveranstaltungen und nicht nur durch AfD-Sympathisanten oder -Mitglieder, sondern auch, gewiss in (immer weniger) gradueller Abschwächung, bis hin zu Funktionsträgern der Partei und öffentlichen Mandatsträgern. Gegenüber der Verrohung der Sprache im Bundestag durch die AfD sind der Bundestagspräsident und seine Vertreter/innen mit ihren Ermahnungen letztlich machtlos.

Grundsätzlicher gibt es zivilrechtlich Straftatbestände der Beleidigung, Diffamierung, üblen Nachrede, angesichts der unglaublichen Hasspresse in der Weimarer Republik zweifellos eine historische Lehre, deren Verfolgung in Zeiten des medialen Hasses im Internet heute aber gerade immense Herausforderungen an Gesellschaft und Justiz stellt. So kann es auch nicht einfach erlaubt sein, Kollektive (Menschengruppen, Völker...) in der Öffentlichkeit auf das Übelste zu diffamieren. Die Verletzung von Grundrechten, vor allem Art. 1 GG, erfordert eine Sanktionierung, und schon deswegen bedeutet auf allen Ebenen das Recht auf freie Meinungsäußerung keineswegs die Freiheit, alles (öffentlich) sagen und schreiben zu dürfen. Eine wirklich inhaltliche Auseinandersetzung mit der AfD im Bundestag um den Sinn des § 130 StGB (Volksverhetzung) wurde im Bundestag jedoch leider verspielt – dazu mehr weiter unten.

Kampf um die Vergangenheit

Wenn »Aus der Geschichte lernen« mehr bedeutet als nur die Vermeidung der Fehler bei der Neugründung eines Staates, nämlich bleibende Orientierung, dann bedarf es einer Erinnerungs- bzw. Geschichtskultur oder sogar einer Geschichtspolitik[3], ein gewiss problematischer Begriff. Der Inhalt dessen ist immer diskutierbar und auch stets der Veränderung unterworfen, nicht jedoch in seinem Kern. Es bedarf nicht nur eines reflexhaften, impliziten, sondern auch eines reflektierten, expliziten Ausdrucks einer konsensuellen, in gewissen Grenzen offiziellen Geschichtskultur. Die Kritik von rechts mag sie als »Meinungsdiktatur« geißeln. »Kein anderes Volk hat so deutlich mit seiner falschen Vergangenheit aufgeräumt wie das deutsche«, erklärte Gauland auf dem Kyffhäusertreffen 2017, bevor er später seinen Stolz auf die Weltkriegssoldaten bekundete. »Aufräumen mit der Vergangenheit« trat dabei als neue Sprachregelung auf, und was »Aufräumen« für Gauland und die AfD bedeutet, erklärte er dann anschließend: »Man muss uns jetzt diese zwölf Jahre heute nicht mehr vorhalten. Diese treffen unsere Identität heute nicht mehr und das sprechen wir auch aus. Und deshalb, liebe Freunde, haben wir auch das Recht, uns nicht nur unser Land, sondern auch uns unsere Vergangenheit zurückzuerobern.«[4]

Längst ist somit ein Kampf um die Aneignung der Geschichte und die damit verbundene deutsche »Identität« entbrannt, denn in der Tat ist es eine Frage der Identität von uns Deutschen heute, welchen Stellenwert die »zwölf Jahre« im Rahmen der ganzen deutschen Geschichte für uns haben: ob man »mit diesen zwölf Jahren aufgeräumt« hat à la Gauland, ob es einer »erinnerungspolitischen Kehrtwende um 180 Grad« à la Höcke bedarf, oder eben nicht.

Notwendig ist dies besonders im Bildungsbereich, dessen Institutionen einen politisch-pädagogischen Auftrag im Sinne der Demokratieerziehung haben. Zum Beispiel können geschichtsrevisionistische Thesen (Infragestellung des Holocaust) deswegen nicht Inhalt einer akademischen oder auch nur schulischen Prüfung sein, da es hierzu auf der Basis von Fakten ein *wahr* oder *unwahr* gibt, somit auch eine *historische Wahrheit*. Gewiss, dieser Begriff ist gerade aufgrund der Erfahrung mit den deutschen Diktaturen schon lange »out«, jedoch zu Unrecht, denn die historische Wahrheit richtet sich ja auch gerade gegen konstruierte Welt- und Geschichtsbilder, die als ideologische Rechtfertigung von Diktaturen dienen. Die historische Wahrheit stand zum Beispiel gegen die Dolchstoßlegende, die nach dem Ersten Weltkrieg eine wichtige propagandistische Waffe der Nationalisten war. In Demokratien dagegen geht es nicht um ein verordnetes, jede Diskussion ausschließendes Weltbild, sondern um eine als notwendig erachtete Würdigung bestimmter historischer Wahrheiten im genannten Sinne, die deswegen auch justiziabel sind. Die Tatsache des Holocaust und der anderen Massenverbrechen sowie die Verantwortung dafür ist nicht verhandelbar, und Verantwortung heißt zweierlei: Schuld im direkten Sinne der Täterschaft – nach 1945 leider zu wenig strafrechtlich geahndet – und Verantwortung für die Erinnerung daran mit dem Auftrag des so oft beschworenen »Nie wieder!« oder »Wehret den Anfängen!«

Letzteres hört man heute kaum noch, denn die Grenze dessen, wo die »Anfänge« nach früherem Verständnis des Begriffes beginnen, haben wir schon längst überschritten. Wo hier die Grenzen eines »Tabus« in der Erinnerungskultur zu ziehen sind und wie auf dessen Verletzung zu reagieren ist, kann abstrakt nicht festgelegt, darf und muss deswegen diskutiert werden. Die bereits erwähnten Forderungen und auch realen Tendenzen bis in die AfD hinein zur Aufhebung von »Tabus« durch die Akzeptanz von entsprechenden Veröffentlichungen inklusive des Holocaust-Negationismus mit dem Argument, man solle aufgrund der Meinungsfreiheit alles sagen dürfen, sind daher eine ebenso durchsichtige wie alarmierende Strategie zur »Umwertung aller Werte« in diesem Bereich.

Die Selbstverständigung von Staat und Gesellschaft bezüglich ihres Selbstverständnisses und der dafür nötigen historischen Lehren betrifft nur wichtige Grundsätze, so wie auch die Kritik an Staat und Politik von Rechts heute in der Berliner Republik viel weiter gehen darf als in der Bonner Republik von Links zu Zeiten des Radikalenerlasses, wie unter anderem das erwähnte BVG-Urteil zur NPD zeigt.

Quasi präventiv, aber letztlich vielleicht wirkungslos, hat mit der Wiedervereinigung gegenüber befürchteten Tendenzen zur Umbewertung der Geschichte ein geschichtspolitischer – das Adjektiv ist hier gerechtfertigt – Aufschwung im Gedenken an die NS-Verbrechen stattgefunden, dessen Höhepunkt das Holocaust-Mahnmal in Berlin ist. Dabei handelt es sich jedoch um keinen »negativen *Gründungsmythos*« (Hervorheb. WG), wie Aleida Assmann meint[5], »Gründung« wovon denn? Der Bundesrepublik? Des wiedervereinigten Deutschlands? In der Schulddebatte der Nachkriegszeit in Ost und West spielte Auschwitz aus verschiedenen Gründen fast keine Rolle, wie oben dargelegt. Die Schuldfrage im Westen bezog sich vor allem auf die Schuld an der eigenen Katastrophe. So gab es später einen enormen Nachholbedarf, der in Folge der Studentenbewegung der 60er Jahre eingefordert und eingelöst wurde. Der konjunkturelle Aufschwung diesbezüglich, nicht nur durch das zentrale Mahnmal in Berlin, sollte dann in der Tat die Auslöschung der wichtigsten aller Folgen des Zweiten Weltkriegs, der Teilung Deutschlands, erinnerungspolitisch kompensieren. Wenn, dann war es eine nachgeholte Gründung durch die Berliner Republik.

Für bestimmte Zeitgenossen war und ist das Holocaust-Denkmal deswegen ein »Schandmal«, von Martin Walser 1998 bis Björn Höcke 2016. Auch Arno Widmann meinte zum 10. Jahrestag des Mahnmals in Identifizierung mit Walser in der *Frankfurter Rundschau*, dass »Symbolik« und »Gewissen« nicht zusammenpassen, Gewissen sei etwas Individuelles und könne nicht verordnet werden, öffentliche Reden in diesem Sinne würden zur Phrase. »Ich war und ich bin ihm [= Walser] noch immer dankbar für seine Rede. Er sprach sich damals, am 11. Oktober 1998, dagegen aus, Auschwitz für aktuelle politische Zwecke zu funktionalisieren, Auschwitz, so erklärte er, eigne sich nicht zur Moralkeule.«[6]

Ja, wenn nicht Auschwitz, was denn sonst? Die »Moral von der Geschicht'«, zur Redensart gewordener Schlusssatz in Wilhelm Buschs Geschichten, ist letztlich der Grund, sich mit Geschichte zu befassen. Und wenn Geschichte überhaupt etwas lehren kann und soll als »Lehrmeisterin des Lebens«, dann, Konsequenzen aus ihr für das Handeln heute und morgen zu ziehen. Dafür kann die Vergangenheit Mahnung wie Ermutigung sein, für beides stehen emblematisch die Jahreszahlen 1933 und 1789. Als man im Westen die Zweihundertjahrfeier der Französischen Revolution beging, ergriff im Osten eine Welle demokratischer Erneuerung, auch eine Revolution, die sozialistischen Länder, und somit geht 1989 auch als ein positives Datum in die Geschichte ein.

Nicht der Tag des Mauerfalls, der auf ein historisch unglückliches Datum des 9.11. fiel, aber damit verbunden der Tag der Wiedervereinigung ist zum Nationalfeiertag im vereinigten Deutschland geworden. Es ist der erste *positive* Feier- bzw. offizielle Gedenktag in der Bundesrepublik überhaupt. Die vorherigen Gedenktage waren alle *negative Erinnerung:* Der Nationalfeiertag der Bonner Republik bezog sich auf den gescheiterten Aufstand in der DDR 1953, somit gar kein »Feiertag«; die Erinnerung an die Frankfurter Paulskirche 1848, die in den ersten Jahrzehnten noch einen großen Stellenwert hatte, war ein Rückblick auf eine ebenfalls gescheiterte Revolution; das Gedenken an den deutschen Widerstand erinnerte an vergeblichen Widerstand (Weiße Rose und Stauffenberg); auch der Volkstrauertag war ein offizieller und in diesem Sinne politischer Feiertag, vom einstigen »Heldengedenktag« semantisch ins Gegenteil verkehrt und heute wieder Ziel einer Umkehrung durch die Rechten.

Letzteres wird ihnen umso leichter gemacht, wenn die anderen Parteien kein Interesse mehr am Gedenken der Toten der Weltkriege haben, die nicht Opfer von Verbrechen waren, es sei denn des Verbrechens, das der Krieg selbst war. Zur Gedenkfeier im Bundestag am 19.11.2017 erschienen 38 AfD-Abgeordnete, gewiss weniger als die Hälfte, aber mehr als von allen anderen zusammen (8 Grüne, 7 CDU/CSU, 6 SPD, 3 FDP, 1 Linke).[7] Dabei handelte es sich wohlgemerkt um eine Veranstaltung des Bundestages selbst und keine Einladung einer anderen Institution. Wer den Rechten so das Feld überlässt, darf sich nicht wundern, wenn es von ihnen besetzt wird. So analysierten Mitarbeiter des Volksbundes Deutsche Kriegsgräberfürsorge im Internet dokumentierte lokale Gedenkveranstaltungen der AfD auf einer speziellen Website zum Volkstrauertag 2017 (»Für ein Gedenken ohne Nationalismus, Militarismus, Revanchismus, Revisionismus und Antisemitismus«). Nicht nur, dass etliche Veranstaltungen ganz offen für die politischen Ziele der AfD instrumentalisiert wurden, zum Beispiel mit der Parole »Hol dir dein Land zurück« (Magdeburg), oder mit der Behauptung, die Regierenden hätten nur »Verachtung für das deutsche Volk« (Frankfurt/Oder). Viel tiefgründiger fand mancherorts eine subtile Umdeutung zurück in Richtung »Heldengedenktag« statt, wenn von der »Ehre« die Rede war, die den Gefallenen erwiesen werden sollte.

Hier schließt sich der Kreis zur Äußerung von Gauland über die Weltkriegssoldaten. Wenn jemand für einen verbrecherischen Krieg geehrt wird, an dem er aus Überzeugung oder gegen seine Überzeugung, aus Zwang, teilgenommen hat, war es in beiden Fällen nicht ehrenvoll, dafür zu kämpfen und zu sterben. »Wer deutsche Soldaten ehrt, spricht dem vom Deutschen Reich initiierten Krieg Legitimität zu.«[8] Das wird auch dadurch nicht legitim, dass an vielen Gedenkorten (Kirchen, Friedhöfen) in Inschriften oder Benennungen noch von der Ehre die Rede ist (»Ehrenmal«, »Ehrenfriedhof«), weil sie meistens aus der Zeit nach dem 1. Weltkrieg stammen und deswegen oft genug noch Inschriften in nationalistischem Tenor enthalten. Dies alles ist inzwischen selbst historisch geworden, entspricht aber nicht dem heutigen Geist des Gedenkens. Doch bot sich unter anderem der Heidelberger »Ehrenfriedhof«, wo der eingravierte Erzengel Michael den Drachenfeind tötet, dafür an, von anderen rechtsextremen Gruppierungen wie der »Identitären Bewegung« oder dem »Marsch 2017« für eine Kranzniederlegung mit schwarz-weiß-roter Fahne genutzt zu werden, wonach die Kränze auf Betreiben des Volksbundes und der Stadt abgeräumt wurden.[9] Auch hier stellt sich natürlich die Frage nach dem Umgang mit unerwünschten Teilnehmern. Wie weit geht die »Hoheit« über solch eine Veranstaltung? Schwarz-weiß-rote Fahnen am Kranz wird man gewiss verbieten können, doch was, wenn diese schwarz-rot-golden gewesen wären? Über autoritäre Maßnahmen wird sich das Problem des Kampfes um die Gedenkhoheit nicht lösen lassen.

Eine andere Initiative im Kampf um Geschichte, Erinnerung und aktuelle Politik war das »Neue Hambacher Fest« am 5.5.2018, das federführend von dem Ökonomen Max Otte organisiert wurde, der sich nach langjähriger CDU-Mitgliedschaft zur Bundestagswahl für die AfD ausgesprochen hatte. Mit einer illustren Referentenliste wurde eine Brücke zwischen AfD und der »WerteUnion« geschlagen, einem »freiheitlich-konservativen Aufbruch« innerhalb von CDU/CSU. Dabei waren unter anderem Thilo Sarrazin, Jörg Meuthen und Willy Wimmer, ein ehemals hochrangiger CDU-Politiker, der heute für den russischen Propagandasender *Sputnik* die Weltpolitik für russische Interessen und gegen die »Endlos-Kriegstreiber« im Westen kommentiert und komplementär dasselbe Programm auf der rechten Plattform *EpochTimes* bestreitet.[10] Mit einem absurden historischen Vergleich »Es herrschen zensurähnliche Zustände« schlug Otte den Ton an, welche Bedeutung das Hambacher Fest für uns heute habe, nämlich des »bürgerlichen Widerstands« gegen Zensur und Fürstenherrschaft und für nationale Einheit. »Es herrschen sehr wohl zensurähnliche Zustände. Staatliche Zensur per Gesetz wie früher gibt es zwar nicht mehr. Aber es gibt eine sehr stark lückenhafte Darstellung in den Medien etwa zur Flüchtlingskrise und zu Syrien. Die Fürstenherrschaft war eine Herrschaft von oben, die nicht demokratisch legitimiert war. Das sehe ich heute wieder.«[11] Max Otte begrüßte die anwesenden Journalisten mit der Parole: »Wir sind hier, um zu zeigen, dass wir die schweigende Mehrheit sind.« Zwei formidable Falschaussagen in einem Satz: Weder sind sie die Mehrheit (aber sie halten sich natürlich dafür), noch sind sie »schweigend«, ganz im Gegenteil. »Schweigende Mehrheit« will hier aber heißen: »Unterdrückte Mehrheit« und »Wir sind das Volk.« Und, auf den Nenner gebracht: Merkel & Co. »zerstören dieses Deutschland«. Immerhin wurde eine Alternative aufgezeigt: eine Wunsch-Koalition aus CDU/CSU, FDP und AfD.[12] Und entsprechend versammelt haben sich da, laut F.A.Z.: »wertkonservativer Teil der Union, rechter Flügel der FDP, gemäßigter Teil der AfD. Zufällig befragte Teilnehmer bestätigen diesen Eindruck.«[13]

Die Reaktionen vor Ort auf die Marschierer des »Neuen Hambacher Festes« mit gegen sie gerichteten »Nazi!«-Rufen und dergleichen offenbaren einmal mehr, wie hilflos diejenigen sind, die sich in solchen Situationen als »Antifaschisten« verstehen und entsprechend agieren. Sie folgen Ritualen, die schon in der Weimarer Republik eingeübt, in der Bonner Republik weiter tradiert wurden, obwohl es dazu über weite Strecken kaum noch Anlass gab, und in der Berliner Republik neu aufleben konnten, verstärkt durch das Antifa-Erbe in der PDS/Linken und den sich dafür bietenden Gegnern von der NPD bis zur AfD. Solche Reaktionen sind, um bei dem vorliegenden Beispiel zu bleiben, nicht nur inadäquat, sondern kontraproduktiv. Durch die Nicht-Differenzierung zwischen Nazis und anderen Rechten oder Rechtskonservativen wird deren Strategie durch ihr bestätigtes Feindbild nur noch bestärkt.

Hilfloser Antipopulismus

Denn die Gegner der AfD reagieren oft genauso, wie es die AfD gerne hätte. Ein »Strategiepapier« der AfD vom Dezember 2016 brachte dies im Hinblick auf den Bundestagswahlkampf auf den Punkt, wonach Provokationen und Tabubrüche »die anderen Parteien zu nervösen und unfairen Reaktionen verleiten« sollten, wie die F.A.Z. berichtete: »Je mehr die AfD von ihnen stigmatisiert werde, ›desto positiver ist das für das Profil der Partei‹, heißt es in dem Papier.«[14]

So hat man zum Beispiel im Bundestag und in den Medien den Antrag der AfD, den Straftatbestand »Volksverhetzung« auch auf Hassreden gegen Deutsche anzuwenden, reflexhaft im Sinne der AfD-Provokationsstrategie abgewehrt und damit eine zumindest theoretische Chance für eine durchaus notwendige Debatte in der Sache und für eine entsprechende Auseinandersetzung mit der AfD verspielt. In der rechten Szene und in der AfD selbst gab es zuvor wohl eine massive Stimmung zur *Abschaffung* des Volksverhetzungsparagraphen, auch wenn dies von der Fraktionsführung dementiert wurde.[15] Mit der umgekehrten Initiative zur *Ausweitung* des § 130 StGB hat die Partei jedoch eine unangenehme Situation für sich genial gelöst, denn so brauchte sie im Bundestag nicht gegen den Paragraphen aufzutreten, konnte dafür aber ihre Gegner in ihrem politischen Sinne vorführen.

Den AfD-Antrag begründete der schon erwähnte Jens Maier, ehemaliger Dresdner Richter, gegen den zu jenem Zeitpunkt selbst Strafanzeigen wegen Volksverhetzung anhängig waren und der offenbar zuerst für die Abschaffung des Paragraphen eingetreten war. Maier hatte zudem mehrfach Sympathien für die NPD geäußert, zuletzt als Vorredner von Höcke in Dresden am 17.1.2016, und auch Verständnis für den norwegischen Massenmörder Breivik bekundet – nicht für seine Tat, aber für das Motiv dafür. Von einer Veranstaltung im Vorfeld des Bundestagswahlkampfes 2017 berichteten journalistische Beobachter des *Vorwärts:*

»›Breivik ist aus Verzweiflung heraus zum Massenmörder geworden‹, erklärte Maier am Mittwochabend während einer Veranstaltung des neurechten Magazins ›Compact‹ unweit von Pirna. Der um sich greifende Multikulturalismus, die Vermischung der Kulturen innerhalb westlicher Gesellschaften durch die Einwanderung von ›Kulturfremden‹, ›ist das nicht alles zum Wahnsinnigwerden?‹, fragte Maier weiter. Wenige Minuten zuvor hatte er das Buch ›Europa verteidigen‹ des Bloggers ›Fjordman‹ als Anstoß seiner politischen Betätigung bezeichnet. Beiträge Fjordmans hatte auch Breivik in seinem 1500-seitigen ›Manifest‹ zitiert.«[16]

Maier erklärte danach, er »habe die Taten von Breivik weder entschuldigt noch verharmlost«, was sogar stimmt, da er sich nach diesem Zitat dazu gar nicht geäußert hat, sondern zu Breiviks angeblich nachvollziehbaren Motiven. Als Richter weiß Maier sehr gut, was er sagen darf und was nicht. Trotzdem wurde das Video vorsorglich vom Netz genommen, als der Vorgang über die Medien bekannt wurde.[17] Die Texte des Bloggers Fjordman (Peter Jensen) erschienen als Buch *Europa verteidigen* in deutscher Übersetzung bei Antaios (Verlag von Kubitschek), herausgegeben von Martin Lichtmesz (Sezession) und einem wie Fjordman selbst aktiven Mitglied des »Counter-Djihad«, Manfred Kleine-Hartlage, bis 1996 SPD-Mitglied und wohl über den Weg der Globalisierungskritik nach rechts zum Anti-Islamismus gewandert.[18] In der *Sezession* porträtiert Kleine-Hartlage den Amokläufer Breivik als »Spiegelbild eines amok-laufenden Liberalismus«. Beim Versuch »seinen Drang zur Gewalttat zur rationalisieren« sei es »kein Zufall« gewesen, »daß er sich zu dieser Rationalisierung gerade beim Gedankengut der Counterdjihad-Szene bediente. Dieses Gedankengut ist alles andere als irrational.« Und so werden der Terrorist und seine Tat Zug um Zug verständlicher: »Wer behauptet, Terrorismus sei schon deshalb verwerflich, weil man in einer Demokratie doch die Freiheit habe, mit friedlichen Mitteln für seine Auffassungen zu werben, lebt nicht auf diesem Planeten.«[19] Dieser Autor wurde, wie oben erwähnt (S. 175), von der *Patriotischen Plattform* der AfD für sein kurze Zeit später (2012) erschienenes Buch *Warum ich kein Linker mehr bin* als »Pflichtlektüre für alle AfD-Mitglieder« empfohlen.

Vor diesem Hintergrund und in dieser politischen Konstellation im Bundestag, mit Jens Maier als Redner für die AfD, konnte natürlich eine echte Debatte zur Sache gar nicht stattfinden. So zeigt sich hierin das grundlegende Dilemma in der Auseinandersetzung: Die Sache selbst bleibt im Zweifelsfall auf der Strecke, wenn es nur darum geht, der AfD grundsätzlich in die Parade zu fahren. Eine neutrale Beurteilung hätte nämlich ein zweifellos existierendes Ungleichgewicht korrigieren können und damit auch ein Zeichen gegen den anderen Extremismus gesetzt. Eine Äußerung wie, die Deutschen seien eine »Köterrasse«, vom *Tagesspiegel* berichtet, ist ein gutes Beispiel dafür.[20] Es ist in der Tat nicht nachvollziehbar, dass solch eine Äußerung über Andere Volksverhetzung sein soll, zum Beispiel gegenüber Juden antisemitisch, aber von einem hier lebenden Nichtdeutschen über die Deutschen nicht. Hätten sich die anderen Fraktionen auf den AfD-Antrag eingelassen, hätte dies als großer Sieg der AfD gegolten, so die reflexhafte Befürchtung in dieser Konfrontation. Hätte man die Idee aber positiv aufgegriffen und die Heuchelei der AfD im Umgang mit der Volksverhetzung ausgespielt, wäre deren Punktsieg vielleicht gar nicht so sicher gewesen. Der AfD jedoch volksverhetzende Reden vorzuwerfen, wie in der Debatte geschehen, ohne eine Symmetrie des Rechts herzustellen, wie von der AfD gefordert, wird ihr gewiss nicht schaden, da sie mit ihrem Vorwurf der Einseitigkeit Recht behält und nach der Ablehnung ihres Antrages bestätigt mit einem weiteren Beleg für ihre Fundamentaldiskreditierung von Parlament und Demokratie aus dem Rennen gehen konnte. Dieses Syndrom des Nicht-Lösens von Problemen, auch von Defiziten der Demokratie, weil sie der politische Gegner »besetzt« hat und ein Eingehen darauf ihm vermeintlich nützen würde, ein Nicht-Daraufeingehen ihm aber letztlich mehr nützt, diese fast schon tragisch zu nennende Situation ist das zentrale Problem eines hilflosen Antipopulismus.

In seinem schon erwähnten Buch *Der hilflose Antifaschismus* analysierte Wolfgang Fritz Haug 1967 sehr präzise, detailliert und tiefgründig, wie Professoren, die das »Dritte Reich« erlebt und damals größtenteils ihre Karriere begonnen hatten, in Vorlesungsreihen in Berlin und anderen westdeutschen Universitäten Mitte der 1960er Jahre auf den Nationalsozialismus zurückblickten und ihn zu erklären versuchten. Das Ergebnis war, wie der Titel vermuten lässt, mehrheitlich misslungen, da sich die Wissenschaftler in ihrer Erklärung des Nationalsozialismus nicht wirklich aus der Befangenheit von dessen Sprache und Argumentation befreien konnten. Man muss Haugs eigener undogmatisch-marxistischer Analyse mit der Insistenz auf die sozioökonomischen Grundlagen zur Erklärung des Nationalsozialismus nicht unbedingt zur Gänze folgen, um seine virtuose Sprachanalyse des »hilflosen Antifaschismus« zu würdigen. In einer ganz anderen Konstellation zeigt sich heute ein ebenfalls hilfloser Antifaschismus oder Antipopulismus, weil er dessen Feindbild mit gegenteiliger Absicht exakt bestätigt und ihn damit stärkt. Wobei das Amalgam der verschiedenen Rechtsströmungen und die pauschale Apostrophierung Faschismus oder Nazis selbst schon aus den genannten Gründen kontraproduktiv ist. Diese Ritualisierung des Antifaschismus ist ein Teil des Erfolges der Neuen Rechten. PEGIDA in Dresden hatte das schon von Anfang an antizipiert und präventiv zur Verteidigungshaltung »Wir sind keine Nazis!« aufgebaut, als dieser Angriff so noch gar nicht stattfand.

Wichtig am oben genannten Beispiel des »Neuen Hambacher Festes« ist die Vereinnahmung der Geschichte auf einem anderen historischen Terrain als bei den bisher erwähnten Themen, nämlich auf der Seite der positiven Gedenkpunkte, derer dann noch 1848, 1918/19, 1948/49 und 1989/90 wären, die Etappen auf dem Weg zur Entstehung und letztlichen Festigung der Demokratie, wobei es, abgesehen von 1919, dabei auch stets um die nationale Einheit ging.

Man ist nicht automatisch Parteigänger von Höcke, Gauland und Co., wenn man feststellt, dass unsere Gedenkkultur (nicht der Geschichtsunterricht in der Schule wohlgemerkt) weitgehend auf ein *Mea-Culpa-Syndrom* reduziert ist, wie auch schon oben angesichts der negativen Gedenktage angesprochen, und man darf ihnen dieses Thema nicht überlassen. Die Geschichte bietet wahrlich genug Grund dafür, dennoch ist es eine zu Unrecht verengte Quintessenz aus der Geschichte. So sei hier deswegen betont, dass ich in einem Vortrag zur deutsch-jüdischen Geschichte vor dem Koordinierungsrat der Gesellschaften für Christlich-Jüdische Zusammenarbeit 2012[21] darlegen konnte, dass ein Fehler des historischen Rückblicks darin besteht, die deutsch-jüdische Geschichte nur im Zeichen des Holocaust als Menetekel zu sehen. Diese Feststellung aktualisierte letztlich nur eine seit Jahrzehnten von jüdischen Organisationen selbst geäußerte Kritik an der verengten Darstellung jüdischer Geschichte. Das *Mea-Culpa-Syndrom*, wie ich es nenne, hat seit Ende der 1970er Jahre den Verdrängungsmechanismus der Kriegsgeneration abgelöst, aber ebenso schematisch ein neues Ritual etabliert, wonach die ganze jüdische Geschichte nur unter dem Verfolgungsaspekt (von den mittelalterlichen Pogromen bis zum Holocaust) gesehen wird, inklusive erfundener Diskriminierungsszenarien wie dem Ghetto im Mittelalter, das in Wirklichkeit erst im Übergang zur Frühen Neuzeit in einigen Städten entstand (erstes Ghetto 1462 in Frankfurt) und das Landjudentum gar nicht betraf. Im Vergleich zur jüdischen Erinnerungskultur, die neben den Verfolgungen auch die positiven Momente würdigt, haben wir Deutsche uns in unserer Erinnerungskultur eigentlich eine vorwiegend *negative Erinnerung* zu eigen gemacht. Dies ist auch Gegenstand der Kritik in der wissenschaftlichen Debatte von Autoren, die der AfD alles andere als nahe stehen, wie Aleida Assmann in ihrem Buch *Das neue Unbehagen an der Erinnerungskultur* darlegt.[22]

Denn vor 1989/90 gab es keinen offiziellen oder offiziösen positiven Gedenktag, die alte und immer noch geltende Bundesrepublik hat nicht einmal ein Geburtsdatum, vermutlich ein Unikum auf der ganzen Welt. Das Grundgesetz hätte diese Rolle einnehmen können, beschlossen nicht von ungefähr am 8. Mai 1949 vom Parlamentarischen Rat und in Kraft getreten am 23. Mai 1949. Die sich selbst als Provisorium verstehende Bonner Republik wollte jedoch kein Gründungsdatum, sondern machte dann die gescheiterte Revolution in der DDR 1953 zum westdeutschen Nationalfeiertag (17. Juni), das Negativdatum par excellence im Kalten Krieg. Als Bundespräsident Richard von Weizsäcker in seiner spektakulären Rede zum Kriegsende am 8. Mai 1985 vom »Tag der Befreiung« sprach, hätte dies eine neue positive Identifikation begründen können. Die Rede selbst war aus historisch-wissenschaftlicher Sicht relativ konservativ in Bezug auf die Schuldfrage, die nach wie vor auf eine NS-Führungsclique reduziert wurde, aber das Wort von der »Befreiung« erregte sichtlich das Plenum des Bundestages und die ganze Republik. Der 8. Mai hätte somit in der 1949 intendierten Symbolhandlung des Parlamentarischen Rates vom Ende und Anfang der herausragende Gedenktag der Bundesrepublik werden können, und selbst der 23. Mai hätte sich als Gründungsfeiertag angeboten.

In diesem Kontext konnte ich also vom *Mea-Culpa-Syndrom* in der Darstellung der jüdischen Geschichte und von der negativen Erinnerung in der deutschen Gedenkkultur vor der Gesellschaft für Christlich-Jüdische Zusammenarbeit sprechen, ohne Anstoß zu erregen, ganz im Gegenteil bekam ich darauf positive Reaktionen in der Diskussion. Die Kritik am *Mea-Culpa-Syndrom* ist somit keine Infragestellung eines »Schuldkults« im Sinne von Höcke, Gauland und Co., denn für sie begann mit dem 8. Mai 1945 die mentale Sklaverei der Deutschen, mit Weizsäcker kommt es aber darauf an, dieses Datum als Befreiung zu feiern. Höcke will eine »erinnerungspolitische Kehrtwende um 180 Grad«, was ja bedeuten würde, die negativen Erinnerungen zu minimieren – ein »Vogelschiss« laut Gauland – oder ganz auszublenden, vielmehr brauchen wir aber eine sinnvolle Ergänzung in unserer Erinnerungskultur, die das Mea culpa deswegen nicht infrage stellt. Der 8. Mai wäre ein Datum gewesen, das wie kein anderes beides Negatives und Positives verbindet: Befreiung *von* etwas, *zu* etwas. Das letzte Mal, dass der 8. Mai in den zentralen Nachrichtensendungen von ARD und ZDF (Tagesthemen/Heute Journal) überhaupt erwähnt wurde, war beim Amtsantritt von Joachim Gauck als Bundespräsident 2012, als er nämlich in den Niederlanden zu Gast war, wo der Tag der Befreiung schon am 5. Mai begangen wird, anschließend wurde von der Gedenkfeier am 8. Mai in Paris berichtet. Also Feiertage in den Nachbarländern, als ob es sich nur um deren Geschichte handelte. Seither gab es nicht einmal mehr diese Erwähnung in den genannten zentralen Medien.

Der Kampf mit der Rechten um die Geschichtskultur wird definitiv nur gewonnen werden können, wenn eine positive Erinnerungskultur nicht der Rechten überlassen wird, sondern die negative Erinnerung sinnvoll ergänzt.

Die Weimarisierung der Republik

Eine Art »Weimarisierung« der Republik ist viel weiter vorangeschritten, als es die zur Frage der »Weimarer Verhältnisse« für den Bayrischen Rundfunk und die F.A.Z. vor der Bundestagswahl 2017 befragten Wissenschaftler wahrhaben wollten. Alle sahen Parallelen, aber mehr Unterschiede, abgesehen von Jürgen Falter, der eine erstaunliche Kongruenz der Wählerschaft von NSDAP und AfD sowie auch der jeweiligen Wählerwanderungen analysiert. Am Ende sah Falter aber auch nur eine »latente Gefahr [...], dass eine Partei wie die AfD den Nukleus einer sich radikalisierenden, die liberaldemokratische Verfasstheit der Bundesrepublik gefährdenden Bewegung bilden könnte«, und zwar für den Fall »einer langanhaltenden, tiefgreifenden Wirtschaftskrise.«[23] Abgesehen davon, dass die Finanz- und Schuldenkrise Geburtshelferin für die AfD war und dass durch den sich anbahnenden Konflikt mit Italien eine neue »tiefgreifende« und »langanhaltende« Krise zumindest für das europäische Finanzsystem im Rahmen des Euro drohen könnte, so benennen alle, die sich mit dieser Fragestellung der Wiederkehr von »Weimarer Verhältnissen« in Deutschland befassen, natürlich zutreffend den größten Unterschied zwischen damals und heute in der wirtschaftlichen Situation.

Allen »harten« Kriterien für den Aufstieg der NSDAP zufolge hätte es aber die Entstehung eines neuen Nationalismus heute gar nicht geben dürfen, ist die wirtschaftliche Lage doch vergleichsweise gut, die Demokratie gefestigt, die Verfassung eine bessere als damals, steht die Beamtenschaft treu zum Staat, spielen Militär und Militarismus keine Rolle, gibt es kein nationales Minderwertigkeitsgefühl, keine »Schmach von Versailles« zu tilgen. Kurz vor der Bundestagswahl 2017 meinte Andreas Wirsching im Fazit zur Artikelserie über die »Weimarer Verhältnisse«: »Wenn eine weitere Radikalisierung nach rechts gegenwärtig als wenig wahrscheinlich gilt, ist damit noch lange kein Wechsel auf die Zukunft gezogen.« Der Titel seines Fazits in der F.A.Z. hieß damals noch »Warum Berlin weit davon entfernt ist, Weimar zu sein«, im Buch wurde daraus jedoch »Weimar mahnt zur Wachsamkeit«.[24] Zwischenzeitlich hatte die Bundestagswahl stattgefunden.

In dem zitierten Satz kam jedoch auch schon zum Ausdruck, dass es bei der Analyse dieses Problems nicht nur darum gehen kann, den Status quo einzufangen, sondern die Entwicklung zu betrachten und aus der bisherigen auf die zukünftige zu schließen. Die politische Radikalisierung der letzten vier Jahre war bislang weniger radikal als in der Weimarer Republik, vollzog sich dafür aber doppelt so schnell. Die Radikalisierung damals wurde als weniger spektakulär empfunden angesichts dessen, dass die Polarisierung des politischen Spektrums schon grundlegend viel extremer war und von vornherein Gegner der Republik ins Parlament brachte. Insofern trifft die von Wirsching in seinem Eröffnungsbeitrag zu den »Weimarer Verhältnissen« gezogene und hier eingangs zu diesem Kapitel zitierte Feststellung die Parallele zwischen damals und heute besser: »Das Menetekel der Weimarer Republik besteht auch darin, dass sie vor Augen geführt hat, wie rasch und unerwartet die Freiheit verspielt werden kann.« (Anm. 1)

Neben den »harten« gibt es aber auch »weiche« Kriterien: die Politik im engeren Sinne, das Agieren der Politiker und die Bewegung der Wähler, die heute ungleich viel weniger nach sozialer Herkunft »lagermäßig« gebunden sind als damals und auch weniger als in der Bonner Republik. Die Wählerwanderungen in der Weimarer Republik vollzogen sich bis 1932 zunächst weitgehend innerhalb der politischen Lager hin zur jeweils radikaleren Variante: am Anfang von der SPD zur USPD, am Ende von der SPD zur KPD, 1930 von der DNVP zur NSDAP, allerdings schon mit Tendenzen zur Erosion der Mitte. Doch erst die drei Wahlen von 1932 (einmal Reichspräsident, zweimal Reichstag) brachten die massive Wanderung aus allen Schichten hin zur NSDAP sowie die Mobilisierung von bisherigen Nichtwählern.

Die Stabilität der Bonner Republik zeichnete sich dagegen nach der Etablierung des Dreiparteiensystems dank der Fünfprozentklausel auch durch die Parteienbindung der Wähler aus, die jeweils lange Perioden mit derselben Regierungsmehrheit garantierten. Die relative Stabilität des Wahlverhaltens, die Treue der Wähler zu »ihrer« Partei auch bei zunehmender Unzufriedenheit mit ihr, das Phänomen »Stammwählerschaft« also, zwang in beiden großen Perioden, der christlich-liberalen wie der sozial-liberalen Ära, die jeweilige Oppositionspartei dazu, sich auf die Mitte hin zu bewegen. Dies geschah in der SPD durch das Godesberger Programm, wenn sich auch dessen Resultat, die Wählbarkeit der SPD für Wähler aus der Mitte, erst viel später einstellte. Umgekehrt verlängerten die Radikalopposition von CDU/CSU gegen die Ostpolitik und die Nominierung von Strauß zum Kanzlerkandidaten 1980 die sozial-liberale Ära, die sonst zu jenem Zeitpunkt schon aufgebraucht gewesen wäre. Der Austritt der FDP aus der Koalition und der Eintritt in die Regierung Kohl durch das Misstrauensvotum war nur möglich, weil die Strategie von Strauß gescheitert war.

Heute zeigt sich nicht nur eine Erosion der Volksparteien durch Abschmelzen ihrer Stammwählerschaft sowie das Phänomen massiverer Wählerwanderungen in kürzerer Zeit als jemals geahnt, auch die Unentschlossenheit der Wähler bis kurz vor dem Wahltermin ist höher als jemals zuvor, bei der Hessenwahl 2018 noch annähernd 40 % drei Tage vorher. Das heißt aber, dass das Wahlverhalten nicht nur durch den Wechsel, sondern auch hinsichtlich der Entscheidungsfindung volatiler geworden ist. Spektakuläre Ereignisse oder deren Bekanntwerden (bzw. deren zu diesem Zweck gezielt lancierte Bekanntgabe) kurz vor der Wahl könnten eine wahlentscheidende Bedeutung bekommen. Diese Loslösung der Wähler von festen Orientierungen ist eine Parallele zur Spätphase der Weimarer Republik, aber auch ein nicht auf Deutschland beschränktes Problem, wenn man nach Frankreich oder Italien schaut.

In Italien gibt es, nebenbei bemerkt, noch weitaus mehr Reminiszenzen an eine scheinbar für immer überwundene Vergangenheit: So bediente sich der Innenminister und Chef der *Lega* am Tag des Geburtstags von Mussolini ganz gezielt einer vom *Duce* zur offiziellen Losung vereinnahmten Redewendung »Viel Feind, viel Ehr«.[25] Inzwischen lässt sich Matteo Salvini als *Capitano* titulieren und präsentiert sich selbst so auf seiner Facebookseite.[26] Schon vor der Parlamentswahl hatte Salvini Sympathien für das faschistische Regime bekundet, das nicht nur »wahnsinnige Dinge« gemacht habe (Rassengesetze), sondern auch das Sozialsystem (Renten) verbessert und die Pontinischen Sümpfe südlich von Rom trockengelegt habe – ein Klassiker der Eigenwerbung Mussolinis damals schon –, während der dann im März gewählte Präsident der Region Lombardei von der *Lega* im Wahlkampf sich auch »besorgt um die Zukunft der weißen Rasse« zeigte.[27]

Es geht aber in Deutschland nicht nur um das Phänomen einer Rechtsentwicklung, sondern um die politische Gesamtkonstellation. Der schon oft beklagte Schwund der Mitte zeigt sich nicht nur wahlarithmetisch, sondern auch inhaltlich im Defizit, eine politische Perspektive (oft »Vision« genannt) zu entwickeln, und, damit verbunden, in der zunehmenden Unfähigkeit der Parteien der Mitte, sich zu einer politischen Kraft zusammenzufinden, wo es notwendig ist. Die Große Koalition, eigentlich eine Notmaßnahme, hat 2017 nur noch 53,4 % der Stimmen zusammengebracht und ist im »Deutschlandtrend« der ARD im Oktober 2018 mit 41 % bereits weit unter die Regierungsmehrheit gerutscht (CDU/CSU: 26 %, SPD: 15 %). In der zweiten Koalitionskrise

2018 durch die »Maaßen-Affäre« drohte die SPD-Chefin Nahles indirekt, aber vernehmlich, mit einem Koalitionsbruch, der, wie sie dann später erklärte, gar keine Option war. Eine Drohung auszusprechen, die man nicht wahrmachen kann, ist jedoch die schlechtmöglichste Taktik. Die Krisen des Sommers 2018 zeigten in aller Öffentlichkeit, was Peter Siebenmorgen im *Heute-Journal* vom 24.9.2018 so treffend auf den Punkt brachte: »Wir regieren aus Schwäche weiter.« Eine Parallele zur Weimarer Republik liegt hier auch darin, dass die Anlässe für die beiden Regierungskrisen 2018 angesichts der möglichen Konsequenzen (Bruch der Koalition) politische Lappalien mit hohem Symbolwert waren.

Zwar profitieren andere Parteien der Mitte auch von der Erosion der »Volksparteien«, FDP und vor allem Grüne, doch gerade eine neuartige Koalition der Mitte in Form der Jamaika-Koalition war nach der Bundestagswahl nicht zustande gekommen: »Lieber nicht regieren als falsch regieren«, die Erklärung Christian Lindners, ist ein Motto, das ebenso gut klingt, wie es fatal ist und ebenfalls direkt aus der Weimarer Republik stammen könnte. Angesichts der besagten Krisen, die in den Monaten danach von der CSU in der großen Koalition ausgelöst wurden, muss man sich allerdings auch fragen, wie lange denn eine Jamaika-Koalition in derselben Situation gehalten hätte. Vielleicht kam die FDP der CSU ja mit ihrem Rückzieher aus den Verhandlungen nur zuvor? Offensichtlich war die FDP jedoch von vornherein gar nicht an einem positiven Ergebnis interessiert, sonst hätte sie nicht frühzeitig Wolfgang Kubicki zum Vize-Präsidenten des Bundestages wählen lassen, der in jedem Fall für einen Ministerposten prädestiniert gewesen wäre und den man sich gut als Justizminister hätte vorstellen können. Selbst wenn Jamaika nach kurzer Existenz geplatzt wäre, wie Robert Habeck am 5.7.2018 bei Maybrit Illner sagte, wäre es das Experiment wert gewesen. Die FDP zog mit ihrer neuen Lieblingsrolle Opposition einen falschen Schluss aus der Niederlage von 2013, wo sie an der 5 %-Hürde scheiterte, weil sie der Koalition 2009–2013 die Schuld dafür gab, in der sie sich angeblich nicht ausreichend profilieren konnte, doch traf wohl eher das Gegenteil zu: Sie wurde aufgrund ihres unwürdigen Polittheaters von Westerwelle über Rößler hin zu Lindner abgestraft. Opposition spielen, wenn man regieren könnte, heißt: Wir warten auf bessere Zeiten für uns, und dies kann nur bedeuten: in der Hoffnung darauf, dass es die anderen schlecht machen, und dass man dann noch nachdrücklicher gerufen würde und mehr Bedingungen durchsetzen könnte. Das ist eine Facette des Geistes von Weimar, der damals phasenweise auch die SPD erfasste.

Das Zentrum war seinerzeit die einzige Partei, ohne die es keine Koalition geben konnte, obwohl sie überhaupt keine Volkspartei war, sondern so sehr katholisch gebunden, dass sie in den protestantischen Landesteilen Preußens überhaupt nicht existierte, auch ein Problem für die politische Kohärenz des Landes. Die SPD war stets die stärkste Partei und hat diese Rolle viel zu wenig ausgespielt, hat sich in der Opposition sogar gegen den eigenen Reichspräsidenten Ebert gestellt. Die Konkurrenz von links, die ihr stimmenmäßig vor allem in der Wahl 1920 seitens der USPD zu schaffen machte, aber später dann dauerhaft in der Konfrontation mit der KPD, hat sie ihrem Verständnis nach sozialistisch bleiben lassen, aber pragmatisch in der politischen Verantwortung der Koalition mit den Bürgerlichen immer wieder zu Kompromissen gezwungen, die diesem Selbstverständnis widersprachen. Anspruch und Realität fanden nicht richtig zusammen, obwohl mit der Zentrumspartei bis zur Wirtschaftskrise eine ganze Palette von sozialpolitischen Maßnahmen möglich gewesen wären. Zum Teil hat sie das Zentrum in eigener Regie durchgesetzt, wie die Arbeitslosenversicherung, denn das Zentrum war damals auch stark durch seinen »linken« Gewerkschaftsflügel der katholischen Arbeitnehmerschaft geprägt. Die Diskrepanz zwischen programmatischer Ausrichtung und pragmatischer Regierungspolitik war damals das Dilemma der SPD, beides hätte sie stärker zusammenbringen müssen. Ob das die Entwicklung grundlegend beeinflusst hätte, ist immer eine spekulative Frage. Aber jedes Lernen aus einer Geschichte, die sich nicht wiederholen soll, fragt zwangsläufig nach den Fehlern damals und möglichen Alternativen.

Der größte Unterschied zwischen heute und damals in der politischen Konstellation ist die Existenz der Grünen und ihr erstaunlicher Aufschwung in der Wählergunst seit der Bundestagswahl 2017. Verschiedene Faktoren sind wohl dafür verantwortlich: Während die Grünen unter ihrer neuen Führung Habeck/Baerbock weg von der reinen Öko-Partei hin zu einer neuen »Volkspartei« kommen wollen – und das heißt heute: auf Augenhöhe mit den deklassierten Volksparteien –, treten gerade Umweltthemen wieder stärker in den Vordergrund, vom Klimawandel über die Energiewende und den Dieselskandal bis hin zum Plastikmüll. Obwohl die Grünen von der AfD zu den »Altparteien« gezählt werden, zehren sie noch und vor dem genannten Hintergrund verstärkt von ihrem Anspruch auf Veränderung der bestehenden Verhältnisse, und zwar in einem der AfD genau entgegengesetzten Sinne. Die bisherigen Regierungsbeteiligungen haben diesen Anspruch noch nicht verschlissen, obwohl es in Baden-Württemberg schon erste Anzeichen dafür gibt, dafür hat aber die Koalition mit der CDU in Hessen die Grünen auch in besonderem Maße wählbar für die politische Mitte gemacht. Das viel zitierte Experimentierland Hessen hat immerhin sogar den traditionell als am rechtesten verorteten Landesverband der CDU mit einem eher linken Landesverband der Grünen zusammengebracht. Dies wurde auch durch Ministerpräsident Volker Bouffier möglich, unter seinem Vorgänger Roland Koch wäre die schwarz-grüne Koalition nie zustande gekommen.

Der jüngste Aufschwung der Grünen ist offenbar ein komplementärer Gegeneffekt zum Aufstieg der AfD und ebenfalls Ausdruck der tiefen Verwerfung der politischen Landschaft. Die AfD hat die Grünen zu ihrem größten Hassgegner erkoren, nach dem grünen Erfolg in Bayern hagelte es Hassseiten im Web, weil die Grünen im Kampf um die politisch-kulturelle Hegemonie die exakten Antagonisten sind und der AfD in der ganzen Bandbreite Paroli bieten können. Sie sind noch die Erben, wenn auch in stark abgeschwächtem Maße, der *alten* Kulturrevolution der 68er und verkörpern gleichzeitig die *neue* der Ökologie, beides Hassobjekte der AfD, und sie konkurrieren mit der AfD in vielem auch inhaltlich auf demselben Terrain: Sie können den Heimatbegriff auf ihre Weise besetzen, sie sind in der Globalisierungsfrage vernünftig kritisch, weder neoliberal dafür noch nationalistisch dagegen, sondern für globale Lösungen für globale Herausforderungen (Klimawandel), aber gerade deswegen auch gegen die Herrschaft der multinationalen Konzerne und gegen einen Freihandel ohne Regeln. Sie sind gegen eine Blankovollmacht für Out-of-Area-Einsätze der Bundeswehr, aber sie lehnen eine diesbezügliche weltpolitische Mitverantwortung auch nicht ab. In all dem unterscheiden sie sich nicht nur von der AfD, sondern auch von der *Linken*, und somit zeichnen sich hierin vielleicht auch die Konturen einer neuen Mitte ab.

Literatur

Berücksichtigt sind Monographien und Zeitschriftenbeiträge; Artikel in der Tagespresse sowie entsprechende Online-Publikationen sind nur in den Anmerkungen aufgeführt.

Veröffentlichungen bis 1990

[N.N., vermutlich Hans Werner Richter]: »Die Hypnose weicht…«, in: *Der Ruf – Blätter der unabhängigen Generation*, 2.Jg., N°10, 15.5.1947, S. 1.

[N.N.]: *Geschichte in Übersicht. Wissensspeicher für den Unterricht*, Berlin (Volkseigener Verlag Volk und Wissen), 1984.

[N.N.]: »Ein Jahr Regierung Hitler«, in: *Jüdische Rundschau*, Nr. 9, 30.1.1934, S. 1.

Adorno, Theodor W.: *Minima Moralia. Reflexionen aus dem beschädigten Leben*. Frankfurt am Main (Suhrkamp), 1951.

Allemann, Fritz René: *Bonn ist nicht Weimar*, Köln/Berlin (Kiepenheuer & Witsch), 1956.

Archiv der Gegenwart, 1.12.1966, Buchausgabe Bd. 5, Sankt Augustin (Siegler), 2000.

Bandholz, Emil: *Zwischen Godesberg und Großindustrie oder Wo steht die SPD?* Reinbek b. Hamburg (rororo aktuell), 1971.

Beyerhaus, Gisbert: »Notwendigkeit und Freiheit in der deutschen Katastrophe«, in: *Historische Zeitschrift*, Bd. 169, H. 1, 1949, S. 74.

Bloch, Ernst: »Universität, Marxismus, Philosophie«, in: *Ost und West*, 3. Jg., H. 11, November 1949, S. 65-80.. (Antrittsvorlesung an der Universität Leipzig, 24.5.1949.)

Böer, Ludwig: »Der Wert Ostelbiens«, in: *Die neue Ordnung*, 1946/47, S. 454-465.

Böckenförde, Ernst-Wolfgang: »Der Zusammenbruch der Monarchie und die Entstehung der Weimarer Republik«, in: Bracher et al., S. 17-43.

Böckenförde, Ernst-Wolfgang: »Weimar, vom Scheitern einer zu früh gekommenen Demokratie. Bemerkungen zu Karl Dietrich Erdmann, Hagen Schulze (Hrsg.): *Weimar, Selbstpreisgabe einer Demokratie*«, in: *Die öffentliche Verwaltung – Zeitschrift für öffentliches Recht und Verwaltungswissenschaft*, Bd. 34, 1981, Nr. 24, S. 946-949.

Boehl, Hans-Jörg: »Das neue Wahlrecht – personalisierte Verhältniswahl reloaded«, in: Oppelland, S. 21-64.

Bonwetsch, Gerhard: »Der Verband der Geschichtslehrer Deutschlands«, in: *Geschichte in Wissenschaft und Unterricht*, 1. Jg., H. 1, S. 3.

Borsdorf, Ulrich/Niethammer, Lutz (Hrsg.): *Zwischen Befreiung und Besatzung. Analysen des US-Geheimdienstes über Positionen und Strukturen deutscher Politik 1945*. Wuppertal (Hammer), 1976, Weinheim (Beltz Athenäum), 1995.

Bracher, Karl Dietrich/Funke, Manfred/Jacobsen, Hans-Adolf (Hrsg.): *Die Weimarer Republik 1918–1933. Politik – Wirtschaft – Gesellschaft*. Bonn (BpB), 1987, ²1988.

Bracher, Karl Dietrich: *Die Auflösung der Weimarer Republik. Eine Studie zum Problem des Machtverfalls in der Demokratie*. Stuttgart/Düsseldorf (Ring), 1955.

Broszat, Martin: *Der Staat Hitlers*. München (dtv), 1969, ¹²1989.

Broszat, Martin: *Die Machtergreifung. Der Aufstieg der NSDAP und die Zerstörung der Weimarer Republik*. München (dtv), 1984.

Carlebach, Emil: *Hitler war kein Betriebsunfall*. Frankfurt am Main (Röderberg), 1983.

Cobet, Christoph: *Deutschlands Erneuerung. Bio-bibliographische Dokumentation mit 433 Texten*. Frankfurt am Main, 1985.

Cohn, Willy: *Kein Recht, nirgends. Tagebuch vom Untergang des Breslauer Judentums 1933-1941*. Bd. 1, Köln (Böhlau), 2006.

Deleuze, Gilles/Guattari, Félix: *Rhizom*. Berlin (Merve), 1977.

Deppe, Frank/Fülberth, Georg: »Thesen zum Parlamentarismus«, in: Sozialistisches Büro, *Thesen* ..., S. 89-97.

Donat, Helmut/Wieland, Lothar (Hrsg.): *Das Andere Deutschland. Unabhängige Zeitung für entschiedene republikanische Politik. Eine Auswahl (1925-1933)*, Königstein/Ts. (Verlag AutorenEdition), 1980.

Duve, Freimut: »Wie links ›können‹ Jusos sein? Jungsozialisten zwischen Theorie und Praxis«, in: Mauersberger, S. 14-24.

Eberan, Barbro: *Luther? Friedrich ›der Große‹? Wagner? Nietzsche? ...? ...? Wer war an Hitler schuld? Die Debatte um die Schuldfrage 1945-1949*. München (Minerva), ²1985 (Diss. Univ. Stockholm).

Erdmann, Karl Dietrich/Schulze, Hagen (Hrsg.): *Weimar. Selbstpreisgabe einer Demokratie. Eine Bilanz heute*. Düsseldorf (Droste), 1980.

Flechtheim, Ossip K.: *Die KPD in der Weimarer Republik*. Frankfurt am Main (EVA), 1969.

Goebbels, Joseph: *Vom Kaiserhof zur Reichskanzlei. Eine historische Darstellung in Tagebuchblättern*. München (Zentralverlag der N.S.D.A.P.), ⁴1934.

Habermas, Jürgen (Hrsg.): *Stichworte zur ›Geistigen Situation der Zeit‹*, 1. Band: *Nation und Republik*. Frankfurt am Main (Suhrkamp), 1979.

Haffner, Sebastian: *Anmerkungen zu Hitler*. München (Kindler), 1978.

Haffner, Sebastian: *Von Bismarck zu Hitler. Ein Rückblick*. München (Droemer/Knaur), ²1989.

Haug, Wolfgang Fritz: *Vom hilflosen Antifaschismus zur Gnade der späten Geburt*. Berlin (Argument), 1987.

Hilferding, Rudolf: »Der Austritt aus der Regierung«, in: *Die Gesellschaft* 1930/I, H. 5, S. 385-392.

Hofer, Walther: *Der Nationalsozialismus. Dokumente 1933-1945*. Frankfurt am Main (Fischer TB), 1957, überarb. Neuausg. 1982

Holländer, Ludwig: »Die neue Regierung«, in: *C.V.-Zeitung*, Nr. 5, 2.2.1933, S. 1.

Jung, Edgar Julius: *Die Herrschaft der Minderwertigen. Ihr Zerfall und ihre Ablösung durch eine neues Reich*. Berlin (Deutsche Rundschau), 1930

Klemperer, Victor: *Ich will Zeugnis ablegen bis zum letzten. Tagebücher, Bd. 1: 1933-1941*, Darmstadt (WBG), 1997.

Klemperer, Victor: *Leben sammeln, nicht fragen, wozu und warum. Tagebücher 1925-1932*, Berlin (Aufbau), 1996.

Kuhn, Thomas S.: *Die Struktur wissenschaftlicher Revolutionen*, Frankfurt am Main (Suhrkamp) 1967. [*The Structure of Scientific Revolutions*, University of Chicago Press, 1962].

Kühnl, Reinhard: *Formen bürgerlicher Herrschaft – Liberalismus, Faschismus*. Reinbeck b. Hamburg (Rowohlt TB), 1971.

Leggewie, Claus: »Kulturelle Hegemonie — Gramsci und die Folgen«, in: *Leviathan* 15, Nr. 2/ 1987, S. 285-304.

[Lerner, David]: »Notizen von einer Reise durch das besetzte Deutschland (Anfang April 1945)«, in: Borsdorf /Niethammer, S. 27-40

Manfrass, Klaus/Rioux, Jean-Pierre (Hrsg.): *France-Allemagne 1944–1947, Actes du colloque d'historiens allemands et français de Baden-Baden (2-5 décembre 1986)*, Cahier de l'IHTP (CNRS) N°13/14, décembre 1989/janvier 1990.

Mann, Thomas: »Deutsche Ansprache. Ein Appel an die Vernunft (1930)«, nach: Ders., *Gesammelte Werke in Dreizehn Bänden*, Bd. XI, Frankfurt (FTB), 1990, S. 870-877.

Marcuse, Herbert: »Repressive Toleranz«, in: Robert Paul Wolff/Barrington Moore/Hebert Marcuse: *Kritik der reinen Toleranz*. Frankfurt/M. (Suhrkamp), 1966, S. 91-128.

Marcuse, Herbert: *Der eindimensionale Mensch. Studien zur Ideologie der fortgeschrittenen Industriegesellschaft*. Darmstadt und Neuwied (Luchterhand), 1967.

Marcuse, Herbert: *Konterrevolution und Revolte*. Frankfurt am Main (Suhrkamp), 1973.

May, Georg: *Ludwig Kaas. Der Priester, der Politiker und der Gelehrte aus der Schule von Ulrich Stutz*. Bd. 3, Amsterdam (Grüner), 1982.

Meinecke, Friedrich: *Die deutsche Katastrophe. Betrachtungen und Erinnerungen*. Wiesbaden (Brockhaus), 1946.

Merrit, Anna J./Merrit, Richard L.: *Public Opinion in Occupied Germany – The OMGUS Surveys, 1945–1949*. Urbana/Chicago/London (University of Illinois Press), 1970

Michaelis, Herbert/Schraepler, Ernst (Hrsg.): *Ursachen und Folgen, Vom deutschen Zusammenbruch 1918 und 1945 bis zur staatlichen Neuordnung Deutschlands in der Gegenwart. Eine Urkunden- und Dokumentensammlung zur Zeitgeschichte*, Bd. 7: *Die Weimarer Republik vom Kellog-Pakt zur Weltwirtschaftskrise 1928-1930*, München (Bayr. Schulbuchverlag), o.J.

Mohler, Armin (Hrsg.): *Notizen aus dem Interregnum*. Schnellroda (Antaios), 2013.

Mohler, Armin: *Der Nasenring. Im Dickicht der Vergangenheitsbewältigung.* Essen (Heitz & Höffkes),1989, ergänzte Neuauflage unter dem Titel: *Der Nasenring. Die Vergangenheitsbewältigung vor und nach dem Fall der Mauer.* München (Langen Müller), 1991.

Mohler, Armin: *Die Konservative Revolution in Deutschland 1918-1932. Ein Handbuch.* Darmstadt (WBG), 3., um einen Ergänzungsband erweiterte Auflage 1989, S. 3, S. XXVIII, S. 4.

Möller, Horst: *Die Weimarer Republik. Eine unvollendete Demokratie.* München (dtv), 1985, ^{7}2004.

Narr, Wolf-Dieter/Scheer, Hermann/Spöri, Dieter: *SPD- Staatspartei oder Reformpartei?* München (Piper), 1976.

Nimitz, Walter (Leiter des Autorenkollektivs): *Geschichte Lehrbuch für Klasse 9*, Berlin (VEB Volk und Wissen), 1980.

Nohlen, Dieter: *Wahlrecht und Parteiensystem.* Wiesbaden (Springer), 1986.

Nietzsche, Friedrich: *Jenseits von Gut und Böse. Vorspiel einer Philosophie der Zukunft.* Leipzig (Naumann), 1886.

Paeschke, Hans: »Verantwortlichkeit des Geistes?« in: *Merkur*, 1. Jg. H. 1, Januar 1947, S. 100-110.

Pechel, Rudolf: »Das Wesen der deutschen Widerstandsbewegung«, in: *Deutsche Rundschau* N° 5-6/1947, S. 108-118. – Auszug aus dem Buch von Pechel: *Deutscher Widerstand.* Zürich-Erlenbach (Rentsch), 1947.

Petzina, Dieter: »Materialien zum sozialen und wirtschaftlichen Wandel in Deutschland seit dem Ende des 19. Jahrhunderts« in: *Vierteljahrshefte für Zeitgeschichte*, 3/1969, S. 308-338

Peukert, Detlev: *Die Weimarer Republik. Krisenjahre der Klassischen Moderne.* Frankfurt am Main (Suhrkamp), 1987.

Pollock, Friedrich (Bearb.): *Das Gruppenexperiment. Ein Studienbericht.* Frankfurt am Main (EVA), 1955.

Ritter, Gerhard/Miller, Susanne (Hrsg.): *Die deutsche Revolution 1918-1919.* Hamburg (Hoffmann und Campe), 1975.

Röpke, Wilhelm: *Die deutsche Frage.* Zürich (Rentsch), ^{3}1948.

Rosenberg, Arthur: *Geschichte der Weimarer Republik.* Frankfurt am Main (EVA), 1961.

Scheer, Maximilian: »Weimar und Auschwitz«, in: *Ost und West. Beiträge zu kulturellen und politischen Fragen der Zeit*, H. 1, Januar 1949, Nachdruck Königstein/Ts. (Athenäum), 1979, S. 15-21.

Schmitt, Carl: *Die geistesgeschichtliche Lage des heutigen Parlamentarismus.* Berlin (Duncker & Humblot), 1923.

Schumacher, Kurt: *Aufgaben und Ziele der deutschen Sozialdemokratie.* Karlsruhe (Volk und Zeit) 1946.

Schumacher, Kurt: *Reden – Schriften -Korrespondenzen 1945–1952*, hrsg. von Willy Albrecht, Bonn (Dietz Nachf.) 1985, S. 102.

Schwabe, Klaus: »Der Weg der Republik vom Kapp-Putsch 1920 bis zum Scheitern des Kabinetts Müller 1930«, in: Bracher et. al., S. 95-133.

Schwarz, Hans-Peter: »Adenauer und Europa«, in: *Vierteljahreshefte für Zeitgeschichte*, 4/1979, S. 471-523.

Seiffert, Hans: »Republik ohne Republikaner«, in: *Simplicissimus* 39, 1932/33, Nr. 49, 5.3.1933, S. 583.

Siemer, Laurentius: »Das deutsche Volk und der Militarismus«, in: *Die neue Ordnung* – Zeitschrift für Religion, Kultur, Gesellschaft. Herausgeber: Albertus-Magnus-Akademie der Dominikaner, Walberberg b. Köln, 1. Jg. 1946/47, S. 158-160.

Söllner, Alfons (Hrsg.): *Zur Archäologie der Demokratie in Deutschland,* Band 2: *Analysen von politischen Emigranten im amerikanischen Außenministerium 1946-1949.* Frankfurt am Main (Fischer), 1986.

Sontheimer, Kurt: *Antidemokratisches Denken in der Weimarer Republik. Die politischen Ideen des deutschen Nationalismus zwischen 1918 und 1933.* München 1962, 2. Ausg. München (dtv), 1978 u.sp.

Sozialistisches Büro (Hrsg.): *Für eine neue sozialistische Linke. Analysen, Strategien, Modelle.* Frankfurt am Main (Fischer TB), 1973.

Steinert, Marlis G.: »Zwischen gestern und morgen. Volksmeinung und öffentliche Meinung in der französischen Besatzungszone, 1945–47, im Spiegel französischer Quellen«, in: Manfrass/Rioux, S. 47-80.

Ströbel, Heinrich: »Die Einheitsfront der Kommunisten und Nazis«, in: *Das Andere Deutschland*, 13.9.1930, abgedruckt in: Donat/Wieland, S. 218-220

Thränhardt, Dietrich: *Geschichte der Bundesrepublik Deutschland.* Frankfurt am Main (Suhrkamp), 1986.

Torgau, Dieter: Tempelbau zu Bonn. Zur Verklärung der westdeutschen Geschichte. Frankfurt am Main (dipa), 1988.

Vogt, Martin: »Parteien in der Weimarer Republik«, in: Bracher et al., S. 134-157.

Wellmer, Albrecht: »Terrorismus und Gesellschaftskritik«, in: Habermas, S. 265-293.

Winkler, Heinrich August: *Der Schein der Normalität. Arbeiter und Arbeiterbewegung in der Weimarer Republik 1924–1930.* Berlin/Bonn (Dietz), 1985.

Winkler, Heinrich August: *Der Weg in die Katastrophe. Arbeiter und Arbeiterbewegung in der Weimarer Republik 1930–1933.* Bonn (Dietz), 1990.

Zweig, Stefan: *Die Welt von Gestern. Erinnerungen eines Europäers* [1944]. Frankfurt am Main (Fischer TB), 1970.

Veröffentlichungen nach 1990

Aly, Götz: *Unser Kampf. 1968 – ein irritierter Blick zurück.* Frankfurt am Main (Fischer TB), ^{2}2009.

Amann, Melanie: *Angst für Deutschland. Die Wahrheit über die AfD: wo sie herkommt, wer sie führt, wohin sie steuert.* München (Droemer), 2017, aktualisierte und erweiterte eBook-Ausgabe 2018.

Augustin, Anna-Lena et al.: *Fritz Bockius – Zentrumsabgeordneter und NS-Opfer.* Bensheim (Geschichtswerkstatt Geschwister Scholl), 2010.

Assmann, Aleida: *Das neue Unbehagen in der Erinnerungskultur. Eine Intervention*. München (Beck), 2015,

Bähr, Johannes: »Die Berliner Finanzkrise 1929-1931/32. Eine Fallstudie zu den Spielräumen der kommunalen Demokratie und der preußischen Politik in der Krise der Weimarer Republik«, in: von Kieseritzky/Sick, S. 228-253.

Baring, Arnulf (in Zusammenarbeit mit Dominik Geppert): *Scheitert Deutschland? Der schwierige Abschied von unseren Wunschwelten*, Stuttgart (DVA), 1997.

Baring, Arnulf: *Es lebe die Republik, es lebe Deutschland!* München (DVA), 1999.

Barkai, Avraham:» *Wehr dich!« Der Centralverein deutscher Staatsbürger jüdischen Glaubens (C.V.) 1893–1938*, München (Beck), 2002.

Barth, Steffen et al.: *Geschichte und Geschehen*, Qualifikationsphase Oberstufe Hessen, Stuttgart (Klett), 2017.

Baumgärtner, Ulrich/Fieberg, Klaus/Peters, Jelko/Scherberich, Klaus/Schweppenstette, Frank (Hrsg.): *Horizonte Geschichte*, Qualifikationsphase Hessen, Braunschweig (Westermann), 2017.

Becker, Manuel: *Geschichtspolitik in der »Berliner Republik«. Konzeptionen und Kontroversen*, Wiesbaden (Springer), 2013 (zugleich Diss. Universität Bonn 2013).

Bednarz, Liane/Giesa, Christoph: *Gefährliche Bürger. Die Neue Rechte greift nach der Mitte*. München (Hanser), 2015.

Bender, Justus: *Was will die AfD? Eine Partei verändert Deutschland*. München (Pantheon), 2017.

Bender-Fangerau, Daniela et al.: *Forum Geschichte* 4, Ausg. Hessen, Berlin (Cornelsen), 2004.

Bensmann, Marcus u.a.: *Schwarzbuch AfD. Fakten, Figuren, Hintergründe*. Essen (Correctiv), 2017.

Bente, Markus et al.: *Kursbuch Geschichte*, Berlin (Cornelsen), 2017.

Benz, Wolfgang: *Geschichte des Dritten Reiches*. München (Beck), 2003.

Berg, Nicolas: *Der Holocaust und die westdeutschen Historiker. Erforschung und Erinnerung*. Göttingen (Wallstein), ^{3}2004.

Bernlocher, Ludwig et al.: *Geschichte und Geschehen II*, Oberstufe, Ausg. A/B, Leipzig (Klett), 2003.

Beyme, Klaus von: *Das politische System der Bundesrepublik Deutschland. Eine Einführung*, München (Piper), 11., vollständig überarbeitete Auflage 2010.

Blanke, Hermann-Josef/Schwanegel, Wito (Hrsg.): *Zustand und Perspektiven des deutschen Bundesstaates*, Tübingen (Mohr Siebeck), 2005.

Blanke, Hermann-Josef: »Die Finanzverfassung als Spiegelbild föderaler Kompetenzverteilung«, in: Blanke/Schwanegel, S. 127-162.

Blasius, Dirk: *Weimars Ende. Bürgerkrieg und Politik 1930-1933*. Göttingen (V&R), 2005.

Boldt, Hans: »Die Verfassung der Westzone. Die ›konstitutionelle‹ Frage 1948/49«, in: Elvert/Krüger, S. 56-65.

Bracher, Karl Dietrich: *Die deutsche Diktatur. Entstehung, Struktur, Folgen des Nationalsozialismus*. Köln (KiWi), 1993, ^{7}2007

Breuer, Stefan: *Carl Schmitt im Kontext. Intellektuellenpolitik in der Weimarer Republik*. Berlin (Akademie-Verl.), 2012.

Brückner, Dieter/Focke, Harald (Hrsg.): *Das waren Zeiten*, Bd. 4, Ausgabe C, Bamberg (Buchner), 2005.

Brumlik, Micha: »Abschied vom Gerechtigkeitsdiskurs? Die Rolle der Intellektuellen in der ›Berliner Republik‹«, in: *Kommune* 12/1998, S. 14.

Bude, Heinz: »Was ist die Generation Berlin?«, in: *Berliner Republik* 1, 1999, http://www.b-republik.de/archiv/was-ist-die-generation-berlin.

Butterwegge, Christoph/Hentges, Gudrun/Wiegel, Gerd: *Rechtspopulisten im Parlament. Polemik, Agitation und Propaganda der AfD*. Frankfurt am Main (Westend), 2018.

Conrad, Anne/Michalik, Kerstin (Hrsg.): *Quellen zur Geschichte der Frauen*, Bd. 3: *Neuzeit*, Stuttgart (Reclam), 1999, S. 166.

Cornelißen, Christoph: »Geschichtspolitik und historische Identitätsbildung in den deutschen Bundesländern nach 1945«, in: *Geschichte für heute – Zeitschrift für historisch-politische Bildung*, 2/2017, S. 32-49.

Daniel, Ute: »Politische Sprache und Medien«, in: Wirsching et al., S. 51-64.

Delhaes, Daniel: *Politik und Medien. Zur Interaktionsdynamik zweier sozialer Systeme*. Wiesbaden (Westdeutscher Verlag), 2002

Diehl, Katrin: *Die jüdische Presse im Dritten Reich*, Tübingen (Niemeyer), 1997.

Dreher, Klaus: *Treibhaus Bonn. Schaubühne Berlin. Deutsche Befindlichkeiten*. Stuttgart (DVA), 1999.

Dreyer, Michael/Braune, Andreas (Hrsg): *Weimar als Herausforderung. Die Weimarer Republik und die Demokratie im 21. Jahrhundert*. Stuttgart (Steiner), 2016.

Dreyer, Michael/Braune, Andreas: »Weimar als Herausforderung. Zum Umgang mit einer schwierigen Republik«, in: Dreyer/Braune, XII-XVI.

Dreyer, Michael; »Weimar und die Bundesrepublik Deutschland«, in: Dreyer/Braune, S. 295-307.

Elvert, Jürgen/Krüger, (Hrsg.): *Deutschland 1949-1989. Von der Zweistaatlichkeit zur Einheit*, Historische Mitteilungen der Ranke-Gesellschaft Beihefte 49, Wiesbaden (Steiner), 2003.

Enzensberger, Hans Magnus: *Aussichten auf den Bürgerkrieg*. Frankfurt am Main (Suhrkamp), 1993.

Enzmann, Birgit (Hrsg.): *Handbuch Politische Gewalt. Formen – Ursachen – Legitimation – Begrenzung*. Wiesbaden (Springer) 2013, S. 152.

Falter, Jürgen: »Volkspartei des Protests« in: Wirsching et al., S. 65-78.

Faye, Jean-Pierre: *Heidegger. Die Einführung des Nationalsozialismus in die Philosophie*. Im Umkreis der unveröffentlichten Seminare zwischen 1933 und 1935. Berlin (Matthes & Seitz), 2009

Fischer, Fritz: *Hitler war kein Betriebsunfall*. Aufsätze, München (Beck), 1992.

Föllner, Moritz/Graf, Rüdiger (Hrsg.): *Die »Krise« der Weimarer Republik. Zur Kritik eines Deutungsmusters*. Frankfurt am Main (Campus), 2005.

Frei, Norbert: *Vergangenheitspolitik. Die Anfänge der Bundesrepublik und die NS-Vergangenheit.* München (Beck), 1996.

Freudenberg, André: *Der öffentliche Konflikt um die Ausstellung »Vernichtungskrieg. Verbrechen der Wehrmacht 1941-44.« Analyse einer zeitgeschichtlichen Kontroverse.* Hamburg (Diplomica), 2000.

Gassert, Philipp/Hennecke, Hans Jörg (Hrsg.): *Koalitionen in der Bundesrepublik. Bildung, Management und Krisen von Adenauer bis Merkel*, Paderborn (Schönigh), 2017.

Gassert, Philipp: »Bildung und Management von Koalitionen. Die Bundesrepublik Deutschland in historischer Perspektive«, in: Gassert/Hennecke, S. 11-28.

Geiger, Wolfgang: »Zum Scheitern verurteilt? Das Bild von der Weimarer Republik (nicht nur) in Schulbüchern und die Konsequenzen für den Geschichtsunterricht«, erscheint in: *Geschichte in Wissenschaft und Unterricht*, voraussichtlich H. 1-2/2019.

Geiger, Wolfgang: *Die Ermüdung der Demokratie. Deutschland, Frankreich und Europa in der Krise.* Frankfurt am Main (Humanities Online), 2017.

Geiger, Wolfgang: »Zwischen Schuld und Scham, Urteil und Vorurteil. Kollektive Erinnerung (nicht nur) in der pädagogischen Realität«, Vortrag auf der Studientagung »Der Stachel der Erinnerung« des Deutschen Koordinierungsrates der Gesellschaften für Christlich-Jüdische Zusammenarbeit am 15.6.2012 in Bonn, abgedruckt in: *Sachor (Gedenke) – Der Zukunft ein Gedächtnis*, Themenheft 2013, Gesellschaften für Christlich-Jüdische Zusammenarbeit, S. 39-45.

Geiger, Wolfgang: *Zwischen Urteil und Vorurteil. Jüdische und deutsche Geschichte in der kollektiven Erinnerung.* Frankfurt am Main (Humanities Online), 2012.

Gessenharter, Wolfgang/Pfeiffer, Thomas (Hrsg.): *Die Neue Rechte – eine Gefahr für die Demokratie?* Wiesbaden (VS), 2004.

Giersch, Carsten: »Strategie und Psychologie: Koalitionsverhandlungen aus spieltheoretischer Sicht«, in: Gassert/Hennecke, S. 29-51.

Grevelhörster, Ludger: *Kleine Geschichte der Weimarer Republik 1918-1933. Ein problemgeschichtlicher Überblick.* Münster (Aschendorff), 2000, ^{7}2010, S. 181.

Gross, Johannes: *Begründung der Berliner Republik. Deutschland am Ende des 20. Jahrhunderts.* Stuttgart (DVA), 1995.

Gross, Raphael: *Anständig geblieben. Nationalsozialistische Moral.* Frankfurt am Main (S. Fischer), 2010.

Gruchmann, Lothar: *Justiz im Dritten Reich 1933–1940. Anpassung und Unterwerfung in der Ära Gürtner.* München (Oldenbourg), ^{3}2001.

Gysi, Gregor: *Ein Blick zurück, ein Schritt nach vorn.* Hamburg (Hoffman & Campe), 2001.

Habermas, Jürgen: *Die Normalität einer Berliner Republik.* Frankfurt am Main (Suhrkamp), 1995.

Helms, Ludger: »50 Jahre Bundesrepublik Deutschland – Kontinuität und Wandel des politischen Institutionensystems«, in: *Zeitschrift für Politik*, 46. Jg., Nr. 2/1999, S. 145-172.

Hennecke, Hans Jörg: »Koalitionsmangement der Regierung Schröder 1998-2005«, in: Gassert/Hennecke, S. 144-172.

Heun, Werner: *Die Verfassungsordnung der Bundesrepublik Deutschland*, Tübingen (Mohr/Siebeck), 2012.

Hinz, Thorsten: *Zurüstung zum Bürgerkrieg*. Schnellroda (Antaios), 2008.

Hofmeister, Wilhelm: »Die deutschen Christdemokraten und Chile«, in: *KAS-Auslandsinformationen*, Bd. 20, H. 7, 2004, S. 1-49.

Isensee, Josef: »Widerstandsrecht im Grundgesetz«, in: Enzmann, S. 143-162.

Isensee, Josef: *Das legalisierte Widerstandsrecht*. Bad Homburg/Berin/Zürich (Gehlen), 1969.

Jäckel, Eberhard: *Das deutsche Jahrhundert. Eine historische Bilanz*. Frankfurt am Main (Fischer TB), ^{2}2000.

Jesse, Eckart: »Mauerbau 1961 und Mauerfall 1989. Die innen- und außenpolitische Bedeutung«, in: Timmermanns, S. 45-56.

Kailitz, Susanne: *Von den Worten zu den Waffen? Frankfurter Schule, Studentenbewegung, RAF und die Gewaltfrage*. Wiesbaden (VS), 2007.

Keßler, Mario: *Arthur Rosenberg. Ein Historiker im Zeitalter der Katastrophen (1889-1943)*. Köln (Böhlau), 2003.

Keßler, Patrick: *Die »Neue Rechte« in der Grauzone zwischen Rechtsextremismus und Konservatismus? Protagonisten, Programmatik und Positionierungsbewegungen*. Berlin (LIT), 2018.

Korte, Karl-Rudolf/Weidenfeld. Werner (Hrsg.): *Deutschland-Trendbuch. Fakten und Orientierungen*. Opladen (Leske & Budrich), 2001

Korte, Karl-Rudolf: »Was kennzeichnet modernes Regieren? Regierungshandeln von Staats- und Regierungschefs im Vergleich«, in: *Aus Politik und Zeitgeschichte* B 5/2001, S. 3-13

Liepach, Martin/Geiger, Wolfgang: *Fragen an die jüdische Geschichte. Darstellungen und didaktische Herausforderungen*. Schwalbach/Ts.(Wochenschau), 2014.

Marx, Stefan: »Bildung und Management der Großen Koalition unter Kurt Georg Kiesinger1966-1969«, in: Gassert/Hennecke, S. 113-160.

Matthias, Erich (Hrsg.): »Die Sitzung der Reichstagsfraktion des Zentrums vom 23.3.1933, Protokollentwurf des Abgeordneten Jean Albert Schwarz«, in: *Vierteljahreshefte für Zeitgeschichte*, 3/1956, S. 306.

Mauersberger, Volker (Hrsg.): *Wie links dürfen Jusos sein? Vom Bürgerschreck zur Bürgerinitiative*. Reinbek b. Hamburg (Rowohlt), 1974.

Morsey, Rudolf: *Das »Ermächtigungsgesetz« vom 24. März 1933. Quellen zur Geschichte und Interpretation des »Gesetzes zur Behebung der Not von Volk und Reich«*, Düsseldorf (Droste), ^{2}2000.

Neebe, Reinhard: *Die Republik von Weimar 1918-1933. Demokratie ohne Demokraten?* Tempora – Quellen zur Geschichte und Politik, Stuttgart u.a.O. (Klett), 1995.

Nienaber, Ralf: *Geplanter Untergang. Wie Angela Merkel und ihre Macher Deutschland zerstören.* Grevenbroich (Lichtschlag), 2016.

Nohlen, Dieter: *Wahlrecht und Parteiensystem.* Wiesbaden (Springer), 1986.

Oppelland, Torsten (Hrsg.): *Das deutsche Wahlrecht im Spannungsfeld von demokratischer Legitimität und politischer Funktionalität.* Berlin (Berliner Wissenschafts-Verlag), 2016.

Pfaul-Traghber, Armin: »Die ›Umwertung aller Werte‹ als Bestandteil einer Strategie der ›Kulturrevolution‹. Die Begriffsumdeutung von ›Demokratie‹ durch rechtsextremistische Intellektuelle«, in: Gessenharter/Pfeiffer, S. 73-94.

Pörksen, Bernhard: *Die Konstruktion von Feindbildern. Zum Sprachgebrauch in neonazistischen Medien.* Wiesbaden (VS), ^{2}2005.

Prinz, Sebastian: *Die programmatische Entwicklung der PDS. Kontinuität und Wandel der Politik einer sozialistischen Partei.* Wiesbaden (Springer), 2010 (zgl. Diss. TU Chemnitz, 2008).

Rabehl, Bernd: *Raumrevolution. Das Kapital und die Flüchtlingskrise.* Schnellroda (Antaios), 2018.

Raithel, Thomas: »Funktionsstörungen des Weimarer Parlamentarismus«, in: Föllner/Graf, S. 243-266.

Reichel, Peter: *Vergangenheitsbewältigung in Deutschland. Die Auseinandersetzung mit der NS-Diktatur von 1945 bis heute.* München (Beck), 2001.

Richter, Frank: *Hört endlich zu! Weil Demokratie Auseinandersetzung bedeutet.* Berlin (Ullstein), 2018.

Rigoll, Dominik: *Staatsschutz in Westdeutschland. Von der Entnazifizierung zur Extremistenabwehr.* Göttingen (Wallstein), 2013.

Rudzio, Wolfgang: *Das politische System der Bundesrepublik Deutschland*, 8., aktualisierte Aufl. 2011.

Rupp, Hans Karl: *Politische Geschichte der Bundesrepublik Deutschland.* München (Oldenbourg), ^{4}2009.

Schatz, Heribert/Rössler, Patrick/Nieland, Jörg-Uwe (Hrsg.): *Politische Akteure in der Mediendemokratie. Politiker in den Fesseln der Medien?* Wiesbaden (Westdeutscher Verlag), 2002.

Schmidt, Friedemann: *Die Neue Rechte und die Berliner Republik.* Wiesbaden (Westdeutscher Verlag), 2001.

Schönhoven, Klaus: »Aufbruch in die sozialliberale Ära. Zur Bedeutung der 60er Jahre in der Geschichte der Bundesrepublik«, in: *Geschichte und Gesellschaft* 25 (1999), S. 123-145.

Schreiber, Franziska: *Inside AfD. Bericht einer Aussteigerin.* Unter Mitarbeit von Peter Köpf. München (Europa-Verlag), 2018.

Strobel, Cornelius: »Editorial«, *Informationen zur politischen Bildung* 261: *Weimarer Republik*, Neuauflage 2011, S. 3

Stüwe, Klaus: »Bundesverfassungsgericht und Opposition«, in: van Ooyen/Möllers, S. 349-387.

Timmermanns, Hans (Hrsg.): *1961 – Mauerbau und Außenpolitik.* Münster (LIT), 2002.

Ullrich, Sebastian: *Der Weimar-Komplex. Das Scheitern der ersten deutschen Demokratie und die politische Kultur der frühen Bundesrepublik 1945-1959.* Göttingen (Wallstein), 2009.

van Ooyen, Robert Chr./Möllers, Martin H. W. (Hrsg.): *Das Bundesverfassungsgericht im politischen System*, Wiesbaden (VS), 2006.

von Kieseritzky, Wolther/Sick, Klaus-Peter (Hrsg.): *Demokratie in Deutschland. Chancen und Gefährdungen im 19. und 20. Jahrhundert.* München (Beck), 1999,.

Weigl, Michael/Colschen, Lars C.: »Politik und Geschichte«, in: Korte/Weidenfeld, S. 59-94.

Weiß, Volker: *Die autoritäre Revolte. Die Neue Rechte und der Untergang des Abendlandes.* Stuttgart (Klett-Cotta), ^{2}2017.

Winkler, Heinrich August: *Streitfragen der deutschen Geschichte.* München (Beck), 1997.

Winkler, Heinrich August: *Weimar 1918-1933. Die Geschichte der ersten deutschen Demokratie.* München (Beck), 1993.

Wirsching, Andreas: »Appell an die Vernunft«, in: Wirsching et al., S. 9-22.

Wirsching, Andreas: »Weimar mahnt zur Wachsamkeit«, in: Wirsching et al., S. 105-118.

Wirsching, Andreas/Kohler, Berthold/Wilhelm, Ulrich (Hrsg.): *Weimarer Verhältnisse? Historische Lektionen für unsere Demokratie.* Ditzingen (Reclam), 2018.

Wolfrum, Edgar: *Die geglückte Demokratie. Geschichte der Bundesrepublik Deutschland von ihren Anfängen bis zur Gegenwart.* Stuttgart (Klett-Cotta), 2006.

Zarusky, Jürgen: *Die deutschen Sozialdemokraten und das sowjetische Modell: ideologische Auseinandersetzung und außenpolitische Konzeptionen 1917–1933.* München (Oldenbourg), 1992.

Anmerkungen

Anmerkungen zur Einleitung

1 Klaus Schönhoven: »Aufbruch in die sozialliberale Ära. Zur Bedeutung der 60er Jahre in der Geschichte der Bundesrepublik«, in: *Geschichte und Gesellschaft* 25 (1999), S. 123.

2 Cf. Michael Weigl/Lars C. Colschen: »Politik und Geschichte«, in: Karl-Rudolf Korte/Werner Weidenfeld (Hrsg.): *Deutschland-Trendbuch. Fakten und Orientierungen.* Opladen (Leske & Budrich), 2001, S. 71. Vgl. auch Wikipedia: »Berliner Republik«.

3 Schönhoven, op. cit., S. 124. Er bezog sich u.a. auf: H.-P. Schwarz: *Die Zentralmacht Europas. Deutschlands Rückkehr auf die Weltbühne*, Berlin 1994; A. Baring: *Eine neue deutsche Interessenlage?* Köln 1992.

4 Vgl. die Analyse in meinem Buch *Die Ermüdung der Demokratie. Deutschland, Frankreich und Europa in der Krise.* Frankfurt am Main (Humanities Online), 2017.

5 »Voßkuhle rügt Sprache der CSU in der Asyldebatte«, *Der Tagesspiegel*, 26.7.2018, www.tagesspiegel.de/politik/praesident-des-verfassungsgerichts-vosskuhle-ruegt-sprache-der-csu-in-der-asyldebatte/22845812.html

Anmerkungen zum 1. Kapitel: »Bonn ist nicht Weimar«

1 Äußerung Bundeskanzler Adenauers zur Frage nach einem Amnestiegesetz, Bundeskabinett [7.] Sitzung am Montag, den 26.9.1949, 16 Uhr in der Bundeskanzlei, Museum Koenig, *Die Kabinettsprotokolle der Bundesregierung* online, www.bundesarchiv.de/cocoon/barch/0000/k/k1949k/kap1_3/para2_4.html

2 Fritz René Allemann: *Bonn ist nicht Weimar*, Köln/Berlin (Kiepenheuer & Witsch), 1956.

3 Karl Dietrich Bracher: *Die Auflösung der Weimarer Republik. Eine Studie zum Problem des Machtverfalls in der Demokratie.* Stuttgart/Düsseldorf (Ring), 1955.

4 Sebastian Ullrich: *Der Weimar-Komplex. Das Scheitern der ersten deutschen Demokratie und die politische Kultur der frühen Bundesrepublik 1945–1959.* Göttingen (Wallstein), 2009.

5 Wolfgang Rudzio: *Das politische System der Bundesrepublik Deutschland*, 8., aktualisierte Aufl. 2011, S. 46.

6 Ludger Helms: »50 Jahre Bundesrepublik Deutschland – Kontinuität und Wandel des politischen Institutionensystems«, in: *Zeitschrift für Politik*, 46. Jg., Nr. 2/1999, S. 149.

7 Cf. Rudzio, op. cit., S. 56 mit Verweis auf Ludger Helms: »50 Jahre Bundesrepublik – Kontinuität und Wandel des politischen Institutionensystems«, in: *Zeitschrift für Politik* N.F., Jg. 46, Nr. 2, Juni 1999, S. 149.

8 Zit. in: Allemann, op. cit., S. 89. Ursprünglich veröffentlicht in den Verhandlungen des Zonenbeirates: *Der Zonenbeirat zur Verfassungspolitik*, Hamburg 1948 (als Manuskript gedruckt), S. 35. Vgl. auch: Klaus Stüwe: »Bundesverfassungsgericht und Opposition«, in: Robert Chr. Van Ooyen/Martin H. W. Möllers (Hrsg.): *Das Bundesverfassungsgericht im politischen System*, Wiesbaden (VS), 2006, S. 215.

9 Zit. in der Bundestagsdebatte vom 12.2.1954 vom Abgeordneten Dr. Weber (Koblenz, CDU/CSU), hier nach: Anne Conrad/Kerstin Michalik (Hrsg.): *Quellen zur Geschichte der Frauen, Bd. 3: Neuzeit*, Stuttgart (Reclam), 1999, S. 166.

10 Allemann, op. cit., S. 75 f.

11 Kurt Schumacher: *Reden – Schriften -Korrespondenzen 1945-1952*, hrsg. von Willy Albrecht, Bonn (Diezt Nachf.) 1985, S. 102.

12 Audio des Zwischenrufs von Schumacher cf. www.youtube.com/watch?-v=P5K8s4Ibq8A

13 31.10.1945: Aufzeichnung Adenauers »Meine Einstellung zur außenpolitischen Lage«, Anlage zu einem Brief Adenauers an den Duisburger OB Weitz, zit. nach: Adenauer-Briefe 1945-1947 (Rhöndorfer Ausgabe), 1983, S. 130 f. www.konrad-adenauer.de/dokumente/aufzeichnungen/1945-10-31-aufzeichnung-aussenpolit-lage

14 Dokumente zur künftigen politischen Entwicklung Deutschlands [»Frankfurter Dokumente«], Frankfurt, 1. Juli 1948, www.1000dokumente.de/index.html?c=dokument_de&dokument=0012_fra&l=de

15 Allemann, op. cit., S. 78.

16 Gesetz Nr. 46 des Alliierten Kontrollrats in Deutschland über die Auflösung des Staates Preußen, 25. Februar 1947, Amtsblatt des Kontrollrats in Deutschland, Berlin, Nr. 14 vom 31. März 1947, S. 262. www.1000dokumente.de/pdf/dok_0231_pre_de.pdf

17 Zit. nach Allemann, op. cit., S. 71 f.

18 Hans Karl Rupp: *Politische Geschichte der Bundesrepublik Deutschland*, München (Oldenbourg), ^{4}2009, S. 67, mit Bezug auf Volker Otto: *Das Staatsverständnis des Parlamentarischen Rates. Ein Beitrag zur Entstehungsgeschichte des Grundgesetzes für die Bundesrepublik Deutschland*, Düsseldorf 1971, S. 34.

19 26. Oktober 1949: Schreiben an den Geschäftsführenden Vorsitzenden der Alliierten Hohen Kommission für Deutschland, McCloy, Konrad-Adenauer-Stiftung, www.konrad-adenauer.de/dokumente/briefe/1949-10-26-brief-hohe-kommission

21. Oktober 1949: Regierungserklärung des Bundeskanzlers in der 13. Sitzung des Deutschen Bundestages zur Gründung der SBZ/DDR, Konrad-Adenauer-Stiftung, www.konrad-adenauer.de/dokumente/erklaerungen/1949-10-21-regierungserklaerung-ddr-gruendung

20 Konrad Adenauer, 1. September 1948: Grundsatzerklärung nach der Wahl zum Präsidenten des Parlamentarischen Rates, www.konrad-adenauer.de/dokumente/erklaerungen/1948-09-01-erklaerung-parl-rat
21 Hans Boldt: »Die Verfassung der Westzone. Die ›konstitutionelle‹ Frage 1948/49«, in: Jürgen Elvert/Friederike Krüger (Hrsg.): *Deutschland 1949-1989. Von der Zweistaatlichkeit zur Einheit*, Historische Mitteilungen der Ranke-Gesellschaft Beihefte 49, Wiesbaden (Steiner), 2003, S. 57.
22 Hermann-Josef Blanke: »Die Finanzverfassung als Spiegelbild föderaler Kompetenzverteilung«, in: Hermann-Josef Blanke/Wito Schwanegel (Hrsg.): *Zustand und Perspektiven des deutschen Bundesstaates*, Tübingen (Mohr Siebeck), 2005, S. 131, mit Zitat von Hans-Georg Henneke: *Öffentliches Finanzwesen und Finanzverfassung*, [2]2000, Rn. 86.
23 Cf. Rudzio, op. cit., S. 386. Vgl. auch Klaus von Beyme: *Das politische System der Bundesrepublik Deutschland. Eine Einführung*, München (Piper), 11., vollständig überarbeitete Auflage 2010, S. 369.
24 Cf. Blanke, ebd.
25 Von Beyme, op. cit., S. 370.
26 A. a. O., S. 369 und vgl. Allemann, op. cit., S. 81-83.
27 Cf. von Beyme, op. cit., S. 368.
28 Helms, op. cit., S. 150.
29 Cf. Philipp Gassert: »Bildung und Management von Koalitionen. Die Bundesrepublik Deutschland in historischer Perspektive«, in: Philipp Gassert/Hans Jörg Hennecke (Hrsg.): *Koalitionen in der Bundesrepublik. Bildung, Management und Krisen von Adenauer bis Merkel*, Paderborg (Schönigh), 2017, S. 13.
30 Cf. Wikipedia: »Landtagswahl_in_Schleswig-Holstein_2009«
31 Cf. Presseerklärung des BVG: Neuregelung des Sitzzuteilungsverfahrens für die Wahlen zum Deutschen Bundestag verfassungswidrig, 25.7.2012, www.bundesverfassungsgericht.de/SharedDocs/Pressemitteilungen/DE/2012/bvg12-058.html
32 Rede auf dem Parteitag in Hannover, zit. nach: Kurt Schumacher: *Aufgaben und Ziele der deutschen Sozialdemokratie*. Karlsruhe (Volk und Zeit) 1946, S. 5 f.
33 Cf. Philipp-Christian Wachs: *Der Fall Theodor Oberländer (1905 bis 1998)*, Frankfurt am Main (Campus), 2000. Vgl. die Besprechung von Klaus Wiegrefe: »Der seltsame Professor«, in: *Der Spiegel* 27/2000, 3.7.2000, www.spiegel.de/spiegel/print/d-16810569.html
34 Cf. http://germanhistorydocs.ghi-dc.org/sub_image.cfm?image_id=2545&language=german
35 Der »Volksbund für Frieden und Freiheit« wurde 1950 von Franz Wilhelm Paulus, ehem. Ministerialrat im Reichsministerium für Volksaufklärung und Propaganda, gegründet und von den USA und der Bundesregierung für seine antikommunistische Propaganda finanziert. Vgl. den Eintrag bei Wikipedia zum Volksbund, sowie: Klaus Körner: »Erst in Goebbels', dann in Adenau-

ers Diensten«, in: *Die Zeit*, Nr. 35, 24.8.1990, www.zeit.de/1990/35/erst-in-goebbels-dann-in-adenauers-diensten

36 Cf. www.hdg.de/lemo/kapitel/geteiltes-deutschland-gruenderjahre/weg-nach-westen/bundestagswahl-1953.html

37 *Godesberger Programm*, Grundsatzprogramm der SPD, beschlossen auf dem Außerordentlichen Parteitag in Bad Godesberg, 13.-15.11.1959, S. 14 f., http://library.fes.de/pdf-files/bibliothek/retro-scans/fa-57721.pdf

38 Unser Programm in Wort und Bild. Das Programm der SPD, beschlossen zu Heidelberg am 18.9.1925, http://library.fes.de/prodok/fa81-09293.pdf

39 Cf. Wikipedia: »Deutsche Reichspartei«.

40 Allemann, op. cit., S. 87.

41 Rupp, op. cit.,. S. 158.

42 Stefan Marx: »Bildung und Management der Großen Koalition unter Kurt Georg Kiesinger1966-1969«, in: Philipp Gassert/Hans Jörg Hennecke: *Koalitionen in der Bundesrepublik. Bildung, Management und Krisen von Adenauer bis Merkel*, Paderborn (Schöningh), 2017, S. 130.

43 Mehr in Edgar Wolfrum: *Die geglückte Demokratie. Geschichte der Bundesrepublik Deutschland von ihren Anfängen bis zur Gegenwart.* Stuttgart (Klett-Cotta), 2006, S. 236 f.

44 Cf. Wolfrum, op. cit., S. 236.

45 Cf. Rupp, op. cit., S. 149.

46 Das Recht auf Widerstand zum Schutz der Verfassung, www.bundestag.de/dokumente/textarchiv/2013/47878421_kw50_grundgesetz_20/214054

47 Cf. Josef Isensee: »Widerstandsrecht im Grundgesetz«, in: Birgit Enzmann (Hrsg.): *Handbuch Politische Gewalt. Formen – Ursachen – Legitimation – Begrenzung*, Wiesbaden (Springer) 2013, S. 152.

48 Regierungserklärung Bundeskanzler Kiesingers, Bundestagsprotokoll, Deutscher Bundestag – 5. Wahlperiode – 80. Sitzung, 13.12.1966, S. 3657.

49 Cf. Dieter Nohlen: *Wahlrecht und Parteiensystem.* Wiesbaden (Springer), 1986, S. 170f.

50 Hans-Jörg Boehl: »Das neue Wahlrecht – personalisierte Verhältniswahl reloaded«, in: Torsten Oppelland (Hrsg.): *Das deutsche Wahlrecht im Spannungsfeld von demokratischer Legitimität und politischer Funktionalität.* Berlin (Berliner Wissenschafts-Verlag), 2016, S. 60.

51 Cf. »SPD-Sorgen um das Wahlrecht«, *Die Zeit*, Nr. 25/1968, 21.6.1968, www.zeit.de/1968/25/spd-sorgen-um-das-wahlrecht

52 Cf. Wilhelm Hennis: *Große Koalition ohne Ende?* München (Piper), 1968. Vgl. »Zweifel eines Genossen«, *Der Spiegel* 20/1968, 13.6.1968, www.spiegel.de/spiegel/print/d-46034501.html; Kurt Sontheimer: »Der Zorn eines Gescheiten«, *Der Spiegel* 28/1968, 8.7.1968, www.spiegel.de/spiegel/print/d-45997520.html

53 Aus dem Protokoll der Fraktionssitzung, CDU/CSU 05. WP, Fraktionssitzung: 26.03.1968 (1. Sitzung), ACDP, 08-001-1016/1, S. 3. https://fraktionsprotokolle.de/download/949/1/cducsu-05wp-1968-03-26%281%29.pdf

54 Vgl. Wikipedia: »Alle_reden_vom_Wetter._Wir_nicht«
55 Zit. nach dem *Archiv der Gegenwart*, 1.12.1966, Buchausgabe Bd. 5, Sankt Augustin (Siegler), 2000, S. 4142. Den Hinweis darauf verdanke ich Dietrich Thränhardt, siehe nachfolgende Anmerkung
56 Dietrich Thränhardt: *Geschichte der Bundesrepublik Deutschland*. Frankfurt am Main (Suhrkamp), 1986, S. 170-172.
57 Zit. nach »Jungsozialisten – Schwein geschlachtet«, in: *Der Spiegel* 51/1969, 15.12.1969, www.spiegel.de/spiegel/print/d-45302864.html
58 *Godesberger Programm*, op. cit., S. 5, 8.
59 Zit. nach: Emil Bandholz: *Zwischen Godesberg und Großindustrie oder Wo steht die SPD?* Reinbek b. Hamburg (rororo aktuell), 1971, S.76.
60 Leo Bauer war sowohl Kommunist als auch Opfer des Stalinismus gewesen, bevor er nach seiner Ausweisung in die Bundesrepublik in die SPD eintrat, cf. Wikipedia: »Leo Bauer«
61 *Spiegel* 51/1969, a. a. O.
62 Regierungserklärung von Willy Brandt, 28.10.1969, Deutscher Bundestag, 6. Wahlperiode, 5. Sitzung, Bundestagsprotokoll, S. 20, http://dip21.bundestag.de/dip21/btp/06/06005.pdf
63 Rupp, op. cit., S. 153.
64 Albrecht Wellmer: »Terrorismus und Gesellschaftskritik«, in: Jürgen Habermas (Hg.): *Stichworte zur ›Geistigen Situation der Zeit‹, 1. Band: Nation und Republik*. Frankfurt am Main (Suhrkamp), 1979, S. 269, mit Zitaten aus: Kollektiv RAF: *Über den bewaffneten Kampf in Westeuropa,* Wagenbach-Rotbuch, S. 43; »Erklärung zur Sache (Januar 1976)«, in Schwarze Hilfe (Hg.): *Der Tod Ulrike Meinhofs. Dokumentation*, S. 121.
65 Wellmer, op. cit., S. 169f.
66 Zit. nach Wikipedia: »Deutschland_im_Herbst«, Verweis auf *Pflasterstrand* Nr. 25, 1978.
67 »Gestorben: Bruno Heck«, in: *Der Spiegel* 39/1989, 25.9.1989, www.spiegel.de/spiegel/print/d-13498978.html; »Bruno Heck« im *Austria-Forum* mit Verweisen auf *dpa* Nr. 138/133 vom 17.10.1973 und *Bonner Rundschau* vom 18.10.1973, https://austria-forum.org/af/AustriaWiki/Bruno_Heck
68 Zit. nach Wilhelm Hofmeister: »Die deutschen Christdemokraten und Chile«, in: *KAS-Auslandsinformationen*, Bd. 20, H. 7, 2004,, S. 866f., mit Verweis auf *Deutschland, Informationsdienst der CDU*, Nr. 40, 18.10.1973.
69 A. a. O., S. 865 f., mit Verweisen auf *Deutsches Monatsblatt* Nr. 9/September 1973, und *dpa* Nr. 190 vom 12.9.1973, *Bonner Rundschau* vom 13.9.1973.
70 Kristian C. Gustafson: »CIA Machinations in Chile in 1970. Reexamining the Record«, *CIA Library* 2007, www.cia.gov/library/center-for-the-study-of-intelligence/csi-publications/csi-studies/studies/vol47no3/article03.html ; siehe auch den Überblick über die veröffentlichten Dokumente Wikipedia: »Project_FUBELT«
71 Peter Kornbluh: »Chile and the United States: Declassified Documents Relating to the Military Coup, September 11, 1973«, *National Security Archive*, Electronic Briefing Book No. 8, https://nsarchive2.gwu.edu//NSAEBB/

NSAEBB8/nsaebb8i.htm, hier Dok. Department of Defense, U.S. Milgroup, Situation Report 2, October 1, 1973, https://nsarchive2.gwu.edu//NSAEBB/NSAEBB8/docs/doc21.pdf

72 Vgl. Wikipedia: »Salvador Allende« / »Putsch in Chile 1973«

73 Bruno Heck in *Die politische Meinung* (Zeitschrift der KAS), 1983, zit. nach: *Der Spiegel* 2/1987, 5.1.1987, www.spiegel.de/spiegel/print/d-13520358.html

74 Cf. »Das deutsche Wort – Was veranlaßt Strauß, Gegner als ›Ratten‹ zu diffamieren?«, in: *Der Spiegel* 9/1980, 25.2.1980, www.spiegel.de/spiegel/print/d-14327657.html; Gerd Fritz: *Einführung in die historische Semantik*, Tübingen (Niemeyer/de Gruyter), 2005, S. 69.

75 Cf. Susanne Kailitz: *Von den Worten zu den Waffen? Frankfurter Schule, Studentenbewegung, RAF und die Gewaltfrage*. Wiesbaden (VS), 2007.

76 Herbert Marcuse: *Der eindimensionale Mensch. Studien zur Ideologie der fortgeschrittenen Industriegesellschaft*. Darmstadt und Neuwied (Luchterhand), 1967, S. 79.

77 A. a. O., S. 86 mit Bezug auf Bertolt Brecht: *Schriften zum Theater*, Berlin/Frankfurt am Main (Suhrkamp), 1957, S. 7, 9.

78 Cf. Herbert Marcuse: »Repressive Toleranz«, in: Robert Paul Wolff/Barrington Moore/Hebert Marcuse: *Kritik der reinen Toleranz*, Frankfurt/M. (Suhrkamp), 1966, S. 91-128, hier S. 93.

79 Herbert Marcuse: *Konterrevolution und Revolte*, Frankfurt/M. (Suhrkamp), 1973, S. 7.

80 A. a. O., S. 8.

81 Marcuse, *Repressive Toleranz*, op. cit., S. 94.

82 Vgl. »Aufklärung ist totalitär. Die 68er-Bewegung hatte ein Lieblingsbuch, die ›Dialektik der Aufklärung‹«, *Cicero*, o.D., www.cicero.de/innenpolitik/%E2%80%9Eaufkl%C3%A4rung-ist-totalit%C3%A4r%E2%80%9C/38387; Wikipedia »Dialektik der Aufklärung«.

83 Matthias Matussek: »Wie ich von links nach rechts gelangte. Früher Marxist, jetzt Sympathisant der Identitären – und ich bin mir dennoch treu geblieben. Über meine Erfahrung mit den 68ern und die Wandlung zum heutigen Matussek«, in: *Die Zeit* – Zeit Campus, 6.7.2017, www.zeit.de/kultur/2017-07/68er-matthias-matussek-rechtspopulismus-identitaere/komplettansicht

84 Frank Deppe/Georg Fülberth: »Thesen zum Parlamentarismus«, in: *Für eine neue sozialistische Linke. Analysen, Strategien, Modelle*. Herausgegeben vom Sozialistischen Büro, Frankfurt am Main (Fischer TB), 1973, S. 91f.

85 Gunter Hofmann: »Radikalenerlass von 1972 – Nazis rein, Linke raus«, in: *Die Zeit* Nr. 29/2013, 11.7.2013; Rezension von Dominik Rigoll: *Staatsschutz in Westdeutschland*, Göttingen (Wallstein), 2013. www.zeit.de/2013/29/berufsverbote-radikalenerlass-1972

86 Freimut Duve: »Wie links dürfen Jusos sein? Jungsozialisten zwischen Theorie und Praxis«, in: Volker Mauersberger (Hrsg.): *Wie links dürfen Jusos*

sein? Vom Bürgerschreck zur Bürgerinitiative. Reinbek b. Hamburg (Rowohlt/rororo aktuell), 1974, S. 20.

87 Rupp, op. cit., S. 179, mit Bezug auf Helmut Schmidt: *Weggefährten. Erinnerungen und Reflexionen*, Berlin, 1996, S. 443.

88 Zit. nach Dominik Rigoll: *Staatsschutz in Westdeutschland. Von der Entnazifizierung zur Extremistenabwehr*. Göttingen (Wallstein), 2013, S. 216, mit Verweis auf Wilhelm Mensing: Wir wollen unsere Kommunisten wiederhaben ... Demokratische Starthilfen für die DKP. Osnabrück 1989, S. 93.

89 Cf. a. a. O., S. 238-245.

90 A. a. O., S. 255-263.

91 Cf. Wikipedia: »Agit_883«.

92 Erlass zur Beschäftigung von Radikalen im öffentlichen Dienst [Radikalenerlass], 28. Januar 1972, *100(0) Schlüsseldokumente zur deutschen Geschichte im 20. Jahrhundert*, www.1000dokumente.de/index.html?c=dokument_de&dokument=0113_ade&object=context&l=de

93 Cf. Hofmann, ebd.

94 Cf. Wikipedia: »Radikalenerlass«.

95 Wolf-Dieter Narr/Hermann Scheer/Dieter Spöri: *SPD- Staatspartei oder Reformpartei?* München (Piper), 1976, S. 10.

96 Cf. Wikipedia: »Altermedia«

97 Cf. www.graswurzel.net/ueberuns/gwr-kurz.shtml

98 Cf.l Gilles Deleuze/Félix Guattari: *Rhizom*. Berlin (Merve), 1977.

99 Vgl. z.B. den Blogeintrag vom 4.3.2009 bei *der Freitag*, www.freitag.de/autoren/bildungswirt/das-zeitalter-des-rhizom

100 Freiburger Thesen zur Gesellschaftspolitik. Beschlossen auf dem Bundesparteitag der Freien Demokratischen Partei in Freiburg vom 25./27. Oktober 1971, www.liberale-demokraten.de/Freiburger%20Thesen-LD-V201609.pdf

101 Zur Vierten Partei und Kanzlerkandidatur: cf. FJS, www.fjs.de/der-politiker/parteivorsitzender/vierte-partei/; Historisches Lexikon Bayerns, www.historisches-lexikon-bayerns.de/Lexikon/Kanzlerkandidatur_von_Franz_Josef_Strau%C3%9F,_1980; *Der Spiegel*, 12.1.1976, www.spiegel.de/spiegel/print/d-41330652.html und www.spiegel.de/spiegel/print/d-41652270.html und 16.10.1978, www.spiegel.de/spiegel/print/d-40606875.html. – Zum Bund Freies Deutschland: *Der Spiegel*, 16.9.1974, *Die Zeit*, 28.2.1975, www.zeit.de/1975/10/die-letzten-aufrechten-rechten

Anmerkungen zum 2. Kapitel: »Republik ohne Republikaner«?

1 Stefan Zweig: *Die Welt von Gestern. Erinnerungen eines Europäers* [1944]. Frankfurt am Main (Fischer TB), 1970, S. 415.

2 Stefan Trinks: »Wie nah und fern uns diese Zeit doch ist«, 27.10.2017, www.faz.net/aktuell/glanz-und-elend-in-der-weimarer-republik-in-der-

schirn-15266445.html. Über die Ausstellung Glanz und Elend in der Weimarer Republik in der Frankfurter Schirn 27.10.2017-25.2.2018

3 Digitorial zur Ausstellung, www.schirn.de/glanzundelend/digitorial/de; nach Ende der Ausstellung wurde das Digitorial verändert.

4 Gregor Delvaux de Fenffe: »Weimarer Republik«, *Planet Wissen.* www.planet-wissen.de/geschichte/deutsche_geschichte/weimarer_republik/index.html

5 Hans Seiffert: »Republik ohne Republikaner«, in: *Simplicissimus* 39, 1932/33, Nr. 49, 5.3.1933, S. 583. Online über Suchfunktion aufrufbar auf www.simplicissimus.info

6 Namentlich nicht gezeichnet: »30. Januar 1933: Republik ohne Republikaner«, *Zeit Online*, 30.1.2013, www.zeit.de/news/2013-01/30/geschichte-30-januar-1933-republik-ohne-republikaner-30073405?print. Das Zitat stammt aus Sebastian Haffner: *Anmerkungen zu Hitler*. München (Kindler), 1978, S. 68 f.

7 Haffner, op. cit., S. 70.

8 Ulrich Baumgärtner/Klaus Fieberg/Jelko Peters/Klaus Scherberich/Frank Schweppenstette (Hrsg.): *Horizonte Geschichte*, Qualifikationsphase Hessen, Braunschweig (Westermann), 2017, S. 194.

9 Horst Möller: *Die Weimarer Republik. Eine unvollendete Demokratie.* München (dtv), 1985, ^{7}2004, S. 157.

10 Cf. Martin Vogt: »Parteien in der Weimarer Republik«, in: Karl Dietrich Bracher/Manfred Funke/Hans-Adolf Jacobsen (Hrsg.): *Die Weimarer Republik 1918-1933. Politik – Wirtschaft – Gesellschaft.* Bonn (BpB), 1987, ^{2}1988, S. 143 f.

11 A. a. O., S. 138.

12 Fritz Fischer: »Hitler war kein Betriebsunfall«, in: *Der Spiegel Spezial* 2/1989, 1.2.1989, www.spiegel.de/spiegel/spiegelspecial/d-52322577.html; vgl. Ders., *Hitler war kein Betriebsunfall.* Aufsätze, München (Beck), 1992

13 Cf. Emil Carlebach: *Hitler war kein Betriebsunfall.* Frankfurt am Main (Röderberg), 1983.

14 Cf. Reinhard Kühnl: *Formen bürgerlicher Herrschaft – Liberalismus, Faschismus.* Reineck b. Hamburg (Rowohlt TB), 1971.

15 Cf. Wolfgang Geiger: »Zum Scheitern verurteilt? Das Bild von der Weimarer Republik (nicht nur) in Schulbüchern und die Konsequenzen für den Geschichtsunterricht«, in: *Geschichte in Wissenschaft und Unterricht*, erscheint voraussichtlich in H. 1-2/2019. Die Frage nach der Erklärung des Aufstiegs des Nationalsozialismus war auch ein Teilaspekt unserer Untersuchung über die Darstellung der jüdischen Geschichte in Mittelstufenbüchern, vgl. Martin Liepach/Wolfgang Geiger: *Fragen an die jüdische Geschichte. Darstellungen und didaktische Herausforderungen.* Schwalbach/Ts.(Wochenschau), 2014, S. 81-83.

16 Hagen Schulze: *Weimar. Deutschland 1918–1933*, Berlin (Siedler), 1982, S. 425.

17 Markus Bente u.a.: *Kursbuch Geschichte*, Hessen, Berlin (Cornelsen), 2017, S. 204.
18 Karl Dietrich Erdmann/Hagen Schulze (Hrsg.): *Weimar. Selbstpreisgabe einer Demokratie. Eine Bilanz heute.* Düsseldorf (Droste), 1980.
19 Ernst-Wolfgang Böckenförde: »Weimar, vom Scheitern einer zu früh gekommenen Demokratie. Bemerkungen zu Karl Dietrich Erdmann, Hagen Schulze (Hrsg.): *Weimar, Selbstpreisgabe einer Demokratie*«, in: *Die öffentliche Verwaltung – Zeitschrift für öffentliches Recht und Verwaltungswissenschaft*, Bd. 34, 1981, Nr. 24, S. 946-949.
20 Ernst-Wolfgang Böckenförde: »Der Zusammenbruch der Monarchie und die Entstehung der Weimarer Republik«, in: Bracher et al., *Die Weimarer Republik* ..., S. 43
21 www.geschichte-abitur.de/weimarer-republik; .../gruende-fuer-das-scheitern
22 http://blog.zeit.de/schueler/2010/09/08/thema-weimarer-republik-1919-bis-1933/
23 www.zeit.de/zeit-geschichte/2008/03/weimarer-republik-aufbruch/komplettansicht
24 Cornelius Strobel: »Editorial«, *Informationen zur politischen Bildung* 261: *Weimarer Republik*, Neuauflage 2011, S. 3, www.bpb.de/izpb/55946/editorial
25 Cf. Wolfgang Geiger: »Zwischen Schuld und Scham, Urteil und Vorurteil. Kollektive Erinnerung (nicht nur) in der pädagogischen Realität«, Vortrag auf der Studientagung »Der Stachen der Erinnerung« des Deutschen Koordinierungsrates der Gesellschaften für Christlich-Jüdische Zusammenarbeit am 15.6.2012 in Bonn, abgedruckt in: *Sachor (Gedenke) – Der Zukunft ein Gedächtnis*, Themenheft 2013, Gesellschaften für Christlich-Jüdische Zusammenarbeit, S. 39-45, sowie in: Wolfgang Geiger: *Zwischen Urteil und Vorurteil. Jüdische und deutsche Geschichte in der kollektiven Erinnerung*, Frankfurt am Main (Humanities Online), 2012, S. 11-44.
26 Möller, *Die Weimarer Republik*, op. cit., S. 152 f.
27 Tagebucheintrag dees Obersten von Thaer, 1. Oktober 1918, in: Gerhard Ritter/Susanne Miller (Hrsg.): *Die deutsche Revolution 1918-1919*. Hamburg (Hoffmann und Campe), 1975, S. 25.
28 Der Erste Generalquartiermeister General Ludendorff an den Vizekanzler von Payer, Telephonische Mitteilung, aufgenommen vom Unterstaatssekretär im Auswärtigen Amt Frhr. v. d. Bussche am 2. Oktober 1918, in: *Amtliche Urkunden zur Vorgeschichte des Waffenstillstandes 1918*, hrsg. vom Auswärtigen Amt und vom Reichsministerium des Innern, Berlin (Deutsche Verlagsgesellschaft für Politik und Geschichte), 1928, S. 69.
29 Haffner, *Anmerkungen zu Hitler*, S. 72.
30 Cf. Wikipedia: »Karl_Jarres«.
31 Heinrich August Winkler: *Weimar 1918-1933. Die Geschichte der ersten deutschen Demokratie*. München (Beck), 1993, S. 280, zum Presseecho S. 282 f.

32 Sebastian Haffner: *Von Bismarck zu Hitler. Ein Rückblick*. München (Droemer/Knaur), ²1989, S. 209 f.
33 Möller, op. cit., S. 68 f., 72 f.
34 Die Reichspräsidentenwahl 1925, www.dhm.de/lemo/kapitel/weimarer-republik/innenpolitik/reichspraesidentenwahl-1925.html
35 Vgl. die entsprechende Einschätzung von Klaus Schwabe: »Der Weg der Republik vom Kapp-Putsch 1920 bis zum Scheitern des Kabinetts Müller 1930«, in: Bracher et. al., op. cit., S. 122 f.
36 Ute Daniel: »Politische Sprache und Medien«, in: Andreas Wirsching/Berthold Kohler/Ulrich Wilhelm (Hrsg.): *Weimarer Verhältnisse? Historische Lektionen für unsere Demokratie*. Ditzingen (Reclam), 2018, S. 51. – 4. Teil der zuerst in der F.A.Z. erschienenen Serie *Weimarer Verhältnisse?*, dort unter dem Titel: »Gegen ›das System‹«, *F.A.Z.*, 29.5.2018.
37 Winkler, *Weimar*, op. cit., S. 336.
38 Thomas Raithel: »Funktionsstörungen des Weimarer Parlamentarismus«, in: Moritz Föllner/Rüdiger Graf (Hrsg.): *Die »Krise« der Weimarer Republik. Zur Kritik eines Deutungsmusters*. Frankfurt am Main (Campus), 2005, S. 254 f., mit Bezug auf Gustav Stresemann: *Vermächtnis. Der Nachlaß in drei Bänden*, hrsg. von Henry Bernhard, Bd. 3, Berlin 1933, S. 298-316.
39 Winkler, *Weimar*, S. 338.
40 Vgl. Schwabe, op. cit., S. 132.
41 Schreiben Dr. Stresemanns an Geheimrat Prof. Dr. Kahl vom 13. März 1929, in: Herbert Michaelis/Ernst Schraepler (Hrsg.): *Ursachen und Folgen, Vom deutschen Zusammenbruch 1918 und 1945 bis zur staatlichen Neuordnung Deutschlands in der Gegenwart. Eine Urkunden- und Dokumentensammlung zur Zeitgeschichte*, Bd. 7: *Die Weimarer Republik vom Kellog-Pakt zur Weltwirtschaftskrise 1928-1930*, München (Bayr. Schulbuchverlag), o. J., S. 343 f.
42 Aufzeichnung des Grafen von Westarp über eine Unterredung mit von Hindenburg, 15.1.1930, zit. nach Reinhard Neebe: *Die Republik von Weimar 1918–1933. Demokratie ohne Demokraten?* Tempora – Quellen zur Geschichte und Politik, Stuttgart u.a.o. (Klett), 1995, S. 70.
43 Aus einer vertraulichen Besprechung rechtsstehender DVP-Parlamentarier unter Leitung des Fraktionsvorsitzenden Ernst Scholz in Berlin am 4.2.1930, nach dem Bericht des Abgeordneten Erich von Gilsa an den Ruhrindustriellen Paul Reusch, zit. nach Neebe, op. cit., S. 72.
44 Eine unheilvolle Entscheidung, in: *Frankfurter Zeitung*, 28.3.1930, zit. nach Neebe: op. cit., S. 68.
45 Winkler, *Weimar*, S. 360.
46 Rudolf Hilferding: »Der Austritt aus der Regierung«, in: *Die Gesellschaft* 1930/I, H. 5, S. 388 f.
47 Zit. nach Heinrich August Winkler: *Der Weg in die Katastrophe. Arbeiter und Arbeiterbewegung in der Weimarer Republik 1930 bis 1933*, Bonn (Dietz), 1990, S. 143.

48 Vgl. u.a. auf www.bundestag.de/besuche/ausstellungen/verfassung/tafel20/tafel20/199830
49 Nach Winkler, *Weimar*, S. 380.
50 A. a. O., S. 381.
51 Winkler, *Katastrophe*, op. cit., S. 127.
52 Zit. nach Winkler, *Katastrophe*, S. 169.
53 Reichsgesetzblatt Nr. 31, 27.7.1930, S. 314f., commons.wikimedia.org/wiki/File:Deutsches_Reichsgesetzblatt_30T1_031_0310.jpg *bis* ... 11.jpg
54 Cf. Dieter Petzina: »Materialien zum sozialen und wirtschaftlichen Wandel in Deutschland seit dem Ende des 19. Jahrhunderts« in: *Vierteljahreshefte für Zeitgeschichte*, 3/1969, S. 336.
55 Winkler, *Weimar*, S. 390; vgl. auch 384 ff.
56 Cf. a. a. O., S. 382.
57 Cf. Petzina, op. cit., S. 318.
58 Cf. Winkler, *Weimar*, S. 389-392.
59 Cf. a. a. O., S. 397.
60 A. a. O., S. 425.
61 Aufzeichnung des Staatssekretärs Pünder über Anleiheverhandlungen, 6. Oktober 1930, *Reichskanzlei*, op. cit., Dok. Nr. 131, www.bundesarchiv.de/aktenreichskanzlei/1919-1933/0000/bru/bru1p/kap1_2/para2_131.html
62 Cf. Winkler, *Katastrophe*, S. 220f.
63 Anna-Lena Augustin et al.: *Fritz Bockius – Zentrumsabgeordneter und NS-Opfer*. Bensheim (Geschichtswerkstatt Geschwister Scholl), 2010, S. 45 f.
64 Winkler, *Weimar*, S. 434. Zu den Details cf. Augustin et al., op. cit., S. 44-50.
65 Augustin, op. cit., S. 49.
66 Aufzeichnung des Staatssekretärs Pünder über Besprechungen des Reichskanzlers mit den Parteien, 26. November 1930, *Akten der Reichskanzlei. Weimarer Republik*, Die Kabinette Brüning I/II, Bd. 1, Dok. Nr. 178, online, www.bundesarchiv.de/aktenreichskanzlei/1919-1933/0000/bru/bru1p/kap1_2/para2_178.html
67 Kabinettssitzung vom 30. November 1930, 16 Uhr, *Reichskanzlei*, op. cit., Dok. Nr. 183, www.bundesarchiv.de/aktenreichskanzlei/1919-1933/0000/bru/bru1p/kap1_2/para2_178.html; vgl. auch Winkler, *Weimar*, S. 396.
68 Winkler, *Weimar*, S. 411 f.
69 Johannes Bähr: »Die Berliner Finanzkrise 1929-1931/32. Eine Fallstudie zu den Spielräumen der kommunalen Demokratie und der preußischen Politik in der Krise der Weimarer Republik«, in: Wolther von Kieseritzky/Klaus-Peter Sick (Hg.): *Demokratie in Deutschland. Chancen und Gefährdungen im 19. und 20. Jahrhundert*. München (Beck), 1999, S. 229.
70 Nach der Frankfurter Zeitung sowie der Vossischen Zeitung, zit. aus: Bähr, op. cit., S. 233.
71 Zit. nach Heidrun Holzbach-Linsenmai »›Schöner Pelz, du gingst in Fransen.‹ Der Sklarek-Skandal, die spektakulärste Korruptionsaffäre der Weimarer Republik, schadete dem Ansehen der jungen Demokratie und be-

flügelte die Hetzkampagnen der Republikgegner«, in: *Die Zeit* 52/1992, 18.12.1992, www.zeit.de/1992/52/schoener-pelz-du-gingst-in-fransen

72 Bähr, S. 233.

73 Cf. Bähr, S. 235.

74 Steffen Barth et al.: *Geschichte und Geschehen*, Qualifikationsphase Oberstufe Hessen, Stuttgart (Klett), 2017, S. 213.

75 Bente et al.: *Kursbuch Geschichte*, op. cit., S. 227.

76 Dirk Blasius: *Weimars Ende. Bürgerkrieg und Politik 1930–1933*. Göttingen (V&R), 2005.

77 Cf. Martin Broszat: *Die Machtergreifung. Der Aufstieg der NSDAP und die Zerstörung der Weimarer Republik*. München (dtv), 1984; Ders., *Der Staat Hitlers*. München (dtv), 1969.

78 Ludger Grevelhörster: *Kleine Geschichte der Weimarer Republik 1918–1933. Ein problemgeschichtlicher Überblick*. Münster (Aschendorff), 2000, [7]2010, S. 181.

79 Vgl. Reinhard Sturm: *Weimarer Republik*, *Informationen zur politischen Bildung* 261, 28/2011, überarbeitete Neuauflage, S. 70-73, www.bpb.de/izpb/55973/zerstoerung-der-demokratie-1930-1933?p=all

80 Daniela Bender-Fangerau et al.: *Forum Geschichte* 4, Ausg. Hessen, Berlin (Cornelsen), 2004, S. 74.

81 Vgl. u.a. Broszat: *Der Staat Hitlers*, op. cit., [12]1989, S. 114, 117; Karl Dietrich Bracher: *Die deutsche Diktatur. Entstehung, Struktur, Folgen des Nationalsozialismus*. Köln (KiWi), 1993, [7]2007, S. 230; Wolfgang Benz: *Geschichte des Dritten Reiches*. München (Beck), 2003, S. 20, 22; Winkler, *Katastrophe*, S. 904.

82 Walther Hofer: *Der Nationalsozialismus. Dokumente 1933-1945*. Frankfurt am Main (Fischer TB), 1957, überarb. Neuausg. 1982, S. 46. – Cf. Wolfgang Geiger: »Von Hitler ›getäuscht‹, ›verführt‹ oder ›überrumpelt‹? Das Ermächtigungsgesetz im deutschen Geschichtsbewusstsein – eine Bilanz im Jahr 60 der Freiheit« in: *Kommune – Forum Politik Ökonomie Kultur*, N°3/2005 (Juni-Juli), S. 73. Überarbeitetet übernommen in: Geiger: *Zwischen Urteil und Vorurteil*, op. cit., S. 165-177, hier S. 168.

83 Die Sitzung der Reichstagsfraktion des Zentrums vom 23.3.1933, Protokollentwurf des Abgeordneten Jean Albert Schwarz, hg. von Erich Matthias, in: *Vierteljahrshefte für Zeitgeschichte*, 3/1956, S. 306.– Das Protokoll blieb im Entwurfsstadium, weil es vom Vorsitzenden nicht abgezeichnet wurde, an der Authentizität besteht jedoch kein Zweifel.

84 Reichstagsprotokolle, 8. Wahlperiode 1933, 2. Sitzung, Donnerstag den 23. März 1933, S. 27, www.reichstagsprotokolle.de/Blatt2_w8_bsb00000141_00031.html

85 Georg May: *Ludwig Kaas. Der Priester, der Politiker und der Gelehrte aus der Schule von Ulrich Stutz*. Bd. 3, Amsterdam (Grüner), 1982, S. 335.

86 Cf. Rudolf Morsey: *Das »Ermächtigungsgesetz« vom 24. März 1933. Quellen zur Geschichte und Interpretation des »Gesetzes zur Behebung der Not von Volk und Reich«*, Düsseldorf (Droste), [2]2000, S. 130.

87 Joseph Goebbels: *Vom Kaiserhof zur Reichskanzlei. Eine historische Darstellung in Tagebuchblättern.* München (Zentralverlag der N.S.D.A.P.), ⁴1934, S. 284.
88 Akten der Reichskanzlei, Regierung Hitler I, 20. März 1933: Ministerbesprechung, zit. nach: Morsey, op. cit., S. 32.
89 Bracher: *Die deutsche Diktatur*, op. cit., S. 217.
90 Zitate nach Morsey, op. cit., S. 120f. Aus dem Protokoll des Untersuchungsausschuss des Württembergisch-Badischen Landtags 5.2.-27.3.1947.
91 Verhandlungen des Reichstages, Bd. 457, 8. Wahlperiode 1933, 2. Sitzung, 23. März 1933, S. 31.
92 Aus einer Rede von Reinhold Maier vor der Demokratischen Volkspartei, Februar 1947, zit. nach Morsey, op. cit., S. 152.
93 Winkler, *Katastrophe*, S. 906.
94 Becker, op. cit., S. 16, mit Verweis auf: Martin Broszat/Ulrich Dübber u.a. (Hrsg.): *Deutschlands Weg in die Diktatur.* Internationale Konferenz zur nationalsozialistischen Machtübernahme im Reichstagsgebäude zu Berlin. Referate und Diskussionen. Ein Protokoll, Berlin 1983, S. 235.
95 22. März 1933: Sitzung des Vorstands der Zentrumsfraktion, Protokolle der Reichstagsfraktion, nach: Morsey, op. cit., S. 41.
96 Cf. Winkler, *Katastrophe*, S. 915.
97 Cf. »22.06.1933: Faktisches Verbot der SPD«, Archiv der sozialen Demokratie, Friedrich-Ebert-Stiftung, www.fes.de/archiv/adsd_neu/inhalt/stichwort/verbot.htm; zum gesamten Vorgang zwischen 23.3. und 22.6. vgl. Winkler, *Katastrophe*, S. 915-949.
98 Broszat, *Der Staat Hitlers*, op. cit., S. 114.
99 Haffner, *Von Bismarck zu Hitler*, op. cit., S. 236.
100 Eberhard Jäckel: *Das deutsche Jahrhundert. Eine historische Bilanz.* Frankfurt am Main (Fischer TB), ²2000, S. 117.
101 Ludwig Bernlocher et al.: *Geschichte und Geschehen II*, Oberstufe, Ausg. A/B, Leipzig (Klett), 2003, S. 316.
102 Dieter Brückner/Harald Focke (Hrsg.): *Das waren Zeiten*, Bd. 4, Ausgabe C, Bamberg (Buchner), 2005, S. 55.
103 Daniel Koerfer: »Hitlers Ermächtigungsgesetz – Die große Vollmacht«, *F.A.Z.*, 23.3.2013, www.faz.net/aktuell/feuilleton/hitlers-ermaechtigungsgesetz-die-grosse-vollmacht-12123561.html?printPagedArticle=true pageIndex_0
104 *Kursbuch Geschichte*, op. cit., S. 227f.
105 Heinrich August Winkler zum Ermächtigungsgesetz, Rede vor der SPD-Bundestagsfraktion, 19.3.2013, www.bundestag.de/dokumente/textarchiv/2013/winkler/343610
106 Lothar Gruchmann: *Justiz im Dritten Reich 1933-1940. Anpassung und Unterwerfung in der Ära Gürtner.* München (Oldenbourg), ³2001, S. 1113.
107 Zit. nach Heinrich August Winkler: »Von Weimar zu Hitler. Die gespaltene Arbeiterbewegung und das Scheitern der ersten deutschen Demokratie«, Antrittsvorlesung an der Humboldt-Universität zu Berlin am 28.4.1992,

in: Ders., *Streitfragen der deutschen Geschichte*. München (Beck), 1997, S. 81f.

108 Ernst Thälmann: »Der revolutionäre Ausweg und die KPD. Rede auf der Plenartagung des Zentralkomitees der Kommunistischen Partei Deutschlands am 19. Februar 1932 in Berlin«; Ders., »Einige Fehler in unserer theoretischen und praktischen Arbeit und der Weg ihrer Ueberwindung«, in: *Die Internationale* 14, 11/12, November/Dezember 1931, S. 488, zit. nach: Ossip K. Flechtheim: *Die KPD in der Weimarer Republik*. Frankfurt am Main (EVA), 1969, S. 265 f.

109 Hermann Remmele, Verhandlungen des Reichstags, 5. Wahlperiode 1930, Bd. 446, 54. Sitzung, Mittwoch den 14. Oktober 1931, S. 2096, Reichstagsprotokolle online, www.reichstagsprotokolle.de/Blatt2_w5_bsb00000130_00034.html

110 Für Flechtheim eine seriöse Quelle, op. cit., S. 267.

111 Winkler, *Streitfragen ...*, op. cit., S. 84.

112 Heinrich August Winkler: *Der Schein der Normalität. Arbeiter und Arbeiterbewegung in der Weimarer Republik 1924–1930*, Berlin/Bonn (Dietz), 1985, S. 258f.

113 Cf. Jürgen Zarusky: *Die deutschen Sozialdemokraten und das sowjetische Modell: ideologische Auseinandersetzung und außenpolitische Konzeptionen 1917-1933*. München (Oldenbourg), 1992, S. 197.

114 Winkler, *Streitfragen*, S. 84.

115 Heinrich Ströbel: »Die Einheitsfront der Kommunisten und Nazis«, in: *Das Andere Deutschland*, 13.9.1930, abgdruckt in: Helmut Donat/Lothar Wieland (Hrsg.): *Das Andere Deutschland. Unabhängige Zeitung für entschiedene republikanische Politik. Eine Auswahl (1925-1933)*, Königstein/Ts. (Verlag AutorenEdition), 1980, S. 218-220.

116 Widerstand, Opposition und Exil im Nationalsozialismus, Friedrich-Ebert-Stiftung, www.fes.de/hfz/arbeiterbewegung/themen/exil-und-widerstand-im-nationalsozialismus

117 *Geschichte in Übersicht. Wissensspeicher für den Unterricht*, Berlin (Volk und Wissen), 1984, S. 374.

118 Nimitz, Walter (Leiter des Autorenkollektivs): *Geschichte Lehrbuch für Klasse 9*. Berlin (Volk und Wissen), 1980, S. 143f.

119 Kühnl, *Formen bürgerlicher Herrschaft*, op. cit., S. 104.

120 Winkler, *Weimar*, S. 391.

121 Thomas Mann: »Deutsche Ansprache. Ein Appel an die Vernunft (1930)«, nach: *Gesammelte Werke in Dreizehn Bänden*, Bd. XI, Frankfurt (FTB), 1990, S. 878.

122 Winkler, *Weimar*, ebd.

123 A. a. O., S. 198 f.

124 Winkler, *Streitfragen*, S. 83.

125 Cf. Wikipedia: »Blutmai«; www.dhm.de/lemo/kapitel/weimarer-republik/innenpolitik/blutmai/

126 Cf. Winkler, *Streitfragen*, S. 79-82.

127 »Ein Jahr Regierung Hitler«, *Jüdische Rundschau*, Nr. 9, 30.1.1934, S. 1. Vgl. Katrin Diehl: *Die jüdische Presse im Dritten Reich*, Tübingen (Niemeyer), 1997, S. 177.

128 Ludwig Holländer: »Die neue Regierung«, *C.V.-Zeitung* Nr. 5, 2.2.1933, S. 1.

129 Ernst Herzfeld auf der Außerordentliche Delegiertentagung im Landesverband Rheinland-Westfalen des C.V., *C.V.-Zeitung*, Nr. 8, 23.2.33. S. 59; Holländer, 2.2.1933 (vgl. vorherige Fußnote).

130 Cf. Avraham, Barkai: *»Wehr dich!« Der Centralverein deutscher Staatsbürger jüdischen Glaubens (C.V.) 1893–1938*, München (Beck), 2002, S. 270-284.

131 Victor, Klemperer: *Ich will Zeugnis ablegen bis zum letzten*. Tagebücher, Bd. 1: 1933-1941, Darmstadt (WBG), 1997, 10.3.1933, S. 8.

132 Willy Cohn: *Kein Recht, nirgends. Tagebuch vom Untergang des Breslauer Judentums 1933–1941*, Bd.1, Köln (Böhlau), 2006, 30.-31.1.1933, S. 6f.

133 Victor Klemperer: *Leben sammeln, nicht fragen, wozu und warum. Tagebücher 1925-1932*, Berlin (Aufbau), 1996, 10.12.1932, S. 768; Nachwort von Walter Nowojski, S. 781.

134 A.a.O., 3.11.1932, S. 764; 7.8.1932 [Rückblick auf den 31.7.], S. 758.

135 Detlev Peukert: *Die Weimarer Republik. Krisenjahre der Klassischen Moderne*. Frankfurt am Main (Suhrkamp), 1987, S. 9f.

136 Cf. Michael Dreyer/Andreas Braune: »Weimar als Herausforderung. Zum Umgang mit einer schwierigen Republik«, in: Michael Dreyer / Andreas Braune (Hrsg): *Weimar als Herausforderung. Die Weimarer Republik und die Demokratie im 21. Jahrhundert*. Stuttgart (Steiner), 2016, XII-XVI.

137 Peter Hahne: »Schämen ist besser als vergessen«, *Bild am Sonntag*, 17.10.2010, www.bild.de/politik/2010/peter-hahne-schaemen-ist-besser-als-die-vergangenheit-zu-vergessen-14328704.bild.html

138 [David Lerner]: »Notizen von einer Reise durch das besetzte Deutschland (Anfang April 1945)«, in: Ulrich Borsdorf/Lutz Niethammer (Hrsg.): *Zwischen Befreiung und Besatzung. Analysen des US-Geheimdienstes über Positionen und Strukturen deutscher Politik 1945*, Wuppertal (Hammer), 1976, Weinheim (Beltz Athenäum), 1995, S. 39.

139 Gerhard Bonwetsch: »Der Verband der Geschichtslehrer Deutschlands«, in: *Geschichte in Wissenschaft und Unterricht*, 1. Jg., H. 1, S. 3.

140 »›Viele wissen nicht, was es heißt, im Osten gelebt zu haben.‹« Interview mit Helmut Holter, *taz*, 23.1.2018, S. 7.

141 Zum 80. Jahrestag der Machtübernahme des Hitlerfaschismus. Erklärung der Historischen Kommission beim Vorstand der Partei DIE LINKE, 22.1.2013, www.die-linke.de/partei/parteistruktur/kommissionen/historische-kommission/erklaerungen-und-stellungnahmen/detail///zum-80-jahrestag-der-machtuebernahme-des-hitlerfaschismus-3/

142 Cf. Heinrich August Winkler: »Kein Bruch mit Lenin«, in: Rainer Eckert/Bernd Faulenbach (Hg.): *Halbherziger Revisionismus. Zum postkommu-*

nistischen Geschichtsbild. München (Olzog), 1996, S. 11-24; aufgenommen in: Winkler, *Streitfragen*, op. cit., S. 107-122.

143 www.die-linke.de/partei/parteistruktur/kommissionen/historische-kommission/erklaerungen-und-stellungnahmen/detail///zum-80-jahrestag-der-machtuebernahme-des-hitlerfaschismus-3/

Anmerkungen zum 3. Kapitel: »Vergangenheitsbewältigung« und Gründungsmythen in Ost und West nach 1945

1 Rede des Bundespräsidenten bei der Gedenkveranstaltung im Plenarsaal des Deutschen Bundestages zum 40. Jahrestag des Endes des Zweiten Weltkrieges in Europa, 8.5.1985, www.bundespraesident.de/SharedDocs/Reden/DE/Richard-von-Weizsaecker/Reden/1985/05/19850508_Rede.html

2 Michael Dreyer: »Weimar und die Bundesrepublik Deutschland«, in: Dreyer / Braune, *Weimar als Herausforderung*, op. cit., S. 300.

3 *Neues Deutschland* vom 13.12.1951, DDR\ND-Archiv Neues Deutschland vom 13_12_1951.mht

4 Vgl. die Hinweise auf der Website des Verbandes Hessischer Geschichtslehrerinnen und -lehrer (VHGLL), www.geschichtslehrerverbandhessen.de/html/deutsche_mythen.html

5 Vgl. die kommentierende Besprechung der Ausstellung und der Eröffnungsveranstaltung auf der Seite des VHGLL, siehe vorherige Anmerkung. – Zum Thema cf. Peter Reichel: *Vergangenheitsbewältigung in Deutschland. Die Auseinandersetzung mit der NS-Diktatur von 1945 bis heute.* München (Beck), 2001, hier v.a. S. 13 ff.

6 Deutscher Bundestag, 1. Sitzung, Bonn, 7.9.1949, S. 2. Bundestagsprotokolle http://dip21.bundestag.de/dip21/btp/01/01001.pdf.

7 Reichel, op. cit., S, 68.

8 Maximilian Scheer: »Weimar und Auschwitz«, in: *Ost und West.* Beiträge zu kulturellen und politischen Fragen der Zeit, H. 1, Januar 1949, S. 18, 21. Nachdruck Königstein/Ts. (Athenäum), 1979.

9 Ernst Bloch: »Universität, Marxismus, Philosphie«, in: *Ost und West*, H. 11, November 1949, S. 68, 73. (Antrittsvorlesung an der Universität Leipzig, 24.5.1949.)

10 Deutscher Bundestag, 5. Sitzung, Bonn, 20.9.1949, S. 27. Bundestagsprotokolle http://dipbt.bundestag.de/doc/btp/01/01005.pdf

11 Cf. Norbert Frei: *Vergangenheitspolitik. Die Anfänge der Bundesrepublik und die NS-Vergangenheit.* München (Beck), 1996. Zu 1949 vgl. S. 29 ff.

12 K. Hofmann: »Der Weg zum Wiederaufleben Deutschlands«, in: *Berliner Zeitung*, 26.5.1945, S. 2, online bei http://zefys.staatsbibliothek-berlin.de/ddr-presse/

13 Aufruf der KPD, erschienen in der ersten Ausgabe der *Deutschen Volkszeitung*, nachgedruckt in der *Berliner Zeitung*, 14.6.1945, S. 2, online bei http://zefys.staatsbibliothek-berlin.de/ddr-presse/

14 Nimitz, *Geschichte Lehrbuch für Klasse 9*, op. cit., S. 143 f.

15 Zit. nach: Mario Keßler: *Arthur Rosenberg. Ein Historiker im Zeitalter der Katastrophen (1889-1943)*. Köln (Böhlau), 2003, S. 137. Dort auch die Erklärung von Rosenbergs Parteiaustritt. Zentrum für Zeithistorische Forschungen Potsdam, http://dx.doi.org/10.14765/zzf.dok.104.v1

16 Arthur Rosenberg: *Geschichte der Weimarer Republik*. Frankfurt am Main (EVA), 1961, S. 197, 199. In der Bundesrepublik erschien das Buch zuerst als Teil der zweibändigen Ausgabe *Entstehung und Geschichte der Weimarer Republik* 1955 im selben Verlag.

17 Laurentius Siemer: »Das deutsche Volk und der Militarismus«, in: *Die Neue Ordnung – Zeitschrift für Religion, Kultur, Gesellschaft*. Herausgeber: Albertus-Magnus-Akademie der Dominikaner, 1. Jg. 1946/47, S. 158-160.

18 Wilhelm Röpke: *Die deutsche Frage*. Zürich (Rentsch), ^{3}1948, S. 63.

19 Friedrich Meinecke: *Die deutsche Katastrophe. Betrachtungen und Erinnerungen*. Wiesbaden (Brockhaus), 1946, S. 9, 89

20 Cf. Gisbert Beyerhaus: »Notwendigkeit und Freiheit in der deutschen Katastrophe«, in: *Historische Zeitschrift*, Bd. 169, H. 1, 1949, S. 74.

21 Wolfgang Fritz Haug: *Vom hilflosen Antifaschismus zur Gnade der späten Geburt*. Berlin (Argument), 1987, S. 38. Der erste Teil des Buches erschien ursprünglich unter dem Titel: *Der hilflose Antifaschismus. Zur Kritik der Vorlesungsreihen über Wissenschaft und NS an deutschen Universitäten*. Frankfurt am Main (Suhrkamp), 1967.

22 Zu dieser ganzen Thematik cf. Barbro Eberan: *Luther? Friedrich ›der Große‹? Wagner? Nietzsche? ...? ...? Wer war an Hitler schuld? Die Debatte um die Schuldfrage 1945-1949*. München (Minerva), ^{2}1985. (Diss. Univ. Stockholm). Zur Position der Historiker in der Nachkriegszeit cf. Nicolas Berg: *Der Holocaust und die westdeutschen Historiker. Erforschung und Erinnerung*. Göttingen (Wallstein), ^{3}2004.

23 Nach »Kaiser ohne Land«, *Der Spiegel* 19/1970, 23.3.1970, www.spiegel.de/spiegel/print/d-45225810.html. Den Hinweis darauf verdanke ich Dieter Torgau: *Tempelbau zu Bonn. Zur Verklärung der westdeutschen Geschichte*, Frankfurt am Main (dipa), 1988, S. 51.

24 Aloys Wenzl: *Philosophie der Freiheit*, 1947, S. 118 f., zit nach Beyerhaus, op. cit., S. 76.

25 In einem Brief Adenauers an Paul Silverberg, 30.5.1947, in: Konrad Adenauer: *Erinnerungen 1945-1953*, Stuttgart 1965, S. 39f., hier zit. nach: Hans-Peter Schwarz: »Adenauer und Europa«, in: *Vierteljahrshefte für Zeitgeschichte*, 4/1979, S. 476.

26 Ludwig Böer: »Der Wert Ostelbiens«, in: *Die Neue Ordnung*, 1946/47, S. 455.

27 Rudolf Pechel: »Das Wesen der deutschen Widerstandsbewegung«, in: *Deutsche Rundschau* N° 5-6/1947, S. 108. – Auszug aus dem Buch von Pechel: *Deutscher Widerstand*. Zürich-Erlenbach (Rentsch), 1947.

28 Hans Paeschke: »Verantwortlichkeit des Geistes?« in: *Merkur*, 1. Jg. H. 1, Januar 1947, S. 104.

29 Cf. Ullrich, *Der Weimar-Komplex*, op.cit., S.171, S.97, zit. aus Frank R. Reitzle, »Vorwort«, in: *Philipp Scheidemann. Das historische Versagen der SPD. Schriften aus dem Exil*, hrsg. von Frank R. Reizle, Lüneburg (Dietrich zu Klampen), 2002, S.8.

30 Ullrich, op.cit., S.99, zit. aus: Rede Reinhold Maiers auf dem Dreikönigstag der Demokratischen Volkspartei in Stuttgart, 6.1.1946, Bundesarchiv Koblenz.

31 Verhandlungen des Reichstages, VIII. Wahlperiode 1993, Bd. 457, Protokoll vom 23.3.1933, S.38.

32 24. März 1933: Erklärung der Reichstagsabgeordneten der Staatspartei, in: Morsey, *Ermächtigungsgesetz*, op.cit., S.74; 5. Februar bis 27. März 1947: Aussagen vor einem Untersuchungsausschuss des Württemberg-Badischen Landtags, Theodor Heuss (Staatspartei), ebd., S.122.

33 Aus einer Rede 1946, zit. nach Ullrich, op.cit., S.99.

34 Konrad Adenauer: Rede in der Aula der Universität zu Köln, 24.3.1946, www.konrad-adenauer.de/dokumente/reden/1946-03-24-uni-koeln

35 Ullrich, op.cit., S.101, 103.

36 Vgl. Ullrich, op. cit., das ganze Kapitel »Wer war schuld an Hitler? Die erste Demokratie im öffentlichen Kampf um historisch-moralische Legitimität«, S.93-164. Wichtig hierzu ältere Untersuchungen: Eberan: *Wer war an Hitler schuld?* op.cit.; Christoph Cobet: *Deutschlands Erneuerung. Bio-bibliographische Dokumentation mit 433 Texten.* Frankfurt am Main, 1985. Von den neueren Arbeiten vgl. u.a. Berg: *Der Holocaust und die westdeutschen Historiker*, op.cit.

37 Ullrich, op.cit., S.101; Zitat von Ritter aus Gerhard Ritter: *Europa und die deutsche Frage.* München (Münchner Verl.), 1948, S.188; sowie Verweis auf Ernst von Hippel: »Rousseau und Weimar«, in: *Rheinischer Merkur*, 15.5.1948.

38 Cf. Anna J. Merrit/Richard L. Merrit: *Public Opinion in Occupied Germany – The OMGUS Surveys, 1945-1949.* Urbana/Chicago/London (University of Illinois Press), 1970; vgl. auch andere Analysen: Borsdorf/Niethammer, *Zwischen Befreiung und Besatzung*, op.cit.; Alfons Söllner (Hrsg.): *Zur Archäologie der Demokratie in Deutschland, Band 2: Analysen von politischen Emigranten im amerikanischen Außenministerium 1946-1949.* Frankfurt am Main (Fischer), 1986; Marlis G. Steinert: »Zwischen gestern und morgen. Volksmeinung und öffentliche Meinung in der französischen Besatzungszone, 1945-47, im Spiegel französischer Quellen«, in: Klaus Manfrass/Jean-Pierre Rioux (Hrsg.): *France-Allemagne 1944-1947*, Actes du colloque d'historiens allemands et français de Baden-Baden (2-5 décembre 1986), Cahier de l'IHTP (CNRS) N° 13/14, décembre 1989/janvier 1990, pp.47-80.

39 *Das Gruppenexperiment. Ein Studienbericht*, bearbeitet von Friedrich Pollock, Frankfurt am Main (EVA), 1955.

40 Cf. Ullrich, op.cit., S.305f.

41 Augustus: »Lehren der Geschichte«, *Schwäbische Landeszeitung*, 23.6.1956, zit. nach Ullrich, S. 306.
42 Nach Ullrich, ebd.

Anmerkungen zum 4. Kapitel: »Heimkehr in die deutsche Geschichte«? Berlin ist nicht mehr Bonn

1 Jürgen Habermas: »Das deutsche Sonderbewusstsein regeneriert sich von Stunde zu Stunde«, Interview in der *Frankfurter Rundschau*, 12.6.1993, aufgenommen in: Jürgen Habermas: *Die Normalität einer Berliner Republik*. Frankfurt am Main (Suhrkamp), 1995, dort S. 86.
2 Johannes Gross: *Begründung der Berliner Republik. Deutschland am Ende des 20. Jahrhunderts*. Stuttgart (DVA), 1995, S. 7.
3 Heinz Bude: »Was ist die Generation Berlin?«, in: *Berliner Republik* 1, 1999, S. 1. www.b-republik.de/archiv/was-ist-die-generation-berlin
4 Jürgen Habermas: »1989 im Schatten von 1945. Zur Normalität einer künftigen Berliner Republik«, Rede zur 50. Wiederkehr des 8. Mai 1945, gehalten am 7. Mai 1995 in der Frankfurter Paulskirche, in: Habermas, op. cit., S. 167.
5 Manuel Becker: *Geschichtspolitik in der »Berliner Republik«. Konzeptionen und Kontroversen*, Wiesbaden (Springer), 2013. (Zugleich Diss. Universität Bonn 2013).
6 Cf. Gerhard Schröder: »Meine Berliner Republik«, in: *Stern*, 2.9.1999, zit. nach: Becker, *Geschichtspolitik*, op. cit., S. 19.
7 Ebd., zit. nach: Klaus Dreher: *Treibhaus Bonn. Schaubühne Berlin. Deutsche Befindlichkeiten*, Stuttgart (DVA), 1999, S. 8.
8 Seit der Antike religiös-philosophischer Begriff vom »richtigen Zeitpunkt« für eine Entscheidung, bevor sich, modern gesprochen, das »Zeitfenster« wieder schließt.
9 Auszüge aus der Fischer-Rede, *Spiegel Online*, 13.5.1999, www.spiegel.de/politik/deutschland/wortlaut-auszuege-aus-der-fischer-rede-a-22143.html
10 Bude, Generation Berlin, op. cit.
11 Christoph Cornelißen: »Geschichtspolitik und historische Identitätsbildung in den deutschen Bundesländern nach 1945«,in: *Geschichte für heute* – Zeitschrift für historisch-politische Bildung, 2/2017, S. 34.
12 Arnulf Baring: »Dem Neuen eine Chance«, in: *Spiegel Spezial* 4/1999 Die Berliner Republik, www.spiegel.de/spiegel/spiegelspecial/d-11036128.html; Auszug aus seinem Buch: *Es lebe die Republik, es lebe Deutschland!* München (DVA), 1999, S. 326.
13 Arnulf Baring: »Die Atempause der Weltgeschichte ist vorüber«, in: Ders., *Deutschland, was nun?* Ein Gespräch mit Dirk Rumberg und Wolf Jobst Siedler. Berlin (Siedler), 1991, aufgenommen in: *Es lebe die Republik* ..., op. cit., S. 260-264.

14 Friedemann Schmidt: *Die Neue Rechte und die Berliner Republik*. Wiesbaden (Westdeutscher Verlag), 2001, S. 180.

15 Cf. Heimo Schwilk/Ulrich Schacht (Hrsg.): *Die selbstbewusste Nation. »Anschwellender Bocksgesang« und weitere Beiträge zu einer deutschen Debatte*. Berlin (Ullstein), 1994. Nach F. Schmidt, ebd.

16 Cf. Friedemann Schmidt, op. cit., S. 52f.; Zitat aus: Carl Gustav Ströhm: »Die Rückkehr nach Mitteleuropa« in: *Criticón* 117, 1990, S. 18.

17 Schmidt, op. cit., S. 116, mit Zitat aus Karlheinz Weißmann: »Jahre der Entscheidung«, in: *Criticón* 134, 1992, S. 271, dort mit Verweis auf Hans-Joachim Arndt.

18 Arnulf Baring (in Zusammenarbeit mit Dominik Geppert): *Scheitert Deutschland? Der schwierige Abschied von unseren Wunschwelten*, Stuttgart (DVA), 1997.

19 Diese Themen, von der deutschen Einigung zum Euro und darüber hinaus, habe ich ausführlich in *Die Ermüdung der Demokratie* (Frankfurt am Main 2017) analysiert. Was hier hinzukommt, ist die spezifische Verbindung zwischen Außen- und Innenpolitik bei Barings Vision einer Verfassungsreform: mehr Stärke nach außen, mehr Stärke nach innen. Dabei bedient sich Baring geschickt sprachlicher Glättungen, wenn nicht Verharmlosungen, die sich in der deutschen Sprachdiplomatie eingeschliffen haben: So ist »Macht« ein Unwort, »Stärke« geht gerade, aber »Verantwortung« ist die beste Vokabel um dasselbe auszudrücken.

20 Gross, *Berliner Republik*, op. cit., S. 12.

21 Arno Baruzzi: *Rechtsphilosophie der Gegenwart*. Darmstadt (WBG), 2006, S. 107, mit Verweis auf: J. Pietzcker: »Recht auf Arbeit – Verfassungsrechtliche Aspekte«, in: *Recht auf Arbeit. Vorträge amläßlich des Symposions zum 70. Geburtstag von Karl Josef Partsch*. Bonn 1984, S. 17.

22 Deutscher Bundestag 17. Wahlperiode, Entwurf eines Gesetzes zur Änderung wehrrechtlicher Vorschriften 2011 (Wehrrechtsänderungsgesetz 2011), 27.11.2011, http://dip21.bundestag.de/dip21/btd/17/048/1704821.pdf

23 BVG, Klage der Linksfraktion gegen Tornado-Einsatz in Afghanistan zurückgewiesen, Pressemitteilung vom 3.7.2007, www.bundesverfassungsgericht.de/SharedDocs/Pressemitteilungen/DE/2007/bvg07-072.html. Vgl. dazu Werner Heun: *Die Verfassungsordnung der Bundesrepublik Deutschland*, Tübingen (Mohr/Siebeck), 2012, S. S. 182.

24 Rupp, *Politische Geschichte*, op. cit., S. 330.

25 Cf. Joachim Riedl: »Ausgespäht. Warum hat der deutsche Nachrichtendienst in Österreich spioniert?« *Die Zeit*, www.zeit.de/2018/26/bnd-spionage-oesterreich-daten

26 Cf. Ulrich Kraetzer: »Amri-Affäre erreicht Verfassungsschutzpräsident Maaßen«, *Berliner Morgenpost*, 30.8.2018, www.morgenpost.de/berlin/article215208363/Affaere-um-Anis-Amri-erreicht-Verfassungsschutzpraesident-Hans-Georg-Maassen.html

27 »Muss Maaßen nun doch gehen?« *F.A.Z.*, 4.11.2018, www.faz.net/ak-

tuell/politik/inland/muss-verfassungsschutzchef-hans-georg-maassen-gehen-15874077.html

28 Nur ein Beispiel, vgl. Julia Jüttner: »Thüringer V-Mann Brandt – ›Ich war nur der Bote‹«, *Spiegel Online*, 22.3.2012, www.spiegel.de/panorama/justiz/v-mann-tino-brandt-verfassungsschutz-zahlte-geld-an-neonazi-terror-trio-a-822595.html

29 Von *Panorama* aufgedeckt, cf. »Sachsen: AfD-Funktionär arbeitet beim Verfassungsschutz«, *Panorama* vom 20.9.2018, www.ardmediathek.de/tv/Panorama/Sachsen-AfD-Funktion%C3%A4r-arbeitet-beim-Ve/Das-Erste/Video?bcastId=310918&documentId=56211424

30 Gross, *Berliner Republik*, S. 172 f.

31 Frank Richter: *Hört endlich zu! Weil Demokratie Auseinandersetzung bedeutet*. Berlin (Ullstein), 2018, S. 35.

32 Thilo Schmidt: »›Kommt die D-Mark, bleiben wir …‹« Wurde dieser Slogan aus Bonn lanciert?«, *Deutschlandfunk*, 18.8.2014, www.deutschlandfunkkultur.de/deutsche-rufe-7-8-kommt-die-d-mark-bleiben-wir.1001.de.html?dram:article_id=294872

33 Cf. »Der Verkauf der letzten DDR-Waren«, *DRA*, »Länder live« vom 5.6.1990, http://1989.dra.de/themendossiers/alltag/das-letzte-mal.html

34 Richter, op. cit., S. 37, 39.

35 BpB: Zahlen und Fakten: Arbeitslose und Arbeitslosenquote, 1980-2017, www.bpb.de/nachschlagen/zahlen-und-fakten/soziale-situation-in-deutschland/61718/arbeitslose-und-arbeitslosenquote

36 Angaben nach Melanie Booth: Die Entwicklung der Arbeitslosigkeit in Deutschland, 30.3.2010, www.bpb.de/geschichte/deutsche-einheit/lange-wege-der-deutschen-einheit/47242/arbeitslosigkeit?p=all

37 Hans-Böckler-Stiftung, WSI, Atypische Beschäftigungsverhältnisse, www.boeckler.de/tools/atypischebeschaeftigung/index.php result

38 https://de.statista.com/statistik/daten/studie/1396/umfrage/leistungsempfaenger-von-arbeitslosengeld-ii-jahresdurchschnittswerte/22.6.2018

39 www.bpb.de/nachschlagen/zahlen-und-fakten/soziale-situation-in-deutschland/61718/arbeitslose-und-arbeitslosenquote

40 www.statistik.sachsen.de/html/866.htm article7512

41 https://de.statista.com/statistik/daten/studie/2522/umfrage/entwicklung-der-arbeitslosenquote-in-sachsen-seit-1999/

42 Vgl. Geiger, *Die Ermüdung der Demokratie*, op. cit., S. 193 f.

43 https://sab.landtag.sachsen.de/de/service/statistiken/statistiken-6757.cshtml

44 Vgl. die Dokumentation von Barbara Hahlweg im ZDF am 3.10.2018: »Vereint und doch nicht eins?« www.zdf.de/nachrichten/heute/vereint-und-doch-nicht-eins-reise-in-deutschlands-osten-100.html

45 Ansatzweise kam dies in der Talkshow von Maybrit Illner am 13.9.2018 durch Antonie Rietzschel, wurde aber nicht ausdiskutiert; über ihre alte und neue Heimat Sachsen vgl. auch »Was ist Heimat? – Uns, Wir, Die, Ossis, Wessis«, *SZ*, 25.1.2018, www.sueddeutsche.de/kultur/was-ist-heimat-uns-wir-die-ossis-wessis-1.3815149

46 Richter, *Hört endlich zu!*, op. cit., S. 44.

47 Gesellschaftsanalyse und Politische Bildung e.V. (Hg.): *Zur Programmatik der Partei des Demokratischen Sozialismus. Ein Kommentar*. Berlin 1997, S. 274, zit. nach: Sebastian Prinz: *Die programmatische Entwicklung der PDS. Kontinuität und Wandel der Politik einer sozialistischen Partei*. Wiesbaden (Springer), 2010, S. 65. (zgl. Diss. TU Chemnitz, 2008).

48 Tilman Fichter: »Das Mühen von Generationen«, in: *F.A.Z.*, 11.7.2007, zit. nach Prinz, op. cit., S. 67.

49 Paraphrasiert von Prinz, op. cit., S. 70; zum Demokratieverständnis der PDS cf. a.a.O., S. 181 ff.

50 André Brie: »Radikale Reformpolitik? Zur gegenwärtigen programmatischen Diskussion in der PDS«, in: *Sozialismus*, Nr. 12/1991, S. 31-34, zit. nach Prinz, S. 77.

51 Nach Prinz, S. 183.

52 André Brie, PDS und Verfassungswirklichkeit, Leserbrief von Françoise Diehlmann, *Neues Deutschland*, 12.8.1996, www.neues-deutschland.de/artikel/622759.andre-brie-pds-und-verfassungswirklichkeit.html

53 Programm der Partei des Demokratischen Sozialismus. Beschluss der 2. Tagung des 8. Parteitages der PDS am 25./26. Oktober 2003 in Chemnitz, S. 2. www.rosalux.de/fileadmin/rls_uploads/pdfs/ADS/PDS-Parteiprogramm_2003.pdf

54 Grundsätze und Ziele der Sozialistischen Einheitspartei (Berlin, 21./22. April 1946), S. 2. www.cvce.eu/de/obj/politisches_programm_der_sed_berlin_21_und_22_april_1946-de-d9c5faf7-5c39-43fa-aa3f-88d5431e37 46.html

55 Dazu ausführlich Prinz in verschiedenen Kapiteln seines Buches, v.a. S. 100 ff.

56 Kommunistische Plattform der Partei DIE LINKE, https://kpf.die-linke.de/start/

57 Erklärung der Kommunistischen Plattform zur Gründung der neuen Partei DIE LINKE, 7.7.2007, https://kpf.die-linke.de/erklaerungen/news/zur-gruendung-der-neuen-partei-die-linke-1/

58 Prinz, op. cit., S. 182f. mit Bezug auf: Hans-Dieter Schütt: *Zu jung, um wahr zu sein? Gespräche mit Sahra Wagenknecht*. Berlin (Dietz), 1995, S. 46, sowie Interview mit Wagenknecht in der Welt am Sonntag, 17.6.2001.

59 Gregor Gysi: *Ein Blick zurück, ein Schritt nach vorn*. Hamburg (Hoffman & Campe), 2001, S. 209.

60 Eckart Jesse: »Mauerbau 1961 und Mauerfall 1989. Die innen- und außenpolitische Bedeutung«, in: Hans Timmermanns (Hrsg.): *1961 – Mauerbau und Außenpolitik*. Münster (LIT), 2002, S. 53.

61 Cf. Ulrich Zawatka-Gerlach: »Bezirksfusion: Der PDS kommen in Berlin die Direktmandate abhanden«, *Tagesspiegel*, 15.10.2000, www.tagesspiegel.de/berlin/bezirksfusion-der-pds-kommen-in-berlin-die-direktmandate-abhanden/172202.html

62 Philip Seibt: »Umfrage zu Koalitionsoptionen – Das rot-rot-grüne Schreckgespenst lebt«, *Spiegel Online*, 5.5.2017, www.spiegel.de/politik/deutsch-

land/martin-schulz-und-die-angst-vor-rot-rot-gruen-umfrage-a-1146123.html

63 Caterina Lobenstein: »Links hat verloren. Aber Kevin Kühnert ist in der SPD der Mann der Stunde«, *Die Zeit* N°11, 8.3.2018, S. 4.

64 Anna Sauerbrey: »Die CDU Sachsen bricht mit der politischen Kultur«, *Tagesspiegel*, 27.9.2018, www.tagesspiegel.de/politik/koalition-mit-der-afd-die-cdu-sachsen-bricht-mit-der-politischen-kultur/23123530.html

65 Cf. »CDU nur noch drei Punkte vor der AfD«, *Die Welt*, 31.8.2018, www.welt.de/politik/article181383402/Neue-Umfrage-CDU-Sachsen-nur-noch-drei-Punkte-vor-der-AfD.html

66 Sebastian Pittelkow/Katja Riedel: »Sogar für die AfD Sachsen zu radikal«, *SZ*, 17.5.2018, www.sueddeutsche.de/politik/rassistische-chats-sogar-fuer-die-afd-sachsen-zu-radikal-1.3984769

67 Cf. Kai Biermann et al.: »Rechts bis extrem im Bundestag«, *Zeit Online*, 21.9.2017/24.10.2017, www.zeit.de/politik/deutschland/2017-09/afd-kandidaten-bundestagswahl-abgeordnete !top-of-overscroll

68 Cf. Wikipedia: »Andreas Kalbitz«.

69 Ulf Lüdecke: »Immer mehr Austritte nach Petry-Rückzug. NRW-Fraktion fast am Ende: So viele Abgeordnete hat die AfD in Landtagen verloren«, *Focus-Online*, 23.10.2017, www.focus.de/politik/deutschland/immer-mehr-austritte-nach-petry-rueckzug-nrw-fraktion-fast-am-ende-so-viele-abgeordnete-hat-die-afd-in-landtagen-verloren_id_7755495.html; vgl. auch Christoph Butterwegge/Gudrun Hentges/Gerd Wiegel: *Rechtspopulisten im Parlament. Polemik, Agitation und Propaganda der AfD*. Frankfurt am Main (Westend), 2018, S. 56.

70 Mariam Lau: »AfD – Auftrag: Umsturz«, *Die Zeit*, 19.9.2018, www.zeit.de/2018/39/afd-rechte-bewegung-radikalisierung-pegida-alexander-gauland/komplettansicht

71 Zit. Nach Sidney Gennes: »Recht populär: Wie die AfD in Brandenburg um Wähler kämpft«, *Der Tagesspiegel*, 10.9.2014, www.tagesspiegel.de/themen/reportage/mit-spitzenkandidat-alexander-gauland-recht-populaer-wie-die-afd-in-brandenburg-um-waehler-kaempft/10677236-all.html

72 Zit. nach Melanie Amann: *Angst für Deutschland. Die Wahrheit über die AfD: wo sie herkommt, wer sie führt, wohin sie steuert*. München (Droemer), 2017, aktualisierte und erweiterte eBook-Ausgabe 2018, S. 95.

73 Cf. Volker Weiß: Die *autoritäre Revolte. Die Neue Rechte und der Untergang des Abendlandes*. Stuttgart (Klett-Cotta), ^{2}2017, S. 22.

74 Amann, op. cit., S. 15, 86f.

75 Dieter Stein: »Gründung im Mai. Ein Gespräch mit Götz Kubitschek über das geplante ›Institut für Staatspolitk‹«, *Junge Freiheit*, 17/00, 21.4.2000, https://jungefreiheit.de/service/archiv?artikel=archiv00/170yy48.htm

76 IfS – Chronik, https://staatspolitik.de/chronik-2001/ und 2002/ ; zu den Aktivitäten des Instituts vgl. Patrick Keßler: *Die »Neue Rechte« in der Grauzone zwischen Rechtsextremismus und Konservatismus? Protagonisten, Programmatik und Positionierungsbewegungen*, Berlin (LIT), 2018, S. 169-173.

77 Bernd Rabehl: »Nationalrevolutionäres Denken im antiautoritären Lager der Radikalopposition zwischen 1961 und 1980«, Bogenhausener Gespräche, 6.12.1998, Burschenschaft Danubia, http://danubia.de/page/archiv/vortragstexte.php; außerdem »Danubia« und »Rabehl« auf Wikipedia.

78 Götz Aly: *Unser Kampf. 1968 – ein irritierter Blick zurück*. Frankfurt am Main (Fischer TB), [2]2009, S. 144; vgl. auch den *Zeit*-Artikel mit Mahler-Interview: Malte Herwig: »Zwei links, zwei rechts«, *Die Zeit*, 11.8.2011, www.zeit.de/2011/33/Mahler-Rabehl

79 Bernd Rabehl: *Raumrevolution. Das Kapital und die Flüchtlingskrise*. Schnellroda (Antaios), 2018, S. 21.

80 Höckes Vortrag vom 21.11.2015, »Asyl – eine politische Bestandsaufnahme«, im Youtube-Kanal des IfS, www.youtube.com/watch?v=kMcStcmSvo8; vgl. auch Volker Zastrow: »Höckes Rassentheorie«, *F.A.Z.*, 20.12.2015, www.faz.net/aktuell/politik/inland/neue-rechte-hoeckes-rassentheorie-13975575.html

81 Rabehl, op. cit., S. 90, 92.

82 Liane Bednarz/Christoph Giesa: *Gefährliche Bürger. Die Neue Rechte greift nach der Mitte*. München (Hanser), 2015, Kap. »Die Manipulatoren – Wie die Öffentlichkeit für dumm verkauft wird«.

83 Cf. Kai Biermann/Astrid Geisler/Tilman Steffen: »AfD-Abgeordnete beschäftigen Rechtsextreme und Verfassungsfeinde«, *Die Zeit*, 21.3.2018, www.zeit.de/politik/deutschland/2018-03/afd-bundestag-mitarbeiter-rechtsextreme-identitaere-bewegung

84 Götz Kubitschek: »AfD im Bundestag oder: Was heute passiert ist«, *Sezession*, 26.9.2017, https://sezession.de/57404/afd-im-bundestag-oder-was-heute-passiert-ist. – Butterwegge et al, op. cit., S. 183 sowie zu diesem Thema weiter auf den folgenden Seiten.

85 Erklärung der Patriotischen Plattform: Die AfD wird entweder mit Götz Kubitschek sein oder sie wird gar nicht sein! 21.2.2015, https://patriotische-plattform.de/490/standpunkte/erklaerung-der-patriotischen-plattform-die-afd-wird-entweder-mit-goetz-kubitschek-sein-oder-sie-wird-gar-nicht-sein/

86 Cf. Hans Magnus Enzensberger: *Aussichten auf den Bürgerkrieg*. Frankfurt am Main (Suhrkamp), 1993.

87 Thorsten Hinz: *Zurüstung zum Bürgerkrieg*. Schnellroda (Antaios), 2008, S. 14, 17f.

88 Cf. Wikipedia: »Kirsten Heisig«.

89 Cf. u.a. Katja Demirci et al.: »Der Staat greift nach dem Geld von Berlins kriminellstem Clan«, *Der Tagesspiegel*, 20.7.2018, www.tagesspiegel.de/themen/reportage/offene-rechnung-der-staat-greift-nach-dem-geld-von-berlins-kriminellstem-clan/22820606.html

90 Hinz, op. cit., Zitate in der Reihenfolge: S. 17, 33, 38, 43, 57, 45f., 38f.

91 A. a. O., S. 5.

92 [N.N., vermutlich Hans Werner Richter]: »Die Hypnose weicht..«, in: *Der Ruf* – Blätter der unabhängigen Generation, 2.Jg., N° 10, 15.5.1947, S. 1.

93 Enzensberger, op. cit., S. 28.

94 Zit. nach Amann, *Angst*..., S. 35.

95 Kyffhäusertreffen 2018 – Rede von Hans-Thomas Tillschneider, 23.6.2018, Youtube/Der Flügel, 11.7.2018, www.youtube.com/watch?v=mEc5h-pN9-yw

96 Kyffhäusertreffen 2018 – Rede von Alexander Gauland, 23.6.2018, Youtube/Der Flügel, 11.7.2018, www.youtube.com/watch?v=lHGeX55vdoo

97 Redebeitrag Jens Maier AfD bei der Jungen Alternative im Ballhaus Watzke, 17.1.2017, Afdberichte.de, Youtube 18.1.2017, www.youtube.com/watch?-v=HnDXa8vIeXA

98 Die Story im Ersten: Am rechten Rand, ein Film von Jana Merkel und Michael Richter, 15.10.2018, www.daserste.de/information/reportage-dokumentation/dokus/sendung/am-rechten-rand-100.html

99 Cf. Wikipedia: »Patriotische_Plattform«; https://patriotische-plattform.de/date/2014/?cat=4; https://patriotische-plattform.de/1253/beitraege/das-eis-brechen/; https://patriotische-plattform.de/1555/standpunkte/solidaritaet-mit-bashar-al-assad/

100 Sven Eichstädt: »Dresdner Richter preist öffentlich die NPD und Höcke«, *Welt Digital*, 10.1.2017, www.welt.de/politik/deutschland/article161318995/Dresdner-Richter-preist-oeffentlich-die-NPD-und-Hoecke.html; Video www.youtube.com/watch?v=HnDXa8vIeXA

101 Höcke-Rede im Wortlaut: »Gemütszustand eines total besiegten Volkes«, *Tagesspiegel*, 19.1.2017, www.tagesspiegel.de/politik/hoecke-rede-im-wortlaut-gemuetszustand-eines-total-besiegten-volkes/19273518-all.html

102 Scan des Facebook-Eintrags auf AfD-Watch, 14.11.2016, www.facebook.com/afd.watch.afd/photos/pb.556957577798040.-2207520000. 1479158721./677841305709666/?type=3&theater; sowie Franziska Schreiber: *Inside AfD. Bericht einer Aussteigerin.* Unter Mitarbeit von Peter Köpf. München (Europa-Verlag), 2018, S. 119.

103 Programm für Deutschland. Das Grundsatzprogramm der Alternative für Deutschland, 30.4./1.5.2016, S. 94.

104 Zit. nach: Matthias Geis: »Fair und nachdenklich«, in: *Die Zeit* Nr. 13/1997, 21.3.1997, www.zeit.de/1997/13/Fair_und_nachdenklich. – Zur Kontroverse insgesamt sowie speziell in Bayern vgl. die herausragende Diplomarbeit von André Freudenberg: *Der öffentliche Konflikt um die Ausstellung »Vernichtungskrieg. Verbrechen der Wehrmacht 1941-44.« Analyse einer zeitgeschichtlichen Kontroverse*, Hamburg (Diplomica), 2000, hier v.a. S. 49 ff.

105 Zit. nach Marcus Engert: »AfD-Spitzenkandidat Gauland findet, Deutsche sollten stolz sein auf Leistungen in zwei Weltkriegen«, *BuzzFeedNews*, 14.9.2017, www.buzzfeed.com/de/marcusengert/afd-spitzenkandidat-gauland-findet-deutsche-sollten-stolz?bftwdenews&utm_term=.en52bYnll.kcdgWrm; Kommentar der Rede und Link zum Video. Vgl. das Video auf Youtube: www.youtube.com/watch?v=Bt4if8KecaA

106 »Gauland verteidigt Aussage über Wehrmachtssoldaten«, *Welt Digital*,

15.9.2017, www.welt.de/politik/deutschland/article168696834/Gauland-verteidigt-seine-Aussage-ueber-Wehrmachtssoldaten.html

107 »AfD-Politiker nennt Stauffenberg ›Verräter‹«, *NDR*, 2.8.2018, www.ndr.de/nachrichten/niedersachsen/AfD-Politiker-nennt-Stauffenberg-Verraeter,stauffenberg114.html; »Die AfD, ein Mitarbeiter und die ›Identitären‹«, NDR, 31.1.2018, www.ndr.de/nachrichten/niedersachsen/Die-AfD-ein-Mitarbeiter-und-die-Identitaeren,afd1578.html

108 Wolfgang Geiger: »Stolz auf Wehrmachtssoldaten? Wie Gauland die Rede von Mitterrand verfälscht«, 29.9.2017, www.geschichtslehrerverbandhessen.de/html/aktuell.html; Johannes Kram: »Gauland, die Soldaten, Mitterrand und die Medien: Der große Bluff«, *BILDBlog*, 29.9.2017, https://bildblog.de/93448/gauland-die-soldaten-mitterrand-und-die-medien-der-grosse-bluff/; »Gauland und Mitterrand: Was beide über deutsche Soldaten sagten«, *TAG24*, 25.9.2017, www.tag24.de/nachrichten/gauland-und-mitterrand-was-beide-ueber-deutsche-soldaten-sagten-d344483

109 Zum 50. Jahrestag des Endes des Zweiten Weltkrieges – Staatsakt in Berlin am 8. Mai 1995 – Ansprache des französischen Staatspräsidenten, Bulletin der Bundesregierung, 12.5.1995, www.bundesregierung.de/Content/DE/Bulletin/1990-1999/1995/38-95_Mitterrand.html

110 Cf. Ralf Nienaber: *Geplanter Untergang. Wie Angela Merkel und ihre Macher Deutschland zerstören.* Grevenbroich (Lichtschlag), 2016, S. 50; 193-95.

111 Andreas Kalbitz in Lindheim, AfD Kompakt TV, 4.8.2018, www.youtube.com/watch?v=HdyLSVeL9mY

112 Der Fall Wolfgang Gedeon – ein Austausch zwischen Marc Jongen und Götz Kubitschek, in: *Sezession*, 30.6.2016, https://sezession.de/54541/der-fall-wolfgang-gedeon-ein-austausch-zwischen-marc-jongen-und-goetz-kubitschek. In 7 Teilen.

113 Werner J. Patzelt: Gedeon und der Antisemitismus. Gutachten. Kurze Einschätzung von Vorwürfen gegen Wolfgang Gedeon, *Patzelts Politik*, 5.7.2015, http://wjpatzelt.de/2016/07/05/gedeon-und-der-antisemitismus-gutachten/

114 Siehe oben, Teil 1. Vgl. auch Alan Posener: Götz Kubitschek und die Juden, *Autoren-Blog*, 25.5.2017, https://starke-meinungen.de/blog/2017/05/25/der-antisemitismus-des-goetz-kubitschek/

115 Weiß, *Die autoritäre Revolte*, op. cit., S. 65; der Beitrag von Mohler in der *Jungen Freiheit* hieß: »Souveränität über die Geschichte: »›Forces morales‹ und die Fragen der Revisionisten«, abgedruckt in der Sammlung der Leitartikel: Armin Mohler (Hrsg.): *Notizen aus dem Interregnum.* Schnellroda (Antaios), 2013, S. 66f.; vgl. Armin Mohler: *Der Nasenring. Im Dickicht der Vergangenheitsbewältigung.* Essen (Heitz & Höffkes),1989, ergänzte Neuauflage unter dem Titel: *Der Nasenring. Die Vergangenheitsbewältigung vor und nach dem Fall der Mauer.* München (Langen Müller), 1991.

116 Kommentar zu Notizen aus dem Interregnum, op. cit., durch den Verleger,

https://antaios.de/gesamtverzeichnis-antaios/reihe-kaplaken/1412/notizen-aus-dem-interregnum

117 Thorsten Hinz: »Der Super-Vatikan. Kampagne gegen den Papst. Die katholische Kirche soll sich der Zivilreligion beugen«, *Junge Freiheit* 9/09, 13.2.2009, https://jungefreiheit.de/service/archiv/ ; dazu cf. Weiß, *Die autoritäre Revolte*, S. 224.

118 Cf. u.a. Butterwegge et al., *Rechtspopulisten …*, op. cit., S. 94 ff.

119 Vorwurf der Volksverhetzung, *Hannoversche Allgemeine*, 16.8.2015, www.haz.de/Umland/Springe/Nachrichten/Bad-Muender-Vorwurf-der-Volksverhetzung

120 Carsten Meyer/Joachim F. Tornau: »Hessischer AfD-Politiker hetzt gegen Juden«, *Frankfurter Rundschau*, 22.7.2016, www.fr.de/rhein-main/rechtsextreme-hessischer-afd-politiker-hetzt-gegen-juden-a-326028

121 Wolfgang Benz: »Die ›Alternative für Deutschland‹ und der Antisemitismus, in: *Humanistischer Pressedienst*, 29.7.2016, https://hpd.de/artikel/alternative-fuer-deutschland-und-antisemitismus-13373/seite/0/1 ; cf. auch Jan Riebe: »Wie antisemitisch ist die AfD?« *Belltower – Netz für Digitale Zivilgesellschaft*, 10.5.2016, www.belltower.news/artikel/wie-antisemitisch-ist-die-afd-11021

122 Cf. Butterwegge et al., *Rechtspopulisten …*, S. 101 ff.

123 Schreiber, *Inside AfD*, S. 125; JAfD, cf. Wikipedia: »Juden in der AfD«

Anmerkungen zum 5. Kapitel: Rückblicke und Ausblicke

1 Micha Brumlik: »Abschied vom Gerechtigkeitsdiskurs? Die Rolle der Intellektuellen in der ›Berliner Republik‹«, in: *Kommune* 12/1998, S. 14.

2 Alexander Dobrindt: »Wir brauchen eine bürgerlich-konservative Wende«, in: *Die Welt*, 4.1.2018, www.welt.de/debatte/kommentare/plus 172133774/Warum-wir-nach-den-68ern-eine-buergerlich-konservative-Wende-brauchen.html. Vgl. auch: Ders.: »Die Volkspartei der Zukunft ist bürgerlich-konservativ«, in: *Die Welt*, 1.3.2018, www.welt.de/debatte/kommentare/article174088983/Alexander-Dobrindt-Die-Volkspartei-der-Zukunft-ist-buergerlich-konservativ.html

3 »Verteidigung unserer Werte und Lebensweisen«, Interview mit Volker Kauder, in: *Die Welt*, 1.4.2018, www.welt.de/politik/deutschland/plus175048260/Volker-Kauder-Intoleranz-und-aggressives-Machogehabe-nicht-zu-dulden.html?wtrid=onsite.onsitesearch

4 Marco Buschmann: »Das Denken der 68er endlich überwinden«, in: *Die Welt*, 12.1.2018, www.welt.de/debatte/kommentare/plus172423113/Marco-Buschmann-FDP-Denken-der-68er-endlich-ueberwinden.html?wtrid=onsite.onsitesearch

5 Alan Posener: »Dobrindt und Buschmann wissen nicht, wovon sie reden«, in. *Die Welt*, 18.1.2018, www.welt.de/debatte/kommentare/plus 172

620434/Dobrindt-und-Buschmann-liegen-mit-ihrer-68er-Kritik-falsch.html?wtrid=onsite.onsitesearch

6 Hannah Lühmann: »Wer das implizit Rechte bedient, kann heute einfacher punkten«, Interview mit Armin Nassehi, in: *Die Welt*, 23.4.2018, www.welt.de/kultur/plus175696757/Armin-Nassehi-Wer-das-Rechte-bedient-kann-heute-punkten.html?wtrid=onsite.onsitesearch

7 »›Konservative Revolution‹ – Dobrindts neue, rechte Wortwahl«, *ZDF Heute*, 5.1.2018, www.zdf.de/nachrichten/heute/konservative-revolution-dobrindts-neue-rechte-wortwal-100.html

8 Cf. Wikipedia: »Armin_Mohler«

9 Silvia Stöber: »Debatte über Dobrindt Was ist die ›Konservative Revolution‹?« *Tagesschau Faktenfinder*, 8.1.2018, https://faktenfinder.tagesschau.de/inland/konservative-revolution-101.html

10 Armin Mohler: *Die Konservative Revolution in Deutschland 1918–1932. Ein Handbuch*. Darmstadt (WBG), 3., um einen Ergänzungsband erweiterte Auflage 1989, S. 3, S. XXVIII, S. 4.

11 Cf. meine Untersuchung: »Témoignages Retouchés: Ernst Jünger et la Deuxième Guerre Mondiale«, in: *Allemagne d'aujourd'hui. Politique, Économie, Société, Culture,* N°120, Avril-Juin 1992, S. 133-146. Online auf www.academia.edu.

12 Cf. Mohler, op. cit., S. 434 f.

13 Cf. die einschlägigen, ausführlich dokumentierten und referenzierten Einträge zu den Personen bei Wikipedia.

14 Vgl. die nun auch schon sehr alte, aber analytisch sehr präzise Darstellung von Kurt Sontheimer: *Antidemokratisches Denken in der Weimarer Republik. Die politischen Ideen des deutschen Nationalismus zwischen 1918 und 1933*. München (Nymphenburger), 1962, 2. Ausg. München (dtv), 1978 u. sp.

15 Friedrich Nietzsche: *Jenseits von Gut und Böse. Vorspiel einer Philosophie der Zukunft*. Leipzig (Naumann), 1886, § 203.

16 Vgl. die für diese Thematik wichtige einleitende Darstellung der Kontroversen innerhalb der Weimarer Staatsrechtslehre bei Sontheimer, op. cit., 4. Kap., S. 63-92.

17 Benjamin Lahusen: »Aus Juristen Demokraten machen. Gustav Radbruchs langer Kampf für das Recht der Republik – ein Porträt des großen Juristen zu seinem 60. Todestag«, in: *Die Zeit* Nr. 46, 5.11.2009, www.zeit.de/2009/46/A-Radbruch

18 Cf. Carl Schmitt: *Die geistesgeschichtliche Lage des heutigen Parlamentarismus*. Berlin (Duncker & Humblot), 1923. – Ders.: *Legalität und Legitimität*. Berlin (Duncker & Humblot), 1932. Zit: nach http://de.wikimannia.org/Die_geistesgeschichtliche_Lage_des_heutigen_Parlamentarismus I._Demokratie_und_Parlamentarismus

19 Mohler, *Konservative Revolution*, S. 9.

20 Die geistesgeschichtliche Lage des heutigen Parlamentarismus, in: *Staatspolitisches Handbuch*, Institut für Staatspolitik, http://wiki.staatspolitik.de/

index.php?title=Die_geistesgeschichtliche_Lage_des_heutigen_Parlamentarismus.

21 Zu dieser Problematik vgl. Kap. 5 »Demokratie und Demagogie« in Geiger, *Die Ermüdung der Demokratie*, op. cit.

22 Carl Schmitt: »Wesen und Werden des faschistischen Staates« (1929), in: Ders.: *Positionen und Begriffe im Kampf mit Weimar*, Berlin 1988, S. 114., zit. nach Stefan Breuer: *Carl Schmitt im Kontext. Intellektuellenpolitik in der Weimarer Republik*. Berlin (Akademie-Verl.), 2012, S. 159 f.

23 Schmitt, *Die geistesgeschichtliche Lage*, op. cit., S. 13 f.

24 https://antaios.de/buecherschraenke/persoenlichkeiten/carl-schmitt/1183/die-geistesgeschichtliche-lage-des-heutigen-parlamentarismus

25 Sontheimer, *Antidemokratisches Denken*, op. cit., S. 155.

26 »Denker der organischen Revolution«, in: *Neue Freiheit*, 25.6.2004, https://jungefreiheit.de/kultur/2004/denker-der-organischen-revolution/

27 Edgar Julius Jung: *Die Herrschaft der Minderwertigen. Ihr Zerfall und ihre Ablösung durch eine neues Reich*. Berlin (Deutsche Rundschau), 1930, S. 122 f., 559.

28 Marcus Bensmann u.a.: *Schwarzbuch AfD. Fakten, Figuren, Hintergründe*. Essen (Correctiv), 2017, S. 152 f.

29 Thor v. Waldstein: *Zum politischen Widerstandsrecht der Deutschen,* Fassung vom 25.10.2015, S. 18 f., https://sezession.de/wp-content/uploads/2015/10/widerstandsrecht-waldstein1.pdf

30 Cf. *Huffington Post*, 24.9.2016, www.huffingtonpost.de/2016/09/24/bettina-kudla-angela-merkel-umvolkung-_n_12166254.html

31 Cf. u.a. Reinhard Müller: »Di Fabio liefert Seehofer weitere Munition gegen Merkel«, *F.A.Z.*, 13.1.2016, www.faz.net/aktuell/politik/fluechtlingskrise/gutachten-udo-di-fabios-zur-grenzsicherung-14010809.html?printPagedArticle=true pageIndex_0

32 Thor v. Waldstein: »Wer schützt die Verfassung vor Karlsruhe?«, von *Sezession* auf Youtube eingestellter Vortrag, 29.5.2018, www.youtube.com/watch?v=mofQZKmp4Rw

33 v. Waldstein, Widerstandsrecht, op. cit., S. 15f., Zitat aus: Josef Isensee: *Das legalisierte Widerstandsrecht*. Bad Homburg/Berin/Zürich (Gehlen), 1969, S. 29.

34 Hinz, *Zurüstung …*, op. cit., S. 31-33.

35 Lutz Meyer: »Handeln in Zeiten der Beschleunigung?« in: *Sezession*, 22.8.2016, https://sezession.de/54985/handeln-in-zeiten-der-beschleunigung/2

36 Bensmann, *Schwarzbuch AfD*, op. cit., S. S. 153f., vgl. auch Marcus Bensmann: »Die Identitären und die AfD«, 28.8.2016, https://correctiv.org/recherchen/neue-rechte/artikel/2016/08/28/die-identitaeren-und-die-afd/

37 Isensee, *Widerstandsrecht im Grundgesetz,* op. cit., S. 151.

38 Cf. »Seehofer: ›Es ist eine Herrschaft des Unrechts‹«, in: *SZ*, 9.2.2016, www.sueddeutsche.de/bayern/fluechtlinge-seehofer-es-ist-eine-herrschaft-des-unrechts-1.2856699

39 »Voßkuhle rügt Sprache der CSU in der Asyldebatte«, *Der Tagesspiegel*, 26.7.2018, www.tagesspiegel.de/politik/praesident-des-verfassungsgerichts-vosskuhle-ruegt-sprache-der-csu-in-der-asyldebatte/22845812.html

40 Schreiber, *Inside AfD*, op. cit., S. 84, 77, 89.

41 Zur Finanzierung der AfD ausführlich: Amann, *Angst* ..., S. 195-202, Bensmann et al., *Schwarzbuch AfD*, S. 120-129; zu einem aktuellen Fall 2017: Christian Fuchs/Fritz Zimmermann: »Schatten-Spender. Ein dubioser Verein wirbt in Nordrhein-Westfalen mit Millionen Euro für die AfD«, in: *Die Zeit* Nr. 20, 10.5.2017, www.zeit.de/2017/20/afd-finanzierung-verein-nrw-spenden-david-bendels

42 Cf. Justus Bender: »Weidel bezahlte Wahlkämpfer mit Spende«, *F.A.Z.*, 13.11.2018, www.faz.net/aktuell/politik/inland/alice-weidel-bezahlte-wahlkaempfer-mit-spende-aus-der-schweiz-15888985.html

43 https://afdkompakt.de/2018/07/01/bundesparteitag-stimmt-fuer-anerkennung-der-desiderius-erasmus-stiftung-als-parteinahe-stiftung-der-afd/

44 Cf. Justus Bender: *Was will die AfD? Eine Partei verändert Deutschland.* München (Pantheon), 2017, S. 210; Ders., »Die Doppelmoral der AfD-Abgeordneten«, *F.A.Z.*, 20.9.2016, www.faz.net/aktuell/politik/inland/nebentaetigkeiten-die-doppelmoral-der-afd-abgeordneten-14444726.html; Max Holscher/Marcel Pauly: »Nebeneinkünfte – Das sind die Top-Verdiener im Bundestag«, *Spiegel Online*, 18.5.2018, www.spiegel.de/politik/deutschland/nebeneinkuenfte-im-bundestag-was-abgeordnete-dazuverdienen-a-1200365.html

45 https://erasmus-stiftung.de/

46 https://afdkompakt.de/2018/06/30/der-9-bundesparteitag-der-afd-startete-mit-einer-fulminanten-rede/

47 Rede von Verena Hartmann, MdB, Plenarsitzung vom 27.4.2018, Bundestag TV Mediathek, www.bundestag.de/mediathek?videoid=7222252url=L21lZGlhdGhla292ZXJsYXk/dmlkZW9pZD03MjIyMjUy&mod=mediathek

48 So am 19.5.2014 im Kreisverband Odenwald nach Angabe von Youtube, cf. www.youtube.com/watch?v=DDcuibyoANU&feature=em-share_video_user; auf diese Seite wird vom Kreisverband Stade verwiesen, wo Scholdt am 7-6-2015 einen gleichlautenden Vortrag gehalten hat, cf. https://afd-landkreis-stade.de/index.php/startseite/11-startseite/505-07-06-2015-meinungsfreiheit-statt-meinungsterror

49 Presseerklärung der *Jungen Freiheit* vom 7.3.2018, https://jungefreiheit.de/pressemitteilung/2018/die-junge-freiheit-nimmt-nicht-an-der-leipziger-buchmesse-teil/

50 Schmitt, *Parlamentarismus*, S. 63.

51 Aydan Özoğus: »Gesellschaftsvertrag statt Leitkultur. Leitkultur verkommt zum Klischee des Deutschseins«, *Der Tagesspiegel*, 14.5.2017, https://causa.tagesspiegel.de/gesellschaft/wie-nuetzlich-ist-eine-leitkultur-debatte/leitkultur-verkommt-zum-klischee-des-deutschseins.html

52 Jean-Pierre Faye: *Heidegger. Die Einführung des Nationalsozialismus in die*

Philosophie. Im Umkreis der unveröffentlichten Seminare zwischen 1933 und 1935. Berlin (Matthes & Seitz), 2009, S. 29. mit Bezug auf: Martin Heidegger: »Wilhelm Diltheys Forschungsarbeit und der gegenwärtige Kampf um eine historische Weltanschauung«. 10 Vorträge, gehalten in Kassel 1925, 21.4.1925, Nachschrift von Walter Bröcker, hrsg. von Frithjof Rodi, in: *Dilthey-Jahrbuch für Philosophie und Geschichte der Geisteswissenschaften*, Bd. 8/1992-93, Göttingen 1993, *S. 176, **S. 148.

53 Weiß, *Die autoritäre Rechte*, S. 113, Zitat aus: Martin Sellner/Walter Spatz: *Gelassen in den Widerstand. Ein Gespräch über Heidegger*. Schnellroda (Antaios), 2013, S. 21.

54 A. a. O., S. 22, zit. nach Weiß, S. 114.

55 *Zukunft braucht Herkunft* lautet der Essay von Odo Marquard, Ditzingen (Reclam), 2003; »Herkunft aber bleibt stets Zukunft« in: Martin Heidegger: *Unterwegs zur Sprache*, Pfullingen (Neske), 1959, S. 96.

56 Martin Heidegger: *Sein und Zeit*. Tübingen (Niemeyer), ^{8}1956, § 74, S. 384. Zit. nach Faye, ebd.

57 Amann, *Angst* ..., S. 82, vgl. Jürgen Kaube: »Nach dem AfD-Programmparteitag: Die schweigende Minderheit ergreift das Wort«, in: *F.A.Z.*, 2.5.2016, www.faz.net/aktuell/feuilleton/nach-dem-afd-programmparteitag-die-schweigende-minderheit-ergreift-das-wort-14210210.html?printPagedArticle=true pageIndex_0

58 Bender, *Was will die AfD?*, op. cit., S. 42-43.

59 Cf. Bernhard Pörksen: *Die Konstruktion von Feindbildern. Zum Sprachgebrauch in neonazistischen Medien*. Wiesbaden (VS), ^{2}2005.

60 »Allensbach-Umfrage: Beunruhigung über die Flüchtlingssituation stark gestiegen«, in: *F.A.Z.*, 17.7.2018, www.faz.net/aktuell/politik/inland/umfrage-beunruhigung-ueber-die-fluechtlingssituation-waechst-15695607.html

61 Carsten Giersch: »Strategie und Psychologie: Koalitionsverhandlungen aus spieltheoretischer Sicht«, in: Gassert/Hennecke: *Koalitionen in der Bundesrepublik*, op. cit., S. 32.

62 Ilse Aigner: »Die CSU ist anders als alle anderen Parteien«, *Die Welt*, 8.12.2017, www.welt.de/debatte/kommentare/article171405553/Die-CSU-ist-anders-als-alle-anderen-Parteien.html

63 Auftrag und Geschichte der CSU im Bundestag, CSU-Landesgruppe, www.csu-landesgruppe.de/auftrag-und-geschichte-der-csu-landesgruppe

64 David Ruch: »So stark hat die Wahl Bayern politisch verändert«, T-Online, 15.10.2018, www.t-online.de/nachrichten/deutschland/id_84614550/landtagswahl-bayern-wahlergebnisse-der-stimmkreise-in-interaktiven-karten.html

65 Helmut Kirchenhoff (LMU) et al.: Universitätsstudie Bayernwahl USBW 18 (München – Passau – Regensburg). Erste Ergebnisse Oktober 2018, S. 5 f. (diese und die folgende Angabe). www.stablab.stat.uni-muenchen.de/prjekte/wahlforschung/usbw18/vorl_ergebnisse.pdf. – Übersicht auch im *Merkur*, 24.10.2018, www.merkur.de/politik/landtagswahl-bayern-waehlerwanderung-zeigt-was-hinter-ergebnis-steckt-zr-10359216.html

66 »Stoiber nennt Zuzug von Deutschen nach Bayern als Grund für CSU-Absturz«, *Die Welt*, 9.10.2018, www.welt.de/politik/deutschland/article181814182/Landtagswahl-Bayern-2018-Stoiber-Zuzug-von-Deutschen-nach-Bayern-ist-Grund-fuer-CSU-Absturz.html

67 Hans Jörg Hennecke: »Koalitionsmangement der Regierung Schröder 1998-2005«, in: Gassert/Hennecke, *Koalitionen…*, op.cit., S.204. Der Autor selbst bezieht sich auf: Karl-Rudolf Korte/Gerhard Hirscher (Hg.): *Darstellungspolitik oder Entscheidungspolitik? Über den Wandel von Politikstilen in westlichen Demokratien*. München (Hans-Seidel-Stiftung), 2000; Richard Meng: *Der Medienkanzler. Was bleibt vom System Schröder?* Frankfurt am Main (Suhrkamp), 2002; zu erwähnen sind ferner u.a.: Karl-Rudolf Korte: »Was kennzeichnet modernes Regieren? Regierungshandeln von Staats- und Regierungschefs im Vergleich«, in: *Aus Politik und Zeitgeschichte* B 5/2001, S.3-13; Daniel Delhaes: *Politik und Medien. Zur Interaktionsdynamik zweier sozialer Systeme*. Wiesbaden (Westdeutscher Verlag), 2002; Heribert Schatz/Patrick Rössler/Jörg-Uwe Nieland (Hrsg.): *Politische Akteure in der Mediendemokratie. Politiker in den Fesseln der Medien?* Wiesbaden (Westdeutscher Verlag), 2002.

68 Cf. Wikipedia, »Konkret« (Zeitschrift)

69 Cf. Claus Leggewie: »Kulturelle Hegemonie — Gramsci und die Folgen«, in: *Leviathan* 15, Nr. 2/ 1987, S.285-304. www.jstor.org/stable/23983386.

70 Andreas Kalbitz in Lindheim, AfD Komptakt TV, 4.8.2018, www.youtube.com/watch?v=HdyLSVeL9mY, Über die Gramscismus-Debatte in der Neuen Rechten cf. ausführlich in: Schmidt, *Die Neue Rechte…*, S.18-22, 37-60, 285-295, 339f.

71 Nietzsche, *Jenseits von Gut und Böse*, op.cit., § 203.

72 Cf. Thomas S. Kuhn: *Die Struktur wissenschaftlicher Revolutionen*, Frankfurt am Main (Suhrkamp) 1967. [*The Structure of Scientific Revolutions*, University of Chicago Press, 1962].

73 Nietzsche, op.cit., 202.

74 Raphael Gross: *Anständig geblieben. Nationalsozialistische Moral*. Frankfurt am Main (S. Fischer), 2010.

75 Cf. www.1000dokumente.de/pdf/dok_0008_pos_de.pdf

76 Theodor W. Adorno: *Minima Moralia. Reflexionen aus dem beschädigten Leben*. Frankfurt am Main (Suhrkamp), 1951, 2. Teil 1945, 71. Pseudomenos; cf. Alex Ross: »The Frankfurt School knew Trump was coming«, *The New Yorker*, 5.12.2016, www.newyorker.com/culture/cultural-comment/the-frankfurt-school-knew-trump-was-coming

77 Zum Zusammenhang zwischen Gramsci und Nietzsche in diesem Kontext vgl. auch Armin Pfaul-Traghber: »Die ›Umwertung aller Werte‹ als Bestandteil einer Strategie der ›Kulturrevolution‹. Die Begriffsumdeutung von ›Demokratie‹ durch rechtsextremistische Intellektuelle«, in: Wolfgang Gessenharter/Thomas Pfeiffer (Hrsg.): *Die Neue Rechte – eine Gefahr für die Demokratie?* Wiesbaden (VS), 2004, S.73-94.

Anmerkungen zum 6. Kapitel: Die Lehren der Geschichte und der neue »hilflose Antifaschismus«

1 Andreas Wirsching: »Appell an die Vernunft«, in: Wirsching et al., *Weimarer Verhältnisse?* op. cit., 2018, S. 20. Auftakt der Artikelserie »Weimarer Verhältnisse?«, *F.A.Z.*, 24.4.2017.

2 Konrad Adenauer Stiftung, »Wehrhafte Demokratie«, zum Thema des Jugendkongresses der KAS 2008, www.kas.de/wf/de/71.6249/

3 Hier und im Folgenden vgl. Becker, *Geschichtspolitik*, op. cit. (cf. Anmerkung 5, S. 284).

4 Alexander Gauland, Rede auf dem Kyffhäusertreffen 2017, cf. Anmerkung 205, S. 190.

5 Aleida Assmann: *Das neue Unbehagen in der Erinnerungskultur. Eine Intervention.* München (Beck), 2015, S. 67.

6 Arno Widmann: »Wo Walser Recht hatte«, in: *Frankfurter Rundschau*, 3.5.2015, www.fr.de/politik/meinung/leitartikel/holocaust-mahnmal-wo-walser-recht-hatte-a-466378

7 Matthias Geiß: »Volkstrauertag: Wie die AfD den Bundestag instrumentalisieren konnte«, *ARD Hauptstadtstudio Blog*, 20.11.2017, https://blog.ard-hauptstadtstudio.de/wie-die-afd-den-bundestag-instrumentalisieren-konnte/

8 Volkstrauertag 2017 – Wie gedachte eigentlich die AfD? 24.2.2018, https://volkstrauertag2017.wordpress.com/2018/02/24/volkstrauertag-2017-wie-gedachte-eigentlich-die-afd/

9 Der Marsch 2017 – Bürgerbewegung! Volkstrauertag am 19.11.2017, www.dermarsch2017.de/aktionen/volkstrauertag/

10 Übersicht über Willy Wimmers Beiträge: https://de.sputniknews.com/authors/willy_wimmer/; www.epochtimes.de/suche?q=Willy+Wimmer&sort=relevance

11 Max Otte: »Es herrschen zensurähnliche Zustände«, Interview auf *t-online*, 5.5.2018, www.t-online.de/nachrichten/deutschland/innenpolitik/id_83704312/hambacher-fest-max-otte-es-herrschen-zensuraehnliche-zustaende-.html

12 Marco Pino: »Einigkeit, Freiheit und Volkssouveränität«, *Junge Freiheit*, 6.5.2018, https://jungefreiheit.de/politik/deutschland/2018/einigkeit-freiheit-und-volkssouveraenitaet/

13 Justus Bender: »›Zeigen, dass unser Vaterland lebt‹«, *F.A.Z.*, 5.5.2018, www.faz.net/aktuell/politik/inland/neues-hambacher-fest-zeigen-dass-unser-vaterland-lebt-15575247.html

14 »AfD will im Wahlkampf gezielt provozieren«, *F.A.Z.*, 19.12.2016, www.faz.net/aktuell/politik/inland/bundestagswahl-2017-afd-will-im-wahlkampf-provozieren-14582830.html

15 Cf. »AfD-Maier will Paragraf gegen Volksverhetzung abschaffen«, *TAG 24*, 23.3.2018, www.tag24.de/nachrichten/afd-bundestagsfraktion-jens-maier-abschaffung-paragraf-130-volksverhetzung-berlin-bundestag-483335;

»AfD-Abgeordnete wollen Volksverhetzungs-Paragrafen ändern«, 23.3. 2018, www.welt.de/politik/deutschland/article174860845/Medienbericht-AfD-Abgeordnete-wollen-Volksverhetzungs-Paragrafen-aendern.html; »Falschmeldung: AfD-Fraktion möchte § 130 StGB reformieren, nicht abschaffen!«, AfD-Bundestagsfraktion, www.afdbundestag.de/falschmeldung-afd-fraktion-moechte-%C2%A7-130-stgb-reformieren-nicht-abschaffen/

16 Robert Kiesel: »AfD-Politiker Jens Maier: Breivik handelte aus Verzweiflung«, *Vorwärts – Blick nach rechts*, 20.4.2017, www.vorwaerts.de/artikel/afd-politiker-jens-maier-breivik-handelte-verzweiflung

17 Cf. Robert Kiesel: »Jens Maier zu den Morden von Anders Breivik: Kein Video, nirgends«, *Vorwärts – Blick nach rechts*, 25.1.2018, www.vorwaerts.de/artikel/jens-maier-morden-anders-breivik-kein-video-nirgends

18 Cf. Wikipedia: »Manfred Kleine-Hartlage«

19 »Ein Irrer? Ein Islamkritiker? Ein irrer Islamkritiker? Ein islamkritischer Irrer?« *Sezession* 43, 1.8.2011, https://sezession.de/31901/ein-irrer-ein-islamkritiker-ein-irrer-islamkritiker-ein-islamkritischer-irrer

20 Cf. Maria Fiedler: »Was Juristen vom AfD-Vorstoß halten«, in. *Der Tagesspiegel*, 26.4.2018, www.tagesspiegel.de/politik/gesetzentwurf-im-bundestag-was-juristen-vom-afd-vorstoss-zur-volksverhetzung-halten/21209190.html

21 Cf. Geiger, *Zwischen Schuld und Scham …*, op.cit., S. 267

22 Cf. Assmann, *Das neue Unbehagen*, op.cit., v.a. Kap. 3, S. 59-106.

23 Jürgen Falter: »Wie viel NSDAP steckt in der AfD?« Weimarer Verhältnisse (5), *F.A.Z.*, 19.6.2017, www.faz.net/aktuell/politik/die-gegenwart/weimarer-verhaeltnisse-5-wie-viel-nsdap-steckt-in-der-afd-15066430.html; vgl. den selben Text unter dem Titel »Volkspartei des Protests« in: Wirsching et al., *Weimarer Verhältnisse*, S. 65-78, hier S. 78.

24 Andreas Wirsching: »Warum Berlin weit davon entfernt ist, Weimar zu sein«, *F.A.Z.*, 21.9.2017, www.faz.net/aktuell/politik/die-gegenwart/die-weimarer-republik-und-die-heutige-demokratie-15203108.html; vgl. im Buch unter dem Titel: »Weimar mahnt zur Wachsamkeit«, in: *Weimarer Verhältnisse,* S. 105-118, Zitat von S. 110.

25 »Innenminister Matteo Salvini irritiert mit faschistischem Zitat«, *Spiegel Online*, 30.7.2018, www.spiegel.de/politik/ausland/matteo-salvini-innenminister-italiens-zitiert-diktator-mussolini-a-1220727.html

26 www.facebook.com/salviniofficial/videos/361297334688899/

27 »Chef der Lega Nord lobt faschistisches Regime«, *Der Standard*, 26.1.2018, www.derstandard.de/story/2000073075182/chef-der-lega-nord-lobt-faschistisches-regime

Der Autor

Wolfgang Geiger, geb. 1956, studierte Französisch und Geschichte für das Lehramt und promovierte 1986 in Frankfurt und 1996 in Nantes, dort mit einer Dissertation zum Frankreichbild im Dritten Reich. Seit 1999 ist er Lehrer an einem Gymnasium in Hessen und war 2006 bis 2015 Lehrbeauftragter an der Goethe-Universität Frankfurt, zunächst am Seminar für Didaktik der Geschichte, dann am Historischen Seminar.

Er ist Mitglied im Verband der Geschichtslehrer Deutschlands und seit 2016 Vorsitzender des Landesverbandes Hessen.

Bei Humanities Online sind erschienen:

L'image de la France dans l'Allemagne hitlérienne et pendant l'après-guerre immédiat, Thèse de doctorat, Université de Nantes 1996, 1052 Seiten, Lille 1997 (microfiches), Humanities Online, Frankfurt am Main, 2000 (PDF).

Geschichte und Weltbild. Plädoyer für eine interkulturelle Hermeneutik, 2002.

»Interkulturelle Geschichte und monokulturelles Weltbild«, in: *Handlung Kultur Interpretation. Zeitschrift für Sozial- und Kulturwissenschaften,* 14. Jahrgang, Heft 2, November 2005, S. 319–342.

Zwischen Urteil und Vorurteil. Jüdische und deutsche Geschichte in der kollektiven Erinnerung, 2012.

Die Ermüdung der Demokratie. Frankreich, Deutschland und Europa in der Krise, 2017.